DIETER KEIDEL

Polizei und Polizeigewalt im Notstandsfall

Schriften zum Öffentlichen Recht

Band 217

Polizei und Polizeigewalt im Notstandsfall

Funktion, rechtliche Stellung und Befugnisse der Vollzugskräfte von Polizei, Bundesgrenzschutz und Bundeswehr bei den vom Grundgesetz vorgesehenen Einsätzen im Notstand

Von

Dr. Dieter Keidel

DUNCKER & HUMBLOT / BERLIN

Gedruckt 1973 bei Richard Schröter, Berlin 61
Printed in Germany

ISBN 3 428 02882 1

Inhaltsverzeichnis

Einleitung 15

Erster Teil

Die im Grundgesetz zur Bekämpfung von Notstandslagen vorgesehenen Vollzugskräfte und ihre Funktionen 18

Erster Abschnitt: Klärung des Begriffs „Notstandsfall" 18

A. Der „Notstandsfall" als Oberbegriff 18

B. Der sogenannte „innere Notstand" 19

C. Der Katastrophennotstand 20

D. Der Verteidigungsfall und der Spannungsfall 21

Zweiter Abschnitt: Der Begriff „Funktion" 23

A. Der Polizeibegriff als Ausgangspunkt 23

I. Der formelle Polizeibegriff 24

II. Der materielle Polizeibegriff 24

III. Die Gleichsetzung von polizeilicher Funktion mit polizeilicher Aufgabe im materiellen Polizeibegriff 26

B. Die Erfüllung polizeilicher Aufgaben als generelles Kennzeichen jedes Notstandseinsatzes 26

C. Die erweiterte Bedeutung des Begriffs „Funktion" im Rahmen dieser Abhandlung 28

Dritter Abschnitt: Die Notstandsfunktionen der Vollzugskräfte im Einzelnen 29

A. Die Polizeikräfte 29

I. Die Bedeutung der Begriffe „Polizei" und „Polizeikräfte" in den Art. 35 und 91 des Grundgesetzes 29

II. Die Funktion der eingesetzten Polizeikräfte 32

B. Der Bundesgrenzschutz 33

I. Die allgemeine rechtliche Stellung des Bundesgrenzschutzes 34

II. Die Funktion des Bundesgrenzschutzes im Notstandsfall 38

1. Im inneren Notstand und im Katastrophenfall 38

2. Im Verteidigungsfall 39

C. Die Streitkräfte 41

I. Die grundsätzliche Stellung und Aufgabe der Streitkräfte nach dem Grundgesetz 41

1. Die Bedeutung des Begriffs „Streitkräfte“ 41

2. Die Stellung der Streitkräfte im System der Gewaltenteilung 43

3. Der Verteidigungsauftrag der Streitkräfte und die Bedeutung von Art. 87 a Abs. 2 des Grundgesetzes 45

II. Die Funktion der Streitkräfte beim Notstandseinsatz im Inneren 47

1. Ihre Funktion im Verteidigungsfall — Art. 87 a Abs. 3 des Grundgesetzes 47

a) Der Einsatz der Streitkräfte zur Erfüllung des Verteidigungsauftrages — Art. 87 a Abs. 3 Satz 1 GG 48

aa) Der Schutz ziviler Objekte durch die Streitkräfte 48

bb) Die Verkehrsregelung durch die Streitkräfte 54

b) Die Befugnis zum Schutz ziviler Objekte kraft Übertragung — Art. 87 a Abs. 3 Satz 2 GG 56

2. Die Funktion der Streitkräfte im sogenannten „inneren Notstand“ — Art. 87 a Abs. 4 des Grundgesetzes 58

a) Die Voraussetzungen für einen Einsatz der Streitkräfte im inneren Notstand 58

b) Die Funktion der Streitkräfte beim Schutz ziviler Objekte 60

c) Die Funktion der Streitkräfte bei der Bekämpfung militärisch bewaffneter Aufständischer 63

aa) Der Begriff „organisierte und militärisch bewaffnete Aufständische“ 63

bb) Die Auslegung nach dem Wortlaut des Art. 87 a Abs. 4 Satz 1 GG 65

cc) Der Meinungsstand zur Funktion der Streitkräfte 68

dd) Stellungnahme 72

3. Die Funktion der Streitkräfte im Katastrophenfall — Art. 35 Abs. 2 und 3 GG 76

a) Die Rechtslage vor Inkrafttreten der Notstandsverfassung 76

b) Die heutige Rechtslage nach Art. 35 Abs. 2 und 3 des Grundgesetzes 78

D. Der Einsatz von „Kräften und Einrichtungen anderer Verwaltungen“ im Sinn von Art. 35 Abs. 2 und Art. 91 Abs. 1 des Grundgesetzes 80

Zusammenfassung zum ersten Teil 82

Zweiter Teil

Die Organstellung der eingesetzten Vollzugskräfte und die bestehenden Weisungsrechte 84

Erster Abschnitt: Die Rechtslage bei Polizei und Bundesgrenzschutz 84

A. Der Einsatz durch die Länder 85

I. Die Organstellung ... 85

1. Der Begriff „Organ“ ... 85

2. Die Organstellung der Länderpolizeien im Anforderungsfall des Art. 91 Abs. 1 und 35 Abs. 2 des Grundgesetzes ... 87

3. Die Stellung der Länderpolizeien im Fall des Art. 35 Abs. 3 Satz 1 des Grundgesetzes ... 92

4. Die Organstellung des Bundesgrenzschutzes ... 92

a) Im Anforderungsfall des Art. 91 Abs. 1 und Art. 35 Abs. 2 des Grundgesetzes ... 92

b) Im sogenannten „Kataraktfall“ des Art. 115 i Abs. 1 des Grundgesetzes ... 93

II. Die Weisungsrechte ... 96

1. Die gegenüber den Länderpolizeien bestehenden Weisungsrechte ... 96

a) Im Anforderungsfall — Art. 35 Abs. 2 und Art. 91 Abs. 1 des Grundgesetzes ... 96

b) Im Fall des Art. 35 Abs. 3 Satz 1 des Grundgesetzes ... 99

2. Die gegenüber den Bundesgrenzschutzeinheiten bestehenden Weisungsrechte ... 100

a) Im Anforderungsfall — Art. 35 Abs. 2 und Art. 91 Abs. 1 des Grundgesetzes ... 100

b) Im sogenannten „Kataraktfall“ des Art. 115 i Abs. 1 des Grundgesetzes ... 101

B. Der Einsatz durch den Bund ... 102

I. Die Organstellung ... 102

1. Die Organstellung der Länderpolizeien ... 102

a) Bei einem Einsatz nach Art. 91 Abs. 2 GG ... 102

b) Bei einem Einsatz nach Art. 115 f Abs. 1 Ziff. 2 GG ... 107

2. Die Organstellung des Bundesgrenzschutzes bei einem Einsatz nach Art. 35 Abs. 3, 91 Abs. 2 und 115 f Abs. 1 Ziff. 1 GG ... 108

II. Die Weisungsrechte ... 108

1. Gegenüber den Landespolizeikräften gemäß Art. 91 Abs. 2 Satz 1 GG ... 108

2. Das Weisungsrecht der Bundesregierung nach Art. 91 Abs. 2 Satz 3 GG ... 114

3. Das Weisungsrecht gegenüber den Länderpolizeien nach Art. 115 f Abs. 1 Ziff. 2 GG ... 115

4. Die Weisungsrechte gegenüber dem Bundesgrenzschutz bei dessen Einsatz nach Art. 35 Abs. 3 Satz 1, 91 Abs. 2 Satz 1 und 115 f Abs. 1 Ziff. 1 GG ... 116

Zweiter Abschnitt: Die Rechtslage bei den Streitkräften ... 118

A. Die Organstellung der Streitkräfte ... 118

I. Die normale Organstellung der Streitkräfte ... 118

II. Die Organstellung der Streitkräfte im Notstandsfall ... 118
1. Beim Einsatz durch die Länder — Art. 35 Abs. 2 GG ... 118
2. Beim Einsatz durch den Bund ... 119

B. Die Weisungsrechte ... 121
I. Beim inneren Einsatz der Streitkräfte während des Verteidigungsfalles ... 121
1. Der Einsatz gemäß Art. 87 a Abs. 3 Satz 1 GG ... 122
2. Der Einsatz gemäß Art. 87 a Abs. 3 Satz 2 GG ... 123
II. Die Weisungsrechte beim Einsatz der Streitkräfte im inneren Notstand und im Katastrophenfall ... 124
1. Der Einsatz durch die Bundesregierung gemäß Art. 35 Abs. 3 Satz 1 und Art. 87 a Abs. 4 Satz 1 GG ... 124
2. Der Einsatz der Streitkräfte auf Anforderung der Länder gemäß Art. 35 Abs. 2 GG ... 127

Zusammenfassung zum zweiten Teil ... 128

Dritter Teil

Die Rechtsgrundlagen für Eingriffsmaßnahmen der Vollzugskräfte 131

Erster Abschnitt: Landesrecht als Rechtsgrundlage ... 131

A. Der Einsatz landesfremder Vollzugskräfte in den „Anforderungsfällen“ des Art. 35 Abs. 2, 91 Abs. 1 GG ... 131
I. Die ausdrückliche Regelung in den Landespolizeigesetzen ... 131
II. Die Rechtslage in den Bundesländern ohne diesbezügliche gesetzliche Regelung ... 134

B. Die Rechtslage in den Fällen des Art. 35 Abs. 3 Satz 1, Art. 115 f Abs. 1 Ziff. 2 und Art. 115 i Abs. 1 GG ... 136

Zweiter Abschnitt: Landesrecht und Bundesrecht als Rechtsgrundlage beim Einsatz der Länderpolizeien auf Weisung der Bundesregierung — Art. 91 Abs. 2 Satz 1 GG ... 138

A. Die grundsätzliche Geltung von Landesrecht ... 138

B. Bundesrecht als Rechtsgrundlage ... 142
I. Die Gesetzgebungskompetenz des Bundes ... 142
II. Die gegenwärtige Rechtslage auf Grund des § 15 UZwG und des § 66 BGSG ... 145

Dritter Abschnitt: Bundesrecht als alleinige Rechtsgrundlage ... 148

A. Der Einsatz des Bundesgrenzschutzes auf Grund einer Bundeskompetenz — Art. 35 Abs. 3 Satz 1, 91 Abs. 2 und 115 f Abs. 1 Ziff. 1 GG ... 148
I. Die Unanwendbarkeit von Landesrecht ... 148

II. Die Rechtslage vor Erlaß des neuen BGSG 150
III. Die Rechtslage auf Grund des neuen BGSG 154

B. Der Einsatz der Streitkräfte durch den Bund 155
I. Die Rechtsgrundlagen für den Objektschutz durch die Streitkräfte 155
1. Der Schutz ziviler Objekte zur Erfüllung des Verteidigungsauftrages — Art. 87 a Abs. 3 Satz 1 GG 155
2. Der auf die Streitkräfte übertragene Schutz ziviler Objekte zur Unterstützung polizeilicher Maßnahmen — Art. 87 a Abs. 3 Satz 2 GG 160
3. Der Schutz ziviler Objekte durch die Streitkräfte im Inneren Notstand — Art. 87 a Abs. 4 Satz 1 GG 160
II. Die Rechtsgrundlage für die Verkehrsregelung durch die Streitkräfte — Art. 87 a Abs. 3 Satz 1 GG 161
III. Die Rechtsgrundlagen der Einzelmaßnahmen der Streitkräfte bei der Bekämpfung von Aufständischen — Art. 87 a Abs. 4 Satz 1 GG 162
IV. Die Rechtsgrundlagen für Maßnahmen der Streitkräfte im Katastrophenfall — Art. 35 Abs. 3 Satz 1 GG 167

Zusammenfassung zum dritten Teil 169

Vierter Teil

Die Befugnisse der Vollzugskräfte 172

Erster Abschnitt: Die grundsätzliche Beschränkung auf die normalen Befugnisse auch im Notstandsfall 172

Zweiter Abschnitt: Die wenigen Erweiterungen der Befugnisse im Notstandsfall 175

A. Die Verlängerung der bei Freiheitsentziehung zu wahrenden Fristen — Art. 115 c Abs. 2 Ziff. 2 GG 176
B. Die erweiterte Möglichkeit der Einschränkung des Grundrechts der Freizügigkeit — Art. 11 Abs. 2 GG 178
C. Die erweiterten Befugnisse der Streitkräfte beim Kampf gegen militärisch bewaffnete Aufständische — Art. 87 a Abs. 4 GG 182

Dritter Abschnitt: Die Auswirkungen der Grundsätze der Verhältnismäßigkeit und der Erforderlichkeit auf die Eingriffsbefugnisse der Vollzugskräfte im Notstandsfall 183

A. Inhalt und Bedeutung beider Grundsätze 183
B. Die Auswirkung beider Grundsätze im Notstandsfall 185

Vierter Abschnitt: Die zulässige Bewaffnung der polizeilichen Vollzugskräfte 188

A. Die Ausgangslage des Problems 188

B. Der Meinungsstand zur Polizeibewaffnung 190

I. Ule als Befürworter von verfassungsrechtlichen Schranken der Polizeibewaffnung 190

II. Die gegenteilige Ansicht 191

C. Stellungnahme 192

Zusammenfassung zum vierten Teil 198

Thesen 201

Verzeichnis der benutzten Materialien zur Notstandsverfassung und anderen Gesetzen 205

Literaturverzeichnis 207

Abkürzungsverzeichnis

AB 1965	=	Schriftlicher Bericht des Rechtsausschusses vom 31. 5. 1965 (vgl. Verzeichnis der Materialien zur Notstandsverfassung)
AB 1968	=	Schriftlicher Bericht des Rechtsausschusses vom 9. 5. 1968 (vgl. Verzeichnis der Materialien zur Notstandsverfassung)
Abg.	=	Abgeordneter
ABl.	=	Amtsblatt
a. E.	=	am Ende
AE 1965	=	Entwurf des Rechtsausschusses vom 31. 5. 1965 (vgl. Verzeichnis der Materialien zur Notstandsverfassung)
AE 1968	=	Beschlüsse des Rechtsausschusses vom 9. 5. 1968 (vgl. Verzeichnis der Materialien zur Notstandsverfassung)
a. F.	=	alter Fassung
Anm.	=	Anmerkung
AöR	=	Archiv des öffentlichen Rechts (zitiert nach Band und Seite)
bay	=	bayerisch
BayGO	=	Gemeindeordnung für den Freistaat Bayern vom 25. 1. 1952 (ber. GVBl. 1958 S. 100)
BayObLG	=	Bayerisches Oberstes Landesgericht
BayVBl	=	Bayerische Verwaltungsblätter
BayVerfGH	=	Bayerischer Verfassungsgerichtshof
Begründung BGSG	=	Begründung zum Entwurf der Bundesregierung eines Bundesgrenzschutzgesetzes vom 2. 12. 1971 (Vgl. Verzeichnis der Materialien zur Notstandsverfassung)
BGBl.	=	Bundesgesetzblatt
BGH	=	Bundesgerichtshof
BGS	=	Bundesgrenzschutz
BGSG (alt)	=	Gesetz über den Bundesgrenzschutz und die Einrichtung von Bundesgrenzschutzbehörden vom 16. 3. 1951 (BGBl. I S. 201)
BGSG (neu)	=	Gesetz über den Bundesgrenzschutz vom 18. 8. 1972 (BGBl. I S. 1834)
BK	=	Bonner Kommentar (vgl. Literaturverzeichnis)
BPolBG	=	Gesetz zur Regelung der Rechtsverhältnisse der Polizeivollzugsbeamten des Bundes in der Fassung vom 10. 7. 1967 (BGBl. I S. 702)
BRD	=	Bundesrepublik Deutschland
brePolG	=	Polizeigesetz von Bremen vom 5. 7. 1960 (GBl. S. 73)
BVerfG	=	Bundesverfassungsgericht
BVerwG	=	Bundesverwaltungsgericht
BVerwGE	=	Amtliche Sammlung der Entscheidungen des Bundesverwaltungsgerichts (zitiert nach Band und Seite)
bwPolG	=	Polizeigesetz von Baden-Württemberg in der Fassung vom 16. 1. 1968 (GBl. S. 61)

DA — BGS	= Dienstanweisung über Aufgaben und Befugnisse des Bundesgrenzschutzes vom 5. 7. 1962 (GMBl. 20/62)
Diss.	= Dissertation
DÖV	= Die Öffentliche Verwaltung
DRZ	= Deutsche Richterzeitung
DVBl	= Deutsches Verwaltungsblatt
Entwurf BGSG	= Entwurf der Bundesregierung eines Gesetzes über den Bundesgrenzschutz vom 2. 12. 1971 (vgl. Verzeichnis der Materialien zur Notstandsverfassung)
Erg. d. Verf.	= Ergänzung des Verfassers
ErnSiG	= Gesetz über die Sicherstellung der Versorgung mit Erzeugnissen der Ernährungs- und Landwirtschaft sowie der Forst- und Holzwirtschaft (Ernährungssicherstellungsgesetz) vom 24. 8. 1965 (BGBl. I S. 938)
GBl.	= Gesetzblatt
GdP	= Gewerkschaft der Polizei
GG	= Grundgesetz für die Bundesrepublik Deutschland vom 23. 5. 1949 (BGBl. S. 1)
GMBl.	= Gemeinsames Ministerialblatt, herausgegeben vom Bundesministerium des Inneren
GS	= Preußische Gesetzsammlung (ab 1907)
GVBl.	= Gesetz- und Verordnungsblatt
GV NW	= Gesetz- und Verordnungsblatt für Nordrhein-Westfalen
GVO Bl	= Gesetz- und Verordnungsblatt für Schleswig-Holstein
hamSOG	= Hamburger Gesetz zum Schutz der öffentlichen Sicherheit und Ordnung vom 14. 3. 1966 (GVBl. S. 77)
heSOG	= Hessisches Gesetz über die öffentliche Sicherheit und Ordnung vom 17. 12. 1964 (GVBl. 1964 I S. 209)
i. d. F.	= in der Fassung
i. e. S.	= im engeren Sinn
i. V. m.	= in Verbindung mit
Jg.	= Jahrgang
JöR	= Jahrbuch des öffentlichen Rechts (zitiert nach Band und Seite)
JR	= Juristische Rundschau
JuS	= Juristische Schulung
JZ	= Juristenzeitung
lit.	= Buchstabe
M-D-H	= Maunz-Dürig-Herzog (vgl. Literaturverzeichnis)
MDR	= Monatsschrift für deutsches Recht
NJW	= Neue Juristische Wochenschrift
nsSOG	= Gesetz des Landes Niedersachsen über die öffentliche Sicherheit und Ordnung vom 21. 3. 1951 (GVBl. I S. 89)
nwPolG	= Polizeigesetz von Nordrhein-Westfalen vom 28. 10. 1969 (GV NW S. 740)
o.	= ohne
o. O.	= ohne Ort
ÖTV	= Gewerkschaft öffentliche Dienste, Transport und Verkehr
PAG	= Gesetz über die Aufgaben und Befugnisse der Polizei in Bayern (Polizeiaufgabengesetz) in der Fassung vom 3. 4. 1961 (GVBl. S. 95)

POG	= Gesetz über die Organisation der Polizei in Bayern (Polizeiorganisationsgesetz — POG —) in der Fassung der Bekanntmachung vom 7. 9. 1972 (GVBl. 1972 S. 425)
PrALR	= Allgemeines Landrecht für die preußischen Staaten vom 5. Februar 1794
Prot.	= Protokoll
PrOVG	= Amtliche Sammlung der Entscheidungen des Preußischen Oberverwaltungsgerichts (zitiert nach Band und Seite)
PrPVG	= (Preußisches) Polizeiverwaltungsgesetz vom 1. 6. 1931 (GS S. 77)
RE 1960	= Regierungsentwurf vom 20. 4. 1960 (vgl. Verzeichnis der Materialien zur Notstandsverfassung)
RE 1962	= Regierungsentwurf vom 31. 10. 1962 (vgl. Verzeichnis der Materialien zur Notstandsverfassung)
RE 1967	= Regierungsentwurf vom 10. 3. 1967 (vgl. Verzeichnis der Materialien zur Notstandsverfassung)
rhpfPVG	= Polizeiverwaltungsgesetz von Rheinland-Pfalz vom 26. 3. 1954 (GVBl. S. 31)
Rn.	= Randnummer
SaBl.	= Sammelblatt für Rechtsvorschriften des Bundes und der Länder
schlhPOG	= Gesetz über die Organisation der Polizei in Schleswig-Holstein vom 9. 12. 1968 (GVOBl. S. 327)
Sten. Ber.	= Stenographische Berichte
Sten. Prot.	= Stenographische Protokolle
StPO	= Strafprozeßordnung i. d. F. vom 17. 9. 1965 (BGBl. I S. 1374)
StVO	= Straßenverkehrs-Ordnung vom 16. 11. 1970 (BGBl. I S. 1565)
UZwG	= Gesetz über den unmittelbaren Zwang bei Ausübung öffentlicher Gewalt durch Vollzugsbeamte des Bundes vom 10. 3. 1961 (BGBl. I S. 165)
UZwGBw	= Gesetz über die Anwendung unmittelbaren Zwanges und die Ausübung besonderer Befugnisse durch Soldaten der Bundeswehr und zivile Wachpersonen vom 12. 8. 1965 (BGBl. I S. 796)
VerkSiG	= Gesetz zur Sicherung des Verkehrs (Verkehrssicherstellungsgesetz) vom 24. 8. 1965 (BGBl. I S. 927)
VerwArch	= Verwaltungsarchiv (zitiert nach Band und Seite)
VMBl.	= Ministerialblatt des Bundesministers der Verteidigung
VO	= Verordnung
VVDStRL	= Veröffentlichungen der Vereinigung der Deutschen Staatsrechtslehrer (zitiert nach Heft und Seite)
Vwv UZwG	= Allgemeine Verwaltungsvorschrift des Bundesministers des Inneren zum Gesetz über den unmittelbaren Zwang bei Ausübung öffentlicher Gewalt durch Vollzugsbeamte des Bundes i. d. F. vom 24. 1. 1969 (GMBl. S. 59)
WirtSiG	= Gesetz über die Sicherstellung von Leistungen auf dem Gebiet der gewerblichen Wirtschaft sowie des Geld- und Kapitalverkehrs (Wirtschaftssicherstellungsgesetz) vom 24. 8. 1965 (BGBl. I S. 920)
WV	= Verfassung des Deutschen Reichs (Weimarer Verfassung) vom 11. August 1919 (RGBl. S. 1383)

Einleitung

Mit der Verabschiedung der sog. „Notstandsverfassung“ durch das siebzehnte Gesetz zur Ergänzung des Grundgesetzes vom 24. 6. 1968 (BGBl. I S. 709 f.) hat der Deutsche Bundestag im legislativen Bereich einen Schlußstrich unter die jahrelange Diskussion über Sinn, Berechtigung und Ausgestaltung einer Notstandsverfassung gezogen.

Die vorangegangenen Diskussionen der Befürworter und Gegner einer Notstandsverfassung wurden zwar auf beiden Seiten auch mit juristischen Argumenten geführt, jedoch lag der Schwerpunkt im politischen Bereich. Dabei trat in den Hintergrund, welche rechtlichen Auswirkungen und Probleme die Regelung im Einzelnen bringen würde. Erst nach Verabschiedung der Notstandsverfassung durch den Gesetzgeber gewann die juristische Diskussion über Einzelfragen der Verfassungsergänzung an Bedeutung.

Die folgende Abhandlung dient der Analyse eines bestimmten Problemkreises der Notstandsverfassung. Es soll aufgezeigt werden, welche rechtlichen Probleme der Einsatz der staatlichen Ordnungs- und Vollzugskräfte im Notstandsfall auf Grund der Art. 35, 87 a, 91, 115 f und 115 i sowie weiterer damit zusammenhängender Bestimmungen des Grundgesetzes aufwirft. Die Nennung der „Polizei*gewalt*“ neben der „Polizei“ im Thema hat die Bedeutung, daß bereits auf die Unterscheidung der zwei Träger eines Notstandseinsatzes verwiesen wird, nämlich auf die Polizeikräfte im engeren Sinn (wozu auch der Bundesgrenzschutz gehört) und auf die Streitkräfte. Es geht dabei um die Frage, ob auch die Streitkräfte Polizeigewalt ausüben, oder ob unter bestimmten Voraussetzungen ihr Einsatz im Notstand anderen rechtlichen Kriterien unterliegt.

Der Notstandseinsatz der genannten Vollzugskräfte soll also daraufhin untersucht werden, wie weit er von der Ausübung polizeilicher Gewalt im herkömmlichen Sinn getragen wird, oder wie weit hier andere Kriterien anzuwenden sind. Ferner ist darzulegen, welchen Einfluß das föderale Gefüge der Bundesrepublik auf die Stellung der Vollzugskräfte im Einsatz hat, d. h. ob die Vollzugskräfte Bundes- oder Landesorgane sind und welchen Weisungen sie jeweils unterstellt sind.

Das soeben umrissene *Ziel der Arbeit* kann auf *zwei Wegen* erreicht werden:

Einmal könnten die zu behandelnden Fragen jeweils im Rahmen der einschlägigen Grundgesetzartikel erörtert werden. Diese Methode ist einem Gesetzeskommentar angemessen, nicht aber einer Dissertation, deren Ziel es ist, einen Problemkreis im geschlossenen Zusammenhang zu behandeln. Daher wurde der Weg gewählt, der sich von den einschlägigen Grundgesetzbestimmungen löst und statt dessen die im Rahmen dieser Bestimmungen anfallenden Fragen einem übergeordneten sachlichen Zusammenhang unterwirft.

Mit dieser Methode ergibt sich *folgender Aufbau:*

Zunächst wird dargestellt, welche Arten von Vollzugskräften das Grundgesetz für einen Einsatz im Notstandsfall vorsieht. Gleichzeitig wird in diesem ersten Teil die den Vollzugskräften zugewiesene *Funktion* geklärt, was letztlich auf die Frage hinausläuft, ob auch im Notstand normale Polizeifunktionen ausgeübt werden.

Im *zweiten Teil* der Arbeit wird dann der Frage nachgegangen, wessen *Organe* (des Bundes oder der Länder) die eingesetzten Kräfte sind, und wie sich die *Weisungsrechte* zwischen Bund und Ländern aufteilen.

Im *dritten Teil* bleibt zu klären, welche *Rechtsgrundlagen* auf Grund der festgestellten Funktionen für die einzelnen Notstandseinsätze in Frage kommen. Diese Frage ist von größter Bedeutung dafür, daß die Rechtsstaatlichkeit auch bei der Ausübung der Staatsgewalt im Notstand gewahrt wird.

Der *vierte und letzte Teil* der Dissertation bleibt der Darlegung dessen vorbehalten, was den Staatsbürger im Notstandsfall am meisten und nachhaltigsten betreffen würde, nämlich der *Umfang der Eingriffsbefugnisse* in die Rechte, besonders die Grundrechte des Bürgers.

Da somit die Abhandlung bewußt auf eine Kommentierung der in Frage kommenden Bestimmungen des Grundgesetzes verzichtet, sind nicht alle Probleme erörtert, die im Rahmen der genannten Artikel des Grundgesetzes auftauchen. So wurde z. B. darauf verzichtet, eingehender darzulegen, welche konkreten Situationen unter den Begriff der „Gefahr für den Bestand oder die freiheitliche demokratische Grundordnung des Bundes oder eines Landes“ im Sinne von Art. 91 GG fallen. Gleiches gilt für den Begriff der „Naturkatastrophe“ und des „besonders schweren Unglücksfalls“ in Art. 35 Abs. 2 GG, ferner für die Begriffe „Verteidigungsfall“ und „Spannungsfall“. Auch wird nicht näher auf die Anforderungsrechte der Länder und die entsprechenden Hilfeleistungspflichten der anderen Länder und des Bundes in Art. 35 Abs. 2 und Art. 91 Abs. 1 eingegangen. Ebensowenig werden die Kontrollrechte von Bundestag und Bundesrat[1] näher behandelt. Alle diese

Fragen wären in einem Kommentar zur Notstandsverfassung zu erörtern[2], im Rahmen der folgenden Untersuchung haben sie keinen Platz.

Diesem kurzen Abriß über Ziel und Methode der folgenden Abhandlung ist noch eine *Bemerkung zum System der Gliederung* hinzuzufügen:

Da das Thema von „Polizei" und „Polizeigewalt" spricht, wird grundsätzlich von einer Zweiteilung der Exekutivkräfte ausgegangen, nämlich der Unterscheidung von Polizeikräften einerseits und Streitkräften andererseits, wobei der Bundesgrenzschutz der ersten Gruppe zuzurechnen ist. Dennoch ist dem Bundesgrenzschutz an einigen Stellen ein von der Behandlung der Polizei getrennter Abschnitt gewidmet. Dies ist gerechtfertigt, weil der Bundesgrenzschutz gegenüber den übrigen polizeilichen Vollzugskräften bei aller Ähnlichkeit materieller Polizeifunktionen die Besonderheit aufweist, ein Polizeiverband des Bundes zu sein[3]. Die dadurch bedingte Sonderstellung gegenüber den Länderpolizeien erfordert zuweilen auch eine Sonderstellung in der sachlichen Gliederung.

---

[1] Vgl. Art. 35 Abs. 3 S. 2, Art. 87 a Abs. 4 S. 2, Art. 91 Abs. 2 S. 2, Art. 115 f Abs. 2 des Grundgesetzes.

[2] Siehe zu den eben genannten Fragen etwa die ausführlichen Kommentierungen im Bonner Kommentar von *Ipsen* zu Art. 87 a GG und von *Evers* zu Art. 91 GG; ferner die Kommentierungen von *Dürig* zu Art. 87 a und von *Maunz* zu Art. 91 GG im Kommentar von Maunz - Dürig - Herzog.

[3] Dies war allerdings vor dem Erlaß des neuen Gesetzes über den Bundesgrenzschutz (vom 18. 8. 1972 BGBl. I S. 1834) strittig; a. A. *Schnupp* in: Bundesgrenzschutz — Grenzschutzorgan oder Bundespolizei, in Der öffentliche Dienst 1972 S. 8 ff. Nach Schnupp ist der Bundesgrenzschutz keine Bundespolizei, sondern ein paramilitärischer Verband; vgl. dazu näher unten im ersten Teil, dritter Abschnitt B I.

ERSTER TEIL

Die im Grundgesetz zur Bekämpfung von Notstandslagen vorgesehenen Vollzugskräfte und ihre Funktionen

Erster Abschnitt

Klärung des Begriffs „Notstandsfall“

Das Thema dieser Arbeit spricht vom „Notstandsfall“. Bevor daher die Untersuchung über die rechtliche Problematik polizeilicher und sonstiger Gewaltausübung im „Notstandsfall“ begonnen wird, empfiehlt es sich, den hier verwendeten Begriff „Notstandsfall“ kurz zu erläutern.

A. Der „Notstandsfall“ als Oberbegriff

Was im Thema als „Notstandsfall“ formuliert wurde, ist als Oberbegriff für die im Grundgesetz definierten Situationen gewählt worden, die eine von außen kommende oder im Inneren der Bundesrepublik entstandene Gefährdung des normalen Staatslebens darstellen. Das Grundgesetz legt seit Verabschiedung der sog. „Notstandsverfassung“[1] genau fest, welche Notlagen im Staatsleben eine außergewöhnliche staatliche Reaktion erlauben und erfordern. Es erübrigt sich also eine allgemeine Erörterung über das Wesen des „Notstandsfalles“ bzw. des „Staatsnotstandes“ sowie über seine möglichen Erscheinungsformen[2].

Bemerkenswert an der Regelung des Grundgesetzes ist die Tatsache, daß bei der Beschreibung der Notlagen eine Ausdruck wie „Notstand“, „Staatsnotstand“ oder ähnliches vermieden wurde. Das deutet auf das Bestreben der Verfassungsgesetzgebers hin, möglichst genau zu beschreiben, was eine Notlage ist, die außergewöhnliche Maßnahmen erfordert, um dadurch der Gefahr einer Bezeichnung mit general-

---

[1] Siebzehntes Gesetz zur Ergänzung des Grundgesetzes vom 24. 6. 1968, BGBl. I 709.

[2] Eine Erörterung dieses Problems hat naturgemäß in der früheren Literatur zum Thema „Notstand“ eine große Rolle gespielt — vgl. etwa *Mattenklott* S. 8 ff., S. 12 ff., wo sich der Verfasser um eine exakte Definition des Staatsnotstands und seiner Erscheinungsformen bemüht.

klauselartiger Weite zu entgehen[3]. So spricht das Grundgesetz von „Verteidigungsfall“, „Spannungsfall“, „Naturkatastrophe“ usw., von Begriffen also, die eine genauere Eingrenzung erlauben als etwa der Begriff „Störung der öffentlichen Sicherheit und Ordnung“[4].

Im folgenden lehnt sich die Einteilung der verschiedenen Notstandsfälle an die Einteilung des Grundgesetzes an, wobei jedoch nicht immer die manchmal langatmige Formulierung des Verfassungstextes beibehalten wird.

B. Der sogenannte „innere Notstand“

„Innerer Notstand“ soll im Rahmen dieser Abhandlung die Bezeichnung der Situation sein, die das Grundgesetz als „drohende Gefahr für den Bestand oder die freiheitliche demokratische Grundordnung des Bundes oder eines Landes“ in Art. 87 a Abs. 4 und Art. 91 Abs. 1 beschreibt. Zwei Tatbestände enthält dieser Begriff: einmal die Gefahr für den „Bestand“ des Bundes oder eines Landes, zum andern die Gefahr für die freiheitliche demokratische Grundordnung des Bundes oder eines Landes.

Der *Bestand* des Bundes oder eines Landes umfaßt „den Schutz ihrer Gebiete, ihrer Bevölkerung und ihrer Souveränität, die sich nach innen als das Vorhandensein einer effektiven Ordnungsmacht darstellt“[5]. Es geht also allein um den „Schutz der elementarsten rechtlichen und sozialen Gegebenheiten, die den Bestand des Staates ausmachen“[6]. Der Begriff des „Bestandes“ ist demnach auf keinen Fall extensiv auszulegen[7].

Der Begriff der „freiheitlichen demokratischen Grundordnung“ ist auch an anderen Stellen des Grundgesetzes zu finden, so in den Art. 18 und 21 Abs. 2. Das Bundesverfassungsgericht hat diesen Begriff als eine Ordnung definiert, „die unter Ausschluß jeglicher Gewalt- und Willkürherrschaft eine rechtsstaatliche Herrschaftsordnung auf der Grundlage der Selbstbestimmung des Volkes nach dem Willen der jeweiligen Mehrheit und der Freiheit und Gleichheit darstellt. Zu den

---

3 Ähnlich die Begründung des RE 1967 S. 15.

4 Vgl. Art. 48 Abs. 2 WV, wo es heißt: „... wenn ... die öffentliche Sicherheit und Ordnung erheblich gestört oder gefährdet wird.“ Ebenso *Dürig* in M-D-H Art. 87 a Rn. 99.

5 *Evers* in BK Rn. 20 zu Art. 87 a; ähnlich *Dürig* in M-D-H Art. 87 a Rn. 100.

6 *Evers* ebenda; ebenso *Dürig* ebenda.

7 a. M. *v. Mangoldt-Klein* Art. 21 Anm. VII 3 und Art. 91 Anm. 2 sowie Art. 87 a Anm. VII 1 a, der auch die Aktionsfähigkeit der Staatsorgane und die in Art. 20 GG festgelegte Staatsform zum „Bestand“ des Bundes zählt; im übrigen zu diesem Problem ausführlich mit weiteren Nachweisen *Evers* in BK Rn. 17 ff.

grundlegenden Prinzipien dieser Ordnung sind mindestens zu rechnen: Die Achtung vor den im Grundgesetz konkretisierten Menschenrechten, vor allem vor dem Recht der Persönlichkeit auf Leben und freie Entfaltung, die Volkssouveränität, die Gewaltenteilung, die Verantwortlichkeit der Regierung, die Gesetzmäßigkeit der Verwaltung, die Unabhängigkeit der Gerichte, das Mehrparteienprinzip und die Chancengleichheit für alle politischen Parteien mit dem Recht auf verfassungsmäßige Bildung und Ausübung einer Opposition"[8]. Diese Definition hat das Bundesverfassungsgericht zwar zum Art. 21 GG gegeben, aber der Begriff ist in Art. 21 derselbe wie in Art. 91 GG, daher hat die oben widergegebene Definition auch im Rahmen des Art. 91 und deshalb auch bei Art. 87 a Abs. 4 GG Geltung[9].

Die in Art. 91 und 87 a Abs. 4 GG vorgesehenen Maßnahmen dürfen dann ergriffen werden, wenn für die beiden Schutzgüter „Bestand" bzw. „freiheitliche demokratische Grundordnung" des Bundes oder der Länder eine *„Gefahr droht"*. Da Art. 91 und Art. 87 a Abs. 4 GG einen Polizeieinsatz bzw. einen zur Unterstützung der Polizei erfolgenden Bundeswehreinsatz regeln, ist der Begriff der „drohenden Gefahr" polizeirechtlich auszulegen: eine Gefahr droht den beiden genannten Schutzgütern dann, wenn ihre Verletzung sehr wahrscheinlich ist[10].

C. Der Katastrophennotstand

Als „Katastrophennotstand" bzw. als „Katastrophenfall" wird im folgenden die Situation bezeichnet, die in Art. 35 Abs. 2 und 3 GG als „Naturkatastrophe" bzw. „besonders schwerer Unglücksfall" beschrieben wird. Damit wurde in das Grundgesetz erstmals eine Regelung hinsichtlich möglicher Katastrophenfälle aufgenommen. Dies ist nicht zuletzt auf die Erfahrungen aus dem Ablauf der Hamburger Flutkatastrophe zurückzuführen[11]. Damals mußten Maßnahmen ergriffen werden, die nach damaligem Verfassungsrecht eindeutig verfassungswidrig waren[12].

---

[8] BVerfGE 2, S. 1 f. (12 f.); näher dazu *Dürig* in M-D-H Art. 87 a Rn. 101.

[9] Ebenso *Maunz* in M-D-H Art. 91 Rn. 9.

[10] So auch *Evers* in BK Art. 91 Rn. 25; *Maunz* in M-D-H Art. 91 Rn. 9; *v. Mangoldt-Klein* Art. 87 a Anm. VII 1 a ee; vgl. im übrigen zum Begriff der freiheitl. demokrat. Grundordnung und ihrer Gefährdung: *Evers* in BK Art. 91 Rn. 21; *Kölble*, Einschreiten S. 88; *Leibholz* S. 554 f.; *Scheuner*, Verfassungsschutz S. 324; *Reme* S. 85 ff.; Notstandsgesetze S. 99 ff.; *Evers*, Notstandsverfassung S. 28 ff.; *Baur*, Der politische Streik S. 146 f., der insbes. den Fall des politischen Streiks untersucht.

[11] Vgl. AB 1965 S. 17; Begründung zum RE 1967 S. 23; *Benda* S. 145; AB 1968 S. 9.

[12] Dazu wird noch Näheres ausgeführt unten dritter Abschnitt C II 3; siehe dazu auch die Rede von *Helmut Schmidt* in der Sitzung des Dt. Bundestags

Das Grundgesetz unterscheidet in Art. 35 Abs. 2 zwei Fälle des Katastrophennotstandes: die „Naturkatastrophe“ und den „besonders schweren Unglücksfall“. Unter den Begriff der „Naturkatastrophe“ fallen alle durch die Naturgewalten bedingten schweren Schadensereignisse. In Deutschland kommen wegen der geographischen und klimatischen Bedingungen wohl nur Flut- und Hochwasserkatastrophen in Betracht. Demgegenüber bezeichnet der Begriff „besonders schwerer Unglücksfall“ diejenigen schweren Schadensereignisse, die „auf technische Unzulänglichkeiten oder menschliches Versagen zurückzuführen sind“[13]. Hierher gehören etwa folgende Ereignisse: ein Eisenbahnunglück größten Ausmaßes, ein Explosionsunglück z. B. in einer Munitionsfabrik und ein dadurch ausgelöster Brand, ferner ein Unfall in einem Atomreaktor mit nachfolgender Gefahr radioaktiver Verseuchung der Umgebung, und ähnliches mehr. Wie sich schon aus dem Wortlaut „besonders schwerer Unglücksfall“ ergibt, muß das Ereignis ein großes Ausmaß an Gefahr und Schäden mit sich bringen. Dasselbe gilt auch für die Naturkatastrophe. Die Formulierung „Katastrophe“ deutet auch hier darauf hin, daß nur schwere Naturereignisse die Möglichkeit zu einem Vorgehen nach Art. 35 GG eröffnen.

D. Der Verteidigungsfall und der Spannungsfall

Im Gegensatz zu den eben beschriebenen Notstandsfällen, die durch Vorgänge innerhalb der Bundesrepublik hervorgerufen werden, handelt es sich beim Verteidigungs- und Spannungsfall um Gefahrenlagen, deren auslösendes Moment auf Störungen der zwischenstaatlichen Beziehungen beruht. Man könnte daher auch von einem „äußeren Notstand“ sprechen. So haben auch fast alle Entwürfe zur Notstandsverfassung von „Zustand der äußeren Gefahr“ gesprochen[14]. Die jetzt geltende Fassung des Grundgesetzes, in der nicht mehr vom „Zustand der äußeren Gefahr“ gesprochen wird, sondern zwischen Verteidigungsfall (Art. 115 a f.) und Spannungsabfall (Art. 80 a GG) unterschieden wird, geht auf die Beschlüsse des Rechtsausschusses vom 9. 5. 1968 zurück, wo diese Formulierung in Abänderung des Regierungsentwurfs[15] vorgenommen wurde[16].

---

am 16. 5. 1968, wo dieser bestätigte, daß er bei der Hamburger Katastrophe 1962 die Bundeswehr verfassungswidrig eingesetzt habe (Schmidt war damals Hamburger Innensenator).

[13] Das Dt. Bundesrecht I A 10 S. 136 a.

[14] Vgl. RE 1962 Art. 115 a; AE 1965 Art. 115 a; RE 1967 Art. 115 a.

[15] = RE 1967.

[16] Vgl. AE 1968 S. 25/26 und dazu Begründung AB 1968 S. 11 f.

Für den *Verteidigungsfall* gibt das Grundgesetz selbst in Art. 115 a Abs. 1 S. 1 eine Legaldefinition: demnach ist der Verteidigungsfall eingetreten, wenn „das Bundesgebiet mit Waffengewalt angegriffen wird oder ein solcher Angriff unmittelbar droht". Dabei bedarf es einer ausdrücklichen förmlichen Feststellung über den Eintritt des Verteidigungsfalles durch eine qualifizierte Mehrheit im Bundestag[17] mit Zustimmung des Bundesrats[18]. Die Voraussetzungen des Verteidigungsfalles sind somit mit hinreichender Deutlichkeit beschrieben[19]. Denn der Angriff auf das Bundesgebiet mit Waffengewalt ist eindeutig fixierbar und auch die Feststellung, wann ein solcher Angriff unmittelbar droht, läßt der Auslegung keinen großen Spielraum, da die Betonung hier auf dem Wort unmittelbar liegt.

Nicht so klar liegen die Dinge beim *Spannungsfall*. Das Grundgesetz enthält sich in Art. 80 a einer Definition und begnügt sich mit der Regelung der förmlichen Feststellung des Spannungsfalls. Die Schaffung der Rechtsfigur des „Spannungsfalles" war vom Bestreben des Bundestags, vor allem der SPD-Fraktion[20], bestimmt, die Anwendung der sog. „einfachen Notstandsgesetze"[21] durch die Bundesregierung an eine vorherige Feststellung bzw. Zustimmung des Parlaments zu binden[22].

Es soll also mit dem Spannungsfall die Situation geregelt werden, die noch vor dem Verteidigungsfall liegt, in der es aber notwendig ist, „bestimmte Maßnahmen zur beschleunigten Herstellung der vollen Verteidigungsbereitschaft zu treffen"[23]. Somit erscheint eine exakte Definition des Spannungsfalles schwer möglich, was auch das Parlament veranlaßt haben dürfte, auf eine Legaldefinition zu verzichten[24].

---

[17] Art. 115 a Abs. 1 S. 2 = zwei Drittel der abgegebenen Stimmen.

[18] Siehe aber die Ausnahmen von der förml. Feststellung in Art. 115 a Abs. 2 und 4.

[19] Eingehend zum Begriff des „Verteidigungsfalles" und der Prozedur seiner förmlichen Feststellung *Herzog* in M-D-H Art. 115 a Rn. 18 ff.

[20] So *Seifert* in Notstandsgesetze S. 162 ff.

[21] So § 2 Abs. 3 ErnSiG; § 2 Abs. 3 VerkSiG; § 2 Abs. 1 WirtSiG. Zur Problematik der „einfachen Notstandsgesetze" und ihrer Anwendung vgl. *von Wehrs*, Zur Anwendbarkeit des Notstandsrechts der Bundesrepublik Deutschland.

[22] Vgl. *Seifert*, Spannungsfall S. 161 ff., 167 ff.; *Benda* S. 70 ff., 125 ff. — *Seifert*, Spannungsfall S. 179 spricht vom Art. 80 a GG als von einer „Verschleierungsnorm", da es einer einfachen Bundestagsmehrheit unbenommen sei, in den oben genannten Gesetzen die Vorschrift zu streichen, die auf Art. 80 a Bezug nehme.

[23] *Benda* S. 126. Eingehend zum „Spannungsfall" *Herzog* in M-D-H Art. 80 a Rn. 32 ff.

[24] Vgl. dazu *Hamann-Lenz* Art. 80 a Anm. A 2: „Er (= der Spannungsfall) ist kein justizförmig anwendbarer Rechtsbegriff sondern eine politische Krisenprognose." — Zur parlamentarischen Entstehungsgeschichte des Begriffs „Spannungsfall" vgl. *v. Mangoldt-Klein* Art. 80 a Anm. III.

Jedenfalls steht der Begriff für eine „bedrohliche Situation, die gewisse Verteidigungsvorbereitungen erfordert, aber vor der Feststellung des Verteidigungsfalles liegt“[25]. Dies läßt sich auch den parlamentarischen Beratungen entnehmen[26].

Mit dieser Darlegung der möglichen Varianten des Notstandes ist hinreichend geklärt, welche tatsächlichen Situationen im staatlichen Bereich der Bundesrepublik eintreten müssen, damit der Einsatz der bewaffneten Exekutivkräfte überhaupt zulässig ist.

Zweiter Abschnitt

Der Begriff „Funktion“

A. Der Polizeibegriff als Ausgangspunkt

Die wesentliche Problematik des durch die Notstandsverfassung ermöglichten Einsatzes von Bundeswehr und Polizei lag[27] und liegt darin, wieweit dieser Einsatz den normalen Kriterien des geltenden Polizeirechts unterliegt und wieweit darüber hinausgehende Funktionen und Befugnisse wahrgenommen werden können. Das ist auch das Kernproblem dieser Abhandlung. Wenn nun im ersten Teil die Funktion der zum Einsatz vorgesehenen Vollzugskräfte geklärt werden soll, diese Aufgabe aber an dem Vorliegen oder Nichtvorliegen einer Polizeifunktion orientiert ist, so muß zunächst dieser Orientierungspunkt näher erläutert werden. Ausgangspunkt muß dabei der Polizeibegriff sein. Die bei einem Notstandseinsatz maßgeblichen Aufgaben, Funktionen, Befugnisse, Rechtsgrundlagen usw. können erst dann an den Begriffen „polizeilich“ oder „nicht polizeilich“ gemessen werden, wenn feststeht, welcher Inhalt nach dem geltenden Recht mit diesen Begriffen verbunden ist. An den Elementen des Polizeibegriffs wird sich auch erweisen lassen, warum die Bekämpfung einer Notstandslage letztlich immer als polizeiliche Aufgabe in einem umfassenden Sinn gelten kann.

---

[25] *Benda,* S. 125; vgl. auch die Definition bei *Hamann-Lenz* Art. 80 a Anm. A 2; ferner *Maunz,* Staatsrecht S. 201; *Baur,* Der politische Streik S. 137.

[26] Vgl. *Seifert,* Spannungsfall S. 172; dabei meint Seifert, daß der Spannungsfall die „erhöhte Verteidigungsbereitschaft und den drohenden Angriff“ umschreibt.

[27] Das zeigen auch die parlamentarischen Beratungen der Notstandsverfassung. — Vgl. etwa die Ausführungen der Sachverständigen bei der 3. öffentl. Informationssitzung des Rechts- und Innenausschusses am 30. 11. 1967, wo es weitgehend um diese Probleme ging (Protokoll 59 S. 2 f., 12 f., 51 f., 64 ff., 77 ff.).

I. Der formelle Polizeibegriff

Das Grundgesetz beläßt die Polizeihoheit, von Ausnahmen abgesehen, den Ländern[28]. Daher ist es auch Ländersache, die Befugnisse und Organisationsformen der Polizei festzulegen. Trotz dieser Kompetenzzuweisung an die Länder sind die Dimensionen des Polizeibegriffs in allen Bundesländern im wesentlichen vom selben Inhalt erfüllt. Dies gilt weniger für die Dimension des sog. formellen Begriffs der Polizei, von dem hier zunächst die Rede sein soll, als vielmehr vom materiellen Polizeibegriff[29].

Der *formelle* Polizeibegriff „umfaßt die Summe aller sachlichen Zuständigkeiten, die von den institutionell als Polizeibehörden bestimmten, in den einzelnen Ländern entsprechend — teilweise auch ‚Polizeidienststellen' — genannten Verwaltungsbehörden wahrgenommen werden"[30]. Der formelle Polizeibegriff gibt also Auskunft über „Organisation und Zuständigkeit der als Polizei bezeichneten Behörden"[31]. Er berührt sich mit dem sog. „institutionellen" Polizeibegriff, wonach unter Polizei die staatliche Einrichtung („Institution") zu verstehen ist, in der die Vollzugs- und Hilfsorgane der Verwaltungsbehörden unter der Bezeichnung Polizei zusammengefaßt sind[32]. In Bayern ist für die Abgrenzung der Polizei gegenüber der übrigen Staatsverwaltung allein dieser institutionelle Polizeibegriff maßgebend[33].

Der formelle Polizeibegriff kann naturgemäß zur Beantwortung der Frage, wieweit im Notstand von den Exekutivkräften Polizeigewalt ausgeübt wird, nichts Wesentliches beitragen. Eine Klärung dieser Frage, die auf den materiellen Gehalt der ausgeübten Staatsgewalt abzielt, kann allein vom materiellen Begriff der Polizei ausgehen.

II. Der materielle Polizeibegriff

Der materielle Polizeibegriff ist heute seinem Inhalt nach in allen Bundesländern der gleiche[34]. Er ist an der der Polizei gestellten Aufgabe

---

[28] Das folgt aus Art. 30 GG. — Vgl. hierzu M-D-H Art. 30 Rn. 5; *Wolff* III § 122 I a.

[29] So auch *Drews-Wacke* S. 13. — Im übrigen vgl. zum Polizeibegriff und seiner Geschichte ausführlich *Schiedermair* S. 18 ff.; *König*, Sicherheitsrecht S. 269 ff.; *Drews-Wacke* S. 1 f.; *Friauf*, Polizeirecht S. 139 ff., 148 ff.

[30] *Wolff* III S. 14; ähnlich *Friauf* S. 157.

[31] *Drews-Wacke* S. 11. *Wacke* stellt hier den formellen Begriff der Polizei dem materiellen gegenüber, der auf die Frage nach dem „polizeilichen Eingriffsrecht" (a.a.O.) antwortet.

[32] *Wolff* III S. 13; *König*, Sicherheitsrecht S. 269.

[33] Vgl. Art. 1 PAG: „Polizei im Sinn dieses Gesetzes sind die im Vollzugsdienst tätigen Dienstkräfte der Polizei des Staates und der Gemeinden."

[34] So auch *Drews-Wacke* S. 13; vgl. auch *Weissmann*, Verfassungsschutz S. 127; *Friauf* S. 156.

orientiert. Demnach „ist die Polizei die mit Befehlsgewalt und Zwangsmitteln ausgestattete, subsidiär ... einschreitende öffentliche Verwaltungsfunktion zur *Abwehr von Gefahren* für die öffentliche Sicherheit und Ordnung“[35]. Nach allgemeiner Ansicht[36] ist damit der materielle Polizeibegriff funktionell bestimmt. Dies gilt für alle Bundesländer mit Ausnahme von Bayern. Zwar ist auch in Bayern die primäre Aufgabe der Polizei genau die gleiche wie in den anderen Bundesländern, nämlich die Abwehr von Gefahren für die öffentliche Sicherheit und Ordnung[37]. Aber die Beschreibung der polizeilichen Aufgabe dient nicht zur Definition des Polizeibegriffs, da letzterer für Bayern rein institutionell gehalten ist[38]. Daraus erklären sich auch die weiteren Unterschiede zwischen dem bayerisch, süddeutschen System und der norddeutschen Regelung:

In Bayern gilt nicht der Satz, daß von der Aufgabe auf eine Eingriffsbefugnis der Polizei geschlossen werden kann[39]. Daher gilt hier nicht das System der polizeilichen Generalermächtigung, vielmehr enthält das PAG eine Vielzahl von Einzelermächtigungen[40]. Demgegenüber gilt im

---

[35] *Wolff* III S. 14. — Diese Definition geht am Wesentlichen auf das Allgemeine Preußische Landrecht von 1794 zurück, wo es in § 10 Teil II Titel 17 heißt: „Die nöthigen Anstalten zur Erhaltung der öffentlichen Ruhe, Sicherheit und Ordnung und zur Abwendung der dem Publico oder Einzelnen Mitgliedern desselben bevorstehenden Gefahr zu treffen, ist das Amt der Polizey.“ Diese Einschränkung der Polizeigewalt auf die Gefahrenabwehr konnte sich erst mit der politischen Durchsetzung des liberalen Rechts- und Verfassungsstaates im vorigen Jahrhundert verfestigen (vgl. Wolff III S. 3 ff.). Richtungsweisend in Preußen war das sog. „Kreuzberg-Urteil“ des PrOVG vom 14. Juni 1882 (PrOVGE 9, 353 f.). — Ganz ähnlich dann die Formulierung des PrPVG in § 14, der in unveränderter Fassung heute noch in Berlin, Nordrhein-Westfalen, Saarland u. Schleswig-Holstein gilt. Ähnlich die Bestimmungen in den übrigen Ländern z. B. § 1 bwPolG, § 1 brePolG, § 1 heSOG; zur besonderen Rechtslage in Bayern siehe oben Anm. 33. Art. 2 PAG gibt nämlich keine Begriffsbestimmung der Polizei, sondern regelt ihre Aufgaben.

Zur Auslegung des Begriffs „öffentliche Sicherheit und Ordnung vgl. *Klein*, DVBl 1971, 233 ff. Zur Kritik gegenüber der herrschenden Auslegung dieses Begriffs siehe *Denninger*, Polizei und freiheitliche Demokratie S. 22 ff., 28 f.,40 f.; derselbe, Demonstrationsfreiheit und Polizeigewalt S. 42 ff.; derselbe, Polizei und demokratische Politik in JZ 1970 S. 145 ff. *Denninger* ist der Ansicht, daß der Polizeibegriff unter dem Grundgesetz einen grundsätzlichen Bedeutungswandel erfahren hat mit der Folge einer Einschränkung der Polizeizuständigkeit und ihrer Mittel. Eine zusammenfassende Darstellung der Kritik Denningers findet sich bei *Klein* S. 233 ff.

[36] So etwa *Wolff* III S. 14; *Kiskalt* S. 21; *König*, Sicherheitsrecht S. 269; *Schiedermair* S. 23; *Samper* Art. 1 Anm. 2; *Mayer* in Mang-Maunz-Mayer-Obermayer S. 391.

[37] Art. 2 S. 1 PAG.

[38] Ausführlich dazu *Mayer*, Polizeirecht S. 195 ff.

[39] *Mayer*, Polizeirecht S. 214; *Wolff* III S. 20 f.

[40] Art. 14 ff. PAG — Allerdings enthält Art. 5 PAG auch eine Art von — wenn auch beschränkter — Generalklausel als Auffangtatbestand.

norddeutschen Rechtskreis das Prinzip, daß mit dem Vorliegen der polizeilichen Aufgabe auch die Befugnis zum Eingreifen gegeben ist, d. h. hier erwachsen die Befugnisse aus der Generalklausel[41], die die polizeiliche Aufgabe definiert und damit auch den materiellen Polizeibegriff. Demnach beantwortet im norddeutschen System der materielle Polizeibegriff bereits die Frage nach dem polizeilichen Eingriffsrecht[42].

Wesentlich für den materiellen Polizeibegriff ist also, daß die Polizei diejenige Verwaltungsstelle ist, die zur Abwehr von Gefahren berufen ist[43].

III. Die Gleichsetzung von polizeilicher Funktion mit polizeilicher Aufgabe im materiellen Polizeibegriff

Die gesamte polizeirechtliche Literatur spricht davon, daß der materielle Polizeibegriff *funktionell* bestimmt sei[44], da er von der den Polizeibehörden gestellten Aufgabe ausgehe. Damit wird festgestellt, daß der Begriff *„Funktion"* mit dem Begriff der *Aufgabe* und des *Zweckes* polizeilichen Einschreitens gleichbedeutend ist. Denn der materielle Polizeibegriff sagt aus, die Polizei sei diejenige Behörde, die zwecks Abwehr von Gefahren einschreite. Die Gefahrenabwehr ist aber eine Aufgabe und ein Zweck. Wenn nun gesagt wird, der materielle Polizeibegriff sei funktionell bestimmt, so setzt man damit eindeutig *Funktion* und *Aufgabe* bzw. *Zweck* gleich. Dies ist ein legitimes Verfahren, denn der Begriff „Funktion" ist nicht ein juristischer, eindeutig fixierter „terminus technicus" wie etwa die Begriffe „Verfügung", „Verwaltungsakt" und dergleichen.

Versteht man unter polizeilicher Funktion die Wahrnehmung polizeilicher Aufgaben und die Erfüllung polizeilicher Zwecke, und legt man den so verstandenen Begriff „Funktion" als Maßstab an den Notstandseinsatz von Polizei, Bundesgrenzschutz und Bundeswehr an, so läßt sich feststellen:

B. Die Erfüllung polizeilicher Aufgaben als generelles Kennzeichen jedes Notstandseinsatzes

Wie soeben dargelegt, stellt sich als Aufgabe und Zweck des polizeilichen Einschreitens die Abwehr von Gefahren für die öffentliche Sicherheit und Ordnung dar[45]. Es ist ohne weiteres evident, daß jeder

---

41 *Wolff* III S. 20; *Drews-Wacke* S. 11 ff.

42 *Drews-Wacke* S. 11 ff.

43 Zur Entwicklung des materiellen Polizeibegriffs mit weiteren Nachweisen vgl. *Wilp* S. 77 f.

44 So z. B. *Samper* S. 13; *König*, Sicherheitsrecht S. 269; *Schiedermair* S. 23.

45 Öffentliche Sicherheit = Unversehrtheit von Gesundheit, Freiheit und Leben Ehre Vermögen der verfassungsmäßigen Ordnung und der gesamten

Einsatz von Exekutivkräften zur Beseitigung und Bekämpfung einer Notstandslage die Aufgabe und den Zweck verfolgt, die soeben bezeichneten Gefahren abzuwehren[46]. Denn in jeder der vom Grundgesetz erfaßten Notstandslagen treten Gefahren für die öffentliche Sicherheit und Ordnung auf:

Was den inneren Notstand betrifft, also die Gefahr für den Bestand oder die freiheitlich demokratische Grundordnung der Bundesrepublik, so geht schon aus der Definition des Gefahrentatbestandes hervor, daß hier Gefahren für die verfassungsmäßige Ordnung und damit Gefahren für die öffentliche Sicherheit[47] abzuwehren sind. Im Katastrophenfall sind die Individualgüter Leben, Vermögen usw. bedroht und damit ebenfalls Gefahren für die öffentliche Sicherheit gegeben. Ähnlich verhält es sich mit den Gefährdungen, die der Verteidigungsfall mit sich bringt. Dies alles leuchtet unmittelbar ein und bedarf keiner weiteren Ausführung.

In jedem der vom Grundgesetz vorgesehenen Einsatzfälle erfüllen also die eingesetzten Kräfte, gleich ob Bundeswehr oder Polizei, polizeiliche Aufgaben. Setzt man nun mit der polizeirechtlichen Literatur[48] die polizeiliche *Aufgabe* mit der polizeilichen *Funktion* gleich, so ergibt sich ohne weiteres, daß Polizei, Bundeswehr und Bundesgrenzschutz im Notstandsfall *polizeiliche Funktionen* haben. Dies läßt größtenteils auch bereits die jeweilige Regelung im Grundgesetz erkennen, wenn es etwa heißt, die Bundesregierung könne Bundesgrenzschutz und Streitkräfte „zur Unterstützung der Polizeikräfte einsetzen“[49]. Allerdings ist mit diesem Ergebnis nicht viel gewonnen. Denn die spezifische Eigenart polizeilicher Tätigkeit wird nicht nur aus der gestellten Aufgabe der Gefahrenabwehr deutlich[50], sondern in mindestens ebenso großem Maße daraus, *wie* diese Aufgabe erledigt wird, d. h. mit welchen Mitteln und Eingriffsmöglichkeiten.

Rechtsordnung (so *Wolff* III S. 48); öffentliche Ordnung = „Gesamtheit jener ungeschriebenen Regeln für das Verhalten des Einzelnen in der Öffentlichkeit, deren Beobachtung nach den jeweils herrschenden Anschauungen als unerläßliche Voraussetzung eines geordneten Gemeinschaftslebens betrachtet wird“ (so BayVerfGHE 4, 194 ff.).

[46] Vgl. auch Begründung zum RE 1967 S. 6 f.

[47] Ebenso *Dürig* in M-D-H Art. 87 a Rn. 25.

[48] Vgl. die oben Anm. 44 gegebenen Literaturangaben.

[49] So in Art. 35 Abs. 3 S. 1 und in Art. 87 a Abs. 4 S. 1.

[50] Daß die Gefahrenabwehr allein zur Abgrenzung der Polizei von anderen Verwaltungszweigen nicht genügt, zeigt sich schon darin, daß auch die übrige Überwachungsverwaltung die Aufgabe der Gefahrenabwehr verfolgt — siehe die Aufsichtsämter für Gewerbe, Bauwesen, Gesundheitswesen, Vereinswesen usw.

Erst unter den zuletzt genannten Maßstäben und Voraussetzungen kann beurteilt werden, wieweit auch im Notstandsfall echte Polizeigewalt ausgeübt wird. Der enge Begriff polizeilicher „Funktion", wie er oben skizziert wurde, ist hierfür demnach kein taugliches Kriterium. Daher gilt es zunächst den Funktionsbegriff so zu fassen, daß er der im Rahmen dieser Abhandlung gestellten Aufgabe gerecht wird.

C. Die erweiterte Bedeutung des Begriffs „Funktion" im Rahmen dieser Abhandlung

Im ersten Teil dieser Abhandlung soll bekanntlich geklärt werden, ob die im Notstandsfall einzusetzenden Kräfte von Polizei, Bundesgrenzschutz und Bundeswehr normale *Polizeigewalt* im materiellrechtlichen Sinn ausüben oder ob die von ihnen ausgeübte Hoheitsgewalt über den Rahmen polizeimäßiger Hoheitsgewalt hinausgeht. Es soll die spezifische Eigenart ihrer hoheitlichen Tätigkeit festgestellt werden. Diese Problemstellung gilt hauptsächlich für die Streitkräfte, die gewöhnlich nicht zur Ausübung von Polizeigewalt berufen sind.

Das Gesamtbild der im Notstand vollzogenen hoheitlichen Tätigkeit soll also am Maßstab polizeilicher Tätigkeit gemessen werden. Dieses Gesamtbild hoheitlicher Tätigkeit wird nun in den folgenden Ausführungen mit dem Begriff *Funktion* erfaßt. Damit hat der Funktionsbegriff der polizeirechtlichen Literatur eine verändernde Erweiterung erfahren. Während in der polizeirechtlichen Literatur die Funktion gewöhnlich als die der Polizei gestellte Aufgabe, als Einsatzzweck verstanden wird, soll nunmehr darüber hinaus der Begriff „Funktion" neben der gestellten *Aufgabe* auch die zur Erreichung der Aufgabe zur Verfügung stehenden *Mittel* umfassen. Denn erst Aufgabe (Zweck) und Mittel zur Erreichung des Zwecks *zusammen* sind geeignet, eine hoheitliche Tätigkeit umfassend und genügend zu charakterisieren[51]. Der Begriff Funktion steht damit für die gesamte hoheitliche Gewaltausübung eines Organs, kurz gesagt, für seine hoheitliche *Tätigkeit*. So verstanden wird der Begriff im folgenden gebraucht werden. Diese Begriffsauslegung ist auch von der Wortbedeutung des Wortes „Funktion" her legitimiert: Funktion bedeutet nicht nur „Aufgabe", sondern auch „Tätigkeit", „Verrichtung", „Betätigungsweise"[52].

---

[51] Ähnliche Gedanken klingen bei *Wolff* an, wenn er bei seiner Darstellung des mat. Polizeibegriffs die Polizei als „Verwaltungsfunktion zur Abwehr von Gefahren" bezeichnet, die mit „Befehlsgewalt und Zwangs*mitteln*" ausgestattet sei (*Wolff* III S. 14).

[52] So Duden S. 235, Stichwort „Funktion".

Wendet man die soeben gefundene allgemeine Begriffsdefinition auf den Bereich der Polizei an, so ergibt sich folgende Dimension einer *polizeilichen Funktion:*

Eine Polizeifunktion wird dann ausgeübt, wenn zur Abwehr von Gefahren für die öffentliche Sicherheit und Ordnung mit den Befugnissen und Zwangsmitteln der Polizei nach *polizeilichen Grundsätzen* vorgegangen wird. Was polizeiliche Befugnisse und Zwangsmittel sind, ergibt sich im Einzelnen aus den polizeirechtlichen Vorschriften des Bundes und der Länder, die inhaltlich weitgehend übereinstimmen. Kennzeichnend für die Befugnisse ist, daß sie stets nur nach den Grundsätzen der Verhältnismäßigkeit[53] und des geringstmöglichen Eingriffs[54] wahrgenommen werden dürfen, ferner daß gewisse polizeiliche Maßnahmen, die besonders nachhaltig in die Rechte des Einzelnen eingreifen (z. B. Gewahrsamnahme, Durchsuchung etc.), besonders und meist eingehend[55] — auch in den Ländern mit polizeilicher Generalklausel — geregelt sind[56]. Schließlich unterliegt die Anwendung polizeilicher Zwangsmittel, insbesondere der Waffengebrauch, ganz eingehenden Regelungen. Dieser Begriff der Polizeifunktion wird nun als Kriterium der im Notstandsfall ausgeübten Funktionen dienen.

Dritter Abschnitt

Die Notstandsfunktion der Vollzugskräfte im Einzelnen

A. Die Polizeikräfte

I. Die Bedeutung der Begriffe „Polizei" und „Polizeikräfte" in den Art. 35 und 91 des Grundgesetzes

Wie in der Einleitung bereits dargelegt wurde, soll Gegenstand dieser Untersuchung nur der Notstandseinsatz von *Vollzugskräften* sein. Vollzugskräfte sind nur diejenigen Teile staatlicher Verwaltungsinstitutionen, die „für direkte Eingriffe durch Einzelakte"[57] eingesetzt sind. Deren Maßnahmen bekommt der Bürger unmittelbar zu spüren, etwa,

---

[53] Geregelt z. B. in Art. 8 Abs. 2 PAG; § 5 S. 2 heSOG; zum Grundsatz der Verhältnismäßigkeit siehe auch unten Teil 4.

[54] Geregelt z. B. in Art. 8 Abs. 1 PAG; § 5 S. 1 heSOG.

[55] Vgl. die Regelung in Art. 14 ff., 33 ff. PAG.

[56] *Wolff* III S. 76 ff.

[57] *Wolff* III S. 25 — *Wolff* gebraucht die Definition zwar im Zusammenhang mit der Volzugspolizei, doch kann sie allgemein auf Vollzugskräfte bezogen werden.

wenn er von einem Polizeibeamten angehalten und auf seine Personalien überprüft wird, oder wenn eine Durchsuchung seiner Person oder seiner Wohnung durchgeführt wird. Naturgemäß liegt bei einem Notstand die Hauptlast der unmittelbaren Gefahrenabwehr bei diesen Vollzugskräften der jeweiligen Institutionen. Sie allein sind, von ihren Befugnissen und ihrer (technischen) Ausrüstung her gesehen, in der Lage, die am Gefahrenherd unmittelbar notwendigen Maßnahmen zu treffen.

Das Grundgesetz hat in Art. 35 Abs. 2 und Art. 91 Abs. 1 die Regelung getroffen, daß ein von einer Notstandslage betroffenes Land „Polizeikräfte" anderer Länder anfordern[58] könne. Ferner ist in Art. 35 Abs. 3 von „Polizeikräften" und in Art. 91 Abs. 2 und Art. 87 a Abs. 4 GG von „Polizei" und „Polizeikräften" die Rede. Damit können nur die im unmittelbaren Vollzugsdienst tätigen Polizeibeamten gemeint sein[59]. Die Abgrenzung ist im Hinblick auf diejenigen Bundesländer wesentlich, in denen Polizei im institutionellen Sinn und sog. Ordnungsverwaltung[60] nicht getrennt sind[61]. In diesen Ländern werden Polizeivollzugsdienst und Ordnungsbehörden einheitlich als Polizeibehörden geführt. Für ein Land wie Bayern, wo ohnehin nur die „im Vollzugsdienst tätigen Dienstkräfte" als Polizei gelten[62], ist diese Unterscheidung gegenstandslos. Demnach ist es also den hilfesuchenden Ländern im Fall des Art. 35 und 91 GG verwehrt, etwa auch das Personal der Ordnungsverwaltung anderer Bundesländer anzufordern, selbst wenn die Ordnungsverwaltung in diesen Ländern auf Grund derselben polizeilichen Generalklausel zu Eingriffen befugt ist wie die dortige Vollzugspolizei[63].

Wenn somit feststeht, daß der Begriff Polizeikräfte in den Art. 35 und 91 GG nur die Vollzugspolizei umfaßt, so ist doch eine nach dem jeweiligen Landesrecht verschiedene Organisationsform anzutreffen[64]. Am Beispiel Bayerns soll kurz dargestellt werden, welche Polizeiformationen dort unter den Begriff Vollzugspolizei fallen:

---

58 Das Problem der Anforderungsrechte in Art. 35 und 91 GG kann hier nicht behandelt werden. — Vgl. hierzu BK, *Evers* Art. 91 Rn. 40 ff.

59 So *Evers* in BK Art. 91 Rn. 46; *Maunz* in M-D-H Art. 91 Rn. 18, Fußn. 1; *Berner* Art. 45 Anm. 2; *Ule-Rasch* S. 778; *Hall* S. 146.

60 Die sog. Ordnungsverwaltung wird in allen Bundesländern außer Bayern auf Grund der polizeilichen Generalklauseln tätig und ist damit materiell auch polizeilich tätig. — Vgl. zu diesem Problem sowie zur Terminologie *Wolff* III S. 16 ff., 24 ff., 28 ff.

61 Dies ist in den Ländern Bremen, Rheinland-Pfalz, Saarland und — mit kleinen Unterschieden — Baden-Württemberg der Fall. Vgl. *Wolff* III S. 17 ff.

62 Art. 1 PAG; Bayern hat diese Regelung als einziges Bundesland.

63 a. A. *Maunz* in M-D-H Art. 35 Rn. 13.

64 Zur Organisationsform der Polizei in den verschiedenen Bundesländern äußert sich ausführlich *Wolff* III S. 28 ff.

Gemäß Art. 1 PAG i. V. m. Art. 1 POG sind es die Polizeidienstkräfte der Gemeinden und des Staates. Auch die gemeindliche Vollzugspolizei fällt unter das Anforderungsrecht in Art. 35 und 91 GG, da in diesen Grundgesetzbestimmungen lediglich vom Gegensatz Bund—Länder ausgegangen wird[65]. Bei dieser Gegenüberstellung gehören die Gemeinden zur Seite der Länder[66]. Die staatliche Polizei in Bayern ist gegliedert in die Landespolizei (Art. 18 ff. POG), Grenzpolizei (Art. 25 ff. POG), Bereitschaftspolizei[67] (Art. 32 ff POG) und das Landeskriminalamt[68] (Art. 38 ff. POG). Teile dieser vier bayerischen Polizeiverbände können in einem Notstandsfall von einem anderen Bundesland angefordert werden bzw. nach Art. 91 Abs. 2 GG von der Bundesregierung ihren Weisungen unterstellt werden. In erster Linie würden in einem solchen Fall Einheiten der Bereitschaftspolizei zur Verfügung gestellt werden, da dieser Polizeiverband in Bayern wie auch in den anderen Bundesländern gerade für Situationen außergewöhnlicher Polizeianforderungen geschaffen wurde[69]. Die normale Vollzugspolizei wird weitgehend unabkömmlich sein, da die gewöhnlichen Aufgaben des Polizeieinzeldienstes im jeweiligen örtlichen Einsatzbereich auch im Notstandsfall die gleichen bleiben und nicht vernachlässigt werden dürfen[70].

---

[65] So zutreffend *Maunz* in M-D-H Art. 91 Rn. 34. Dort führt *Maunz* als Gegenbeispiel Art. 106 GG an, wo die Gemeinden bei der Verteilung des Steueraufkommens nicht in die Reihe der Länder mit einbezogen sind.

[66] So auch *Ule-Rasch* S. 778; *Berner* Art. 45 Anm. 2.

[67] Die Bereitschaftspolizei git es in den meisten Bundesländern (vgl. *Wolff* III S. 28 ff.). Sie ist ein staatlicher Polizeiverband, dem in besonderen Fällen die Unterstützung der im Einzelvollzugsdienst tätigen Polizeibeamten obliegt (vgl. Art. 32 POG). Die Bereitschaftspolizei verdankt ihre Entstehung dem „Verwaltungsabkommen über die Errichtung von Bereitschaftspolizeien" vom 27. 10. 1950 zwischen dem Bund und den Ländern mit Ausnahme von Niedersachsen (veröffentlicht in GVBl. v. Schleswig-Holstein 1951, S. 105; abgedruckt auch bei *Ule-Rasch* S. 770). Danach stehen der Bundesregierung bereits in Normalzeiten gewisse Kontroll- und Inspektionsbefugnisse über die Bereitschaftspolizeien zu, die durch einen direkt dem Bundesinnenminister unterstellten „Inspekteur der Bereitschaftspolizei der Länder" ausgeübt werden (vgl. *Drews-Wacke* S. 537). Im „Inneren Notstand" untersteht die Bereitschaftspolizei dann ohnehin den Weisungen der Bundesregierung. Zu dem Verwaltungsabkommen über die Bereitschaftspolizei siehe auch *Grawert* S. 212, ferner *Remé* S. 87 ff.

[68] Das Landeskriminalamt hat neben kriminaltechnischen und kriminalstatistischen Aufgaben auch echte Vollzugsbefugnisse (vgl. Art. 40 ff. POG).

[69] Vgl. Wortlaut von Art. 32 Abs. 2 POG. — Im Text des Verwaltungsabkommens (Anm. 1) kommt verschiedentlich zum Ausdruck (vgl. Ziff. 2 Abs. 2, 3, 4, Ziff. 7, Ziff. 8 d. Verw. Abkommens), daß die Bereitschaftspolizei „ein schlagkräftiges Instrument zur Bekämpfung innerer Unruhen sein soll" (so *Folz* S. 117).

[70] So auch *Schlegelberger* in der 3. öff. Informationssitzung des Rechts- und Innenauschuß d. dt. Bundestags am 30. 11. 1967, Protokoll 59, S. 3.

Am Beispiel Bayerns wurde damit dargelegt, welche Polizeiverbände in der Regelung des Grundgesetzes angesprochen sind. In den anderen Bundesländern ist die Organisation der Vollzugspolizei entsprechend den historischen Gegebenheiten jeweils anders gegliedert. Wenn nun Polizeikräfte der Länder im Notstandsfall auf Grund der Art. 35 bzw. 91 GG tätig werden, so erfüllen sie damit immer polizeiliche Aufgaben. Nicht ganz so selbstverständlich erscheint es dagegen, daß sie dieser Aufgabenstellung auch mit den normalen Polizeifunktionen gerecht werden.

II. Die Funktion der eingesetzten Polizeikräfte

Wie oben dargelegt, bedeutet Funktion die rechtliche Eigenart hoheitlicher Gewaltausübung, gemessen an der gestellten Aufgabe und der zu ihrer Bewältigung zur Verfügung stehenden Mittel und Befugnisse. Da die polizeiliche Aufgabe gleich bleibt, stellt sich die Frage nach den polizeilichen Mitteln und Befugnissen im Rahmen von Art. 35 und 91 GG.

Art. 35 und 91 GG schaffen kein „Ausnahmerecht" im herkömmlichen Sinn[71], wonach Teile der Verfassung außer Kraft treten, insbesondere eine Suspendierung der Grundrechte eintritt[72] und dadurch die Staatsgewalt für gewisse Zeit praktisch unbeschränkte Befugnisse besitzt[73]. Davon wurde im Hinblick auf Deutschlands jüngste Vergangenheit bewußt Abstand genommen[74]. Die genannten Bestimmungen treffen keine Regelung, welche die Eingriffsbefugnisse der Polizei gegenüber dem Bürger betrifft. Art. 91 stellt seinem Inhalt nach nur „eine Modifikation der bundesstaatlichen Struktur in einer bestimmten Gefahrenlage"[75] dar, er regelt Fragen des Bund-Länderverhältnisses, ähnliches gilt für Art. 35, der spezielle Formen der Amtshilfe für den Kata-

---

[71] So auch BK, *Evers* Art. 91 Rn. 12; der „Ausnahmezustand" bzw. „Belagerungszustand" ist eine Schöpfung des bürgerl.-konstitutionellen Staates seit der franz. Revolution — siehe dazu *Boldt*, mit seiner sehr ausführlichen Studie „Rechtsstaat und Ausnahmezustand".

[72] Der „Ausnahmezustand" mit einer Suspendierung gewisser Grundrechte war aber noch im Regierungsentwurf von 1960 vorgesehen, vgl. RE 1960 S. 2.

[73] Zur Geschichte der Ausnahmeregelungen in den Dt. Verfassungen *Evers* in BK Art. 91 Rn. 1 ff., ferner RE 1960 S. 7 f.; *Benda* S. 14.

[74] Vgl. AB 1965 S. 2; *Benda* S. 17 ff.; *Maunz*, Staatsrecht § 20 V. — Die Folgen des Art. 48 WV sollten vermieden werden. Man denke nur an die Notverordnung „zum Schutz von Volk und Staat" vom 28. 2. 1933, mit der die Grundrechte der Weimarer Verfassung aufgehoben wurden. Vgl. zur Entstehungsgeschichte des Art. 91 *Fromme* S. 175 f.; ferner *Füsslein* JöR NF Bd. 1 S. 669 ff.

[75] *Maunz* in M-D-H Art. 91 Rn. 1; ähnlich *Evers* in BK Art. 91 Rn. 12. Nach *Evers* „verdichtet Art. 91 Abs. 1 GG die Pflicht zur Amtshilfe zur requisitionsabhängigen Intervention der Länder untereinander und des Bundes".

strophenfall regelt[76]. Aus diesem Tatbestand kann nur eine Schlußfolgerung gezogen werden: Das Grundgesetz gewährt den Polizeikräften keine Befugnisse und Zwangsmittel im Notstandsfall, die über die im Normalfall vorhandenen Befugnisse und Zwangsmittel hinausgehen[77]. Die Rechtssphäre des Bürgers bleibt gegenüber der Normallage unangetastet, insbesondere sind keine Grundrechtssuspendierungen vorgesehen[78]. Damit sind auch für einen Notstandseinsatz der Länderpolizeien die Polizeigesetze der Länder maßgebend, das bedeutet, die Polizei trifft im Notstand ihre Maßnahmen nach denselben Vorschriften wie sie dies im Normalfall auch tut[79].

Das Grundgesetz gibt also den Polizeikräften zur Bewältigung einer Notsituation nur die normalen polizeilichen Befugnisse in die Hand. Die Polizei wird auch im Notstandsfall zur Bewältigung einer polizeilichen Aufgabe mit den üblichen polizeilichen Mitteln tätig. Damit erfährt die *normale polizeiliche Funktion* im Rahmen der Art. 35 und 91 des Grundgesetzes *keine Veränderung oder Ausweitung*[80]. Dieses Ergebnis zeigt, daß der Gesetzgeber bei der Schaffung der Notstandsverfassung zumindest bemüht war, jede Möglichkeit einer diktatorischen Machtausweitung — etwa nach dem Beispiel des Art. 48 der Weimarer Verfassung — zu vermeiden und die Eingriffe in die Rechts- und Freiheitssphäre des Bürgers möglichst gering zu halten[81].

B. Der Bundesgrenzschutz

Nach Art. 35 Abs. 2 Satz 2[82] bzw. Art. 91 Abs. 1 des Grundgesetzes kann ein Bundesland, das von einem Katastrophenfall bzw. einer

---

[76] Dies geht auch aus der Begründung zu Art. 35 im AB 1968 hervor, vgl. dort S. 9.

[77] Ebenso BK, *Evers* Art. 91 Rn. 11; *Maunz in* M-D-H Art. 91 Rn. 2; AB 1968 S. 15; *Seifert*, Gefahr S. 19.

[78] Zu den Eingriffsbefugnissen im Notstand siehe unten Teil 4.

[79] Ebenso *Maunz* in M-D-H Art. 35 Rn. 15; *Denninger-Beye*, Rechtsgutachten zum Waffengebrauchsrecht der Polizei S. 22. Vgl. auch Begründung des Regierungsentwurfs vom 10. 3. 1967 in RE 1967 S. 23.

[80] Ebenso *Denninger-Beye* S. 22. — Diese Feststellung ist von grundlegender Bedeutung für die Frage, welche Rechtsgrundlagen zur Verfügung stehen und welche Eingriffe und Zwangsmittel (Waffen) zulässig sind. — Zu diesen Fragen siehe die Darlegungen im dritten und vierten Teil dieser Abhandlung.

[81] Daß dies gelungen ist, erscheint zweifelhaft angesichts der Tatsache, daß weitgehende Grundrechtseinschränkungen jederzeit auf Grund einfacher Gesetze möglich sind. Beispielhaft dafür sind die sog. einfachen Notstandsgesetze, vgl. dazu *Römer* in Kritik S. 187 ff.

[82] In der Fassung des 31. Gesetzes zur Änderung des Grundgesetzes vom 28. Juli 1972 (BGBl. I S. 1305).

Situation betroffen ist, die einen sog. „inneren Notstand“[83] darstellt, auch Kräfte und Einrichtungen des Bundesgrenzschutzes zur Unterstützung anfordern. Ebenso kann die Bundesregierung von sich aus unter bestimmten Voraussetzungen nach Art. 35 Abs. 3, Art. 91 Abs. 2 GG und Art. 115 f Abs. 1 Ziff. 1 den Bundesgrenzschutz zur Bewältigung der Notsituationen einsetzen. Die Länder können den Bundesgrenzschutz im Verteidigungsfall gemäß Art. 115 i Abs. 1 GG einsetzen[84].

Damit festgestellt werden kann, welche Funktion der Bundesgrenzschutz bei diesen Einsätzen innehat, muß zunächst seine allgemeine rechtliche Stellung dargestellt werden[85].

I. Die allgemeine rechtliche Stellung des Bundesgrenzschutzes

Die Einrichtung von Bundesgrenzschutzbehörden geht auf das Gesetz vom 16. März 1951 zurück[86]. Inzwischen hat der Deutsche Bundestag im Juni 1972 ein neues „Gesetz über den Bundesgrenzschutz“ verabschiedet[87], das umfassend die rechtliche Stellung, Organisation, Aufgaben und Befugnisse des Bundesgrenzschutzes regelt. Die Bestimmungen des neuen BGSG treten zwar — bis auf wenige Ausnahmen[88] — erst am 1. März 1973 in Kraft (vgl. § 74 Abs. 2 des neuen BGSG). Mit diesem Zeitpunkt tritt auch das alte BGSG vom 16. 3. 1951 sowie das Zweite

---

[83] Vgl. zu diesem Begriff *Dürig* in M-D-H Art. 87 a Rn. 30.

[84] Vgl. *Herzog* in M-D-H Art. 115 i Rn. 4 und 27 ff.

[85] Die in Art. 35 Abs. 2 Satz 1 durch das 31. Gesetz zur Änderung des Grundgesetzes (vgl. Anm. 82) neu geschaffene Einsatzmöglichkeit des Bundesgrenzschutzes gehört nicht in den Rahmen dieser Untersuchung. Denn es handelt sich dabei nicht um einen Einsatz im Notstandsfall, um den es hier allein geht. Vielmehr kann nach Art. 35 Abs. 2 S. 1 GG i. V. m. § 9 Abs. 1 Ziff. 1 des neuen BGSG ein Bundesland „in Fällen von besonderer Bedeutung Kräfte und Einrichtungen des Bundesgrenzschutzes zur Unterstützung seiner Polizei anfordern, wenn die Polizei ohne diese Unterstützung eine Aufgabe nicht oder nur unter erheblichen Schwierigkeiten erfüllen könnte“. Dies ist jedoch nur „zur Aufrechterhaltung oder Wiederherstellung der öffentlichen Sicherheit und Ordnung“ zulässig. Damit wird deutlich, daß es sich lediglich um die Unterstützung der Polizei bei der ihr obliegenden allgemeinen Gefahrenabwehr handelt, nicht aber um einen der im GG verankerten Notstandsfälle, auch wenn der Anlaß ein Fall „von besonderer Bedeutung“ sein muß. Der Bundesgrenzschutz wird damit zu einer Art polizeilicher Eingreifreserve für die Länder. — Vgl. dazu auch *Schnupp*, Bundesgrenzschutz S. 10 ff.; ferner Begründung BGSG S. 20 und S. 25.

[86] „Gesetz über den Bundesgrenzschutz und die Einrichtung von Bundesgrenzschutzbehörden“ vom 16. 3. 1951 (BGBl. I S. 603).

[87] „Gesetz über den Bundesgrenzschutz“ (Bundesgrenzschutzgesetz — BGSG) vom 18. 8. 1972 (BGBl. I S. 1834). Vgl. dazu auch die Begründung zum Entwurf der Bundesregierung in BT-Drucksache VI/2886 S. 19 ff., ferner den schriftlichen Bericht des Innenausschusses des deutschen Bundestags BT-Drucksache VI/3569.

[88] Nach § 74 Abs. 1 des neuen BGSG treten die §§ 4, 44, 60, 62, 63 und 67 bis 70 bereits am Tag nach der Verkündung dieses Gesetzes in Kraft.

Gesetz über den Bundesgrenzschutz vom 30. 3. 1965 (BGBl. I S. 436) außer Kraft. Dennoch soll hier bereits die Rechtslage nach dem neuen BGSG zugrunde gelegt werden. Vorher erscheint allerdings noch ein kurzer Blick auf die bisherige Rechtslage angebracht:

Nach § 1 Abs. 1 des Gesetzes vom 16. 3. 1951 gehören die Bundesgrenzschutzbehörden zur bundeseigenen Verwaltung und gemäß § 2 Satz 1 sichern sie das Bundesgebiet gegen verbotene Grenzübertritte, „ferner gegen sonstige, die Sicherheit der Grenzen gefährdende Störungen der öffentlichen Ordnung im Grenzgebiet bis zu einer Tiefe von 30 Kilometern". *Dürig* vertritt dazu die Ansicht, der Bundesgrenzschutz beziehe seine „Legitimation und Existenzberechtigung" lediglich von der Zonengrenze her, die keine echte völkerrechtliche Grenze sei[89]. Dies dürfte von der politischen und völkerrechtlichen Prämisse her überholt und im übrigen in dieser Pointierung von vornherein nicht ganz zutreffend sein[90]. Es mag sein, daß der Bundesgrenzschutz seine Hauptbedeutung von der Tätigkeit an der Grenze zur DDR erhalten hat[91], da hier am ehesten von allen Grenzen der Bundesrepublik Störungen zu befürchten sind. Andererseits aber gibt es in jedem Staat in Normal- und Friedenszeiten einen Schutz der Grenzen, der nicht vom Militär wahrgenommen wird, sondern von anderen Organen, meist polizeilicher Art. Für diese nichtmilitärische Aufgabe des Schutzes der Grenzen gegen Störungen und der Überwachung des Grenzverkehrs (Paßnachschau) ist eben der Bundesgrenzschutz bestimmt[92].

Was den Status des Bundesgrenzschutzes, seine Aufgaben und Befugnisse anbelangt, so galt bisher auf Grund des alten BGSG vom 16. 3. 1951 folgendes:

Dieses Gesetz gibt in § 2 lediglich eine Beschreibung der Aufgaben des Bundesgrenzschutzes. Demnach hat er „das Bundesgebiet ... gegen sonstige, die Sicherheit der Grenzen gefährdende Störungen der öffent-

---

[89] *Dürig* in M-D-H Art. 87 a Rn. 51. — Er schreibt dann weiter „... ist der Bundesgrenzschutz die klarste Verkörperung institutioneller und korporativer Art für die einmalige Situation eines Volkes, das man künstlich durch Scheingrenzen trennt" (a.a.O.).

[90] Die Prämisse für diese Ansicht *Dürigs* ist offensichtlich die, daß der andere Teil Deutschlands lediglich eine Besatzungszone sei und kein Staat und somit auch zwischen ihm und der BRD keine echte Grenze existiere. Überholt erscheint diese Prämisse deshalb, weil inzwischen die DDR überwiegend als Staat angesehen wird und der Tag nicht mehr fern sein dürfte, wo dieser Ansicht die völkerrechtliche Anerkennung folgen wird.

[91] So auch *Herzog* in M-D-H Art. 115 f Rn. 5.

[92] Vgl. den oben wiedergegebenen Passus aus § 2 BGSG. — Nur im Bundesland Bayern wird ein Teil der in den übrigen Ländern dem BGS zufallenden Aufgaben von einer eigenen Bayerischen Grenzpolizei wahrgenommen. Diese ist zuständig für die Paßnachschau und die sonstige Überwachung des Grenzverkehrs — vgl. Art. 25 ff. POG.

lichen Ordnung" zu sichern. Es besteht Einigkeit, daß damit eine begrenzte polizeiliche Generalklausel[93] geschaffen war, nach welcher der Bundesgrenzschutz eine rein polizeiliche Aufgabe wahrnehmen sollte[94]. Diese Aufgabe war nach § 2 Satz 2 des alten BGSG örtlich auf den Grenzbereich bis zu einer Tiefe von 30 Kilometern beschränkt. Über diese Aufgabenbeschreibung hinaus enthielt das Gesetz keine ausdrückliche Regelung über Art und Umfang der Befugnisse des BGS. Es ist jedoch allgemein anerkannt, daß die Befugnisse aus der generellen Aufgabenzuweisungsnorm des § 2 abzuleiten waren[95]. Dabei wird deutlich, daß die in § 2 S. 2 des alten BGSG enthaltene Generalklausel nichts anderes darstellte als die bekannte landesrechtliche, auf § 14 PrPVG beruhende Generalklausel, lediglich mit einer örtlichen, aber nicht sachlichen Einschränkung auf den Grenzbereich[96]. Wie § 14 PrPVG zugleich mit der Stellung der polizeilichen Aufgabe auch die Befugnisse zur Erfüllung der Aufgabe gibt, so lassen sich auch bei § 2 BGSG die Befugnisse aus der Aufgabenzuweisung entnehmen. Auch hier galt also der in den Polizeirechten der Länder[97] übliche Satz, daß von dem Vorliegen einer Aufgabe auf das Vorliegen einer Befugnis geschlossen werden kann. Aus der Generalklausel des § 2 BGSG wurden also die einzelnen polizeilichen Befugnissen abgeleitet, die auch das Polizeirecht der Bundesländer den Länderpolizeien zur Verfügung stellt[98]. Diese Befugnisse sind in bewußter Anlehnung an das Landespolizeirecht der Bundesländer in der Dienstanweisung für den BGS konkretisiert worden[99]. Damit kann festgehalten werden, daß der Bundesgrenzschutz auf Grund des alten BGSG vom 16. 3. 1951 *polizeiliche Aufgaben* mit *polizeilichen Befugnissen* wahrgenommen hat. Er stellte somit bereits nach diesem Gesetz einen echten Polizeiverband dar, und zwar einen *Polizeiverband des Bundes*[100]. In diesem Zusammenhang ist es gleichgültig,

---

93 Ebenso *Wacke*, Polizeirecht S. 172; *Ule-Rasch* S. 263.

94 So auch *Scupin* S. 655; *Kaestle* S. 373; *Krent* S. 27; *Schminck* S. 65; *Dürig* in M-D-H Art. 87 a Rn. 52. Auch die „Dienstanweisung über Aufgaben und Befugnisse des BGS" (abgekürzt DA-BGS) vom 5. 7. 1962 (GMBl 20/62) spricht dies in Ziff. II 1 aus: „Der BGS hat nach § 2 BGSG polizeiliche Aufgaben."

95 So *Krent* S. 35; *Ule-Rasch* S. 263; *Hall*, Entwurf S. 146.

96 Vgl. *Wacke*, Polizeirecht S. 172.

97 Mit Ausnahme Bayerns, vgl. oben im ersten Teil, zweiter Abschnitt unter A.

98 So *Pioch*, Zwangsanwendung S. 184; *Jellinek* S. 340; *Krent* S. 65.

99 Dazu *Wacke*, Polizeirecht S. 172 ff.

100 So *Hall*, Entwurf S. 146; *Wührmann* in: Das Dt. Bundesrecht I E 20 S. 4; *Kaestel* S. 373; *Lange*, Polizeiwesen S. 167; *Drews-Wacke* S. 37; *Folz* S. 118. *Folz* spricht vom Bundesgrenzschutz als einer „Bundesbereitschaftspolizei". — Den Charakter einer Bundespolizei bestreitet *Schnupp* in: Bundesgrenzschutz, Grenzschutzorgan oder Bundespolizei S. 8. Nach *Schupp* ist der BGS eine „paramilitärische Truppe" und als solche kein Polizeiverband. Außer-

ob man ihn als „Sonderpolizeibehörde"[101] des Bundes bezeichnen sollte oder nicht. Jedenfalls hat der Bund schon bisher in der Institution des Bundesgrenzschutzes eine eigene Polizeitruppe besessen[102].

Diese bisher geltende Rechtslage — vom alten BGSG nur dürftig fixiert — ist nunmehr durch das neue BGSG eindeutig geklärt und bestätigt worden. § 1 enthält die allgemeine Aufgabenzuweisung. Diese trägt ausschließlich polizeilichen Charakter. Danach ist der Bundesgrenzschutz im wesentlichen zuständig für den polizeilichen Grenzschutz, die ihm nach der Notstandsverfassung obliegenden Aufgaben und sonstige Aufgaben, die entweder in anderen Gesetzen oder im BGSG selbst einzeln aufgezählt sind. Hierher gehört insbesondere der polizeiliche Schutz von Bundesorganen (z. B. des Amtssitzes des Bundespräsidenten) nach § 4 und der Einsatz zur Verstärkung der Länderpolizeien in besonderen Fällen nach § 9 Abs. 1 Ziff. 1 BGSG. Die zuletzt genannte Aufgabe ist die einzige wesentliche Neuerung hinsichtlich der Einsatzmöglichkeiten, welche das neue BGSG gebracht hat. Sie ist durch eine gleichzeitige Änderung des Grundgesetzes in Art. 35 Abs. 2 S. 1 GG verfassungsrechtlich abgesichert[103].

Dieser polizeilichen Aufgabenstellung des Bundesgrenzschutzes entsprechen die im neuen BGSG detailliert geregelten polizeilichen Befugnisse. Die §§ 10 ff. enthalten diejenigen Grundsätze und Befugnisse für polizeiliches Vorgehen, die in allen Bundesländern im wesentlichen übereinstimmend gelten[104].

---

dem erlaube das Grundgesetz dem Bund keine Bundespolizei (a.a.O. S. 11). — *Herzog* (in M-D-H Art. 115 f Rn. 2, 5) ist der Ansicht, daß der Bundesgrenzschutz erst im Fall des Art. 115 f Abs. 1 Ziff. 1 GG zu einer „Bundespolizei im ureigensten Sinn des Wortes" werde. Ähnlich wie Herzog auch *Dürig* in M-D-H Art. 87 a Rn. 52.

101 So aber *Scupin* S. 606; *Drews-Wacke* S. 541; *Krent* S. 39.

102 Daß der BGS schon bisher eine Polizeitruppe war, ergibt sich auch aus § 1 Abs. 1 BPolBG, wo es heißt: „Polizeivollzugsbeamte des Bundes sind die Beamten im Bundesgrenzschutz ..." — So auch *Schminck* S. 61 f.; *Kaestel* S. 374 nennt den BGS „das wichtigste Machtmittel des Bundes zur Beseitigung von inneren Staatsnotständen". — *Hall,* Entwurf S. 146 spricht von einer „Truppenpolizei". Dagegen hält *Schnupp,* Bundesgrenzschutz S. 9 ff. die Bezeichnung oder Verwendung des BGS als Bundespolizei für verfassungswidrig (allerdings vor Änderung des Art. 35 Abs. 1 S. 1 GG).

103 31. Gesetz zur Änderung des Grundgesetzes vom 28. 7. 1972 (BGBl. I S. 1305). Die Grundgesetzänderung war notwendig, da nach bisheriger Verfassungslage der BGS im wesentlichen auf den *Grenz*schutz beschränkt war. Vgl. dazu *Schnupp,* Bundesgrenzschutz S. 10 ff.; Begründung BGSG S. 25; *Merk* in der 372. Sitzung des Bundesrats v. 22. 10. 1971, Sten. Ber. .S. 294 A; *Genscher* ebenda S. 295 C; *Hemfler* ebenda S. 296 C; ferner *Genscher* in der 162. Sitzung des Bundestags vom 19. 1. 1972 Sten. Ber. S. 9397 C; *Pensky* ebenda S. 9402 C; *Arndt* in der 195. Sitzung des Bundestags vom 22. 6. 1972 Sten. Ber. S. 11430.

104 Vgl. Begründung BGSG S. 20 unter II 3.

Auch das neue BGSG bestätigt also die Rechtslage, wonach der Bundesgrenzschutz eine Bundespolizeitruppe[105] mit polizeilichen Aufgaben und Befugnissen ist. Der Bundesgrenzschutz übt daher im Normalfall *polizeiliche Funktionen* aus[106].

II. Die Funktion des Bundesgrenzschutzes im Notstandsfall

1. *Im inneren Notstand und im Katastrophenfall*

Der Einsatz der Bundesgrenzschutzes im inneren Notstand ist in Art. 91 GG geregelt. Gemäß Abs. 1 dieser Vorschrift i. V. m. § 9 Abs. 1 Nr. 3 BGSG kann ein betroffenes Bundesland neben den Polizeikräften anderer Länder[107] auch Kräfte des Bundesgrenzschutzes anfordern. Gleichlautend ist ein derartiges Anforderungsrecht zur Hilfe bei einem Katastrophenfall in Art. 35 Abs. 2 S. 2 i. V. m. § 9 Abs. 1 Nr. 2 BGSG statuiert. In beiden Fällen gilt hinsichtlich der Funktion des Bundesgrenzschutzes das gleiche, was oben zur Funktion der Polizeikräfte der Länder gesagt wurde: Die grundgesetzliche Regelung enthält nichts, was auf eine Erweiterung oder Veränderung der normalen Befugnisse und Funktionen schließen ließe. Dies kommt auch in der Begründung zu den verschiedenen Entwürfen der Notstandsverfassung klar zum Ausdruck[108]. Der Bundesgrenzschutz wird also in *normaler Polizeifunktion* bei einem Einsatz nach *Art. 35 Abs. 2 und 91 Abs. 1* tätig.

Nicht anders stellt sich die Rechtslage dar, wenn der Bundesgrenzschutz gemäß Art. 35 Abs. 3 und Art. 91 Abs. 2 nicht von den Ländern, sondern von der Bundesregierung eingesetzt wird. Auch diese Möglichkeit wurde erst mit Verabschiedung der Notstandsverfassung ins Grundgesetz aufgenommen[109]. Vorher war die Frage sehr umstritten, ob der

---

[105] Vgl. § 42 Abs. 1 des neuen BGSG: „Der Bundesgrenzschutz wird in bundeseigener Verwaltung geführt. Er ist eine Polizei des Bundes und untersteht dem Bundesminister des Inneren."

[106] Vgl. Begründung BGSG S. 21; *Hanz* in der 162. Sitzung des Deutschen Bundestags vom 19. 1. 1972 Sten. Ber. S. 9398 C, 9399 D; *Krall* ebenda S. 9403 A.

[107] Vor Inkrafttreten der Notstandsverfassung war nach Art. 91 Abs. 1 GG nur eine Anforderung von Kräften der Länderpolizeien möglich.

[108] Vgl. AB 1965 S. 13, RE 1967 S. 23: „... daß Kräfte des Bundesgrenzschutz ... in ihren jeweiligen Funktionen zur Hilfe angefordert werden können"; AB 1968 S. 14: „... daß mit dem ... Bundesgrenzschutz eine ... rasch einsatzbereite Polizeitruppe zur Verfügung steht" und S. 15: „Die Anforderung ... begründet keine neuen Befugnisse." Ferner *Scheuner* in Protokoll 59 S. 64: „Der Einsatz des BGS nach innen geht unter rein polizeilichen Bedingungen vor sich."

[109] Ebenso wie die Möglichkeit für die Bundesländer, den Bundesgrenzschutz zur Hilfe anzufordern. — Vgl. oben Anm. 107.

Bundesgrenzschutz in Notstandslagen zu hoheitlichen Zwecken[110] von der Bundesregierung eingesetzt werden dürfe[111]. Nunmehr sind diese Einsatzmöglichkeiten auch ausdrücklich in § 9 Abs. 1 Ziff. 3 und § 1 Ziff. 2 des neuen BGSG aufgeführt. Auch bei dieser Einsatzform gewährt das Grundgesetz in den genannten Artikeln keine erweiterten Befugnisse, vielmehr darf aus dem Schweigen über die Einsatzbefugnisse geschlossen werden, daß der Bundesgrenzschutz seine Aufgabe mit den Befugnissen zu erfüllen hat, die ihm kraft Gesetzes auch sonst zustehen. Es ergibt sich damit, daß der Bundesgrenzschutz auch bei einem Einsatz durch die Bundesregierung in den Fällen der *Art. 35 Abs. 2 S. 2 und Art. 91 Abs. 2 GG* normale *Polizeifunktionen* wahrnimmt[112].

2. *Im Verteidigungsfall*

Während der Bundesgrenzschutz in Normalzeiten und auch in Zeiten des inneren Notstands bzw. des Katastrophennotstands eindeutig den Charakter eines Polizeiverbands trägt, ändert sich diese Rechtsstellung, sobald der *Verteidigungsfall* eingetreten ist. § 64 Abs. 1 des neuen BGSG bestimmt: „Mit dem Beginn eines bewaffneten Konflikts sind die Grenzschutzkommandos, die Verbände und Einheiten des Bundesgrenzschutzes, sowie die Grenzschutzschule Teil der bewaffneten Macht der Bundesrepublik Deutschland." Eine fast gleichlautende Bestimmung enthielt das BGSG vom 16. 3. 1951 in § 2 b Abs. 1. In diesem Wortlaut wird zwar nicht vom „Verteidigungsfall" gesprochen, jedoch bedeutet „bewaffneter Konflikt" in § 64 Abs. 1 BGSG genau das Gleiche wie die Formulierung, „daß das Bundesgebiet mit Waffengewalt angegriffen wird" in Art. 115 a Abs. 1 S. 1 des Grundgesetzes. Mit Eintritt des Verteidigungsfalles erhalten also sämtliche Angehörige der Bundesgrenzschutzbehörden von Gesetzes wegen den Status von sog. „Kombattanten"[113]. Das bedeutet, daß alle BGS-Verbände im Verteidigungsfall die gleiche völkerrechtliche und kriegsrechtliche Stellung besitzen

---

110 Ein rein technischer Einsatz ohne Ausübung von Polizeigewalt, etwa bei einer Katastrophe, war unbestritten schon immer möglich nach dem Grundsatz der Amtshilfe (Art. 35 GG früherer Fassung). — Vgl. den Einsatz des Bundesgrenzschutz bei der Hamburger Flutkatastrophe 1962, Hamburger Bericht S. 99 f.

111 Gegen die Zulässigkeit des Einsatzes haben sich ausgesprochen: *Hall*, Entwurf S. 146; *Folz* S. 118 ff.; *Ule-Rasch* S. 779 f.; *Dürig* in M-D-H Art. 143 Rn. 16 f. mit Anm. 2; Die gegenteilige Ansicht haben vertreten: *Kaestel* S. 374; Das Dt. Bundesrecht I E 20 S. 4; *Kölble*, Einschreiten S. 42; *Lex* S. 283; *Drews-Wacke* S. 543 f.

112 Ebenso Begründung BGSG S. 19, 22. Vgl. auch *Scheuners* Ausführungen anläßlich der 3. Informationssitzung des Rechts- und Innenausschusses des Bundestags vom 30. 11. 1967 Protokoll 59 S. 64.

113 *Hall*, Entwurf S. 146; Begründung BGSG S. 46.

wie die Angehörigen der Streitkräfte. Dadurch sind die Angehörigen des Bundesgrenzschutzes in die Lage versetzt, ihre Aufgaben im Verteidigungsfall auch dann wahrzunehmen, wenn ihnen reguläre feindliche Truppen gegenüberstehen[114]. Wäre ihnen der Kombattantenstatus nicht verliehen, so liefen sie Gefahr, nach dem Kriegsvölkerrecht als Freischärler behandelt zu werden[115]. Die Verleihung des Kombattantenstatus durch § 2 b des alten BGSG und § 64 Abs. 1 des neuen BGSG ist also nur aus fürsorglichen Gründen geschehen[116], nicht aber zu dem Zweck, dem BGS für den Verteidigungsfall den gleichen umfassenden Kampfautrag wie den Streitkräften zu erteilen[117]. Vielmehr bleibt auch im Verteidigungsfall der polizeiliche Status des BGS erhalten[118]. Dies ergibt sich klar aus § 64 Abs. 2 des neuen BGSG, wonach der Bundesgrenzschutz im Verteidigungsfall nur zur Wahrnehmung seiner auch sonst bestehenden Aufgaben sowie zur eigenen Verteidigung eingesetzt werden darf[119]. Wenn der Bundesgrenzschutz also im *Verteidigungsfall* nach Art. 115 f Abs. 1 Ziff. 1 bzw. nach Art. 115 i Abs. 1 GG eingesetzt wird, so übt er *Polizeifunktionen* aus[120]. Dies folgt auch aus der Entstehungsgeschichte beider Grundgesetzbestimmungen[121]: Im Entwurf der Bundesregierung vom 10. 3. 1967[122] hatte Art. 115 f Abs. 1 Ziff. 1 folgende Fassung: „Die Bundesregierung kann ... außer dem Bundesgrenzschutz und den Polizeikräften der Länder, soweit diese nicht ausreichen, auch die Streitkräfte *als Polizeikräfte* einsetzen[123]." Aus diesem Wortlaut ergibt sich eindeutig, daß der gesamte Einsatz der aufgezählten Verbände ein Polizeieinsatz sein soll. Der Rechtsausschuß des Bundestags hat dann in seinem Entwurf vom 9. 5. 1968 der Vorschrift

---

[114] Vgl. *Dürig* in M-D-H Art. 87 a Rn. 52; Begründung BGSG S. 46.

[115] Ebenso *Dürig* in M-D-H Art. 87 a Rn. 52 mit Fußn. 8 aus S. 31. Nach Dürig wird dadurch dem BSG ermöglicht, in Spannungszeiten eine „Pufferwirkung" vor dem Einsatz der Streitkräfte auszuüben. — Vgl. auch Begründung BGSG S. 46 f.

[116] Vgl. *Dürig* in M-D-H Art. 87 a Rn. 52; schriftlicher Bericht des Innenausschusses des Bundestags vom 16. 3. 1965 (BT-Drucksache IV/343).

[117] Begründung BGSG S. 46 a. E.; *Dürig* in M-D-H Art. 87 a Rn. 52; Einzelheiten zum Kombattantenstatus des BGS in *Magelsdorff* S. 35 ff.

[118] Ebenso Begründung BGSG S. 47; *Quaritsch* S. 225; *Dürig* a.a.O.

[119] Beachte den abweichenden Wortlaut von § 64 des neuen BGSG gegenüber § 2 b Abs. 1 des alten BGSG: § 2 b Abs. 1 enthielt noch die Bestimmung, daß es im Verteidigungsfall zu den Aufgaben des BGS gehöre, „mit militärischen Mitteln geführte Angriffe gegen das Bundesgebiet mit der Waffe abzuwehren". Demgegenüber beschränkt § 64 Abs. 2 des neuen BGSG den Einsatz des BGS auf seine gewöhnlichen Aufgaben sowie auf den Fall der Selbstverteidigung.

[120] Ebenso *Herzog* in M-D-H Art. 115 f Rn. 15; *Dürig* in M-D-H Art. 87 a Rn. 52.

[121] Ebenso *Herzog* in M-D-H Art. 115 f Rn. 15.

[122] Bundestagsdrucksache V/1879.

[123] BT-Drucksache V/1879 S. 4.

die heute gültige Fassung gegeben[124]. Aus der Begründung des Rechtsausschusses geht hervor[125], daß die von ihm vorgenommene Änderung des Art. 115 f nichts am polizeilichen Charakter des Einsatzes im Rahmen dieser Vorschrift ändert.

Für die Funktion des Bundesgrenzschutzes läßt sich nunmehr zusammenfassend feststellen:

Wie die Polizeikräfte der Länder übt der Bundesgrenzschutz in allen Notstandsfällen *rein polizeiliche Funktionen* aus, wie sie ihm auch im Normalfall auf Grund des BGSG zugewiesen sind.

C. Die Streitkräfte

Der Deutsche Bundestag hat in die Notstandsverfassung auch Vorschriften aufgenommen, die den von verschiedenen Seiten heftig befehdeten[126] Einsatz der Streitkräfte im Inneren mit der Waffe zulassen. Es handelt sich um den Einsatz nach Art. 87 a Abs. 3 im Verteidigungsfall, nach Art. 87 a Abs. 4 im inneren Notstand, aber auch nach Art. 35 Abs. 2 und 3 des Grundgesetzes im Katastrophenfall. Um die Ausgangsbasis für die Lösung des Problems zu erhalten, welche Funktionen die Streitkräfte dabei innehaben, muß auch hier die allgemeine Stellung und Aufgabe der Streitkräfte nach dem Grundgesetz kurz skizziert werden.

I. Die grundsätzliche Stellung und Aufgabe der Streitkräfte nach dem Grundgesetz

1. Die Bedeutung des Begriffs „Streitkräfte"

Das Grundgesetz verwendet immer dann, wenn es von der bewaffneten Macht der Bundesrepublik spricht, den Ausdruck „Streitkräfte", so z. B. in Art. 17 a Abs. 1, 35 Abs. 2 und 3, 65 a, 87 a, 115 b. Dieser Begriff soll die materielle Eigenart der Institution der bewaffneten Macht im Staat umfassen und die Institution von anderen, etwa der Polizei, abgrenzen. „Streitkräfte" ist also ein materieller Begriff genauso wie der materielle Begriff der „Polizei" und er läßt sich bestimmen als „eine — speziellen anstaltlichen Regelungen unterworfene — öffentliche Verwaltungsfunktion zur Erhaltung der Integrität eines Staates und seiner verfassungsmäßigen Grundordnung gegenüber be-

---

[124] AE 1968 S. 30.

[125] AE 1968 S. 18.

[126] Auf die zahllosen Stellungnahmen zu dieser Frage kann aus naheliegenden Gründen nicht näher eingegangen werden. — Daher nur einige Hinweise:
Vgl. etwa *Hall*, Entwurf S. 148 f.; *Hoffmann* S. 97 ff.; *Kluncker* in Protokoll 59 S. 21 ff.; Notstandsentwurf 67 S. 26 ff., 29.

waffneten Angriffen durch einen von außen her wirkenden Gegner"[127]. Demgegenüber bezeichnet der Begriff „Bundeswehr"[128] die Institution, in der die Streitkräfte organisiert sind. Die Zuordnung der beiden Begriffe „Streitkräfte" und „Bundeswehr" läßt sich dann folgendermaßen ausdrücken: Zu den Streitkräften gehört „das in der Bundeswehr organisierte militärische Instrument der Bundesrepublik, das sich in die drei Teilstreitkräfte Heer, Luftwaffe und Marine sowie in die Territoriale Verteidigung[129] und die Zentralen Militärischen Bundeswehrdienststellen[130] gliedert[131].

Aus der soeben gegebenen Begriffsbestimmung läßt sich ersehen, daß die Streitkräfte als militärisches Machtinstrument scharf zu unterscheiden sind von der sog. „Bundeswehrverwaltung"[132]. Auch das Grundgesetz nimmt diese Trennung vor, indem es in Art. 87 a eine „grundlegende Verfassungsnorm"[133] für die Streitkräfte enthält, während die Rechtsstellung der zivilen Bundeswehrverwaltung in Art. 87 b geregelt ist[134].

An dieser Stelle kann auch vorweg geklärt werden, welche Teile der Bundeswehr als Träger eines Notstandseinsatzes in Frage kommen. In Art. 35 Abs. 2 und 3 und Art. 87 a Abs. 3 und 4, den für einen Einsatz der Bundeswehr nach innen maßgebenden Vorschriften, ist nur von den „Streitkräften" die Rede, so daß offen bleibt, welche Formationen innerhalb der Streitkräfte zuständig sind. Die Frage kann nur im Hinblick auf die Mitgliedschaft der Bundesrepublik in der NATO beantwortet werden. Auf Grund der NATO-Verpflichtung der Bundesrepublik geht in Spannungszeiten bzw. spätestens im Verteidigungsfall die operative Befehlsgewalt über die Kampfverbände von Heer, Luftwaffe und Marine auf den NATO-Oberbefehlshaber für Europa[135]

---

[127] So *v. Unruh* S. 171; *v. Mangoldt-Klein* Art. 87 a Anm. III 3 a.

[128] Der Begriff „Bundeswehr" kommt als solcher im Grundgesetz nicht vor.

[129] Auf die Territoriale Verteidigung wird sogleich noch näher einzugehen sein.

[130] Zu diesem Begriff vgl. BK, *Ipsen* Art. 87 a Rn. 13.

[131] So BK, *Ipsen* Art. 87 a Rn. 13; *Dürig* in M-D-H Art. 87 a Rn. 9.

[132] So auch *Kreutzer* S. 399; *v. Mangoldt-Klein* Art. 87 a Anm. III 3 a bb.

[133] So BK, *Ipsen* Art. 87 a Rn. 8. — Dabei geht die Bedeutung des Art. 87 a GG über die einer Regelung der Stellung der Streitkräfte hinaus, da im Abs. 1 S. 2 der Nachweis der zahlenmäßigen Stärke und Organisation der Streitkräfte im Haushaltsplan vorgeschrieben ist, und damit das Parlament eine wichtige Kontrollbefugnis innehat.

[134] Danach dient die Bundeswehrverwaltung „den Aufgaben des Personalwesens und der unmittelbaren Deckung des Sachbedarfs der Streitkräfte" (Art. 87 b Abs. 1 S. 2 GG).

[135] Offizielle Bezeichnung: Supreme Allied Commander Europe (abgekürzt SACEUR). Vgl. *Ipsen*, Rechtsgrundlagen S. 153.

über[136]. Daher unterstehen in diesem Fall der nationalen Befehlsgewalt der Bundesrepublik nur die Truppen der Territorialverteidigung[137]. Diese Truppen sind daher allein Träger des Einsatzes nach innen im Verteidigungsfall gemäß Art. 87 a Abs. 3 GG. Ihrer Aufgabe nach sind diese Truppen besonders für den Schutz von Objekten im Heimatgebiet vorgesehen[138]. Daher haben sie auch besondere Bedeutung für einen Einsatz im inneren Notstand gemäß Art. 87 a Abs. 4 GG, wo neben dem Kampf gegen bewaffnete Aufständische auch der Schutz von zivilen Objekten zur Aufgabe der Streitkräfte gehört[139].

Ansonsten aber können für den Einsatz nach Art. 87 a Abs. 4 sowie für den Katastropheneinsatz nach Art. 35 Abs. 2 und 3 GG neben den Truppen der Territorialverteidigung auch die Truppen aller anderen Bundeswehrteile bereitgestellt werden. Denn die Unterstellung unter das NATO-Kommando gilt nur für den Verteidigungsfall und eventuell für die Spannungszeit[140]. So waren auch bei der Hamburger Flutkatastrophe von 1962 nicht nur die dort stationierten Abteilungen des Heeres, sondern auch Hubschrauberverbände eingesetzt[141].

2. *Die Stellung der Streitkräfte im System der Gewaltenteilung*

Art. 20 Abs. 2 S. 2 des Grundgesetzes geht von der überlieferten Dreiteilung der Staatsgewalt in Gesetzgebung, vollziehende Gewalt und Rechtsprechung aus. Ferner heißt es dort kategorisch: „Alle Staatsgewalt geht vom Volke aus“ (Art. 20 Abs. 2 S. 1). Nach dem Grundgesetz kann es somit „keine Betätigung der Staatsgewalt geben, die sich nicht dieser historisch vorgefundenen dreifachen Funktionseinteilung unterordnen ließe“[142]. Angesichts dieser „lückenlosen Erfassung sämtlicher Betätigungen der Staatsgewalt“[143] unterliegt es keinem Zweifel, daß auch die Streitkräfte einer der drei Gewalten zuzurechnen sind, und zwar naturgemäß der „vollziehenden Gewalt“[144] im Sinn von Art. 20

[136] So *Ipsen* in BK Art. 87 a Rn. 13; vgl. auch *Rauschning*, Wehrrecht S. 219 ff.

[137] So *Ipsen*, Rechtsgrundlagen S. 211.

[138] Vgl. *Ipsen* in BK Art. 87 a Rn. 13. — Das Problem des Objektschutzes durch die Streitkräfte wird im folgenden noch eingehend erörtert.

[139] Vgl. ebenda.

[140] Zum Problem des Übergangs der Befehlsgewalt auf die NATO-Kommandobehörden vgl. *Ipsen*, Rechtsgrundlagen S. 153 ff., 176 ff., 202 ff., 210 ff.

[141] Vgl. Hamburger Bericht S. 99.

[142] *Dürig* in M-D-H Art. 1 Rn. 100; ebenso *Martens* S. 99.

[143] *Dürig* in M-D-H Art. 1 Rn. 100.

[144] So *Maunz* und *Dürig* in M-D-H Art. 20 Rn. 85; Das Dt. Bundesrecht I A 10 S. 159; *Rauschning*, Wehrrecht S. 211. — Dabei wird „Vollziehende Gewalt“ hier negativ verstanden als die Gewalt, die nicht zu Gesetzgebung oder Rechtsprechung gehört.

Abs. 2. Die Bundeswehr ist also ausschließlich ein Teil der Exekutive[145]. Sie ist nicht — wie die Reichswehr zur Weimarer Zeit[146] — ein „Staat im Staate"[147], sie ist auch keine „vierte Gewalt"[148], sondern sie ist voll integriert in die vollziehende Gewalt. Dabei ist es an dieser Stelle belanglos, ob die Bundeswehr auch zur „Verwaltung" zu zählen ist oder ob sie mit und neben dem Bereich der „Verwaltung" dem Oberbegriff „vollziehende Gewalt" oder „Exekutive" zuzurechnen ist[149]. Bis zur Einfügung der sog. „Wehrverfassung" ins Grundgesetz[150] war diese Streitfrage wegen der damaligen Fassung des Art. 1 Abs. 3 GG noch von Bedeutung[151]. Seit damals ist aber mit dem veränderten Wortlaut von Art. 1 Abs. 3 — er lautet: „Die nachfolgenden Grundrechte binden Gesetzgebung, *vollziehende Gewalt* und Rechtsprechung als unmittelbar geltendes Recht" — vom Verfassungsgesetzgeber klargestellt, einmal, daß die Bundeswehr zur Exekutive gehört[152], zum zweiten, daß auch die Bundeswehr an die im Grundgesetz verankerten Grundrechte gebunden ist[153].

Die Zugehörigkeit der Streitkräfte zur vollziehenden Gewalt hat aber neben der Bindung an die Grundrechte noch eine weitere Folge: Es gelten für den Einsatz der Streitkräfte im Inneren der Bundesrepublik — also nicht bei einem kriegsmäßigen Vorgehen gegen einen äußeren Feind — grundsätzlich die rechtsstaatlichen Prinzipien, an die gemäß Art. 20 Abs. 3 GG die vollziehende Gewalt gebunden ist. Das gilt in erster Linie für den Grundsatz der Gesetzmäßigkeit der Verwaltung. Ein Unterfall dieses Grundsatzes ist das Prinzip des sog. „Vorbehalt des

---

145 So *Dürig* in M-D-H Art. 65 a Rn. 11; *Martens* S. 100; *Roemer* S. 193; *Schäfer*, Grundgesetz S. 530; *Barth* S. 370; einschränkend *Böckenförde* S. 156, 157, wenn er sagt, der militärische Bereich werde „in seiner Eigenstruktur nicht aufgelöst, sondern bestehen gelassen", und wenn es weiter heißt, die Stellung des militärischen Bereichs nach dem GG sei so, „daß er einerseits nicht als vierte Gewalt außerhalb bzw. neben der Exekutive steht ..., daß er aber andererseits innerhalb ihrer einen gegenüber der Verwaltung sachlich und rechtlich eigenständigen Zweig bildet".

146 *Dürig* in M-D-H Art. 65 a Rn. 12.

147 Vgl. ebenda.

148 *Dürig* in M-D-H Art. 65 a Rn. 12; ferner *Martens* S. 99.

149 „Vollziehende Gewalt" wird herkömmlicher Weise als Oberbegriff für Regierung und Verwaltung verwendet. — Vgl. *Maunz/Dürig* Art. 20 Rn. 85; ferner *Quaritsch* S. 207 ff. und *v. Unruh* S. 157 ff.

150 Die wehrrechtlichen Bestimmungen im Grundgesetz wurden mit dem 7. Gesetz zur Ergänzung des Grundgesetzes vom 19. 3. 1956 eingefügt.

151 Art. 1 Abs. 3 GG hatte bis zur Grundgesetzänderung vom 19. 3. 1956 (vgl. Anm. 149) von „Verwaltung", nicht von „vollziehender Gewalt" gesprochen. Gerade diese Änderung zusammen mit Einfügung der Wehrverfassung sollte klarstellen, daß die Bundeswehr zur vollziehenden Gewalt gehört.

152 Ebenso *Barth* S. 370; *Martens* S. 100; *Dürig* in M-D-H Art. 65 a Rn. 11.

153 So auch *Barth* S. 370; ferner *Schäfer*, Grundgesetz S. 530.

Gesetzes"[154], der vor allem besagt, daß für Eingriffe der Staatsgewalt in Rechte der Bürger eine gesetzliche oder eine auf ein Gesetz zurückführbare Ermächtigungsgrundlage vorhanden sein muß[155]. Gerade ein Einsatz der Streitkräfte im Notstandsfall würde ständig weitgehende und schwerwiegende Eingriffe in Rechte der Bürger mit sich bringen[156]. Daraus erhellt, welche Bedeutung für den Einsatz der Streitkräfte die Feststellung besitzt, daß sie ein Teil der vollziehenden Gewalt sind[157].

3. Der Verteidigungsauftrag der Streitkräfte und die Bedeutung von Art. 87 a Abs. 2 des Grundgesetzes

Der im Zuge der Notstandsverfassung geänderte Art. 87 a des Grundgesetzes lautet nunmehr in Abs. 1 S. 1: „Der Bund stellt Streitkräfte zur Verteidigung auf". Damit wird zweierlei ausgedrückt: Einmal wird die Kompetenz des Bundes, eine Exekutivkompetenz, zur Aufstellung und Organisation der Streitkräfte festgelegt[158], zum anderen bringt dieser Wortlaut zum Ausdruck, daß die Hauptaufgabe der Streitkräfte die Verteidigung der Bundesrepublik ist. Verteidigung in diesem Sinne ist die „Abwehr eines von außen mit Waffengewalt gegen die Bundesrepublik geführten Angriffs"[159]. Dieser Begriff der Verteidigung liegt auch der Regelung des Grundgesetzes über den „Verteidigungsfall" zugrunde, da es in Art. 115 a Abs. 1 den Verteidigungsfall dann für gegeben erachtet, wenn „das Bundesgebiet mit Waffengewalt angegriffen wird oder ein solcher Angriff unmittelbar droht".

Ganz bewußt hat das Grundgesetz mit der Regelung des Art. 87 a Abs. 1 S. 1 den Einsatz der Streitkräfte nach außen auf die Verteidigung beschränkt. Dem entspricht das in Art. 26 Abs. 1 GG enthaltene Verbot für die Bundesrepublik, einen Angriffskrieg zu führen[160]. Die ausschließliche Beschränkung eines potentiellen Einsatzes der Streit-

---

[154] *Maunz in* M-D-H Art. 20 Rn. 127.

[155] *Maunz* in M-D-H Art. 20 Rn. 130.

[156] Man denke nur einen Einsatz der Bundeswehr gegen Bürger, die als Aufständische im Sinn von Art. 87 a Abs. 4 GG anzusehen sind.

[157] Das wird noch näher im dritten und vierten Teil darzulegen sein, wenn die Rechtsgrundlagen für einen Einsatz und die Befugnisse zu erörtern sein werden.

[158] Vgl. BK, *Ipsen* Art. 87 a Rn. 11 ff. — Dem entspricht die Gesetzgebungskompetenz des Bundes bzw. der Verteidigung in Art. 73 Ziff. 11 GG.

[159] So BK, *Ipsen* Art. 87 a Rn. 29; *Dürig* in M-D-H Art. 87 a Rn. 22.

[160] Dementsprechend hat *Dürig* (in seiner Kommentierung bei Maunz/Dürig zu dem jetzt nicht mehr geltenden Art. 59 a GG — hier zitiert nach *Herzog* in M-D-H Art. 115 a Rn. 21) den Verteidigungsfall als Parallele zur individuellen Notwehr aufgefaßt und ihn definiert als „Verteidigung, welche erforderlich ist, um einen gegenwärtigen, rechtwidrigen Angriff bewaffneter äußerer Gegner von der Bundesrepublik abzuwenden".

kräfte auf Verteidigungszwecke wird vom Grundgesetz auch in Art. 87 a Abs. 2 deutlich gemacht, wo es heißt: *„Außer zur Verteidigung* dürfen die Streitkräfte nur eingesetzt werden, soweit dieses Grundgesetz es ausdrücklich zuläßt." Dieser Wortlaut des Art. 87 a Abs. 2 enthält aber nicht nur das Verbot eines Angriffskrieges, vielmehr wird damit auch und vor allem der Einsatz der Streitkräfte im Innern der Bundesrepublik begrenzt[161]. „Einsatz" in diesem Sinn bedeutet hier über die enge militärische Bedeutung[162] hinaus „die Verwendung der Streitkräfte im Rahmen von erlaubten Kriegshandlungen wie im Rahmen der vollziehenden Gewalt im Innern"[163]. Dabei wird vom Grundgesetz nicht zwischen bewaffnetem und unbewaffnetem Einsatz unterschieden[164]. Jedoch fällt unter die Regelung von Art. 87 a Abs. 2 nur ein Einsatz, bei dem auch hoheitliche Befugnisse ausgeübt werden[165]. Ein reiner Hilfseinsatz der Streitkräfte ohne Wahrnehmung von hoheitlichen Befugnissen, etwa ein Einsatz zur Erntehilfe oder die Bergung von Menschen bei Hochwasser und ähnliches mehr, ist jederzeit auch ohne Regelung im Grundgesetz zulässig[166]. Derartige Einsätze waren schon vor Inkrafttreten der Notstandsverfassung zulässig, als noch Art. 143 GG Geltung hatte[167]. Nach Art. 143 GG[168] war ein Einsatz der Streitkräfte im Inneren unzulässig bis zum Erlaß eines entsprechenden Gesetzes, das der verfassungsändernden Mehrheit bedurfte[169].

---

161 So auch *Ipsen* in BK Art. 87 a Rn. 28; *Dürig* in M-D-H Art. 87 a Rn. 24.

162 Zur militärischen Terminologie des Wortes „Einsatz" vgl. *Ipsen* in BK Art. 87 a Rn. 31.

163 So *Ipsen* in BK Art. 87 a Rn. 32.

164 Ebenso *Ipsen* in BK Art. 87 a Rn. 33; *v. Mangoldt-Klein* Art. 87 a Anm. V 5 b; *Dürig* in M-D-H Art. 87 a Rn. 32.

165 So auch *Lenz,* Notstandsverfassung Art. 87 Rn. 4; *v. Mangoldt-Klein* a.a.O.; *Dürig* a.a.O.; *Model-Müller* Art. 87 a S. 343. — Dieses Kriterium wird bei *Ipsen* a.a.O. Rn. 31 ff. nicht beachtet, es sei denn, man entnimmt die Unterscheidung der oben (vgl. Anm. 163) wiedergegebenen Definition des „Einsatzes", wo Ipsen von der „vollziehenden Gewalt im Inneren" spricht.

166 So auch *Schunck,* Ergänzungsband S. 52; *Dürig* in M-D-H Art. 87 a Rn. 35; *Model-Müller* a.a.O.; *Hofmann* S. 113; AB 1968 S. 13; *Schmidt-Bleibtreu/Klein* Art. 87 a Rn. 5.

167 Art. 143 wurde durch das 17. Gesetz zur Ergänzung des Grundgesetzes vom 28. 6. 1968 (Notstandsverfassung) aufgehoben. — Zur fortwirkenden Bedeutung des Art. 143 für die Auslegung des Art. 87 a Abs. 2 GG eingehend *Dürig* in M-D-H Art. 87 a Rn. 27 ff.

168 Er lautete: „Die Voraussetzungen, unter denen es zulässig wird, die Streitkräfte im Fall eines inneren Notstands in Anspruch zu nehmen, können nur durch ein Gesetz geregelt werden, das die Erfordernisse des Artikels 79 erfüllt."

169 Dieses verfassungsändernde Gesetz ist der neue Art. 87 a sowie Art. 35 GG, wo der innere Einsatz der Bundeswehr geregelt ist (ebenso *Dürig* in M-D-H Art. 87 a Rn. 27 ff.).

Dennoch war es unbestritten, daß reine Hilfseinsätze der Streitkräfte ohne hoheitliche Befugnisse jederzeit möglich und zulässig sind[170]. Die Bundeswehr wurde demgemäß auch zu Hilfszwecken in Katastrophenfällen eingesetzt[171].

Die reinen Hilfseinsätze, bei denen die Streitkräfte keine hoheitlichen Befugnisse wahrnehmen, fallen daher auch nicht unter Art. 87 a Abs. 2 GG. Maßgeblich dafür, ob ein Einsatz der Streitkräfte im Inneren unter Art. 87 a Abs. 2 fällt, ist also nicht die Frage, ob die Streitkräfte dabei bewaffnet sind oder nicht. Denn auch unbewaffnete Kräfte können hoheitliche Befehlsbefugnisse besitzen. Gerade aber die Verwendung der Streitkräfte als innenpolitisches Machtinstrument soll nach Art. 87 a Abs. 2 nur in den vom Grundgesetz bestimmten Fällen zulässig sein. Daher ist für Art. 87 a Abs. 2 allein die Frage entscheidend, ob die Streitkräfte bei einem Einsatz nach innen mit hoheitlichen Befugnissen auftreten oder nicht[172]. Ein hoheitlicher Einsatz ist auf die im Grundgesetz genannten Fälle beschränkt: das sind Art. 87 a Abs. 3 und Abs. 4 sowie Art. 35 Abs. 2 und 3. Nur in diesen — sogleich näher zu erörternden Fällen — dürfen die Streitkräfte mit Befehls- und Zwangsbefugnissen auftreten, d. h. die genannten Bestimmungen des Grundgesetzes stellen eine abschließende und ausschließliche Regelung dar[173].

II. Die Funktion der Streitkräfte beim Notstandseinsatz im Inneren

1. Ihre Funktion im Verteidigungsfall — Art. 87 a Abs. 3 des Grundgesetzes

Art. 87 a Abs. 3 GG regelt den Einsatz der Streitkräfte im Inneren der Bundesrepublik während des Verteidigungs- und des Spannungsfalles. Dabei werden zwei Situationen unterschieden: Satz 1 gewährt den Streitkräften gewisse Befugnisse des Objektschutzes und der Verkehrsregelung *zur Erfüllung ihres Verteidigungsauftrages,* während nach Satz 2 den Streitkräften auch solche Objektschutzaufgaben übertragen werden können, die nicht vom Verteidigungsauftrag umfaßt sind. Beide Fälle müssen genau unterschieden werden.

---

170 Vgl. *Dürig* in M-D-H Art. 143 Rn. 4; *Hoffmann* S. 113; *Arndt,* Bundeswehr S. 729; *Schnupp,* Polizei I S. 361; *Hall,* Entwurf S. 151; *Gester* S. 140; *Giese-Schunck* Art. 143 Anm. 4.

171 So in Hamburg bei der Flutkatastrophe 1962, vgl. Hamburger Bericht S. 99; *Dürig* in M-D-H Art. 87 a Rn. 35 Fußnote 5.

172 Ähnlich AB 1968 S. 13, wo es heißt, Art. 87 a Abs. 2 beschränke die Verwendung der Streitkräfte „als Mittel der vollziehenden Gewalt". Ebenso *Arndt,* Bundeswehr S. 730; *Ipsen,* Streitkräfte S. 397.

173 Ebenso *Ipsen* in BK Art. 87 a Rn. 36; *Dürig* in M-D-H Art. 87 a Rn. 38.

a) Der Einsatz der Streitkräfte zur Erfüllung des Verteidigungsauftrages — Art. 87 a Abs. 3 Satz 1 GG

Wenn im folgenden die Funktion der Streitkräfte bei diesem Einsatz geklärt werden soll, so sind wieder zwei Fälle auseinanderzuhalten:

aa) Der Schutz ziviler Objekte durch die Streitkräfte

Zunächst hat es den Anschein, als habe die Gewährung von Befugnissen des Objektschutzes an die Streitkräfte nach Art. 87 a Abs. 3 S. 1 nur deklaratorische Bedeutung, denn diese Befugnisse reichen nur soweit, als „dies zur Erfüllung ihres Verteidigungsauftrages erforderlich ist". Man könnte meinen, wenn der Objektschutz bereits zur Erfüllung des Verteidigungsauftrags erforderlich sei, so ergebe sich die Befugnis der Streitkräfte hierzu bereits aus Art. 87 a Abs. 2, und Abs. 3 würde dann nur eine Klarstellung bedeuten. Diese Ansicht trifft zum Teil zu. Unstreitig ist, daß es eine kriegerische Handlung darstellt, wenn ein Objekt, sei es militärischer oder ziviler Natur, von auswärtigen Streitkräften oder ihnen gleichstehenden Verbänden angegriffen wird[174]. Diese kriegerische Handlung abzuwehren, gehört zum Verteidigungsauftrag der Bundeswehr, und fällt daher nicht unter Art. 87 a Abs. 3 GG[175]. Ebensowenig gehört hierher der Schutz *militärischer* Objekte gegen Störungen anderer Personen, die nicht Angehörige auswärtiger Streitkräfte sind[176]. Denn der Schutz militärischer Objekte gegen jede Art von Störungen gehört im Verteidigungsfall zum Verteidigungsauftrag[177]. Ferner besitzt die Bundeswehr in Gestalt des UZwGBw[178] bereits eine ausdrückliche Rechtsgrundlage für Fälle dieser Art[179].

Art. 87 a Abs. 3 spricht jedoch nur vom Schutz *ziviler Objekte.* Daher hat diese Regelung ihre Geltung und Bedeutung nur für die Fälle, in denen zivile Objekte von nichtmilitärischen, zivilen Störern angegriffen

---

174 Ebenso *Ipsen* in BK Art. 87 a Rn. 47; AB 1968 S. 13; *Arndt,* Bundeswehr S. 731; *Schreiber,* Streitkräfte S. 732.

175 Ebenso *Ipsen* in BK Art. 87 a Rn. 47; *Arndt,* Bundeswehr S. 731; *Dürig* in M-D-H Art. 87 a Rn. 46.

176 So *Ipsen* in BK Art. 87 a Rn. 48; AB 1968 S. 13; *Schreiber,* Streitkräfte S. 732; *Dürig* in M-D-H Art. 87 a Rn. 47.

177 So auch AB 1968 S. 13.

178 Gesetz über die Anwendung unmittelbaren Zwanges und die Ausübung besonderer Befugnisse durch Soldaten der Bundeswehr und zivile Wachpersonen vom 12. 8. 1965 (BGBl. I S. 796).

179 So *Ipsen* BK Art. 87 a Rn. 48; *Jess-Mann* S. 52 f. *Dürig* in M-D-H Art. 87 a Rn. 47. — Die Befugnisse, die das UZwGBw gewährt, sind nach Art und Umfang polizeilicher Art, so daß die Soldaten der Bundeswehr polizeiliche Funktionen ausüben, wenn sie nach diesem Gesetz vorgehen. — So auch *Jess-Mann* S. 56.

werden[180]. So betrachtet hat aber Art. 87 a Abs. 3 S. 1 keineswegs nur eine deklaratorische Funktion, denn diese Art von Objektschutz steht den Streitkräften nicht bereits auf Grund ihres Verteidigungsauftrags zu, handelt es sich doch um *zivile Objekte und zivile Störer*. Störungen solcher Art abzuwehren, gehört zur Aufgabe der Polizei[181]. Hier hat das Grundgesetz für den Verteidigungsfall eine Ausnahme vom Grundsatz des polizeilichen Schutzes gemacht und den Streitkräften die Befugnis zum Schutz der zivilen Objekte auch gegen zivile Störungen verliehen.

Der Zweck dieser Regelung liegt darin: Wichtige zivile Objekte müssen in Krisenzeiten gegen Störungen und Angriffe gesichert werden. Der Schutz gegen zivile Störer wäre dabei Aufgabe der Polizei, während die Abwehr militärischer Störungen Sache der Streitkräfte wäre. Um nun im Kriegsfall die ohnehin raren Kräfte zu sparen, soll ein doppelter Schutz der wichtigen Objekte durch Streitkräfte und Polizei, wie er sich aus der eben geschilderten Aufgabenverteilung ergäbe, vermieden werden[182]. Ferner soll für die Polizei die Gefahr vermieden werden, im Verteidigungsfall in militärische Auseinandersetzungen dadurch verwickelt zu werden, daß ein von ihr geschütztes ziviles Objekt von militärischen Kräften angegriffen wird[183]. Daher wurde mit der Bestimmung des Art. 87 a Abs. 3 S. 1 GG der Schutz bestimmter ziviler Objekte für den Verteidigungs- und Spannungsfall von vornherein auf die Streitkräfte übertragen. Die Formulierung „soweit dies zur Erfüllung ihres Verteidigungsauftrages erforderlich ist" in Art. 87 a Abs. 3 S. 1 GG hat demnach die Bedeutung, den Objektschutz durch die Streitkräfte auf bestimmte wichtige zivile Objekte zu beschränken[184]. Nur diejenigen Objekte dürfen von den Streitkräften geschützt werden, die trotz ihrer zivilen Natur für die Verteidigung von großer Bedeutung sind[185]. Welche Objekte im einzelnen

---

180 Vgl. *Ipsen* BK Art. 87 a Rn. 49 ff.; *Dürig* in M-D-H Art. 87 a Rn. 48; a. A. *Arndt*, Bundeswehr S. 731, wo er ausführt, es hätte überhaupt keiner zusätzlichen Norm bedurft, um den Streitkräften den Schutz ziviler Objekte zu ermöglichen.

181 Vgl. AB 1968 S. 13; *Dürig* in M-D-H Art. 87 a Rn. 48.

182 Ebenso *Ipsen* in BK Art. 87 a Rn. 54 f.; *Dürig* in M-D-H Art. 87 a Rn. 49.

183 Vgl. *Ipsen* in BK Art. 87 a Rn. 55. — Denn in der Bundesrepublik behält die Polizei auch im Verteidigungsfall ihren normalen Status bei, sie wird — anders der Bundesgrenzschutz — nicht militarisiert.

184 Ebenso *Ipsen* in BK Art. 87 a Rn. 50 ff. Nach *Dürig* in M-D-H Art. 87 a Rn. 53 ist die Erforderlichkeitsklausel zu weit und kann daher die Befugnisse der Streitkräfte nicht wirksam beschränken. Die Beschränkung folgt nach *Dürig* aus dem Prinzip der Verhältnismäßigkeit.

185 Vgl. AB 1968 S. 13; ebenso *Lenz*, Notstandsverfassung Art. 87 a Rn. 8; *v. Mangoldt-Klein* Art. 87 a Anm. VI 2 a bb.

in Frage kommen, kann hier nicht erörtert werden, zumal dies im voraus schwer zu bestimmen sein dürfte[186].

Die Beantwortung der Frage, *welche Funktionen* die zu einem derartigen Objektschutz nach Art. 87 a Abs. 3 S. 1 eingesetzten Streitkräfte ausüben, stößt auf nicht geringe Schwierigkeiten. Der Wortlaut des Grundgesetzes läßt keine Rückschlüsse auf die Funktion zu. *Ipsen* vertritt zwar die Meinung[187], daß sich aus dem Vergleich von Art. 87 a Abs. 3 S. 1 mit den anderen Vorschriften des Grundgesetzes, die den Einsatz der Streitkräfte im Inneren regeln, folgern lasse, die Tätigkeit der Streitkräfte bei diesem Objektschutz sei keine polizeiliche Tätigkeit[188]. Er begründet dies damit, daß an den anderen Stellen des Grundgesetzes der innere Einsatz der Streitkräfte immer nur „zur Unterstützung der Polizei"[189] zugelassen werde, während bei Art. 87 a Abs. 3 S. 1 eine derartige Formulierung fehle, was bedeute, daß hier keine polizeiliche Tätigkeit wahrgenommen werde. Ferner führt Ipsen zur Begründung die praktische Erwägung an, es könne von den Streitkräften nicht verlangt werden, zu unterscheiden, ob eine Störung oder ein Angriff gegen ein ziviles Objekt von einem militärischen oder einem zivilen Störer ausgehe, um dann dementsprechend die Abwehr mit militärischen oder mit polizeilichen Mitteln durchzuführen[190]. Da diese Differenzierung nicht verlangt werden könne, könne der Schutz der Objekte auch nicht auf polizeiliches Vorgehen beschränkt werden. Ipsen kommt dann zu dem Resultat, daß die bei dem betreffenden Objektschutz zulässige Gewaltausübung „gleichsam in der Mitte zwischen dem im Kriegsrecht geltenden Prinzip der Zweckdienlichkeit des militärischen Gewalteinsatzes und dem im Polizeirecht geltenden Prinzip der Verhältnismäßigkeit"[191] steht. Damit will er wohl aussagen, daß die Funktion der Streitkräfte in diesem Fall weder militärisch noch rein polizeilich sei, sondern in der Mitte liege, was zur Folge habe, daß die Streitkräfte nicht kriegsmäßig vorgehen dürften, andererseits aber auch nicht an die engen Regelungen polizeilicher Eingriffsbefugnisse (vor allem hinsichtlich des Waffengebrauches) gebunden seien[192].

---

186 Ebenso *Ipsen* in BK Art. 87 a Rn. 50 ff. — Es dürften z. B. in Frage kommen Rüstungsbetriebe, wichtige Brücken, Versorgungsbetriebe etc.

187 in BK Art. 87 a Rn. 73 ff.

188 *Ipsen* in BK Art. 87 a Rn. 73 ff.

189 Vgl. den Wortlaut von Art. 87 a Abs. 3 S. 2, 87 a Abs. 4 S. 1, 35 Abs. 3 S. 1.

190 *Ipsen* in BK Art. 87 a Rn. 73 ff.

191 *Ipsen* in BK Art. 87 a Rn. 80.

192 Im Ganzen betrachtet, läßt die Stellungnahme *Ipsens* zu diesem Problem an Klarheit und Eindeutigkeit zu wünschen übrig. Denn dem soeben wiedergegebenen Ergebnis von Ipsen widersprechen andere Ausführungen, die er innerhalb der gleichen Kommentierung (Ipsen ebenda Rn. 61) macht: Er stellt dort fest, der Gesetzgeber habe mit Art. 87 a Abs. 3 S. 1 „die Befug-

Ipsens Begründung vermag nicht zu überzeugen. Aus der Tatsache, daß bei Art. 87 a Abs. 3 S. 1 die Formulierung „zur Unterstützung der Polizei" fehlt, läßt sich nicht der Schluß ziehen, daß damit die Tätigkeit der Streitkräfte keine polizeiliche ist. Vielmehr wird dadurch vom Grundgesetz nur zum Ausdruck gebracht, daß diese Art von Objektschutz, obwohl sie an sich Aufgabe der Polizei ist[193], zur Entlastung der Polizei allein den Streitkräften überlassen sein soll, so daß letztere ganz einfach deshalb nicht „zur Unterstützung der Polizei" tätig werden, weil die Polizei hier gar nicht tätig wird. Damit ist aber doch nicht gesagt, daß es sich nicht um eine polizeiliche Aufgabe handeln kann. Auch dem zweiten Argument Ipsens kann nicht gefolgt werden: Es geht nicht an, die Auslegung einer Verfassungsnorm daran zu orientieren, ob eine bestimmte Art der Auslegung in der Praxis zu Schwierigkeiten führen wird. Gewiß ist zuzugeben, daß es im Verteidigungsfall für die zum Objektschutz befohlenen Streitkräfte manchmal schwierig sein wird, zu entscheiden, ob ein Angriff auf das geschützte Objekt von feindlichen Kombattanten oder ihnen gleichgestellten Kräften oder von „normalen" „zivilen" Störern ausgeht[194]. Diese Schwierigkeiten sind durch das moderne Kriegsbild mit Luftlandeunternehmen, Kommandotrupps, Partisaneneinheiten usw. bedingt[195], so daß es nicht immer möglich sein dürfte, den Status des Angreifers bzw. Störers sofort richtig zu erkennen. Das darf aber nicht wie bei Ipsen dazu führen, daß man von vornherein darauf verzichtet, diese Unterscheidung von den Einsatzkräften zu verlangen, und dann danach das rechtliche Vorgehen der Einsatzkräfte ausrichtet.

Im Unterschied zu der Ansicht von *Ipsen* muß festgestellt werden, daß die Streitkräfte beim Objektschutz gemäß Art. 87 a Abs. 3 S. 1 eine *polizeiliche Funktion* ausüben. Das folgt aus verschiedenartigen Erwägungen: Aus dem Wortlaut der Grundgesetzbestimmung läßt sich zwar — wie bereits erwähnt[196] — nichts über die Funktion entnehmen. Jedoch ergibt sich ein Anhaltspunkt, wenn nochmals genau abgegrenzt wird, um welche Art von Objektschutz es hierbei geht: *Zivile* Objekte

---

nisse der Streitkräfte auf *ihrer Eigenart nach polizeiliche*, aber mit dem Verteidigungsauftrag zusammenhängende Aufgaben erweitert".

193 Dies gibt auch *Ipsen* selbst zu, wenn er schreibt (in BK Art. 87 a Rn. 49): „Der Schutz ziviler Objekte gegen die letztgenannten Störungen (gemeint ist: durch zivile Störer) hingegen *obliegt grundsätzlich der Polizei*." — Ebenso AB 1968 S. 13; *Dürig* in M-D-H Art. 87 a Rn. 54 und Rn. 56 mit Fußnote 6.

194 Diese Ansicht vertritt auch die Begründung des Rechtsausschusses zum Entwurf vom 9. 5. 1968, vgl. AB 1968 S. 13; vgl. auch *Dürig* in M-D-H Art. 87 a Rn. 56.

195 Ähnlich *Ipsen* in BK Art. 87 a Rn. 54.

Vgl. auch *Dürig* in M-D-H Art. 87 a Rn. 56, der mit ähnlichen Argumenten an Ipsen Kritik übt.

196 Ebenso *Dürig* in M-D-H Art. 87 a Rn. 54 f., Rn. 56 mit Fußnote 6.

sollten gegen *zivile* Störer (also nicht Angehörige auswärtiger Streitkräfte) geschützt werden. Gegen solche Störungen darf nicht mit den normalen kriegsmäßigen Mitteln der Streitkräfte vorgegangen werden[197]. Andererseits wurde bereits festgestellt, daß die Abwehr derartiger Störungen an sich Aufgabe der Polizei ist[198], da es sich eindeutig um Störungen der öffentlichen Sicherheit handelt[199]. Die Aufgabe der Streitkräfte bei diesem Objektschutz ist also polizeilicher Art. Es spricht nichts dagegen, daß diese polizeiliche Aufgabe auch mit polizeilichen Mitteln bewältigt wird. Da es sich nicht um einen Kriegseinsatz handelt, gilt voll das verfassungsrechtliche Übermaßverbot, wonach mit den geringst möglichen Mitteln nach dem Grundsatz der Verhältnismäßigkeit[200] vorgegangen werden muß. Ein Vorgehen mit polizeilichen Befugnissen und Zwangsmitteln reicht im Normalfall aus, um ein ziviles Objekt gegen Störungen von zivilen Störern zu schützen[201]. Der Einsatz nach polizeilicher Art ist daher bei diesem Objektschutz das geringstmögliche und auch verhältnismäßige Mittel und damit das verfassungsrechtlich allein zulässige Mittel. Für einen Einsatz mit Mitteln und nach Grundsätzen, die über das polizeiliche Maß hinausgehen — wie es Ipsen annimmt —, besteht kein Bedürfnis.

Diese Überlegung findet auch noch eine andere Stütze: Der Schutz *militärischer Objekte* durch die Streitkräfte gegen zivile Störungen hat bereits eine gesetzliche Regelung im UZwGBw[202] gefunden. Die Befugnisse und Zwangsmittel, die dieses Gesetz verleiht, sind so ausgestaltet, daß an ihrer polizeilichen Art kein Zweifel bestehen kann[203]. Das ist allein schon aus den Bestimmungen dieses Gesetzes über den Schußwaffengebrauch ersichtlich[204], die zum Teil wörtlich mit den entsprechenden Vorschriften des UZwG[205] übereinstimmen, mit Vorschriften eines Gesetzes also, das unbestritten für Polizeibeamte geschaffen ist[206]. Es ist aber nicht einzusehen, warum der Schutz ziviler Objekte schärfere und schwerer wiegende Mittel erfordern soll als der Schutz militärischer Objekte. Dem steht auch nicht entgegen, daß damit die mit dem Objekt-

197 Ebenso *Ipsen* in BK Art. 87 a Rn. 72.

198 So auch *Dürig* in M-D-H Art. 87 a Rn. 54.

199 Ebenda Rn. 56 mit Fußnote 6.

200 Gleicher Ansicht *Hamann-Lenz* Art. 87 a Anm. B 3; *Dürig* in M-D-H Art. 87 a Rn. 57. — Zum Grundsatz der Verhältnismäßigkeit vgl. ausführlich unten im vierten Teil, dritter Abschnitt.

201 Sollte aber zugleich mit dem Verteidigungsfall eine Bürgerkriegslage eintreten, so ist die Rechtslage anders. Siehe dazu unten unter 2 c.

202 Vgl. oben Anm. 178.

203 So auch *Jess-Mann* S. 53 und S. 56; *Dürig* in M-D-H Art. 87 a Rn. 55.

204 §§ 15 ff. des UZwGBw.

205 Vgl. §§ 15, 16, 17 Abs. 1. 18 UZwGBw und §§ 10, 12, 13, 14 UZwG.

206 Vgl die Aufzählung der betroffenen Beamten in § 6 UZwG.

schutz beauftragten Teile der Streitkräfte[207] jeweils verschieden reagieren müssen, je nachdem, ob das Objekt von fremden Kombattanten oder von zivilen Störern angegriffen wird[208]. Gegen erstere können und müssen sie kriegsmäßig mit allen militärischen Mitteln vorgehen[209], gegen letztere sind sie auf polizeiliche Mittel beschränkt. Die Last der Unterscheidung, mit welchem Angreifer man es zu tun hat, kann also den Streitkräften in dieser Situation nicht erspart werden. Wenn dann in einer schwierigen und gefährlichen Lage tatsächlich einmal eine falsche Entscheidung getroffen werden sollte, so wird das dementsprechende Vorgehen der Streitkräfte (etwa mit militärischen Mitteln gegen zivile Störer) rechtswidrig, an der Richtigkeit des eben gewonnenen Ergebnisses ändert dies jedoch nichts.

Somit läßt sich festhalten: Beim Schutz ziviler Objekte gemäß Art. 87 a Abs. 3 S. 1 des Grundgesetzes nehmen die Streitkräfte eine *polizeiliche Aufgabe* wahr. Zur Erfüllung dieser Aufgabe dürfen sie sich nur *polizeilicher Befugnisse* und *polizeilicher Zwangsmittel* bedienen. Daraus folgt, daß die Streitkräfte in dieser Situation von Verfassung wegen eine *polizeiliche Funktion* ausüben[210]. Hier tritt ein Fall ein, wo die Streitkräfte, die institutionell nicht Polizei sind, materiell Polizeigewalt ausüben.

---

207 Das sind Teile der Territorialverteidigung, vgl. *Schreiber*, Notstand S. 110.

208 Auf diese Zweigleisigkeit des Vorgehens der Streitkräfte weist auch *Dürig* in M-D-H Art. 87 a Rn. 54 ff. hin.

209 Auf Grund ihres Verteidigungsauftrages — ähnlich auch *Ipsen* in BK Art. 87 a Rn. 71; *Dürig* in M-D-H Art. 87 a Rn. 54, 57.

210 Voll übereinstimmend *Dürig* in M-D-H Art. 87 a Rn. 54 f. Ähnlich *Benda* vor dem Rechtsausschuß des Dt. Bundestags in der Sitzung vom 8. 2. 1968 (Kurzprotokoll Nr. 68 S. 6), wo er sagte, die Streitkräfte müßten beim Schutz ziviler Objekte „nichtkombattante Angreifer mit polizeilichen Mitteln abwehren"; ferner *Schreiber*, Notstand S. 111, mit der Bemerkung, die Bewaffnung der Streitkräfte beim Objektschutz solle der Polizeibewaffnung entsprechen; vgl. auch *Jess-Mann* S. 53: „Die Abwehraufgabe der Bundeswehr (gemeint ist beim Objektschutz) ist materiell rechtlich eine polizeiliche Aufgabe."

Das hier gefundene Ergebnis findet auch in der Entstehungsgeschichte des Art. 87 a Abs. 1 eine gewisse Stütze: Der Regierungsentwurf vom 10. 3. 1967 hatte noch in Art. 115 f Abs. 1 Ziff. 1 generell im Verteidigungsfall einen Einsatz der Streitkräfte „als Polizeikräfte" im Inneren vorgesehen (vgl. RE 1967 S. 4). Der Rechtsausschuß hat in dem Beschluß vom 9. 5. 1968 statt dieser Regelung die modifizierte Regelung in Art. 87 a Abs. 3 eingefügt (vgl. AE 1968 S. 26 und S. 30). Zur Begründung hat er angeführt, „daß der Einsatz der Streitkräfte als Polizeikräfte in dieser generellen Form zu weit geht" (AB 1966 S. 18). Weiter heißt es dort: „Der Rechtsausschuß hat daher den Einsatz der Streitkräfte als Polizeikräfte eingeschränkt und in Art. 87 a zusammengefaßt." Damit wird zum Ausdruck gebracht, daß auch die nunmehr geltende Regelung des Art. 87 a Abs. 3 nichts daran ändern sollte, daß die Streitkräfte im Verteidigungsfall im Inneren der Bundesrepublik lediglich polizeilich tätig werden sollen.

bb) Die Verkehrsregelung durch die Streitkräfte

Im Verteidigungs- und im Spannungsfall haben die Streitkräfte gemäß Art. 87 a Abs. 3 S. 1 des Grundgesetzes neben der Befugnis, zivile Objekte zu schützen, auch die Befugnis, „Aufgaben der Verkehrsregelung wahrzunehmen", wobei allerdings auch hier die Einschränkung gilt „soweit dies zur Erfüllung ihres Verteidigungsauftrages erforderlich ist"[211]. Normalerweise gehört die Regelung des Verkehrs auf den Straßen zu den Aufgaben der Polizei. Dies ergibt sich aus § 36 Abs. 1, § 44 Abs. 2 StVO. Im Spannungsfall[212] und im Verteidigungsfall werden naturgemäß umfangreiche Truppenbewegungen der Bundeswehr im Inneren der Bundesrepublik notwendig werden. Die Sicherung dieser Truppenbewegungen auf den Straßen sowie die damit notwendigerweise verbundene Regelung des Verkehrs (etwa Absperren von Straßen, die als Marschrouten für die Bundeswehr von Wichtigkeit sind, Freihalten von Kreuzungen während des Durchmarsches einer Kolonne[213]) ist zur Erfüllung des Verteidigungsauftrages notwendig und damit vom Verteidigungsauftrag bereits mitumfaßt[214]. Dazu hätte es keiner eigenen Ermächtigung bedurft[215]. Diese Art von Verkehrsregelung ist daher in Art. 87 a Abs. 3 S. 1 nicht angesprochen. Vielmehr soll mit dieser Vorschrift den Streitkräften die Ermächtigung auch zu solcher Verkehrsregelung erteilt werden, die sich nicht bereits aus dem Verteidigungsauftrag ergibt. Vom Verteidigungsauftrag ist nur diejenige Lenkung des Verkehrs gedeckt, die unmittelbar die Fortbewegung der Militärkolonnen erleichtert und sichert[216]. Während des Durchlaufs marschierender Truppen gibt es aber auch den normalen zivilen Verkehr. Die Vorschrift des Art. 87 a Abs. 3 S. 1 ermöglicht es den Streitkräften, den zivilen Verkehr auf den Marschrouten auch in den Zeitabschnitten zu regeln, in denen die Verkehrswege von den

---

[211] So der Wortlaut in Art. 87 a Abs. 3 S. 1 letzter Abschn.

[212] Ebenso *Dürig* in M-D-H Art. 87 a Rn. 61.

[213] So *Ipsen* in BK Art. 87 a Rn. 86 a. E.; ähnlich *Dürig* in M-D-H Art. 87 a Rn. 61.

[214] Die Ermächtigung hierzu folgt aus Art. 87 a Abs. 1 u. 2. Dieser Ansicht auch AB 1968 S. 13 und *Arndt*, Bundeswehr S. 731. — *Ipsen* (Rn. 86 f.) will den Streitkräften die Ermächtigung zu dieser Art von Verkehrsregelung bereits in Normalzeiten zugestehen. Er begründet dies mit den Ausnahmerechten der Bundeswehr auf Grund des § 48 Abs. 1 und 2 der StVO a. F. (jetzt § 35 Abs. 1 bis 4 neuer Fassung). Diese Bestimmungen schließen laut Ipsen „sachlogisch die Befugnis zur Verkehrsregelung ein". — Gegen Ipsen auch *Dürig* a.a.O., der die genannte Befugnis aus einer „Annexkompetenz" des Verteidigungsauftrags folgert.

[215] So auch *Arndt*, Bundeswehr S. 731; *Schunck*, Ergänzungsband S. 53; *Dürig* in M-D-H Art. 87 a Rn. 61.

[216] Ebenso *Dürig* in M-D-H Art. 87 a Rn. 61.

Streitkräften nicht in Anspruch genommen werden[217]. Denn die Regelung des zivilen Verkehrs in den Zwischenzeiten militärischer Marschbewegungen obliegt an sich der Polizei. Das Grundgesetz will also vermeiden, „daß neben den zur militärischen Verkehrsregelung abgestellten Soldaten auf diesen Straßen noch zivile Polizeibeamte zur Regelung des zivilen Verkehrs Dienst tun müssen“[218]. Damit ist die ratio legis hier dieselbe wie bei der Normierung des Objektschutzes: es soll der doppelte Einsatz von Streitkräften und Polizei zur Bewältigung ein und derselben Aufgabe vermieden werden[219].

Die Beantwortung der Frage nach den *Funktionen* der Streitkräfte bei der Verkehrsregelung fällt nicht schwer. Wie bereits festgestellt, ist die Regelung des Verkehrs eine *polizeiliche Aufgabe*. Sie dient der Wahrung der öffentlichen Sicherheit auf den Straßen. Die Verkehrsregelung ist — jedenfalls in aller Regel — eine gewaltlose, „friedliche“ Angelegenheit. Demnach können den Streitkräften auch lediglich *polizeiliche Befugnisse* zustehen, keinesfalls aber weitergehende Befugnisse. Die Streitkräfte üben also bei der Verkehrsregelung nach Art. 87 a Abs. 3 S. 1 des Grundgesetzes eine *Polizeifunktion* aus[220].

Es ist aber noch eine Einschränkung zu machen: Die Verkehrsregelung durch die Streitkräfte — „wie die Objektschutzbefugnis ... ein Ausnahmerecht sui generis“[221] — ist nur soweit zulässig, als es „zur Erfüllung des Verteidigungsauftrags erforderlich ist“. Diese Formel erweist sich also — ähnlich wie beim Objektschutz — als Beschränkung der Befugnisse. Sie besagt, daß der zivile Verkehr auch im Verteidigungsfall nicht in beliebigem Ausmaß von den Streitkräften geregelt werden darf, sondern ausschließlich in dem Maß, „das zur Erhaltung der Beweglichkeit der Truppe geboten ist“[222]. Mithin ist *Ipsen* rechtzugeben, wenn er feststellt, die Befugnis zur Verkehrsregelung stehe, „wiewohl sie nicht an die konkrete Sicherung einzelner Truppenbewegungen gebunden ist, unter dem Grundsatz der Zweckdienlichkeit für die Beweglichkeit der Streitkräfte“[223].

---

217 So auch AB 1968 S. 13, 14; ferner Das Dt. Bundesrecht I A 10 S. 160; *Schreiber*, Streitkräfte S. 732; *von Mangoldt-Klein* Art. 87 a Anm. VI 2 b bb; *Lenz*, Notstandsverfassung Art. 87 a Rn. 9; *Dürig* in M-D-H Art. 87 a Rn. 62.

218 So AB 1968 S. 14.

219 Ähnlich *Ipsen* in BK Art. 87 a Rn. 86; *Dürig* in M-D-H Art. 87 a Rn. 62.

220 Dieses Ergebnis läßt sich auch den Ausführungen von *Ipsen* in BK Art. 87 a Rn. 89 entnehmen; ebenso *Dürig* in M-D-H Art. 87 a Rn. 62.

221 *Ipsen* in BK Art. 87 a Rn. 89.

222 Vgl. ebenda.

223 Ebenda Rn. 90; *Lenz* Art. 87 a Rn. 9; *von Mangoldt-Klein* Art. 87 a Anm. VI 2 c cc. Dagegen soll nach *Dürig* (Rn. 63) die Verkehrsregelung nur zulässig sein, wenn die Benutzung der Verkehrswege durch die Streitkräfte so intensiv und häufig ist, daß sich die Zwischenschaltung ziviler Verkehrspolizei nicht lohnt.

b) Die Befugnis zum Schutz ziviler Objekte kraft Übertragung — Art. 87 a Abs. 3 Satz 2 GG

Das Grundgesetz bietet in Art. 87 a Abs. 3 S. 2 für den Verteidigungs- und den Spannungsfall die Möglichkeit, daß den Streitkräften „der Schutz ziviler Objekte auch zur Unterstützung polizeilicher Maßnahmen übertragen werden" kann. Im Unterschied zu Satz 1 dieser Vorschrift, nach welcher die Streitkräfte die Befugnis zum Objektschutz im Verteidigungs- und Spannungsfall ipso jure besitzen, also „von Verfassungs wegen und automatisch"[224], haben sie diese Befugnis nach Satz 2 nur dann, wenn sie ihnen ausdrücklich übertragen wird[225]. Der Gegenstand des Schutzes scheint zunächst vom Wortlaut des Gesetzes her der gleiche zu sein, nämlich „zivile Objekte". Aus Satz 1 ergibt sich jedoch, daß in Satz 2 nur diejenigen zivilen Objekte gemeint sein können, deren Schutz nicht schon zur Erfüllung des Verteidigungsauftrages erforderlich ist[226], also zivile Objekte, die im jeweiligen Fall nicht von unmittelbarer militärischer Bedeutung sind.

Da nur die *Funktion der Streitkräfte* beim übertragenen Objektschutz geklärt werden soll, kann die Frage nach der Form der „Übertragung" dieser Befugnisse auf die Streitkräfte unbeantwortet bleiben[227]. Ihre Beantwortung würde zur Lösung des hier anstehenden Problems nichts beitragen. Das Problem der Funktion läßt sich auf Grund der oben gemachten Ausführungen zum Objektschutz der Streitkräfte (im Rahmen von Art. 87 a Abs. 3 S. 1) sowie anhand des Wortlauts des Grundgesetzes lösen. Oben wurde dargelegt, daß die Streitkräfte beim Schutz ziviler Objekte in Erfüllung ihres Verteidigungsauftrages lediglich polizeiliche Funktionen ausüben. Wenn dies beim Schutz von Objekten zutrifft, die auch militärische Bedeutung haben — sonst wäre ihr Schutz nicht zur Erfüllung des Verteidigungsauftrages notwendig —, so besteht kein Anlaß, etwas anderes für den Schutz solcher Objekte anzunehmen, für die keinerlei militärische Bedeutung besteht. Die im Satz 3 gemeinten Objekte sind gegen solche Störungen zu schützen, die auch bei inneren Unruhen auftreten können[228]. Ihr

---

[224] AB 1968 S. 13 Ziff. 3 b; *von Mangolnt-Klein* Art. 87 a Anm. VI 1 b; *Dürig* in M-D-H Art. 87 a Rn. 42.

[225] So auch AB 1968 a.a.O.; *Ipsen* in BK Art. 87 a Rn. 92; *Dürig* in M-D-H Art. 87 a Rn. 74.

[226] Ist nämlich der Schutz eines Objekts bereits zur Erfüllung des Verteidigungsauftrags erforderlich, so besteht die diesbezügliche Befugnis der Streitkräfte bereits nach Art. 87 a Abs. 3 S. 1; ebenso *Dürig* Art. 87 a Rn. 67.

[227] Ausführlich zu diesem Problem *Ipsen* Rn. 93 ff.; vgl. dazu auch unten 2. Teil Anm. 196.

[228] Siehe dazu den Wortlaut von Art. 87 a Abs. 4.

Schutz ist eine rein *polizeiliche Aufgabe*[229]. Die Streitkräfte können daher mit der Ausübung *polizeilicher Befugnisse* dieser Aufgabe voll genügen. Diesmal enthält auch bereits der *Wortlaut des Grundgesetzes* einen Anhaltspunkt für die *Polizeifunktion* der Streitkräfte. Es heißt nämlich in Art. 87 a Abs. 3 S. 2, der Schutz ziviler Objekte könne den Streitkräften auch „zur Unterstützung polizeilicher Maßnahmen" übertragen werden. Ohne hier näher auf die Problematik dieser Formel einzugehen (dazu wird an anderer Stelle noch Gelegenheit sein[230]), kann jedenfalls soviel daraus entnommen werden, daß auch der Gesetzgeber nur an eine polizeiliche Funktion der Streitkräfte gedacht hat. Das folgt aus der Formulierung in Satz 3, die Streitkräfte würden *„zur Unterstützung polizeilicher Maßnahmen"* handeln, während an anderer Stelle im Grundgesetz nur von der Unterstützung der „Polizei"[231] bzw. der „Polizeikräfte"[232] die Rede ist. Wenn aber polizeiliche *Maßnahmen* unterstützt werden sollen, so kann dies hier nur bedeuten, daß auch die Unterstützungshandlungen polizeilicher Art sein sollen.

Die Verweisung auf die Unterstützung polizeilicher *Maßnahmen* hat aber — wie *Ipsen* zutreffend feststellt[233] — noch eine weitere Bedeutung: Nicht die Polizei schlechthin soll von den Streitkräften in angemessener Weise unterstützt werden, sondern einzelne ihrer Maßnahmen[234]. Daraus folgt, daß den Streitkräften der Objektschutz erst dann übertragen werden darf, wenn schon die Polizei hierzu Maßnahmen ergriffen hat, d. h. die Streitkräfte dürfen nicht von vornherein dazu beordert werden; ferner, daß nicht der gesamte Objektschutz unter Ausschaltung der Polizei auf die Streitkräfte übertragen werden darf[235]. Die Streitkräfte sollen die Polizei unterstützen, sie aber nicht ersetzen[236]. Darin wird das Bestreben des Gesetzgebers sichtbar, die Machtausübung der Streitkräfte im Inneren der Bundesrepublik

---

229 So auch das Dt. Bundesrecht I A 10 S. 160; *Dürig* in M-D-H Art. 87 a Rn. 67 und Rn. 70; *von Mangoldt-Klein* Art. 87 a Anm. VI 3 a.

230 Vgl. unten 2 c bb; ferner AB 1968 S. 14; *Dürig* in M-D-H Art. 87 a Rn. 70 ff.

231 So in Art. 87 a Abs. 4 S. 1 GG.

232 So in Art. 35 Abs. 3 S. 1 GG. — Auch für Art. 87 a Abs. 3 S. 2 war zunächst die Formulierung „zur Unterstützung der Polizei" vorgesehen, vgl. Kurzprotokoll Nr. 79 Anl. 3 und *Ipsen* in BK Art. 87 a Rn. 103 f.; ferner Dürig in M-D-H Art. 87 a Rn. 70.

233 *Ipsen* in BK Art. 87 a Rn. 103 ff.;*Dürig* in M-D-H Art. 87 a Rn. 71.

234 So auch *Ipsen* in BK Art. 87 a Rn. 103; *Dürig* in M-D-H Art. 87 a Rn. 71; *von Mangoldt-Klein* Art. 87 a Anm. VI 3 b cc.

235 *Ipsen* geht sogar soweit, zu behaupten, der Einsatz der Streitkräfte dürfe — weil immer ultima ratio — erst dann erfolgen, wenn die polizeilichen Möglichkeiten zum Objektschutz ausgeschöpft seien (*Ipsen* in BK Art. 87 a Rn. 103).

236 Anders *Dürig* in M-D-H Art. 87 a Rn. 72: Auch die vorübergehende Ersetzung der Polizei durch die Streitkräfte sei zulässig.

möglichst zu beschränken und sie nicht zu einer Art von „Superpolizei" werden zu lassen.

Zusammenfassend läßt sich sagen, daß die Streitkräfte auch beim Objektschutz gemäß Art. 87 a Abs. 3 S. 2 *rein polizeiliche Funktionen* ausüben[237]. Was dabei die Pflicht zum Zusammenwirken mit den zuständigen Stellen anbetrifft, so wird dieses Problem im zweiten Teil dieser Abhandlung noch näher behandelt werden[238].

2. Die Funktion der Streitkräfte im sogenannten „inneren Notstand" — Art. 87 a Abs. 4 des Grundgesetzes

Von allen im Rahmen der Notstandsverfassung vorgesehenen Einsatzmöglichkeiten der Streitkräfte im Inneren der Bundesrepublik war der Einsatz anläßlich des sog. „inneren Notstandes"[239] während der Beratungen der parlamentarischen Gremien[240], aber auch außerhalb des Parlaments[241] am heftigsten umstritten. Von allen Regelungen über einen Einsatz der Bundeswehr, die das Grundgesetz enthält, wirft dieser Einsatz nach Art. 87 a Abs. 4 auch die meisten rechtlichen Probleme auf. Zunächst sind kurz die Voraussetzungen für einen Einsatz der Bundeswehr nach Art. 87 a Abs. 4 darzustellen, da sie gewisse Einsatzbeschränkungen enthalten, die ihrerseits von Bedeutung für die Feststellung der ausgeübten Funktionen sind.

a) Die Voraussetzungen für einen Einsatz der Streitkräfte im inneren Notstand

Gemäß Satz 1 des Abs. 4 der genannten Grundgesetzbestimmung ist ein Einsatz der Streitkräfte an drei Voraussetzungen geknüpft: Es muß einmal eine drohende Gefahr für den Bestand oder die freiheitliche demokratische Grundordnung des Bundes oder eines Landes ge-

---

237 Ebenso *Ipsen* in BK Art. 87 a Rn. 94, wo er sagt, Art. 87 a Abs. 3 S. 2 betreffe „ausschließlich den Schutz ziviler Objekte im Sinne der polizeilichen Gefahrenabwehr". — Ähnlich *Ruhnau* in d. 3. Öffentl. Informationssitzung des Rechts- und Innenausschuß am 30. 11. 1967, Protokoll Nr. 59 S. 7; ferner d. Abg. *Schultz* in der Sitzung des Bundestags vom 30. 5. 1968, Sten. Prot. S. 9621 B.

238 Im Zusammenhang mit den Weisungsbefugnissen — vgl. unten im zweiten Teil zweiter Abschnitt B I 2.

239 Zu diesem Begriff siehe *Dürig* in M-D-H Art. 87 a Rn. 99.

240 Die 3. öffentl. Informationssitzung war fast ausschließlich diesem Problem gewidmet, vgl. Protokoll Nr. 59.

241 Vgl. für viele andere: *Reuter* in Gefahren durch Notstandsgesetze S. 9 f.; Notstandsentwurf 67 S. 26 ff.; *Hall*, Entwurf S. 148; *Schnupp*, Polizei I S. 361; *Ridder* S. 1143; *Voigt* S. 789; *Gester* S. 140; *Salzwedel*, Diskussionsbeitrag S. 286, *Schäfer*, Notstandsgesetzgebung S. 250.

geben sein[242]; zum anderen müssen die Voraussetzungen des Art. 91 Abs. 2 GG vorliegen, d. h. das Bundesland, das von der Gefahr bedroht ist, darf selbst zur Bekämpfung der Gefahr nicht bereit oder in der Lage sein[243]. Damit ist dem föderalistischen Prinzip Rechnung getragen und zugleich in der Verfassung dokumentiert, daß die Gefahrenabwehr grundsätzlich Sache der Länder ist[244], auch wenn es sich um eine so schwerwiegende Gefahr wie beim inneren Notstand handelt[245].

Als dritte Voraussetzung für die Zulässigkeit eines Einsatzes der Streitkräfte erfordert Art. 87 a Abs. 4, daß die Polizeikräfte sowie der Bundesgrenzschutz zur Bekämpfung der Gefahr nicht ausreichen. Eine Aussage darüber, ob Polizei und Bundesgrenzschutz nicht ausreichen, kann aber nur dann gemacht werden, wenn auch die wirksamste und intensivste Form eines Einsatzes dieser Kräfte sich als unzureichend erwiesen hat. Die wirksamste Form des Einsatzes ist die nach Art. 91 Abs. 2 S. 1, wenn die Bundesregierung die gesamte Länderpolizei und den Bundesgrenzschutz unter ihrer einheitlichen Führung einsetzt. Erst wenn diese Möglichkeit ausgeschöpft worden ist und sich als unzureichend erwiesen hat, kann festgestellt werden, daß Polizei und Bundesgrenzschutz nicht mehr ausreichen und die Streitkräfte nach Art. 87 a Abs. 4 eingesetzt werden dürfen[246].

Somit folgt aus der zweiten und dritten Voraussetzung für die Zulässigkeit des Einsatzes von Bundeswehreinheiten, daß er nach Innen das letzte und äußerste Mittel darstellt, auf das erst zurückgegriffen werden darf, wenn das gesamte sonstige Abwehrpotential erschöpft ist[247]. *Ipsen* spricht in diesem Zusammenhang davon, daß die Abwehr von Gefahren der in Art. 91 und Art. 87 a Abs. 4 bezeichneten Art einer „verfassungsrechtlich ausgestalteten kontrollierten

---

[242] Zu diesem komplexen Begriff vgl. die ausführlichen Stellungnahmen dazu in BK, *Ipsen* Art. 87 a Rn. 138 ff. und *Evers* Art. 91 Rn. 17 ff.; ferner *Evers*, Notstandfverfassung S. 28 ff.; *Dürig* in M-D-H Art. 87 a Rn. 99 ff.

[243] Vgl. die Formulierung des Abg. *Dr. Even* in der Bundestagssitzung vom 16. 5. 1968: „Die Voraussetzungen des Art. 91 Abs. 2 sind Bestandteil des Art. 87 a Abs. 4 geworden" (Sten. Ber. S. 9442 A); ebenso *Dürig* in M-D-H Art. 87 a Rn. 104.

[244] So auch *Ipsen* in BK Art. 87 a Rn. 146; *Gather* S. 139; *Dürig* in M-D-H Art. 87 a Rn. 105.

[245] Das folgt auch aus Art. 91 Abs. 1, der die Zuständigkeit der Länder statuiert. Ebenso *Dürig* in M-D-H Art. 87 a Rn. 105.

[246] Ebenso *Ipsen* in BK Art. 87 a Rn. 151 ff.; *Köhler* S. 137; *von Mangoldt-Klein* Art. 87 a Anm. VII 1 c; *Dürig* in M-D-H Art. 87 a Rn. 107.

[247] *Dürig* in M-D-H Art. 87 a Rn. 95 spricht vom Bundeswehreinsatz als „ultima ratio". Dies ist wohl unbestritten allgemeine Ansicht und auch in den parlamentarischen Beratungen immer wieder betont worden, vgl. *Haase* in der Bundestagssitzung vom 16. 5. 1968 (Sten. Ber. S. 9439 C); *Schäfer*, Notstandsverfassung S. 66; *Köhler* a.a.O.; *Schüle* S. 469; *Lenz* in der Bundestagssitzung am 15. 5. 1968 (Sten. Ber. S. 9313 C).

Eskalation" unterliege[248]. Dies bedeutet laut Ipsen, daß die Gefahrenabwehr stufenweise vor sich gehe, nämlich von der „landeseigenen Stufe" zur „Anforderungsstufe" des Art. 91 Abs. 1, dann zur „Weisungsstufe" des Art. 91 Abs. 2 und schließlich zur „Bundeswehrstufe" des Art. 87 a Abs. 4[249], wobei jeweils Maßnahmen höherer Stufe erst zulässig seien, wenn sich die „Ineffektivität" der vorhergehenden Stufen erwiesen habe[250].

Ein Einsatz von Streitkräften im inneren Notstand durch die Bundesregierung gemäß Art. 89 a Abs. 4 GG ist also nur unter den eben geschilderten engen Voraussetzungen zulässig und rechtmäßig. Liegen diese Voraussetzungen vor, so kann die Bundeswehr dennoch nicht beliebig im Inneren der Bundesrepublik als Machtinstrument eingesetzt werden. Der Einsatz bleibt vielmehr auf zwei Aufgaben beschränkt, auf den Schutz ziviler Objekte, sowie auf die Bekämpfung „organisierter und militärisch bewaffneter Aufständischer". Im Rahmen dieser beiden Aufgabenkreise ergibt sich eine weitere Beschränkung der Tätigkeit der Streitkräfte daraus, daß der Einsatz sich in den Grenzen dessen halten muß, was zur Abwehr der in Art. 91 und 87 a Abs. 4 GG bezeichneten Gefahr erforderlich ist. Dies folgt aus dem Wortlaut am Anfang des Abs. 4 von Art. 87 a GG („Zur Abwehr einer drohenden Gefahr ...")[251]. Demnach müssen alle Maßnahmen der Streitkräfte als unzulässig bezeichnet werden, die nicht *unmittelbar* dieser Gefahrenabwehr dienen[252].

b) Die Funktion der Streitkräfte beim Schutz ziviler Objekte

Die Aufgaben der Streitkräfte beim Schutz ziviler Objekte sind von denen bei der Bekämpfung von Aufständischen so verschieden, daß

---

[248] *Ipsen* in BK Art. 87 a Rn. 155.

[249] *Ipsen* in BK Art. 87 a Rn. 155.

[250] *Ipsen* in BK Art. 87 a. — Damit will aber *Ipsen* nicht sagen, daß die Bundesregierung erst zusehen müsse, wie Polizei und BGS bei inneren Unruhen aufgerieben würden, und erst dann die Bundeswehr einsetzen dürfe. Auch Ipsen gesteht zu (Rn. 153 f.), daß es extreme Gefahrenlagen geben kann, die sich so schnell intensivieren, daß von vornherein gleichzeitig („uno actu") mit dem Einsatz von Polizei und BGS nach Art. 91 Abs. 2 auch der Einsatz der Streitkräfte nach Art. 87 a Abs. 4 GG unumgänglich notwendig und daher auch zulässig ist. Diese zutreffende Ansicht hat bei den parlamentarischen Beratungen auch der damalige Staatssekretär *Benda* vertreten, vgl. dessen Rede in der Bundestagssitzung vom 16. 5. 1968 (Sten. Ber. S. 9440 D, 9441 A). Ähnlich *Dürig* in M-D-H Art. 87 a Rn. 109; *Lenz* Art. 87 a Rn. 12. — Die gegenteilige Ansicht vertritt *Hoffmann* S. 105 f., wo er die Ansicht Bendas ausdrücklich ablehnt und feststellt, ein Einsatz der Bundeswehr dürfe nur in „strikter Subsidiarität" erfolgen (s. auch S. 106).

[251] Ebenso *Ipsen* in BK Art. 87 a Rn. 157.

[252] So auch *Dürig* in M-D-H Art. 87 a Rn. 117; *von Mangoldt-Klein* Art. 87 a Anm. VII 2 b.

daraus auch eine Verschiedenheit der Funktion abzuleiten ist. Daher rechtfertigt sich eine getrennte Behandlung beider Problemkomplexe.

Die Funktion der Streitkräfte beim Schutz ziviler Objekte nach Art. 87 a Abs. 4, also im Falle eines inneren Notstandes, ist zu klären an Hand dessen, was bereits zum Objektschutz im Verteidigungsfall ausgeführt wurde. Beide Situationen unterscheiden sich insofern, als die jeweilige Gefahrenlage, die die Befugnis zum Objektschutz auslöst, eine andere ist. Beim Objektschutz nach Art. 87 a Abs. 3 handelt es sich um den Kriegsfall bzw. eine Situation, in der der Ausbruch eines Krieges unmittelbar droht, während die Gefahrenlage nach Art. 87 a Abs. 4 von inneren Krisen und Unruhen gekennzeichnet ist. Aus dieser Verschiedenheit der Situation ergibt sich allenfalls, daß die Art der zu schützenden Objekte in beiden Fällen verschieden sein kann, da es sich im Kriegsfall in erster Linie um den Schutz militärisch bedeutsamer ziviler Objekte handelt, während es sich im inneren Notstand vor allem um Objekte handelt, die der Daseinsvorsorge und der Aufrechterhaltung der ordentlichen Staatsgewalt dienen[253] (also z. B. Elektrizitätswerke, Gaswerke, Verwaltungsgebäude, Parlamentsgebäude usw.). Die Art der zu erwartenden Störer und Störungen jedoch ist in beiden Fällen die gleiche. Wie im Verteidigungsfall geht es erst recht bei inneren Notständen nur um den Schutz gegen zivile Störer[254]. Allein aber die Art der Störer und der Störungen ist dafür maßgebend, mit welchen Funktionen ihnen die Streitkräfte entgegentreten sollen.

Wie oben bereits ausgeführt, handelt es sich beim Objektschutz um reine Wachaufgaben *polizeilicher Art*[255]. Diese polizeiliche Aufgabe bedarf auch zu ihrer Bewältigung nur *polizeilicher Mittel und Befugnisse*. Wenn zivile Objekte bei inneren Unruhen von Störungen bedroht sind, so genügen die normalen polizeilichen Mittel zu ihrer Abwehr. Sollte ein Objekt jedoch von bewaffneten Aufständischen im Sinn von Art. 87 a Abs. 4 angegriffen werden, so stellt sich die

---

[253] Ebenso *Ipsen* in BK Art. 87 a Rn. 166; ähnlich *Dürig* in M-D-H Art. 87 a Rn. 119 — *Schreiber* (Polizeipräsident von München) ist der Ansicht (Schreiber, Notstand S. 110), daß sich der Objektschutz im Ernstfall nur zum Teil verwirklichen lasse, da allein in München 806 (!) Objekte zu schützen wären, wozu 8340 Mann notwendig seien.

[254] Der Schutz militärischer Objekte durch die Streitkräfte fällt nicht unter Art. 87 a Abs. 4 (so aber *Maunz*, Staatsrecht S. 204), sondern wird bereits vom Verteidigungsauftrag erfaßt (so auch *Dürig* in M-D-H Art. 87 a Rn. 119 Fußnote 1).

[255] Ebenso *Schreiber*, Notstand S. 111; *Schlegelberger* in der 3. öffentl. Informationssitzung des Rechts- und Innenausschusses des Bundestags vom 30. 11. 1967, Protokoll Nr. 59 S. 4; ferner Bericht des Rechtsausschusses vom 9. 5. 1968 AB 1968 S. 14; *Hofmann* S. 111; *Dürig* in M-D-H Art. 87 a Rn. 119, 125.

Rechtslage anders dar. Doch dies wird im folgenden noch eingehend zu erörtern sein.

Die Streitkräfte haben also beim Schutz ziviler Objekte im inneren Notstand eine polizeiliche Aufgabe mit polizeilichen Befugnissen zu bewältigen, d. h. sie üben insoweit eine *Polizeifunktion* aus[256]. Die zur Bewachung abgeordneten Bundeswehreinheiten sind aber auf solche Maßnahmen beschränkt, die unmittelbar der Abwehr von Angriffen auf das Objekt dienen[257], weil darüber hinausgehende Maßnahmen nur gegen militärisch bewaffnete Aufständische zulässig wären[258].

Daß die Streitkräfte beim Schutz ziviler Objekte im Rahmen des Art. 87 a Abs. 4 GG reine Polizeifunktionen besitzen, wird durch den Wortlaut der Bestimmung zwar nicht widerlegt, aber auch nicht gestützt. Als Ansatzpunkt kann nur die Formulierung in Betracht kommen, daß die Streitkräfte „zur Unterstützung der Polizei" tätig werden. Es geht zwar zu weit, wenn *Ipsen* behauptet[259], diese Formulierung sage nichts aus, was nicht ohnehin schon aus der Tatsache folge, daß der Einsatz nur dann zulässig ist, wenn Polizei und Grenzschutz nicht ausreichen. Sie sagt sehr wohl etwas aus, was allerdings in einem anderen Zusammenhang zu behandeln ist[260]. Im Zusammenhang mit dem Objektschutz läßt sich der Formulierung nur soviel entnehmen, daß die Maßnahmen der Streitkräfte, weil sie „zur Unterstützung der Polizei" und damit deren Aufgabe geschehen, eben selbst auch der polizeilichen Aufgabe dienen. Eine Aussage über die zur Verfolgung der Aufgabe einzusetzenden Mittel und Befugnisse, und damit über die Funktion (so, wie sie im Rahmen dieser Abhandlung verstanden wird) ist darin nicht enthalten[261].

---

256 Im Ergebnis ebenso *Arndt*, Bundeswehr S. 732; *Dürig* in M-D-H Art. 87 a Rn. 125.

257 Ebenso AB 1968 S. 14; *Hofmann* S. 112; *Lenz* Art. 87 a Rn. 17; *Dürig* in M-D-H Art. 87 a Rn. 119.

258 Vgl. *Hoffmann* S. 112 und AB 1968 S. 14. — Gehen die Störungen also nicht von Aufständischen aus, so dürfen die Streitkräfte nicht mehr einschreiten, als zur Erhaltung der Sicherheit des bewachten Objektes erforderlich ist.

259 *Ipsen* in BK Art. 87 a Rn. 159 ff.

260 Vgl. die folgenden Ausführungen zum Einsatz der Streitkräfte gegen Aufständische sowie die Ausführungen im Teil 2 dieser Abhandlung zu den Weisungsbefugnissen hinsichtlich der Streitkräfte. Ebenso *Dürig* in M-D-H Art. 87 a Rn. 118.

261 Ebenso *Scheuner* in der 3. öffentl. Informationssitzung des Rechts- und Innenausschusses des Bundestags am 30. 11. 1967, Protokoll Nr. 59 S. 67; ähnlich auch Das Dt. Bundesrecht I A 10 S. 160 zu Art. 87 a Abs. 4. — Die gegenteilige Auffassung vertrat Senator *Heinsen* (Hamburg) in der 326. Sitzung des Bundesrats am 14. 6. 1968, wo er sagte, „zur Unterstützung der Polizei" bedeute, daß die Streitkräfte „nach polizeilichen Grundsätzen und mit poli-

c) Die Funktion der Streitkräfte bei der Bekämpfung militärisch bewaffneter Aufständischer

Das Grundgesetz gibt der Bundesregierung für den Fall des inneren Notstandes die Möglichkeit, Streitkräfte zur „Bekämpfung organisierter und militärisch bewaffneter Aufständischer" einzusetzen. Damit ist praktisch „in der Verfassung selbst der Bürgerkrieg geregelt"[262]. Das Grundgesetz hat aber sehr enge Voraussetzungen für diesen „höchsten in der Verfassung vorgesehenen Intensitätsgrad"[263] eines inneren Einsatzes der Streitkräfte aufgestellt: Der Einsatz ist nur gegen „organisierte *und* militärisch bewaffnete Aufständische" zulässig. Nicht jede Form von Auflehnung der Bürger gegen die bestehende Ordnung kann also den Einsatz der Streitkräfte nach sich ziehen.

aa) Der Begriff „organisierte und militärisch bewaffnete Aufständische"

Es muß sich um *Aufständische* handeln, das sind „Personengruppen, die sich gegen die Regierung erhoben haben und die eigene Übernahme der Regierungsgewalt anstreben"[264]. Die Aufständischen müssen organisiert und militärisch bewaffnet sein. Das Merkmal *„organisiert"* erfordert nicht, daß eine Organisation militärischer Art auftritt, wie dies Arndt und Dürig annehmen[265]. Gegen diese Auffassung spricht der insoweit eindeutige Wortlaut von Art. 87 a Abs. 4, wo das Wort „militärisch" erst nach dem Wort „organisierter" erscheint. Demnach genügt es, wenn die Aufständischen eine gewisse Gliederung aufweisen und unter einer einheitlichen Führung stehen[266]. Die so organisierten Aufständischen müssen darüber hinaus noch über eine militärische Bewaffnung verfügen. *Arndt* legt auch diesen Begriff sehr eng aus: „Waffen im Sinne des Art. 87 a Abs. 4 sind nur solche, über die allein die Streitkräfte zu verfügen befugt sind, nicht aber auch die Polizei[267]." Dem kann nicht gefolgt werden. Sieht man nämlich Aufständische erst dann als militärisch bewaffnet an, wenn sie über Waffen verfügen, die der Polizei nicht zur Verfügung stehen, so wäre ihnen die Polizei

---

zeilichen Mitteln" eingesetzt würden (Sten. Ber. S. 139 B). Ähnlich auch *Dürig* in M-D-H Art. 87 a Rn. 118.

[262] *Hoffmann* S. 107; ähnlich *Dürig* in M-D-H Art. 87 a Rn. 110.

[263] *Ipsen* in BK Art. 87 a Rn. 168.

[264] *Hoffmann* S. 107.

[265] *Arndt,* Bundeswehr S. 732: „Die Aufständischen müssen vielmehr zusätzlich auch nach Art eines militärischen Verbandes ... diszipliniert, geführt und uniformiert sein." — Ähnlich *Dürig,* der allerdings auf das Merkmal der Uniformierung verzichtet (*Dürig* in M-D-H Art. 87 a Rn. 110).

[266] Ebenso *Ipsen* in BK Art. 87 a Rn. 169.

[267] *Arndt,* Bundeswehr S. 732.

und der Bundesgrenzschutz von vornherein mit ihren leichteren Waffen nicht gewachsen, d. h. sie würden von vornherein „nicht ausreichen". Dann wäre aber die ausdrückliche Regelung überflüssig, daß die Streitkräfte erst einzusetzen sind, wenn die Polizeikräfte und der Bundesgrenzschutz nicht ausreichen. Ferner ist zu berücksichtigen, daß zur üblichen Polizeibewaffnung auch Maschinengewehre, Handgranaten und Granatwerfer gehören[268]. Über schwerere Waffen verfügen aber auch manche Teile des Heeres nicht, z. B. eine Grenadierkompanie[269]. Daher ist unter militärischer Bewaffnung eine Bewaffnung zu verstehen, „die üblicherweise (auch — Erg. d. Verf.) zur Ausstattung der Streitkräfte gehört"[270]. Unerheblich bleibt dabei, ob auch die Polizei und der Bundesgrenzschutz über solche Waffen verfügen[271].

In diesem Zusammenhang taucht natürlich die Frage auf, ob überhaupt in der Bundesrepublik ein derartiger Aufstand möglich ist und von wem er ausgehen soll. Diese Frage spielte in den Beratungen zur Ausgestaltung der Notstandsverfassung deshalb eine Rolle, weil von verschiedenen Seiten die Möglichkeit eines solchen Aufstands — abgesehen von einem eventuellen Putsch von Teilen der Bundeswehr — entschieden verneint wurde[272]. Das Problem kann hier nicht weiter behandelt werden[273]. Eines aber ist sicher und muß bei der Klärung der Funktion der in einer solchen Situation eingesetzten Streitkräfte berücksichtigt werden: Kommt es zu einem derartigen organisierten Aufstand, daß Polizei und Bundesgrenzschutz nicht mehr ausreichen, so bedeutet diese Lage *Bürgerkrieg*[274]. Denn wenn die Polizei und

---

[268] So auch *Ipsen* in BK Art. 87 a Rn. 171; *Arndt*, Bundeswehr S. 732 mit Fußnote 21; *Schnupp*, Polizei II S. 132; *Hall*, Entwurf S. 147; ferner auch hamSOG § 18 Abs. 4 S. 3: „Besondere Waffen sind Maschinengewehre, Granatwerfer, Handgranaten, Sprengsätze und Minen." — Im übrigen ist die verfassungsrechtliche Zulässigkeit von Granatwerfern und Handgranaten als Polizeiwaffen umstritten, siehe dazu unten im vierten Teil vierter Abschnitt.

[269] Vgl. *Ipsen* in BK Art. 87 a Rn. 171.

[270] Ebenda; ebenso *Dürig* in M-D-H Art. 87 a Rn. 122.

[271] So auch *Dürig* in M-D-H Art. 87 a. — Vgl. zum Begriff der militärisch bewaffneten Aufständischen auch *Lenz* Art. 87 a Rn. 19.

[272] *Hofmann*, S. 108: „Ein bewaffneter Aufstand außerhalb der Bundeswehr ... ist ausgeschlossen und irreal." — Ähnlich die Ausführungen von *Kluncker* in der 3. öffentl. Informationssitzung vom 30. 11. 1967 (Protokoll Nr. 59 S. 21): „... sind bewaffnete Aufständische außerhalb der Bundeswerhr ... nur eine Diskussionshypothese mit einer irrealen Fallgestaltung." — Ebenso *Kuhlmann* in derselben Sitzung, vgl. Protokoll 59 S. 24. — In der Tat erscheint ein bewaffneter Aufstand, der nicht von der Bundeswehr ausgeht, angesichts unseres Verfassungsschutzes und seiner Überwachungsmöglichkeiten ausgeschlossen. Ebenso *Reuter* in: Notstandsgesetze S. 9.

[273] Näher dazu *Dürig* in M-D-H Art. 87 a Rn. 123.

[274] Ebenso *Hoffmann* S. 107; *Ipsen* in BK Art. 87 a Rn. 178; *Dürig* in M-D-H Art. 87 a Rn. 110; *von Mangoldt-Klein* Art. 87 a S. 2337; *Arndt*, Bun-

Bundesgrenzschutz zur Bekämpfung der Aufständischen nicht mehr ausreichen, so müssen letztere auch ihrer Zahl nach in die Zehntausende gehen[275].

bb) Die Auslegung nach dem Wortlaut des Art. 87 a Abs. 4 Satz 1 GG

Wenn nun geklärt werden soll, welche *Funktionen* die Streitkräfte bei ihrem Einsatz gegen organisierte und militärisch bewaffnete Aufständische ausüben, so muß an dieser Stelle nochmals darauf hingewiesen werden, welche Bedeutung der Begriff „Funktion" nach der oben[276] gegebenen Definition besitzt. Funktion umfaßt die einer Institution gestellte Aufgabe sowie die zur Erreichung dieser Aufgabe zulässigen Mittel und Befugnisse.

Die *Aufgabe* der Streitkräfte bei der Bekämpfung eines Aufstandes ist eindeutig *polizeilicher* Natur[277]. Denn ein bewaffneter Aufstand ist wohl die intensivste Form einer Gefahr für die öffentliche Sicherheit und Ordnung. Daß hier eine polizeiliche Aufgabe gegeben ist, ergibt sich auch aus dem Grundgesetz, das den Einsatz der Streitkräfte auch bei einem bewaffneten Aufstand erst dann zuläßt, wenn sämtliche Kräfte der Polizei nicht mehr ausreichen.

Die eigentliche Problematik liegt also auch hier darin, welche Mittel den Streitkräften von der Verfassung zur Lösung der ihnen gestellten Aufgabe an die Hand gegeben werden. Art. 87 a Abs. 4 des Grundgesetzes sagt ausdrücklich in dieser Hinsicht nichts aus. Daher ist sein *Wortlaut auszulegen*. Der einzige Ansatzpunkt für eine Auslegung ist die Formulierung, daß die Streitkräfte „zur Unterstützung der Polizei und des Bundesgrenzschutzes" tätig werden. Eine zutreffende Auslegung dieser Formulierung ist erst möglich, wenn man ihre Entstehungsgeschichte[278] kennt.

Im Regierungsentwurf vom 31. 10. 1962 war in Art. 115 l Abs. 1 lit. c vorgesehen, „die Streitkräfte im Innern für polizeiliche Aufgaben

---

deswehr S. 732. — Bürgerkrieg wird dabei als innere Auseinandersetzung verstanden, in der beide Seiten sich die Legitimität bestreiten — vgl. *Schmid*, Bürgerkrieg S. 262 f., ferner *Hall*, Probleme S. 355.

275 Die Mannschaftsstärke allein der Bayerischen Polizei beträgt nach *Schreiber* (in Protokoll 59 S. 55) ca. 20 000 Mann.

276 Zweiter Abschnitt unter C.

277 So schon *Moebius* S. 4: „Die Verwendung der bewaffneten Macht zur Erhaltung der guten Ordnung des Gemeinwesens ist Polizei." Vgl. ferner *Ule* in Protokoll 59 S. 77; *Dürig* in M-D-H Art. 143 Rn. 8 und Art. 87 a Rn. 118.

278 Einen kritischen Vergleich der verschiedenen Entwürfe zur Notstandsverfassung (ausgehend vom Regierungsentwurf 1967) gibt *Lohse*, Notstandsverfassung S. 369 ff.

einzusetzen"[279]. Im Entwurf des Rechtsausschusses vom 31. 5. 1965 enthielt der Art. 91 Abs. 2 die Regelung, daß die Streitkräfte im inneren Notstand „als Polizeikräfte"[280] eingesetzt werden können. Ferner war nach der gleichen Bestimmung auch „ein darüber hinausgehender Einsatz der Streitkräfte"[281] mit Zustimmung des Bundestags zulässig. In der Begründung zum Entwurf wurde gesagt, die Formulierung „als Polizeikräfte" bedeute einen Einsatz der Streitkräfte „nach Polizeirecht"[282], also mit polizeilichen Mitteln, während der „darüber hinausgehende Einsatz" bedeute, daß „in einer bürgerkriegsähnlichen Situation ... notfalls auch die ... vollen Machtmittel der Bundeswehr eingesetzt werden müssen"[283]. Im Regierungsentwurf („Koalitionsentwurf")[284] vom 10. 3. 1967 wurde in Art. 91 der Einsatz der Streitkräfte „als Polizeikräfte" beibehalten[285]. Die Begründung zu diesem Entwurf bringt klar zum Ausdruck[286], daß ein Einsatz der Streitkräfte „als Polizeikräfte" bedeutet, daß diese „nur für polizeiliche Aufgaben und nur mit den polizeirechtlich vorgesehenen Befugnissen gegenüber dem Staatsbürger eingesetzt werden können"[287]. Diese Deutung wurde auch in den parlamentarischen Beratungen weitgehend unterstützt[288]. Einen über den Einsatz als Polizeikräfte hinausgehenden Einsatz der Streitkräfte sah der Regierungsentwurf von 1967 im Unterschied zu dem Ausschußentwurf von 1965 nicht mehr vor[289]. Es bestand also weitgehend Einigkeit, daß ein Einsatz der Streitkräfte „als Polizeikräfte" deren Bindung an das Polizeirecht beinhaltet[290].

Demgegenüber änderte der Rechtsausschuß des Bundestages den Regierungsentwurf 1967 dergestalt ab, daß die Streitkräfte nicht mehr nur „als Polizeikräfte" einzusetzen sind, sondern „zur Unterstützung

---

[279] RE 1962 S. 4.

[280] AE 1965 S. 3.

[281] AE 1965 S. 3 Art. 91.

[282] So AB 1965 S. 14; vgl. dazu auch *von der Heydte*, Diskussionsbeitrag S. 281.

[283] AB 1965 S. 14.

[284] So bezeichnet in der Broschüre „In Zeiten der Not", die auch eine vergleichende Darstellung der Entwürfe von 1960 bis 1967 enthält.

[285] RE 1967 S. 3.

[286] RE 1967 S. 23.

[287] RE 1967 S. 23.

[288] Vgl. *Lücke* in der Bundestagssitzung vom 29. 6. 1967, Sten. Ber. S. 5861 B; Bundesratsdrucksache 162/67 S. 23; *Ehmke* in der 1. öffentl. Informationssitzung, Protokoll 55 S. 75; *Schlegelberger* in Protokoll 59 S. 4 und *Evers* in Protokoll 59 S. 70.

[289] Vgl. Art. 91 in RE 1967 S. 3 und Art. 91 in AE 1965 S. 3.

[290] Vgl. *Evers*, Notstandsverfassung S. 27; *Ehmke*, Diskussionsbeitrag S. 284; *Arndt*, Polizei S. 130; *Hoffmann* S. 106; *Schmitt*, Überblick S. 377; *Haedge* S. 90; anderer Ansicht *Scheuner* in Protokoll 59 S. 64.

der Polizei"[291]. In seiner Begründung führte der Ausschuß an, ihm erscheine „eine Begrenzung etwa auf den Einsatz nichtmilitärischer Waffen nicht sachgerecht"[292]. Damit ist klar zum Ausdruck gebracht, daß es beim Kampf gegen bewaffnete Aufständische keine generelle Bindung der Streitkräfte an das Polizeirecht und an polizeiliche Befugnisse und Zwangsmittel geben soll[293]. Die zuletzt genannte Formulierung des Art. 87 a Abs. 4 durch den Rechtsausschuß wurde mit geringfügigen Änderungen, die aber das hier anstehende Problem nicht berühren[294], vom Bundestag als endgültige Fassung verabschiedet.

Der Formulierung „zur Unterstützung der Polizeikräfte" kann also, soweit es die Bekämpfung von Aufständischen betrifft, mindestens soviel entnommen werden, daß die Streitkräfte nicht generell an die Mittel, insbesondere die Bewaffnung und die Befugnisse der Polizei gebunden sind[295]. Die Ansicht *Ipsens,* daß diese Formulierung nicht mehr aussage als die anderen in Art. 87 a Abs. 4 enthaltenen Voraussetzungen[296], ist daher unzutreffend[297]. Allerdings ist Ipsen recht zu geben, wenn er an gleicher Stelle[298] die weitere Begründung des Rechtsausschusses zu dessen Formulierung kritisiert. Nach Ansicht des Rechtsausschusses bringt nämlich die Formel „zur Unterstützung der Polizei" weiter zum Ausdruck, daß sich der Einsatz der Streitkräfte „den Zielen der Maßnahmen der Polizeibehörden einzuordnen hat"[299]. Diese Aussage ist zu unklar, sie sagt nicht, in welcher Form und Weise die Einordnung erfolgen soll[300]. Weiter trägt sie in keiner Weise zur Klärung der Frage bei, welche Mittel die Streitkräfte verwenden dürfen. Sie ist nur insofern richtig, als sich die Streitkräfte tatsächlich bei ihrem

---

291 Vgl. Beschlüsse des Rechtsausschusses vom 9. 5. 1968, in AE 1968 S. 26 Art. 87 a Abs. 4.

292 Schriftlicher Bericht des Rechtsausschusses vom 9. 5. 1968 in AB 1968 S. 14.

293 Anderer Ansicht *Dürig* in M-D-H Art. 87 a Rn. 118 a. E. und Rn. 126: Der Wille des Gesetzgebers, schwere Waffen zuzulassen, schließe nicht aus, daß die Streitkräfte dennoch an das Polizeirecht gebunden seien und ihre Tätigkeit damit polizeilich bleibe. Denn über den Verhältnismäßigkeitsgrundsatz sei auch die Verwendung schwerer Waffen im Rahmen des Polizeirechts möglich.

294 Vgl. die Fassung des Art. 87 a Abs. 4 nach dem Beschluß des Rechtsausschusses (AE 1968 S. 26) und die heute geltende Fassung im GG.

295 a. A. *Dürig* in M-D-H Art. 87 a Rn. 118. *Dürig* entnimmt gerade dieser Formulierung, daß die Streitkräfte eine rein polizeiliche Funktion ausüben.

296 *Ipsen* in BK Art. 87 a Rn. 159 ff.

297 Vgl. auch oben Anm. 259.

298 *Ipsen* in BK Art. 87 a Rn. 161.

299 AB 1968 S. 14.

300 Ebenso *Ipsen* in BK Art. 87 a Rn. 161.

Einsatz auch nach den Polizeikräften zu richten haben. Dies wird später noch zu behandeln sein[301].

Als Ergebnis der Auslegung des Wortlauts von Art. 87 a Abs. 4 GG kann also festgehalten werden: Der Wortlaut besagt nur, daß die Streitkräfte nicht generell an polizeiliche Befugnisse und polizeiliche Mittel gebunden sind[302]. Damit ist aber noch nicht hinreichend geklärt, welche Mittel die Streitkräfte verwenden dürfen[303]. Die negative Abgrenzung genügt hier nicht. Da eine Auslegung des Wortlauts von Art. 87 a Abs. 4 zur Lösung des Problems nicht mehr beitragen kann, muß die weitere Auslegung an der „ratio legis" orientiert werden.

cc) Der Meinungsstand zur Funktion der Streitkräfte

Ausgangspunkt für diesbezügliche Überlegungen ist die den Streitkräften gestellte Aufgabe[304]: Es geht um die Bekämpfung eines Aufstandes, der den Bestand des Bundes oder eines Landes bzw. die freiheitlich demokratische Grundordnung gefährdet. Ein solcher Aufstand richtet sich gegen die Existenz unseres Staates bzw. gegen das fundamentale Wertsystem unserer freiheitlich rechtsstaatlichen Verfassung. Zwar gehört die Bekämpfung eines solchen Aufstandes zu den Aufgaben der Polizei, wie oben festgestellt wurde[305]. Die Gefahr, um deren Abwehr es geht, erreicht jedoch eine solche Intensität, daß sie mit den normalen Gefahren, deren Abwehr der Polizei obliegt, in keiner Hinsicht verglichen werden kann. Die Situation, die den Einsatz der Streitkräfte gegen Aufständische rechtfertigt und erfordert, bedeutet — es wurde bereits festgestellt — den Bürgerkrieg[306]. Es liegt also — abgesehen vom Kriegsfall — die extremste Gefährdung vor, die ein Staatswesen bedrohen kann.

---

[301] Im Zusammenhang mit den Weisungsbefugnissen hinsichtlich des Einsatzes — unten im 2. Teil 2. Abschnitt B II.

[302] Ähnlich *Scheuner* in der 3. öffentl. Informationssitzung, Protokoll 59 S. 67; ferner *Hoffmann* S. 106 und 110 f. — Anderer Ansicht *Ruhnau* in der Bundestagssitzung vom 16. 5. 1968 (Sten. Ber. S. 9443 C), der aus der genannten Formulierung die Bindung der Streitkräfte an den Grundsatz der Verhältnismäßigkeit folgert. Noch weitergehend *Heinsen* in der Bundesratssitzung vom 14. 6. 1968, der aus der Formel „zur Unterstützung der Polizei" sogar die Bindung der Streitkräfte an polizeiliche Grundsätze und polizeiliche Mittel folgert. — Ebenso *Dürig* in M-D-H Art. 87 a Rn. 118.

[303] Gleicher Ansicht *Scheuner* in Protokoll 59 S. 67.

[304] Vgl. Das Dt. Bundesrecht I A 10 S. 160.

[305] Ebenso *Dürig* in M-D-H Art. 87 a Rn. 118.

[306] *Hofffmann* (S. 108 f.) meint, daß der Einsatz der Bundeswehr nach Art. 87 a Abs. 4 überhaupt nur in einer Bürgerkriegslage zulässig ist, da ein bewaffneter Aufstand nur in der Form eines Putsches von Teilen der Bundeswehr denkbar sei. — Da das letztere zwar sehr wahrscheinlich, das Gegenteil aber nicht ausgeschlossen ist, läßt sich die Meiung von Hoffmann in dieser Form nicht halten.

Von dieser extremen Situation her argumentieren die Befürworter der Ansicht, daß ein unbeschränkter, kriegsmäßiger Einsatz der Bundeswehr mit allen Mitteln zulässig, ja sogar erforderlich sei. Am weitesten gehen *Ipsen* und *Ule*. Ipsen vertritt die Ansicht[307], die Streitkräfte dürften nach den Grundsätzen des Kriegsrechts vorgehen, wobei als einzige beschränkende Prinzipien die kriegsrechtlichen Grundsätze „der Zweckdienlichkeit des Gewalteinsatzes" und das „Prinzip des Mindestschutzes" (hinsichtlich der Behandlung von Kriegsgefangenen — vgl. Art. 3 des Genfer Abkommens vom 12. 8. 1949, BGBl. II 1954, S. 838) Geltung hätten[308]. Ipsen begründet diese Ansicht damit, daß die betreffende Situation, die zu einem Einsatz der Streitkräfte führe, „alle Merkmale des materiellen Kriegsbegriffes" aufweise[309]. Folgerichtig gesteht Ipsen den Streitkräften für einen Einsatz gegen bewaffnete Aufständische die Verwendung aller Waffen zu, „deren Anwendung kriegsvölkerrechtlich unbestritten erlaubt ist"[310]. Nach Ipsen würde eine Bindung der Streitkräfte an die Einsatzmittel der Polizei „die Effektivität des militärischen Einsatzes von vornherein in Frage stellen"[311]. Er zieht dann die Folgerung, daß die Streitkräfte alle Kampfmittel einsetzen dürfen, „die notwendig sind, um den Aufstand schnellstmöglich und effektiv niederzuschlagen"[312]. Dieses Ergebnis sei deshalb gerechtfertigt, weil eine schonende Bekämpfung der Aufständischen die unausweichliche Folge habe, daß es langwierige und für die eingesetzten Polizei- und Bundeswehreinheiten, aber auch für die Bevölkerung verlustreiche Kämpfe geben würde[313].

Nach der Meinung von *Ipsen* dürfen also die Streitkräfte mit allen Mitteln gegen die Aufständischen vorgehen. Das bedeutet, daß die Streitkräfte diejenigen Funktionen ausüben, die ihnen wesensgemäß sind, nämlich militärisch kriegsmäßige Funktionen mit dem Ziel der Vernichtung des Gegners. Ebenso wie Ipsen vertritt auch *Klein* die Ansicht, daß die Streitkräfte an polizeiliche Grundsätze nicht gebunden seien und alle Kampfmittel einsetzen dürften, die kriegsvölkerrechtlich erlaubt seien[314]. Ähnlich argumentiert auch *Ule*[315], der zwar die Streitkräfte an den Grundsatz der Verhältnismäßigkeit gebunden sehen

---

307 *Ipsen* in BK Art. 87 a Rn. 174 ff.

308 Ebenda Rn. 177.

309 Ebenda Rn. 177; ebenso *Leppes* S. 35; vgl. auch *Dierske*, Streitkräfte S. 295.

310 *Ipsen* in BK Art. 87 a Rn. 175.

311 Vgl. ebenda.

312 Ebenda Rn. 176.

313 Ebenda Rn. 174.

314 *Klein* in: von Mangoldt Klein S. 2337.

315 Vgl. *Ules* Ausführungen in der 3. öffentl. Informationssitzung, Protokoll 59 S. 78 und *Ule*, Streitkräfte I S. 871.

möchte, was aber nach seiner Meinung nicht ausschließt, daß sie auch schwerste Waffen einsetzen dürfen, auch mit dem Ziel der Vernichtung des Gegners[316]. Zum selben Ergebnis war *Lepper*[317] schon lange vor der Geltung des Art. 87 a Abs. 4 Grundgesetz gekommen, indem er von der Sonderstellung des Militärs als „stärkstes Machtmittel des Staates" her argumentierte[318]. Auch *Schunck*[319] befürwortete einen Einsatz der Streitkräfte mit unbeschränkten Mitteln, aber unter dem Grundsatz der Verhältnismäßigkeit.

Etwas mehr Einschränkungen werden von *Arndt*[320] und *Benda*[321] gemacht. *Arndt* führt aus, daß die Bundeswehr nach Art. 87 a Abs. 4 beim Einsatz gegen Aufständische zwar „militärisch kämpfen" dürfe und nicht an das Polizeirecht gebunden sei, daß aber andererseits nicht die Grundsätze des Kriegsvölkerrechts maßgebend seien, sondern der Grundsatz der Verhältnismäßigkeit. Demnach sei eine gezielte Vernichtung der Aufständischen unzulässig[322]. In dieser Richtung sind auch die Ausführungen *Bendas* zu verstehen, die an Klarheit zu wünschen übrig lassen[323].

Auch die Ansicht von *Hoffmann*[324] hat viel mit der von *Arndt* gemeinsam. Nach Hoffmann dürfen die Streitkräfte militärische Waffen einsetzen, sie sind nicht an polizeiliche Mittel und Grundsätze gebunden. Dennoch soll es kein militärischer Einsatz sein wie im Verteidigungsfall mit der Folge, daß nicht generell Kriegsrecht mit dem Ziel der Vernichtung des Gegners angewendet werden kann[325]. *Scheuner* hat die Ansicht vertreten[326], daß die Streitkräfte nicht an die Mittel der Polizei gebunden sind, sondern auch schwere Waffen einsetzen dürfen. Es gelte hierbei aber der Verhältnismäßigkeitsgrundsatz; ferner müßten die militärischen Mittel „in besonders schonender Form"[327] eingesetzt werden.

---

316 Vgl. ebenda.

317 *Lepper*, Manfred: Die verfassungsrechtliche Stellung der militärischen Streitkräfte im gewaltenteilenden Rechtsstaat S. 35 ff.

318 *Lepper* S. 35; so auch schon *Liepmann* S. 6 zur Zeit der Weimarer Verfassung: „... ist die Wehrmacht berufen, im äußersten Fall der Staatsnot die Staatsautorität mit kriegsmäßigen Mitteln wieder herzustellen."

319 *Schunck*, Ergänzungsband S. 54.

320 *Arndt*, Bundeswehr S. 732.

321 *Benda* S. 138 ff.

322 *Arndt*, Bundeswehr S. 732; ebenso *Schreiber*, Streitkräfte S. 733 und *Denninger-Beye* S. 23, 24.

323 Vgl. *Benda* S. 139: „Der Einsatz der Streitkräfte steht unter der Herrschaft des Rechts." Diese Aussage trägt allerdings zur Klärung des Problems wenig bei.

324 *Hoffmann* S. 110 f.

325 *Hoffmann* S. 111.

326 In der 3. öffentl. Informationssitzung, vgl. Protokoll 59 S. 64 ff.

327 *Scheuner* in Protokoll 59 S. 64; ähnlich *Hamann-Lenz* Art. 87 a Anm. B 7.

Die meisten Einschränkungen für den Einsatz der Streitkräfte gegen Aufständische werden von *Evers* und *Dürig* gemacht[328]. Evers billigt zwar den Streitkräften die Verwendung von Waffen zu, die über die polizeilichen Waffen hinausgehen[329]. Dennoch darf der Einsatz immer nur mit verhältnismäßigen Mitteln und „mit möglichster Schonung"[330] erfolgen. Evers folgert dies aus Art. 1, 2 Abs. 1 und 102 des Grundgesetzes. Ein weitergehender Waffengebrauch scheitere an Art. 79 Abs. 3 und Art. 19 Abs. 2 GG[331]. „Die Streitkräfte im Inneren nach den Maximen des Kriegsrechts einzusetzen, ist einem Staat, der nach den Grundsätzen des Art. 79 Abs. 3 verfaßt ist, auf jeden Fall versagt[332]." Die entscheidende Einschränkung für den Einsatz der Streitkräfte ist aber nach Evers die, daß der Einsatz nach innen „grundrechtsgebunden bleibt, mit der Einschränkung, die aus dem Recht zur Verwendung schwerer Waffen folgt"[333].

Dürig unterwirft den Einsatz der Streitkräfte gegen Aufständische strikt dem Polizeirecht[334]. Die Streitkräfte seien an das Polizeirecht und dessen Grundsätze gebunden. Oberste Prinzipien seien der Grundsatz der Verhältnismäßigkeit und das Gebot, jeden Einsatz nur mit dem Ziel vorzunehmen, den Störer unter größtmöglicher Schonung angriffs- oder fluchtunfähig zu machen[335]. Dabei dürften aber auch schwere militärische Waffen eingesetzt werden[336]. Zur Begründung führt Dürig an, es handle sich eindeutig um eine polizeiliche Aufgabe, so daß auch die Erfüllung der Aufgabe mit polizeilichen Mitteln und Grundsätzen erfolgen müsse[337]. Daß die Streitkräfte dennoch schwere Waffen einsetzen dürften, rechtfertigt Dürig aus dem Prinzip der Verhältnismäßigkeit, wonach der Störer die gegen ihn eingesetzten Mittel bestimmt[338].

---

[328] Vgl. *Evers* in der 3. öffentl. Informationssitzung, Protokoll 59 S. 70 ff. und *Evers*, Notstandsverfassung S. 31 ff.; ferner *Dürig* in M-D-H Art. 87 a Rn. 118 und 126.

[329] *Evers*, Notstandsverfassung S. 34.

[330] Protokoll 59 S. 70.

[331] *Evers*, Notstandsverfassung S. 34.

[332] Vgl. ebenda.

[333] *Evers*, Notstandsverfassung S. 34; vgl. auch *Hamann-Lenz* Art. 87 a Anm. A 1.

[334] *Dürig* in M-D-H Art. 87 a Rn. 25 am Ende mit Fußnote 1, Rn. 118 a. E. und Rn. 126.

[335] Ebenda Rn. 126.

[336] Ebenda Rn. 126.

[337] Ebenda Rn. 25 am Ende, Fußnote 1.

[338] Ebenda Rn. 126. — Diese Argumentation folgt schlüssig aus der Ansicht *Dürigs*, daß auch die Polizeibewaffnung verfassungsrechtlich nicht eindeutig beschränkt sei, vgl. dazu *Dürig* ebenda Rn. 87 ff., 90 ff. und die Ausführungen unten im vierten Teil.

dd) Stellungnahme

Betrachtet und vergleicht man die soeben wiedergegebenen Rechtsansichten, so lassen sich folgende Übereinstimmungen feststellen: Es besteht Einigkeit darüber, daß die Streitkräfte nicht auf polizeiliche Befugnisse und Mittel, vor allem Polizeiwaffen, also nicht auf polizeiliche Funktionen beschränkt sind; ferner, daß die Streitkräfte grundsätzlich ihre militärischen Waffen, auch schwerer Art, verwenden dürfen. Andererseits wird mit Ausnahme von *Ipsen* und *Ule* die Zulässigkeit eines kriegsmäßigen und auf die Vernichtung der Aufständischen gerichteten Vorgehens verneint. Schließlich wird von allen — mit Ausnahme von Ipsen — die Geltung des Grundsatzes der Verhältnismäßigkeit bstätigt. Kurz gefaßt läßt sich die überwiegende Meinung dahingehend formulieren: Die Streitkräfte haben weder reine Polizeifunktionen noch unbeschränkt kriegsmäßige Funktionen, sie dürfen militärische Waffen verwenden, aber unter Bindung an den Grundsatz der Verhältnismäßigkeit, der auch das Polizeirecht beherrscht.

Diese vermittelnde Ansicht verdient den Vorzug. Wie bereits erwähnt, hat die an der ratio legis orientierte Auslegung im konkreten Fall von der den Streitkräften gestellten Aufgabe auszugehen: Die Streitkräfte werden eingesetzt, um eine Situation zu meistern, die eine höchste Gefährdung für die Exitenz und die Grundordnung unseres Staates darstellt und in aller Regel Bürgerkrieg bedeutet. Sie haben es mit *militärisch* bewaffneten Aufständischen zu tun, für deren Bekämpfung Polizei und Bundesgrenzschutz nicht mehr ausreichen. In einer solchen Lage ist der Einsatz der Streitkräfte nur dann sinnvoll, wen er nicht an die eng begrenzten polizeilichen Befugnisse und Zwangsmittel gebunden ist. Daher sind die Streitkräfte geradezu auf die Verwendungsmöglichkeit auch ihrer schwereren Waffen angewiesen. Allein schon das *Erscheinen* von Panzern kann wegen seiner psychologischen Wirkung eventuell mehr Erfolg zeitigen als eine stundenlange Schießerei mit Polizeigewehren[339]. Ferner besteht die Möglichkeit, daß die Aufständischen, deren Bewaffnung militärisch ist, über weit schwerere Waffen verfügen als die Polizeikräfte, so daß dann ein Kampf gegen sie mit Polizeiwaffen von vornherein sinnlos wäre. Es ist also gerechtfertigt, wenn die Streitkräfte nicht an polizeiliche Mittel und Waffen gebunden sind, sondern grundsätzlich auch schwere militärische Waffen einsetzen können. Aus den gleichen Gründen erscheint es als unzumutbar, die Streitkräfte an die eng begrenzten Handlungsbefugnisse

---

[339] Ähnlich auch *Scheuner* in der 3. öffentl. Informationssitzung am 30. 11. 1967 (Protokoll 59 S. 64): „Beim bewaffneten Aufstand ist wohl der Einsatz sichtbar schwerer und starker Waffen die schonendste Form der Beseitigung des Aufstands.“ Vgl. auch *Krüger*, Polizeilicher Schußwaffengebrauch S. 68.

der Polizei sowie die deaillierten Voraussetzungen über den Waffengebrauch in den Polizeigesetzen zu binden.

Die Ansicht *Dürigs*, wonach die Streitkräfte ausschließlich nach polizeilichen Grundsätzen tätig werden müssen[340], vermag nicht zu überzeugen. Denn der Grundsatz der Verhältnismäßigkeit und das Verbot der gezielten Vernichtung des Störers läßt sich auch außerhalb des Polizeirechts aus dem Grundgesetz ableiten[341]. Gerade aber mit der Geltung dieser beiden Prinzipien für den Einsatz der Streitkräfte will Dürig letztlich deren ausschließliche Bindung an das Polizeirecht beweisen. Dabei wird übersehen, daß die Bindung an das Polizeirecht auch die Bindung an die Einzelheiten des polizeilichen Waffengebrauchsrechts impliziert. Dieses Waffengebrauchsrecht — wie überhaupt die Regelung der polizeilichen Befugnisse — ist aber in erster Linie auf den Einzeleinsatz gegen bestimmte überschaubare Störer ausgerichtet, nicht aber auf die Kampfsituation des Bürgerkriegs[342]. Das oft mißbrauchte Schlagwort vom Umschlagen quantitativer in qualitative Veränderungen ist hier zutreffend. Das will besagen, daß das Polizeirecht keine taugliche Rechtsgrundlage für den Bürgerkriegseinsatz der Armee darstellt, da es für andere Dimensionen geschaffen ist.

Andererseits geht es zu weit, wenn man den Streitkräften zugestehen will, wie dies *Ipsen* und *Ule* tun, sie dürften gegen die Aufständischen nach den Maximen der Kriegsführung vorgehen. Wie bereits dargelegt, gibt es nach dem Kriegsrecht den Grundsatz der Zweckdienlichkeit des Gewalteinsatzes[343]. Danach haben die kämpfenden Parteien weitgehende Freiheit in der Wahl ihrer Mittel[344]. Die Tötung der feindlichen Kombattanten ist erlaubt, um den Kriegsgegner kampfunfähig machen zu können[345]. Die hier nicht näher darzustellenden Beschränkungen des Kampfeinsatzes durch das Kriegsvölkerrecht[346] tragen im wesentlichen nur dem Gedanken Rechnung, daß wenigstens unnötige Leiden tunlichst zu vermeiden sind[347].

---

340 *Dürig* in M-D-H Art. 87 a Rn. 126.

341 Das wird im folgenden begründet werden — vgl. auch *Evers* in der 3. öffentl. Informationssitzung, Protokoll 59 S. 70 ff. und *Evers*, Notstandsverfassung S. 31 ff.

342 Ebenso *Denninger-Beye* S. 25.

343 Vgl. *Ipsen* in BK Art. 87 a Rn. 117.

344 Vgl. *Wengler*, Völkerrecht Bd. 2 S. 1394 f.; *Berber*, Völkerrecht Bd. 2 S. 163.

345 *Wengler* S. 1394.

346 Vgl. dazu *Wengler* S. 1394; *Berber* S. 163; *Kunz* in Strupp-Schlochauer Bd. 2 S. 355; *Toller* ebenda S. 351; ferner Haager Landkriegsordnung vom 18. 10. 1907 (RGBl 1910, 132) Art. 22 und Art. 23 e.

347 So Art. 23 e der Haager Landkriegsordnung.

Diese Prinzipien können nicht auf eine Auseinandersetzung im Innern der Bundesrepublik mit inneren Gegnern angewendet werden. Das hat folgende schwerwiegende Gründe: Jeder Einsatz der Streitkräfte im Innern steht — anders als ein Kriegseinsatz gegen einen auswärtigen Gegner — unter der vollen Herrsrchaft des Grundgesetzes. Es gelten die nach Art. 79 Abs. 3 GG jeder Änderung entzogenen Grundsätze der Art. 1 und 20 des Grundgesetzes[348]. Das bedeutet, daß auch beim Einsatz gegen Aufständische die Würde des Menschen zu achten und das Gebot der Rechtsstaatlichkeit zu wahren ist. Es wurde bereits festgestellt, daß die Streitkräfte nicht eine vierte Gewalt sui generis darstellen, sondern in die Exekutive integriert sind[349]. Sie sind demnach auch im inneren Notstand gemäß Art. 20 Abs. 3 GG an die rechtsstaatlichen Grundsätze und gemäß Art. 1 Abs. 3 GG an die Grundrechte gebunden. Das bedeutet, daß für ihren Einsatz gegen Aufständische die Grundsätze der Verhältnismäßigkeit und des geringstmöglichen Eingriffs volle Gültigkeit haben[350].

Haben sich z. B. Aufständische in einem Stadtteil verschanzt, so würde es der kriegsrechtliche Grundsatz der Zweckdienlichkeit des Gewalteinsatzes erlauben, das Stadtviertel mit schwerer Artillerie zusammenzuschießen. Nach dem Grundsatz der Verhältnismäßigkeit und des geringstmöglichen Eingriffs jedoch wäre etwa zunächst zu versuchen, den Stadtteil hermetisch von jeder Versorgung abzuschließen und so die Aufständischen auszuhungern. Es verbietet sich also der Weg, von vornherein mit allen zu Gebote stehenden Mitteln die Vernichtung der Gegner zu betreiben. Das folgt auch aus der Tatsache, daß die Grundrechte auch in solcher Situation Geltung haben. Die Aufständischen müssen sich zwar härtere Eingriffe in ihre Grundrechte gefallen lassen, als dies in normalen Zeiten üblich ist. Dies rechtfertigt sich daraus, daß sie selbst eine Lage geschaffen haben, in der die Größe der von ihnen verursachten Gefahr auch härtere Abwehrmaßnahmen rechtfertigt[351]. Niemals aber dürfen ihre Grundrechte in ihrem Wesensgehalt angetastet werden (Art. 19 Abs. 2 GG). Das Grundrecht auf

---

348 Dieser Unterschied zwischen dem Einsatz gegen Kriegsgegner und dem gegen „Mitbürger" wird auch bei *Hausen-Schweers*, Die Zwangsmittel der Polizei S. 10 betont.

349 Gleicher Ansicht *Dürig* in M-D-H Art. 143 Rn. 19.

350 Ebenso *Hamann-Lenz* Art. 87 a Anm. B 7; vgl. auch *Schmidt-Bleibtreu/Klein* Art. 87 a Rn. 8; *Baur*, Der politische Streik S. 154. — Zu den Grundsätzen der Verhältnismäßigkeit und des geringstmöglichen Eingriffs siehe unten im vierten Teil dritter Abschnitt.

351 Dies ist die andere Seite des Verhältnismäßigkeitsgrundsatzes und des Grundsatzes des gringsten Mittels: Mit der Größe der zu beseitigenden Gefahr wächst auch die Intensität der zulässigen Rechtseingriffe. — Vgl. auch *Dürig* in M-D-H Art. 87 a Rn. 126.

Leben wäre in seinem Wesengehalt tangiert, wenn die Streitkräfte die physische Vernichtung der Aufständischen als unmittelbares Einsatzziel verfolgen würden. Die Tötung von Aufständischen darf immer nur eine unvermeidliche Nebenfolge eines Einsatzes sein, nicht aber dessen Hauptzweck[352]. Die Tötung von Menschen darf nicht zum „isolierten Zweck"[353] des Waffengebrauches werden.

Soll nun eine zusammenfassende Aussage zur Funktion der Streitkräfte bei ihrem Einsatz gegen Aufständische gemacht werden, so läßt sich folgendes feststellen:

Die Streitkräfte nehmen bei diesem Einsatz eine polizeiliche Aufgabe wahr. Sie sind aber nicht an die begrenzten Mittel der Polizei gebunden, insbesondere nicht an die polizeiliche Bewaffnung. Sie dürfen vielmehr grundsätzlich auch schwere militärische Waffen verwenden. Andererseits dürfen sie nicht nach den Maximen des Kriegsrechts vorgehen, sondern ihr Einsatz steht voll unter der Geltung der Grundsätze der Verhältnismäßigkeit und des geringstmöglichen Eingriffs sowie der Grundrechte. Es handelt sich also um eine polizeiliche Aufgabe, zu deren Bewältigung militärische Mittel nach rechtsstaatlichen Grundsätzen verwendet werden dürfen, nach Grundsätzen, die auch vor allem im Polizeirecht Geltung haben[354]. Die Streitkräfte üben daher *weder eine reine Polizeifunktion noch eine rein militärisch-kriegsmäßige Funktion* aus. Eher nähern sich ihre Funktionen den Polizeifunktionen an, da nur die Mittel (Bewaffnung) rein militärischen Charakter haben.

Dieses Ergebnis befriedigt insofern nicht, als es den Einsatz der Streitkräfte gegen Aufständische in die Mitte zwischen militärischen und polizeilichen Einsatz stellt. Das wird — sollte es jemals zu einem solchen Einsatz kommen — in der Praxis große Abgrenzungsschwierigkeiten mit sich bringen, wenn im Einzelfall zu beurteilen sein wird, welche Maßnahmen noch zulässig sind und welche die Grenze der Rechtmäßigkeit überschreiten. Diese Schwierigkeiten können aber an der Richtigkeit des Ergebnisses nichts ändern. Außerdem muß berücksichtigt werden, daß das Ergebnis der zwiespältigen Situation angemessen ist, die bei einem bewaffneten Aufstand entsteht: Einerseits handelt es sich um eine extreme Gefahr für den Staat und seine verfassungsmäßige Ordnung, eine Gefahr, zu deren Bewältigung die Polizei-

---

352 Vgl. *Dürig* in M-D-H Art. 87 a Rn. 126. — Hierbei spricht sich auch Dürig für die volle Geltung des Verhältnismäßigkeitsgrundsatzes aus.

353 *Dürig* in M-D-H Art. 143 Rn. 13.

354 Vgl. die gesetzlichen Ausgestaltungen des Grundsatzes der Verhältnismäßigkeit und des geringstmöglichen Eingriffs z. B. in Art. 8 PAG, § 4 UZwG, § 41 Abs. 2 PrPVG.

kräfte nicht mehr ausreichen, andererseits soll auch beim Kampf gegen diese Gefahr nicht der Boden der Rechtsstaatlichkeit mit der Garantie der Grundrechte verlassen werden. Dieser zwiespältigen Lage wird gerade dadurch in rechtlicher Hinsicht möglichst Genüge getan, daß den Streitkräften für ihr Einschreiten eine gewisse Mittelstellung zwischen polizeilichem und kriegsmäßigem Einsatz zugewiesen wird. Diese Lösung mag befriedigend sein oder nicht, jedenfalls läßt die Auslegung des Grundgesetzes keine andere Möglichkeit zu, die der verfassungsmäßigen Stellung der Streitkräfte sowie den unverzichtbaren rechtsstaatlichen Grundsätzen unserer Verfassung gleichermaßen Rechnung trägt.

3. Die Funktion der Streitkräfte im Katastrophenfall — Art. 35 Abs. 2 und 3 GG

a) Die Rechtslage vor Inkrafttreten der Notstandsverfassung

Die Möglichkeit, die Streitkräfte im Katastrophenfall einzusetzen, wurde erst im Rahmen der Notstandsverfassung[355] ins Grundgesetz aufgenommen. Sie ist seither in Art. 35 Abs. 2 und 3 des Grundgesetzes geregelt. Vorher enthielt der inzwischen außer Kraft getretene Art. 143 eine Regelung über den Einsatz der Streitkräfte im Falle eines „inneren Notstands"[356]. Art. 143 enthielt aber nur eine negative Regelung dahingehend, daß er die Zulässigkeit eines Einsatzes der Streitkräfte im inneren Notstand von der Verabschiedung eines Gesetzes mit verfassungsändernder Mehrheit abhängig machte. Damit war unter der Geltung des Art. 143 ein Einsatz der Bundeswehr unzulässig, allerdings nicht schlechthin jeder Einsatz. Unzulässig war nur ein Einsatz, bei dem die Bundeswehr als Machtinstrument mit hoheitlichen Befugnissen aufgetreten wäre, vor allem also ein bewaffneter Einsatz[357]. Ein unbewaffneter Einsatz ohne hoheitliche Befugnisse war jederzeit zulässig[358]. Es unterlag keinem Zweifel, daß Teile der Streitkräfte jederzeit zur technischen Hilfe in Not- und Katastrophenfällen beordert werden durften. Wie für jede staatliche Institution galt auch für die Streitkräfte die Pflicht zur Amtshilfe nach Art. 35 damaliger Fassung. Somit war ein unbewaffneter technischer Hilfseinsatz der Streitkräfte nicht nur zulässig, sondern eventuell sogar geboten. Eine Hilfs*pflicht* ließ sich auch aus der für jedermann geltenden Hilfeleistungspflicht

---

[355] Siebzehntes Gesetz zur Ergänzung des Grundgesetzes vom 24. 6. 1968 (BGBl. I 709).

[356] Vgl. den damaligen Art. 143, der mit Verabschiedung der Notstandsverfassung außer Kraft gesetzt wurde.

[357] Ebenso *Dürig* in M-D-H Art. 143 Rn. 4; *Schnupp*, Polizei I S. 361.

[358] Vgl. *Schnupp*, Polizei II S. 131; *Giese-Schunck* Art. 143 Anm. 4.

nach § 330 c StGB ableiten[359]. Kurzum, die rechtliche Zulässigkeit derartiger Hilfseinsätze der Streitkräfte war nicht umstritten[360].

Erst die Hamburger Flutkatastrophe des Jahres 1962 machte deutlich, daß auch ein Katastropheneinsatz der Bundeswehr verfassungsrechtliche Probleme im Hinblick auf Art. 143 GG aufwerfen konnte. In Hamburg machte man nämlich die Erfahrung, daß der rein technische Einsatz der Soldaten und des Geräts der Bundeswehr nicht ausreichte[361]. Vielmehr mußte die Bundeswehr auch mit polizeilich hoheitlichen Befugnissen gegenüber dem Bürger betraut werden, da die Polizeikräfte total überlastet waren. „Zur Unterstützung der Polizei bei der Verkehrsregelung wurden in großem Maße Bundeswehrkräfte eingesetzt. Die Feldjäger wurden auf Anordnung des Senats mit Polizeigewalt ausgestattet[362].“ Dieser polizeiliche Einsatz von Bundeswehreinheiten verstieß eindeutig gegen Art. 143 GG und war daher verfassungswidrig. Dies gaben auch die damals in Hamburg verantwortlichen Stellen zu[363].

Das Beispiel der Hamburger Flutkatastrophe hatte also gezeigt, daß auch in einem Katastrophenfall die rein technische Hilfe durch die Streitkräfte nicht genügt, sondern daß den Streitkräften auch Polizeibefugnisse zuerkannt werden müssen. Wegen Art. 143 GG wurde daher eine ausdrückliche Regelung über den Einsatz der Streitkräfte im Katastrophenfall in die Notstandsverfassung aufgenommen[364]. Im Regierungsentwurf vom 10. 3. 1967 war die Regelung des Katastrophenfalles noch mit der Regelung des inneren Notstands in Art. 91 vereinigt[365], während die heute geltende Regelung des Katastrophenfalls in Art. 35 Abs. 2 und 3 des Grundgesetzes auf die Änderungsbeschlüsse des Rechtsausschusses vom 9. 5. 1968 zurückgeht[366].

---

[359] So auch *Dürig* in M-D-H Art. 143; ferner *Dierske*, Bundeswehr S. 353 und *Schnupp*, Polizei II S. 131.

[360] Vgl. zu den bisher Genannten auch *v. Unruh* S. 196; *Haedge* S. 132; *Gester* S. 140; Das Dt. Bundesrecht I A 10 S. 160; *Schoeberl* S. 37.

[361] So *Arndt*, Bundeswehr S. 729; *Benda* S. 145; *Schlegelberger* in der 3. öffentl. Informationssitzung, Protokoll 59 S. 2; zur Sache Notstandsgesetzgebung S. 41.

[362] Hamburger Bericht S. 45.

[363] Vgl. die Rede von *Helmut Schmidt* in der Bundestagssitzung vom 16. 5. 1968 (Sten. Ber. S. 9444 B): „Wir waren damals durchaus in dem Bewußtsein, gegen den Art. 143 zu verstoßen ...“ (Schmidt war während der Flutkatastrophe der für den Einsatz verantwortliche Innensenator in Hamburg). — Die Verfassungswidrigkeit des damaligen Einsatzes der Bundeswehr betont auch *Dürig* in M-D-H Art. 87 a Rn. 35 mit Fußnote 5 und 6.

[364] Vgl. Begründung zum Regierungsentwurf 1967, RE 1967 S. 23.

[365] Vgl. Regierungsentwurf 1967 Art. 91 in RE 1967 S. 3.

[366] Vgl. AE 1968 S. 24.

b) Die heutige Rechtslage nach Art. 35 Abs. 2 und 3 des Grundgesetzes

Ein von einer Naturkatastrophe oder einem besonders schweren Unglücksfall betroffenes Bundesland kann nach Art. 35 Abs. 2 GG neben den Polizeikräften anderer Länder und dem Bundesgrenzschutz auch „Kräfte und Einrichtungen der Streitkräfte" „zur Hilfe" anfordern. Erstreckt sich die Katastrophe über mehr als ein Bundesland, so kann die Bundesregierung neben dem Bundesgrenzschutz auch „Einheiten der Streitkräfte zur Unterstützung der Polizeikräfte" einsetzen. Dieser Wortlaut der beiden Absätze des Art. 35 trägt zur *Klärung der Funktion der Streitkräfte* ebensowenig Entscheidendes bei wie der Wortlaut in Art. 87 a Abs. 4 GG. Wenn es nur nach dem Wortlaut ginge, müßte man annehmen, daß die Streitkräfte bei einem Einsatz nach Art. 35 Abs. 3 die gleichen Funktionen ausüben wie bei einem Einsatz nach Art. 87 a Abs. 4 GG, denn beide Male ist davon die Rede, daß die Streitkräfte „zur Unterstützung der Polizei(kräfte)" eingesetzt werden können. Anderer Auffassung ist hier *Arndt*[367], der aus den Formulierungen „zur Hilfe" in Abs. 2 bzw. „zur Unterstützung" in Abs. 3 die Polizeifunktion der Streitkräfte ableitet[368].

Eine Klärung der Funktion der Streitkräfte muß vielmehr — wie bei Art. 87 a Abs. 4 — auch hier davon ausgehen, in welcher Situation der Einsatz erfolgen soll und welche Aufgaben zu bewältigen sind. Die Streitkräfte sollen zur Hilfe bei einer „Naturkatastrophe" oder „einem besonders schweren Unglücksfall"[369] eingesetzt werden. Die Gefahrenlage ist hier ganz anders als beim inneren Notstand des Art. 87 a Abs. 4. Während dort, getragen von bewaffneten Aufständischen, massive Angriffe auf die staatliche Organisation stattfinden, die Gefahrenlage also bewußt von Menschen geschaffen wird, die die bestehende Ordnung gewaltsam stürzen wollen, handelt es sich im Katastrophenfall lediglich um naturbedingte oder technisch bedingte Gefahren, zu deren Abwehr im allgemeinen nicht ein Vorgehen gegen aufsässige Menschen erforderlich ist. Im inneren Notstand liegt der Schwerpunkt der Gefahrenabwehr im zwangsweisen Vorgehen gegen Menschen, während im Katastrophenfall in erster Linie technische Maßnahmen zur Eindämmung der Gefahrenlage erforderlich sind, während die Ausübung von Zwangsbefugnissen gegen Bürger nur

---

367 *Arndt*, Bundeswehr S. 729, 730.

368 *Arndt* a.a.O. — Er kommt zu dem Ergebnis, daß beide Formulierungen inhaltlich das gleiche aussagen. — Ähnlich *Lenz* Art. 35 Rn. 17; wohl auch *Maunz* in M-D-H Art. 35 Rn. 15.

369 Zu den Begriffen der „Naturkatastrophe" bzw. des „besonders schweren Unglücksfalles" siehe oben erster Abschnitt C.

gelegentlich notwendig sein wird. Aus dieser unterschiedlichen Aufgabenstellung folgt auch ein Unterschied der Befugnisse und Mittel, also ein Unterschied der Funktion.

Auch beim Katastrophenfall handelt es sich um eine polizeiliche Aufgabe, die von den Streitkräften wahrgenommen wird[370]. Denn es gilt, Gefahren für Sachwerte und Menschenleben abzuwehren, d. h. Gefahren für die öffentliche Sicherheit. Dieser eindeutig polizeilichen Aufgabe werden die Streitkräfte in der Regel durch technischen Hilfseinsatz des ihnen zur Verfügung stehenden Gerätes gerecht[371]. Hierzu sind keine polizeilichen Zwangsbefugnisse notwendig. Wie die Hamburger Flutkatastrophe aber gezeigt hat, kann es notwendig werden, auch polizeiliche Befugnisse zu übertragen[372]. Zu denken ist hier an Absperrungen des Katastrophengebiets, Platzverweisung von Neugierigen, die die Rettungsarbeiten behindern[373], Schutz vor Plüderern[374] und Verkehrsregelungen[375]. Dazu genügen jedoch die normalen Polizei--befugnisse und eine normale Polizeibewaffnung. Den Streitkräften stehen daher lediglich reine Polizeibefugnisse zur Verfügung[376]. Die Ausübung weitergehender Befugnisse und die Verwendung schwererer Waffen als Polizeiwaffen durch die Streitkräfte ist im Katastropheneinsatz unzulässig[377].

Bei einem Einsatz nach Art. 35 Abs. 2 und 3 des Grundgesetzes werden also die Streitkräfte zur Erfüllung einer *polizeilichen Aufgabe* tätig und

---

[370] Ebenso *Schnupp*, Polizei III S. 294; Das Dt. Bundesrecht I A 10 S. 136 a; *Dürig* in M-D-H Art. 87 a Rn. 25.

[371] So wurden bei der Hamburger Flutkatastrophe vor allem Hubschrauber und Wasserfahrzeuge der Bundeswehr zur Bergung und Versorgung eingesetzt (vgl. Hamburger Bericht S. 99). — Den Vorrang der technischen Hilfe betont *Dürig* in M-D-H Art. 87 a Rn. 35.

[372] Nach *Dürig* in M-D-H Art. 87 a Rn. 35 soll die Wahrnehmung hoheitlicher Befugnisse durch die Streitkräfte beim Katastropheneinsatz erst dann zulässig sein, wenn festgestellt ist, daß die Polizeikräfte nicht in der Lage sind, Störungen zu unterbinden. Diese Forderung Dürigs dürfte zu weit gehen, da die Bundeswehr zur Katastrophenhilfe ohnehin nach Art. 35 GG erst herangezogen werden kann, wenn Polizei und Bundesgrenzschutz nicht ausreichen.

[373] Vgl. Hamburger Bericht S. 45; *Hoffmann* S. 114.

[374] Dies war in Hamburg in den überschwemmten und daher von der Bevölkerung geräumten Bezirken notwendig.

[375] Vgl. *Scheuner* in der 3. öffentl. Informationssitzung vom 30. 11. 1967, Protokoll 59 S. 63; *Hoffmann* S. 114.

[376] *Maunz* in M-D-H Art. 35 Rn. 15; *Lenz* Art. 35 Rn. 9 f., Rn. 17; *Hoffmann* S. 114; *Schunck*, Ergänzungsband S. 43; Das Dt. Bundesrecht I A 10 S. 136 a; *Arndt*, Bundeswehr S. 730; Begründung des Rechtsausschusses AB 1968 S. 19; *Schreiber*, Notstand S. 111 möchte die Streitkräfte sogar auf ganz bestimmte polizeiliche Befugnisse im Sinn der obigen Aufzählung beschränkt sehen. Ähnlich *Lenz* Art. 35 Rn. 17.

[377] Ebenso *Hoffmann* S. 115.

verfügen dabei über *polizeiliche Befugnisse* und *polizeiliche Zwangsmittel*. Sie üben daher insoweit eine reine *Polizeifunktion* aus.

D. Der Einsatz von „Kräften und Einrichtungen anderer Verwaltungen" im Sinn von Art. 35 Abs. 2 und Art. 91 Abs. 1 des Grundgesetzes

Die Bundesländer können, sofern sie im inneren Notstand oder im Katastrophenfall von einer Gefahrensituation betroffen sind, gemäß Art. 35 Abs. 2 und Art. 91 Abs. 1 neben den Polizeikräften und dem Bundesgrenzschutz auch „Kräfte und Einrichtungen anderer Verwaltungen" zur Hilfe anfordern. Dabei kann es sich um „Verwaltungen" des Bundes und anderer Bundesländer aber auch um solche der Gemeinden und der anderen öffentlich-rechtlichen Körperschaften und Anstalten des Bundes und der Länder handeln[378]. Da es sich um Abwehr schwerwiegender Gefahren handelt, kommen in erster Linie die Kräfte und Einrichtungen „der technischen Sonderverwaltungen, also öffentlicher Verkehrsunternehmen der Länder und Gemeinden sowie der Bundesbahn und der Bundespost"[379] in Betracht. Zu denken ist auch an die Wasser- und Schiffahrtsdirektionen[380] und vor allem an das Zivilschutzkorps[381], das kraft seiner Aufgabe, die Zivilbevölkerung im Kriegsfall vor Schäden zu bewahren, vor allem für den Katastropheneinsatz geeignet ist[382]. „Kräfte und Einrichtungen" dieser Verwaltungen können angefordert werden. Mit „Kräften" sind alle Bediensteten, das Personal, dieser Institutionen gemeint[383], unter „Einrichtungen" sind „alle sächlichen Mittel"[384] zu verstehen, also „Kraftfahrzeuge, Fernmeldeanlagen, Verkehrsanlagen, Sendefrequenzen, Gebäude, Liegenschaften, Wasserfahrzeuge, Vorräte usw."[385] ferner Decken, Medikamente und Lebensmittel[386]. Es soll also das „technische und sanitäre Potential der verschiedenen Verwaltungen in den Dienst der Gefahrenabwehr" gestellt werden[387].

---

[378] So auch *Evers* in BK Art. 91 Rn. 46; *Arndt*, Bundeswehr S. 729; *Hoffmann* S. 89; AB 1968 S. 9.

[379] *Benda* S. 135.

[380] Das Dt. Bundesrecht I A 10 S. 164.

[381] Vgl. *Schnupp*, Polizei III S. 295; AB 1968 S. 14; RE 1967 S. 23.

[382] Vgl. § 1 des Gesetzes über das Zivilschutzkorps vom 12. 8. 1965.

[383] So *Hoffmann* S. 89; *Arndt*, Bundeswehr S. 729 und *Maunz* in M-D-H Art. 35 Rn. 13.

[384] *Arndt*, Bundeswehr S. 729; ebenso AE 1965 S. 18; *Maunz* in M-D-H Art. 35 Rn. 13.

[385] *Arndt*, Bundeswehr S. 729.

[386] AE 1965 a.a.O.

[387] *Evers* in BK Art. 91 Rn. 46.

Die Frage nach der Funktion dieser Verwaltungen im Notstandsfall beantwortet sich aus der Eigenart ihrer im Normalfall ausgeübten Funktionen. Das Grundgesetz läßt weder in Art. 35 Abs. 2 noch in Art. 91 Abs. 1 erkennen, daß die angeforderten Verwaltungen andere Funktionen als im Normalfall ausüben können und dürfen. Daher kommt es nicht in Betracht, diesen Kräften spezifisch polizeiliche Funktionen zu übertragen[388]. Eine andere Auffassung vertritt *Hoffmann*[389], wenn er schreibt: „Die Kräfte und Einrichtungen anderer Verwaltungen ... können lediglich nach dem Landespolizeirecht tätig werden[390]." Hoffmann begründet diese Ansicht in keiner Weise. Außerdem ist der von ihm als Stütze seiner Ansicht zitierte[391] Bericht des Rechtsausschusses vom 9. 5. 1968 an der zitierten Stelle[392] genau der entgegengesetzten Ansicht. Dort heißt es nämlich, daß für die Kräfte und Einrichtungen anderer Verwaltungen „auch in diesem Falle die besonderen, für sie maßgebenden Bestimmungen"[393] gelten. An anderer Stelle[394] führt der Rechtsausschuß aus, daß die anderen Verwaltungen „in ihren jeweiligen Funktionen" angefordert werden können. Dies ist auch sonst allgemeine Ansicht[395]. Die Meinung von Hoffmann läßt sich daher nicht halten, zumal ihr jegliche Begründung fehlt. Die Ausübung polizeilicher Funktionen durch diese Verwaltungskräfte erscheint weder als erforderlich noch als sinnvoll. Sie ist nicht erforderlich, weil die Polizeikräfte, zumal in eventueller Verstärkung durch Bundesgrenzschutz und Streitkräfte, zur Bewältigung der polizeilichen Aufgaben ausreichen. Sie ist auch nicht sinnvoll, da das Personal dieser Verwaltungen weder von seiner Ausbildung noch seiner Ausrüstung her polizeiliche Aufgaben hinreichend erfüllen kann.

Es bleibt also dabei, daß die angeforderten Kräfte der anderen Verwaltungen jeweils die Funktionen ausüben, die ihnen auch sonst übertragen sind. Da es sich um so verschiedenartige Institutionen handeln kann (vgl. die oben S. 80 gegebene Aufzählung) wie z. B. einerseits Bundespost, andererseits Zivilschutzkorps, läßt sich hier keine abschließende und einheitliche Aussage über die ausgeübten Funktionen machen. Da es sich ohnehin in erster Linie um personelle und sachliche Verstärkung vor allem in technischer Hinsicht handeln

---

[388] Ebenso *Evers* in BK Art. 91 Rn. 46.

[389] Ebenda S. 90.

[390] *Hoffmann* S. 90.

[391] Ebenda Fußnote 15.

[392] Vgl. AB 1968 S. 15.

[393] AB 1968 S. 15.

[394] Vgl. AB 1968 S. 14.

[395] So auch *Arndt*, Bundeswehr S. 730; *Evers* in BK Art. 91 Rn. 46; *Schnupp*, Polizei III S. 295; Begründung zum Regierungsentwurf 1967 RE 1967 S. 23.

wird[396], werden diese Verwaltungskräfte in der Regel keine hoheitlichen Befugnisse ausüben. Die Frage nach der Funktion hat also keine große praktische Bedeutung[397].

Zusammenfassung zum ersten Teil

Funktion im Rahmen dieser Abhandlung bedeutet das Gesamtbild der hoheitlichen Tätigkeit eines Vollzugsorgans. Der Begriff umfaßt sowohl die dem Organ gestellte Aufgabe wie auch die zur Erreichung der Aufgabe zur Verfügung stehenden Mittel.

Eine *Polizeifunktion* liegt vor, wenn zur Abwehr von Gefahren für die öffentliche Sicherheit und Ordnung mit den Befugnissen und Zwangsmitteln der Polizei nach polizeirechtlichen Grundsätzen vorgegangen wird.

Die *Polizeikräfte der Länder* üben im Notstandsfall nach Art. 35 und Art. 91 des Grundgesetzes die *gleichen Funktionen wie im Normalfall* aus. Ihre Funktionen erfahren im Notstandsfall *kein Erweiterung.*

Der *Bundesgrenzschutz* nimmt im *Normalfall* eine reine *Polizeifunktion* wahr. Wird er im *Notstandsfall* gemäß Art. 35 Abs. 2 und 3 und Art. 91 GG *im Inneren* eingesetzt, so übt er ebenfalls seine *normalen,* um nichts erweiterten *Polizeifunktionen* aus, ebenso bei einem Einsatz nach Art. 115 f Abs. 1 Ziff. 1 und Art. 115 i Abs. 1 GG. Im übrigen wird der Bundesgrenzschutz mit Eintritt des Verteidigungsfalles Teil der bewaffneten Macht, d. h. seine Angehörigen erhalten den Status von *Kombattanten.* Dies führt jedoch nicht zu einer Militarisierung des Bundesgrenzschutzes. Dieser behält vielmehr den *Status einer Polizeitruppe.*

Werden die *Streitkräfte* nach Art. 87 a Abs. 3 Satz 1 GG *im Verteidigungsfall* zum *Schutz ziviler Objekte* in der Bundesrepublik eingesetzt, so besitzen sie insoweit nur *Polizeifunktionen.* Das gilt aber nur, wenn die Objekte von *„zivilen Störern"* angegriffen werden. Geht der Angriff von *auswärtigen Kombattanten* aus, so stellt die *Abwehr* durch die Streitkräfte insoweit eine *kriegsmäßige Funktion* dar. *Dasselbe gilt,* wenn sie nach derselben Bestimmung zu Aufgaben der *Verkehrsregelung* eingesetzt werden. Ebenso üben sie *polizeiliche Funktionen*

---

396 *Evers* in BK Art. 91 Rn. 46.

397 Da die Kräfte „anderer Verwaltungen" keine Polizeigewalt ausüben, fallen sie nicht unter das Thema dieser Untersuchung und werden daher im folgenden nicht mehr behandelt.

aus, wenn ihnen im Verteidigungsfall der *Schutz ziviler Objekte* zur Unterstützung polizeilicher Maßnahmen eigens *übertragen wird* (Art. 87 a Abs. 3 Satz 2 GG).

Werden die *Streitkräfte* im *inneren Notstand* zum *Schutz ziviler Objekte* eingesetzt (Art. 87 a Abs. 4 GG), so üben sie ebenfalls eine *reine Polizeifunktion* aus. Gilt der Einsatz der Streitkräfte aber der *Bekämpfung* organisierter und militärisch bewaffneter *Aufständischer*, so bleiben sie *nicht* auf *Polizeifunktionen beschränkt*. Sie nehmen dann zwar eine polizeiliche Aufgabe wahr, dürfen aber dazu *schwere militärische Waffen* einsetzen. Sie sind jedoch an die Grundsätze der *Verhältnismäßigkeit* und des *geringsten Eingriffs* sowie an die *Grundrechte gebunden*. Der Einsatz der Streitkräfte ist also auch *nicht kriegsmäßig*. Die *Funktion* der Streitkräfte liegt hier *zwischen polizeilicher* und *kriegsmäßiger Funktion*.

Beim Einsatz nach Art. 35 Abs. 2 und 3 GG, also im *Katastrophennotstand*, verfügen die *Streitkräfte* wiederum nur über *reine Polizeifunktionen*.

Die angeforderten *Kräfte und Einrichtungen „anderer Verwaltungen“* (Art. 35 Abs. 2 und Art. 91 Abs. 1 GG) üben *keine Polizeifunktionen* aus. Solche können ihnen auch nicht übertragen werden. Diese Kräfte üben vielmehr *diejenigen Funktionen* aus, die ihnen ohnehin auch *im Normalfall* zustehen.

ZWEITER TEIL

Die Organstellung der eingesetzten Vollzugskräfte und die bestehenden Weisungsrechte

Die Ausübung der Staatsgewalt ist in der Bundesrepublik zwischen Bund und Ländern aufgeteilt. Auch im Notstandsfall gilt nach dem Grundgesetz diese Aufteilung der Staatsgewalt. Dies zeigt sich insbesondere beim Einsatz der Vollzugskräfte von Bund und Ländern. Damit stellt sich das Problem, bei welchen Einsätzen die eingesetzten Vollzugskräfte als Organe der Länder auftreten und wann sie als Bundesorgane handeln. Ferner soll die Frage beantwortet werden, wem die Maßnahmen der Vollzugskräfte zugerechnet werden, sofern diese auf Anforderung oder Weisung (etwa nach Art. 35 Abs. 2 bzw. Abs. 3) im Gebiet eines anderen Bundeslandes tätig werden[1].

Schließlich muß in diesem Zusammenhang auch geklärt werden, wie die Weisungsrechte bezüglich des Notstandseinsatzes zwischen Bund und Ländern bzw. zwischen den einzelnen Ländern aufgeteilt sind.

Da es zwischen dem Einsatz der Länderpolizeien und dem Einsatz des Bundesgrenzschutzes viele Parallelen gibt, andererseits die Streitkräfte eine Sonderstellung einnehmen, ist die folgende Untersuchung nach diesem Gesichtspunkt gegliedert: Im ersten Abschnitt wird die Rechtslage bei Polizei und Bundesgrenzschutz untersucht, im zweiten Abschnitt die der Streitkräfte.

Erster Abschnitt

Die Rechtslage bei Polizei und Bundesgrenzschutz

Eine Unterscheidung läßt sich zunächst danach treffen, ob die genannten Kräfte bei ihrem Einsatz dem Bund oder den Ländern unterstehen.

---

[1] Die Frage der Zurechnung ist von entscheidender Bedeutung für das Problem, gegen welchen Hoheitsträger der von einer Maßnahme betroffene Bürger die verwaltungsgerichtliche Klage richten soll, sofern er sich gegen die Maßnahme zur Wehr setzen will. Diesem Problem kann hier nicht näher nachgegangen werden.

A. Der Einsatz durch die Länder

I. Die Organstellung

Im folgenden soll geklärt werden, als wessen *Organe* — des Bundes oder der Länder, und innerhalb des Länderbereichs, welchen konkreten Landes — die im Notstandsfall eingesetzten Kräfte der Länderpolizei und des Bundesgrenzschutzes tätig werden. Dazu erscheint es notwendig, zuerst den Begriff „Organ" zu erläutern und seine Bedeutung für das Staats- und Verwaltungsrecht darzulegen.

1. Der Begriff „Organ"

Der *Organbegriff* setzt den Begriff *„Organisation"* voraus. Denn eine zu einer sozialen Einheit zusammengefaßte Vielzahl von Menschen bedarf einer Organisation, in der bestimmt wird, von wem welche Angelegenheiten wahrzunehmen sind. „Organisation" kann man definieren als den „Inbegriff der in wechselseitigen sozialen Beziehungen zueinander stehenden Menschen, insofern diese zur Wahrnehmung gewisser gemeinsamer Angelegenheiten zu einer durch funktionsteilige Organe (Wirkglieder) handelnden Einheit verbunden sind"[2]. Aus dieser Definition läßt sich der notwendige Zusammenhang der beiden Begriffe „Organisation" und „Organ" entnehmen. Eine Organisation bedarf zur Wahrnehmung bestimmter Angelegenheiten wegen der Vielzahl der ihr angehörenden Rechtssubjekte gewisser Organe, deren Handeln als Handeln der Gemeinschaft gilt. Daher erscheint der Organbegriff als „der grundlegende Begriff des Verwaltungsorganisationsrechts, wie des Rechts jeder Organisation"[3], da mit ihm erfaßt wird, wie Zuständigkeiten mit Wirkung für die Organisation wahrgenommen werden, d. h. „mit Hilfe welcher rechtlichen Einrichtungen das Handeln bestimmter Menschen (der Organwalter) der Organisation zugerechnet und deshalb zugeordnet wird"[4]. Nun kann man unter *„Organ"* zweierlei einordnen, nämlich einmal die *Menschen* (samt sachlichem und personellem Hilfsapparat), durch die eine Juristische Person (Organisation)[5] ihr Wollen und Handeln manifestiert[6], zum anderen

---

[2] *Wolff* II S. 4.

[3] *Wolff* II S. 43. Vgl. zur Geschichte des Organbegriffs: *Forsthoff* S. 416 ff.; ausführlich zum Begriff „Organisation" und „Organ" siehe auch *Wolff* II S. 1 ff. und S. 43 ff.

[4] *Wolff* II S. 43.

[5] Eine Organisation ist i. d. R. eine juristische Person, da nur eine solche rechtlich wirksam handeln kann. Eine Organisation ist also z. B. der Staat, eine Gemeinde, ein Verein usw.

[6] In diesem Sinn wird der Organbegriff verstanden bei *Obermayer*, in: *Mang-Maunz-Mayer-Obermayer* S. 124, wo Organ als Stelle eines Hoheitsträgers bezeichnet wird. „die — aus einem oder mehreren Amtsträgern und

aber den *normativ* abgegrenzten *Inbegriff von Zuständigkeiten*. Im letzteren Sinn wird der Organbegriff von *Wolff* verstanden. Diese Auslegung soll hier zugrundegelegt werden. Unter Hervorhebung seiner normativen Bedeutung wird demnach der Begriff „Organ" folgendermaßen *definiert:*

Ein Organ ist eine eigenständige Institution, in der Zuständigkeiten einer juristischen Person zusammengefaßt sind und die diese Zuständigkeiten für die juristische Person wahrnimmt[7]. Als „Institution" unterscheidet sich das Organ als solches von seinem sachlichen und personellen Substrat. Das Organ bedarf, um Handlungen vornehmen zu können, der Menschen. Diese Menschen, die personell das Organ tragen, sind aber nicht selbst das Organ, sondern nur Organwalter. Das Organ ist somit unabhängig von der Individualität der Organwalter[8]. Als *eigenständige* Institution unterscheidet sich das Organ von den Organteilen bzw. Unterorganen[9]. Ein Organ liegt nur dann vor, wenn sein Handeln unmittelbar der juristischen Person zugerechnet wird. Ist aber ein Organ seinerseits wieder organisiert, so wird das Handeln seiner Abteilungen der juristischen Person nicht unmittelbar, sondern mittelbar als Handeln des eigentlichen Organs zugerechnet. Ein Beispiel soll dies verdeutlichen:

Der erste Bürgermeister einer Gemeinde ist in Bayern ein Gemeindeorgan, seine Handlungen werden unmittelbar der Gemeinde zugerechnet (vgl. Art. 29, 37 BayGO). Die verschiedenen Abteilungen der Gemeindeverwaltung sind Organteile bzw. Unterorgane des ersten Bürgermeisters. Ihr Handeln gilt zunächst als Handeln des ersten Bürgermeisters und wird erst über diesen der Gemeinde zugerechnet.

Das Organ ist *Träger von Zuständigkeiten* einer juristischen Person und nimmt diese Zuständigkeiten für die juristische Person wahr. Dies erscheint als der Kernpunkt des Organbegriffs. Das Organ handelt für die juristische Person, sein Handeln wird unmittelbar zugerechnet und gilt als das Handeln der Person selbst[10].

---

gewöhnlich aus einem Bestand sachlicher Mittel bestehend — mit eigenen Aufgaben im Innen- oder im Außenverhältnis betraut ist."

[7] *Wolff* (in Wolff II S. 45) definiert so: „Organ im normativen Sinn ist daher ein durch organisatorische Rechtssätze oder ermächtigten Einzelakt gebildetes eigenständiges institutionelles Subjekt von Zuständigkeiten zur transitorischen Wahrnehmung der Eigenzuständigkeiten einer juristischen Person."

[8] Vgl. *Antoniolli* S. 142; *Wolff* II S. 45.

[9] Diese Unterscheidung lehnt sich an die Ausführungen von *Wolff* II S. 48 f. an. — Vgl. dazu auch *König*, Sicherheitsrecht S. 497.

[10] So auch *Obermayer* in Mang-Maunz-Mayer-Obermayer S. 118; *Antoniolli* S. 142; *Schunck - de Clerck* S. 22; *Wolff* II S. 47 ff. — Damit unterscheidet sich die Organschaft von der Stellvertretung. Das Handeln des Stellvertre-

Der Organbegriff ist somit ein *Zurechnungsbegriff*. Speziell auf das Staats- und Verwaltungsrecht bezogen, lassen sich mit Hilfe des Organbegriffs die einzelnen hoheitlichen Handlungen, Rechtseingriffe und Maßnahmen bestimmten Hoheitsträgern zuordnen. Auf diesem Wege läßt sich dann auch im Einzelfall die Frage klären, gegen wen der Bürger eine Klage zu richten hat, wenn er sich gegen eine Maßnahme zur Wehr setzt oder auf Grund einer Maßnahme Entschädigung verlangt. Der Organbegriff als Zurechnungsbegriff „beantwortet dann die Frage nach dem Haftungssubjekt und nach der Passivlegitimation“[11].

Bringt man diese abstrakten Dimensionen des Organbegriffs in Zusammenhang mit den konkreten Problemen dieser Abhandlung, so läßt sich vorweg feststellen:

Es geht hier um die Organstellung der im Notstandsfall eingesetzten Kräfte der Länderpolizeien, des Bundesgrenzschutzes und der Streitkräfte. Es soll geklärt werden, welchem Hoheitsträger ihr Handeln im Einzelfall zuzurechnen ist. Dabei muß eines beachtet werden: Die eingesetzten Kräfte sind niemals selbst Organe, sie sind nur Unterorgane bzw. Organteile. So ist z. B. die staatliche bayerische Polizei ein Unterorgan des Bayerischen Staatsministerium des Inneren[12], ähnliches gilt für den Bundesgrenzschutz und die Streitkräfte. Als Organ kann nur die jeweilige Kommandospitze gelten, also das betreffende Bundes- oder Landesministerium. Ferner sind erst recht die einzelnen Polizeibeamten oder Soldaten keine Organe, sondern Organwalter bzw. Unterorganwalter[13]. Der Einfachheit und besseren Verständlichkeit halber wird jedoch im folgenden von den jeweiligen Einsatzkräften als „Organen“ gesprochen, damit die Zurechenbarkeit ihrer Handlungen besser ersichtlich ist.

2. Die Organstellung der Länderpolizeien im Anforderungsfall des Art. 91 Abs. 1 und 35 Abs. 2 des Grundgesetzes

Der Wortlaut von Art. 91 Abs. 1 und Art. 35 Abs. 2 des Grundgesetzes stimmt — abgesehen von der Verschiedenheit der zugrundeliegenden

ters ist dessen eigenes Handeln und wirkt nur für den Vertretenen, während das Handeln des Organs direkt als Handeln der juristischen Person angesehen wird.

11 *Wolff* II S. 48; ferner oben Anm. 1.

12 Das BayPOG bezeichnet die Gliederungen der staatlichen Polizei lediglich als Dienststellen, deren Spitze (Direktion) jeweils unmittelbar dem Innenministerium untersteht, vgl. Art. 21, 29, 35 POG. Zur gleichen Rechtslage bei der Gemeindepolizei vgl. *König,* Sicherheitsrecht S. 497.

13 *Wolff* II S. 55 unterscheidet zwischen Organwalter im engeren und im weiteren Sinn und ordnet die Polizeibeamten den letzteren zu.

Notstandslagen — fast völlig überein. Demnach kann ein von einer Notstandslage betroffenes Land Polizeikräfte anderer Bundesländer zur Hilfe anfordern. Beide Fälle können daher hier zusammengefaßt behandelt werden.

Die Untersuchung wird erleichtert, wenn man sich vor Augen hält, welchen *Rechtscharakter das Anforderungsrecht* eines Bundeslandes gemäß Art. 91 Abs. 1 und 35 Abs. 2 GG hat. Ein Bundesland ersucht ein oder mehrere andere Bundesländer, ihm dessen Polizeikräfte bzw. Teile derselben zur Verfügung zu stellen, damit es eine Notstandslage bekämpfen kann, zu deren Bewältigung die eigenen Kräfte allein nicht mehr ausreichen[14]. Wenn man das *Rechtsinstitut der „Amtshilfe"* — grundgesetzlich geregelt in Art. 35 Abs. 1 — definiert als „Tätigkeit einer Behörde ..., die diese auf Ersuchen einer anderen Behörde vornimmt, um die Durchführung der Aufgaben der ersuchenden Behörde zu ermöglichen oder zu erleichtern"[15], so läßt sich ohne weiteres ersehen, daß die Anforderungsrechte der Art. 35 Abs. 2 und 91 Abs. 1 nichts anderes darstellen als eine spezielle Normierung der in Art. 35 Abs. 1 GG allgemein geregelten Amtshilfe[16]. Da es sich um eine spezielle Regelung handelt, darf insoweit nicht auf die zum Art. 35 Abs. 1 GG entwickelten Grundsätze zurückgegriffen werden, als die spezielle Norm ausdrückliche Regelungen enthält. Die Spezialnormen Art. 35 Abs. 2 und Art. 91 Abs. 1 enthalten aber nur spezielle Regelungen hinsichtlich der Voraussetzungen der Anforderung (nämlich die speziellen Notstandslagen müssen gegeben sein) und der Beschränkung der Anforderung auf Polizeivollzugskräfte der anderen Länder bzw. des Bundes. Somit ist nicht ausgeschlossen, daß gewisse Folgen für die Rechts- und Organstellung der angeforderten Kräfte den gleichen Regeln unterworfen sind wie bei der Amtshilfe[17], da insoweit keine spezielle Regelung getroffen ist.

Wenn nun auf eine Anforderung des von einer Notlage bedrohten Landes Polizeikräfte anderer Bundesländer diesem Land zur Verfügung gestellt und dann dort eingesetzt werden, so üben diese *landesfremden Polizeikräfte* nach richtiger und unbestrittener Ansicht die *Staatsgewalt desjenigen Landes aus, in dem ihr Einsatz stattfindet*[18].

---

[14] Die Voraussetzung, daß die eigenen Kräfte nicht ausreichen, muß man richtigerweise setzen, da andernfalls keine Hilfeleistungspflicht der ersuchten Länder entstehen kann. — Vgl. *Maunz* in M-D-H Art. 91 Rn. 17; anderer Meinung *Evers* in BK Art. 91 Rn. 41.

[15] *Maunz* in M-D-H Art. 35 Rn. 1.

[16] Ebenso *Maunz* Art. 91 Rn. 5; Das Dt. Bundesrecht I A 10 S. 163; *Arndt*, Bundeswehr S. 729; *Hoffmann* S. 89.

[17] Gleicher Ansicht *Maunz* in M-D-H Art. 91 Rn. 5.

Dies folgt aus der allgemeinen staatsrechtlichen Regel, daß keine Gebietskörperschaft außerhalb ihres Gebietes handlungsfähig ist und Hoheitsgewalt ausüben kann[19], wenn man vom Fall eines völkerrechtlichen bewaffneten Konfliktes absieht. Es wäre mit dem Staatscharakter des Landes, in dem der Einsatz stattfindet (im folgenden kurz *„Einsatzland“* genannt) unvereinbar, wenn die landesfremden Polizeikräfte in seinem Gebiet die Staatsgewalt des Landes ausüben würden, aus dem sie stammen (im folgenden kurz *„Herkunftsland“* genannt). Natürlich wäre es denkbar, daß das Einsatzland in seiner Gesetzgebung den Polizeikräften des Herkunftslandes gestatten würde, die Staatsgewalt ihres Herkunftslandes auszuüben. Die Beschränkung der eigenen Hoheitsgewalt zugunsten eines anderen Hoheitsträgers ist eine bekannte Erscheinung. Man denke nur an die Beschränkung der Staatsgewalt zugunsten einer supranationalen Institution[20]. Die Landespolizeigesetze gehen jedoch gerade den umgekehrten Weg, indem sie bestimmen, daß die Polizeikräfte anderer Länder dem Polizeirecht des Einsatzlandes unterworfen sind und dessen Befugnisse wahrnehmen[21].

Deshalb ist es berechtigt, zu sagen, die landesfremden Polizeikräfte üben die Staatsgewalt des Einsatzlandes aus, und zwar nach dessen Gesetzen[22]. Das bedeutet, daß das Handeln der landesfremden Polizeikräfte (jedenfalls *auch)* dem Einsatzland zuzurechnen ist. Ist ihr Handeln aber dem Einsatzland zuzurechnen, so würde in konsequenter Anwendung des oben dargelegten Organbegriffs folgen, daß die landesfremden Polizeikräfte insoweit als *Organe des Einsatzlandes* anzusehen sind. Dieses Ergebnis vermag allerdings nicht zu befriedigen. Denn die Zurechnung des Handelns ist nur ein, wenn auch der wichtigere, Teil des Organbegriffs. Der andere Teil ist der, daß ein Organ (auch Unterorgan) dem Organisationskomplex eines Hoheitsträgers als institutioneller Träger bestimmter Zuständigkeiten eingegliedert ist. Ein Organ ist somit Teil der hierarchischen Ordnung eines Hoheitsträgers. Dieses zweite Moment des Organbegriffs fehlt den fremden Polizeikräften hinsichtlich ihrer Stellung zum Einsatzland. Man kann nicht sagen, daß die zur Verfügung gestellten Polizeieinheiten aus der Organi-

---

18 Vgl. *Arndt*, Bundeswehr S. 729 f.; *Hoffmann* S. 90; *Maunz* in M-D-H Art. 91 Rn. 25; *Drews-Wacke* S. 513; Das Dt. Bundesrecht I A 10 S. 164; *Evers* in BK Art. 91 Rn. 66; *Ule-Rasch* S. 778; RE 1967 S. 23; *Weingärtner* S. 109.

19 Ebenso *Drews-Wacke* S. 505.

20 So sind große Teile der Bundeswehr im Kriegsfall dem nationalen Kommando der Bundesrepublik entzogen (vgl. unten zweiter Abschnitt B I 1.

21 So Art. 61 PAG, § 66 bwPolG, § 81 brPolG, § 79 heSOG, § 14 nwPolG, § 71 rpfPVG, § 13 Abs. 2 schlhPOG.

22 Siehe die in Anm. 21 aufgeführten Landesgesetze.

sation des Herkunftslandes ausgegliedert und in die Organisation des Einsatzlandes eingegliedert werden. Dies läßt sich der Regelung in Art. 35 Abs. 2 und Art. 91 Abs. 1 nicht entnehmen. Vielmehr werden die landesfremden Polizeieinheiten als Einheiten ihrer Herkunftsländer im Einsatzland nach dessen Weisung tätig[23], sie beilen aber *Bestandteil der Organisation des Herkunftslandes.*

Die Stellung der auswärtigen Polizeikräfte wird also dadurch gekennzeichnet, daß ihr Handeln dem Einsatzland zugerechnet wird, daß sie aber weiterhin zur Organisation des Herkunftslandes gehören. Diese eigenartige Stellung meint wohl auch *Maunz,* wenn er sagt, daß die angeforderten Polizeikräfte „zwar im ‚Besitz' des ersuchten Landes, aber in der ‚Verfügungsgewalt' des ersuchenden Landes stehen"[24]. Dazu muß noch folgendes beachtet werden: Die fremden Kräfte bleiben nicht nur dem Organisationsbereich des Herkunftslandes zugehörig, sondern sie nehmen in gewisser Hinsicht auch weiterhin dessen Zuständigkeiten wahr, indem sie die Hilfeleistungspflicht[25] des Herkunftslandes gegenüber dem Einsatzland erfüllen.

Insofern handeln sie gegenüber dem Einsatzland für ihr Herkunftsland, d. h. gegenüber dem Einsatzland, das die Hilfeleistung erbeten hat, wird ihr Handeln dem Herkunftsland zugerechnet. Bundesstaatlich gesehen, findet also eine Zurechnung gegenüber dem Herkunftsland statt, während im Verhältnis zu den Bürgern des Einsatzlandes eine Zurechnung gegenüber dem Einsatzland stattfindet.

Gegenüber dem Einsatzland ist demnach die Rechtsstellung der fremden Polizeikräfte dadurch gekennzeichnet, daß ihr Handeln dem Einsatzland zugerechnet wird, soweit es dessen Bürger betrifft. Es fehlt aber jede organisatorische Eingliederung. Gegenüber dem Herkunftsland bleibt die organisatorische Eingliederung bestehen und dazu tritt noch die soeben erwähnte Zurechnungskomponente. Daraus folgt, daß die angeforderten Polizeikräfte eine Organstellung im eigentlichen Sinn[26] nach wie vor gegenüber ihrem Herkunftsland besitzen, während

---

[23] So auch *Maunz* in M-D-H Art. 35 Rn. 15.

[24] *Maunz* in M-D-H Art. 91 Rn. 25.

[25] Die eigentliche Bedeutung des Art. 91 Abs. 1 und Art. 35 Abs. 2 liegt nicht darin, daß die betroffenen Länder ein Anforderungsrecht haben. Dies bräuchte nicht eigens geregelt zu werden. Wesentlich ist vielmehr, daß diese Grundgesetzbestimmungen eine Pflicht der ersuchten Länder begründen, der Anforderung im Rahmen pflichtgemäßen Ermessens zu entsprechen. — Vgl. *Maunz* in M-D-H Art. 91 Rn. 19 ff.; *Evers* in BK Art. 91 Rn. 43 ff.; RE 1967 S. 23; AB 1968 S. 10; einschränkend *Benda* S. 147.

[26] Vgl. die oben gegebene Darstellung des Organbegriffs. Hierbei muß aber immer beachtet werden, daß die Polizeikräfte lediglich Unterorgane bzw. Organteile sind.

eine Organstellung gegenüber dem Einsatzland nicht erworben wird, da die *Komponente der institutionellen Eingliederung fehlt*[27]. Damit gleicht die Rechtslage insoweit völlig derjenigen bei der *Amtshilfe*. Im Rahmen der Amtshilfe gilt unbestritten das Prinzip, daß die von der ersuchten Behörde vorgenommene Maßnahme, soweit es ihren Inhalt betrifft[28], nicht der ersuchten Behörde, sondern der ersuchenden Behörde zugerechnet wird[29]. Ungeachtet dessen behält aber die ausführende Behörde (ersuchte Behörde) ihren bisherigen Organstatus bei und wird nicht etwa Organ bzw. Unterorgan des Hoheitsträgers, dem die ersuchende Behörde angehört. Somit ist die hier gefundene Lösung, wonach einer Gebietskörperschaft (juristischer Person) Handlungen zugerechnet werden, die nicht von ihren Organen ausgehen, sondern von Organen einer anderen Körperschaft, durchaus eine bekannte Erscheinung im Bereich des Staats- und Verwaltungsrechts[30].

Als Ergebnis bleibt festzuhalten: Die im Rahmen von Art. 35 Abs. 2 und Art. 91 Abs. 1 GG angeforderten Polizeikräfte anderer Bundesländer *bleiben Organe ihrer Herkunftsländer*. Sie nehmen gegenüber dem Einsatzland keine Organstellung ein. Ihr Handeln wird aber dem Einsatzland zugerechnet, sie üben also dessen Staatsgewalt gegenüber den Bürgern aus[31].

---

27 *Maunz* (in M-D-H Art. 91 Rn. 25) kommt zum selben Ergebnis, allerdings ohne nähere Begründung: „Die abgestellten Polizeikräfte bleiben Organe des ersuchten Landes. Sie unterstehen jedoch der Weisungsgewalt ... des ersuchenden Landes und üben dessen Staatsgewalt nach dessen Gesetzen aus." Soweit ersichtlich, nimmt die übrige Literatur zum Problem der Organstellung im Rahmen von Art. 35 Abs. 2 und 91 Abs. 1 nicht Stellung.

28 Vgl.*Wolff* II S. 120. — Art und Form der Durchführung hat allerdings die ersuchte Behörde zu verantworten, da sie insoweit eigenständig handelt.

29 Vgl. *Wolff* II S. 120; *Drews-Wacke* S. 153; *Moll* S. 699; ähnlich auch *Forsthoff* S. 99. — Dieser Rechtsgedanke liegt auch schon dem Urteil des Preußischen Oberverwaltungsgerichts vom 15. 12. 1899 (PrOVG E Bd. 36 S. 434) zugrunde. In dieser Entscheidung spricht das Gericht aus, daß es sich dann nicht um eine Polizeiverfügung handele, wenn die Polizei in Amtshilfe die Verfügung einer anderen Behörde vollziehe, da für diese Maßnahme nicht die Polizei, sondern die andere Behörde die Verantwortung trage. — Vgl. dazu *Forsthoff* a.a.O.

30 Man könnte hier von einer „Organleihe" bzw. „Organwalterleihe" des Einsatzlandes beim Herkunftsland sprechen, so Begründung BGSG S. 25; vgl. dazu auch *Ule-Rasch* S. 7 und *Wolff* II S. 59 und S. 110. — *Ule-Rasch* verwenden allerdings den Begriff der „Organwalterleihe" nur für den Fall des Art. 91 Abs. 2 GG, wenn sich die Bundesregierung die Landespolizeikräfte unterstellt, nicht aber für den Anforderungsfall des Art. 91 Abs. 1 GG (vgl. Ule-Rasch S. 778, 779).

31 Hinsichtlich der Ausübung der Staatsgewalt des Einsatzlandes kommen zum gleichen Ergebnis: *Evers* in BK Art. 91 Rn. 46; *Maunz* in M-D-H Art. 91 Rn. 25 *Arndt*, Bundeswehr S. 729; *Ule-Rasch* S. 777; *Samper* Art. 63 Rn. 2; Das Dt. Bundesrecht I A 10 S. 163; *Maunz* in M-D-H Art. 35 Rn. 15.

3. Die Stellung der Länderpolizeien im Fall des Art. 35 Abs. 3 Satz 1 des Grundgesetzes

Gefährdet die Naturkatastrophe oder der Unglücksfall das Gebiet mehr als eines Landes, so kann die Bundesregierung nach Art. 35 Abs. 3 S. 1 GG „den Landesregierungen die Weisung erteilen, Polizeikräfte anderen Ländern zur Verfügung zu stellen". Mit dieser Regelung ist wohl beabsichtigt[32], die beschleunigte Bekämpfung einer Katastrophe dadurch zu erreichen, daß den nicht betroffenen Ländern die Möglichkeit genommen wird, ein Hilfeersuchen eines anderen Bundeslandes nach Art. 35 Abs. 2 GG mit Rücksicht auf eigene Belange abzulehnen[33]. Die Bundesregierung kann bei einer Gefährdung mehrerer Bundesländer die nicht betroffenen Länder von vornherein anweisen, Polizeikräfte den betroffenen Ländern zur Verfügung zu stellen. Die Weisung ist an die jeweilige Landesregierung zu richten. Die Bundesregierung hat also keinerlei direktes Weisungsrecht gegenüber den Länderpolizeien wie im Fall des Art. 91 Abs. 2 GG[34]. Wenn dann eine Landesregierung auf eine diesbezügliche Weisung der Bundesregierung Teile der eigenen Polizeikräfte einem anderen Bundesland zur Verfügung stellt, so ergibt sich die gleiche Rechtslage wie nach Art. 35 Abs. 2, wenn ein Land seine Kräfte auf Anforderung zur Verfügung stellt. Der Unterschied beider Fälle liegt lediglich im auslösenden Moment der Zur-Verfügung-Stellung: bei Abs. 2 ist dies die Anforderung eines anderen Landes, bei Abs. 3 die Weisung der Bundesregierung. Die Folgen für die rechtliche Stellung der zur Verfügung gestellten Polizeikräfte sind in beiden Fällen naturgemäß dieselben. Hinsichtlich der Organstellung der Polizeikräfte aus einem anderen Bundesland sowie der Zurechnung ihres Handelns gilt daher ohne Einschränkung das Ergebnis, das soeben für den Fall des Art. 35 Abs. 2 gefunden wurde[35].

4. Die Organstellung des Bundesgrenzschutzes

a) Im Anforderungsfall des Art. 91 Abs. 1 und Art. 35 Abs. 2 des Grundgesetzes

Ein von der Notstandssituation betroffenes Bundesland kann nach Art. 91 Abs. 1 und Art. 35 Abs. 2 neben den Polizeikräften der Länder

[32] Vgl. die Beratungen im Rechtsausschuß in der Sitzung vom 15. 3. 1968, wo Einigkeit darüber bestand, daß dem Bund in Art. 35 III eine „Koordinierungsfunktion" übertragen werde (Kurzprotokoll Nr. 76 S. 4).

[33] Ein solches Ablehnungsrecht haben die Länder im Falle des Art. 35 Abs. 2, sofern berechtigte eigene Belange sie daran hindern, eigene Polizeikräfte anderen Ländern zur Verfügung zu stellen (vgl. Notstandsentwurf S. 29; RE 1967 S. 23; AB 1968 S. 15; *Evers* in BK Art. 91 Rn. 44 ff.).

[34] Ebenso *Maunz* in M-D-H Art. 35 Rn. 18.

[35] Ebenso AB 1968 S. 10.

auch Kräfte und Einrichtungen des *Bundesgrenzschutzes anfordern*. Diese Regelung trägt der Tatsache Rechnung, daß auch der Bundesgrenzschutz eine Polizeitruppe ist[36], daß er aber wegen seiner Ausrüstung und seiner quasimilitärischen Gliederung gerade für Notstandssituationen ein sehr schlagkräftiges Einsatzinstrument darstellt[37].

Was über die *Organstellung* der angeforderten Einheiten der Länderpolizeien festgestellt worden ist, gilt ohne Einschränkung auch für die Einheiten des Bundesgrenzschutzes, die der Bund einem Bundesland auf dessen Anforderung hin zur Verfügung stellt. Denn der einzige Unterschied beider Fälle liegt darin, daß der Bundesgrenzschutz im Normalfall in die Organisation des Bundes eingegliedert ist und somit ein Organ des Bundes darstellt, bzw. (bei genauerer Differenzierung) ein Unterorgan des Bundesinnenministeriums[38], während die Polizeikräfte Organe der jeweiligen Länder sind. Dieser Unterschied bleibt jedoch für die hier zu behandelnde Frage ohne Bedeutung. Es ist nicht einzusehen, warum die Organstellung eines angeforderten Bundesorgans anders zu beurteilen sein soll als die eines angeforderten Landesorgans.

In entsprechender Heranziehung des hinsichtlich der Landespolizeikräfte gewonnenen Ergebnisses läßt sich also feststellen: Die Einheiten des Bundesgrenzschutzes, die auf Anforderung in einem Bundesland tätig werden,bleiben in ihrem bisherigen Organstatus bestehen, d. h. sie bleiben *Organe des Bundes*, werden also nicht Organe des Einsatzlandes. Gegenüber dem Bürger werden ihre *Maßnahmen jedoch dem Einsatzland zugerechnet*[39].

b) Im sogenannten „Kataraktfall“ des Art. 115 i Abs. 1 des Grundgesetzes

Art. 115 i des Grundgesetzes trifft eine Regelung für eine besondere Situation während des Verteidigungsfalles: Wenn die Bundesorgane außerstande sind, die notwendigen Maßnahmen zur Abwehr der Gefahr

---

[36] Vgl. dazu die Ausführungen oben im ersten Teil dritter Abschnitt unter B über die allgemeine rechtliche Stellung des Bundesgrenzschutzes.

[37] Vgl. AB 1968 S. 14 am Ende; ferner *Schminck* S. 67.

[38] Nach § 42 Abs. 1 des neuen Gesetzes über den Bundesgrenzschutz (BGSG) unterstehen die Bundesgrenzschutzbehörden direkt dem Bundesminister des Inneren.

[39] Die Feststellung, daß die angeforderten BGS-Einheiten die Staatsgewalt des Einsatzlades ausüben, findet sich auch bei *Evers* in BK Art. 91 Rn. 66; RE 1967 S. 23; *Hoffmann*, Kritik S. 90. *Maunz in* M-D-H Art. 35 Rn. 15 spricht von einer „Bundesverwaltung auf Weisung eines Landes“. — Vgl. auch Begründung BGSG S. 25, wo von einer „Organleihe“ des Bundes an das jeweilige Land die Rede ist.

zu treffen, und „wenn die Lage unabweisbar ein sofortiges selbständiges Handeln in einzelnen Teilen des Bundesgebietes“ erfordert, „so sind die Landesregierungen oder die von ihnen bestimmten Behörden oder Beauftragten befugt, für ihren Zuständigkeitsbereich Maßnahmen im Sinn des Art. 115 f Abs. 1 zu treffen“[40]. Mit dieser Regelung ist an die Fälle gedacht, daß die Nachrichtenverbindungen zwischen der Bundesregierung und den Behörden der Länder unterbrochen sind[41]. „Diese Gefahr ist insbesondere dann gegeben, wenn feindliche Streitkräfte in das Bundesgebiet eingedrungen sind und einzelne Teile voneinander abgeschnitten haben[42].“ Von dieser räumlichen Lage ausgehend wird der Fall des Art. 115 i „Insellage“ genannt[43]. Ferner ist auch die hier verwendete Bezeichnung „Kataraktfall“ gebräuchlich[44], wobei man daran denkt, daß nach Art. 115 i gewisse Bundeskompetenzen auf die Landesenebe herabfallen[45]. Die Rechtsfolge des Art. 115 i Abs. 1 ist die, daß die Landesregierungen bzw. die von ihnen bestimmten Behörden für ihren Zuständigkeitsbereich Maßnahmen im Sinne des Art. 115 f Abs. 1 treffen können. Die Landesbehörden können demnach in ihrem Kompetenzbereich auch den Behörden der Bundesverwaltung Weisungen erteilen (vgl. Art. 115 f Abs. 1 Ziff. 2) sowie — worauf es hier ankommt — den Bundesgrenzschutz einsetzen[46] (vgl. Art. 115 f Abs. 1 Ziff. 1)[47]. Anders als in den Anforderungsfällen der Art. 35 Abs. 2 und Art. 91 Abs. 1 haben hier die Landesregierungen ipso jure von Verfassungs wegen das Recht, den Bundesgrenzschutz in dem Gebiet, das ihrer Gebietshoheit unterliegt, einzusetzen.

---

[40] So der Wortlaut von Art. 115 i Abs. 1.

[41] Vgl. die Begründung des Regierungsentwurfs 1967 S. 30; ferner *Herzog* in M-D-H Art. 115 i Rn. 12.

[42] Begründung RE 1967 a.a.O.; *Herzog* in M-D-H Art. 115 i Rn. 12; *Schmidt-Bleibtreu/Klein* Art. 115 i Rn. 1.

[43] So das Dt. Bundesrecht I A 10 S. 186 h und RE 1967 S. 30; *Schunck*, Ergänzungsband S. 75; *Schmidt-Bleibtreu/Klein* a.a.O.; *Herzog* in M-D-H Art. 115 i Rn. 12; *Lenz* Art. 115 i Rn. 1.

[44] Vgl. *Schäfer*, Notstandsverfassung S. 50; *Evers*, Notstandsverfassung S. 22; *Benda* S. 152; *Schäfer*, Notstandsgesetze S. 69; *Lenz* Art. 115 i Rn. 1. — Vgl. dazu auch das Dt. Bundesrecht I A 10 S. 186 i, wo statt der Bezeichnung „Kataraktfall“ der Terminus „Kaskadenfall“ vorgeschlagen wird.

[45] Ebenso Das Dt. Bundesrecht I A 10 S. 186 l.

[46] Ebenso *Schmidt-Bleibtreu/Klein* Art. 115 i Rn. 2; *Hamann-Lenz* Art. 115 i; *Herzog* in M-D-H Art. 115 i Rn. 4, 27 ff.; *Lenz*, Notstandsverfassung Art. 115 i Rn. 1.

[47] Im neuen BGSG ist die Möglichkeit des Einsatzes des BGS durch die Länder im Fall des Art. 115 i Abs. 1 GG nicht erwähnt, wie sich aus §§ 1, 3 und 9 BGSG ergibt. Hierbei handelt es sich wohl um ein Versehen des Gesetzgebers, das aber keine weiteren Folgen hat, da der betreffende Einsatz unmittelbar durch das GG gedeckt ist.

Das Recht und die Kompetenz, die Einheiten des Bundesgrenzschutzes selbständig einzusetzen, steht sonst nur dem Bund zu[48]. Dem Bund wird es aber in der von Art. 115 i beschriebenen Situation unmöglich, diese Kompetenz auszuüben. Daher geht in solchen Fällen diese Kompetenz der Bundesstaatsgewalt auf das jeweilige Land über[49]. Die Länder nehmen gewissermaßen „kommissarisch" die Ausübung von Bundesstaatsgewalt wahr, wenn auch nur vorübergehend[50]. Das bedeutet, daß die Landesregierung bzw. die von ihr bestimmte Behörde[51] in derselben Weise über die in ihrem Bereich stationierten Bundesgrenzschutzeinheiten verfügen kann wie sonst die Bundesregierung[52]. Daher werden die vom Bundesgrenzschutz getroffenen Maßnahmen dem Land zugerechnet. Es handelt sich um die Ausübung der *Staatsgewalt des jeweiligen Landes,* auch wenn dies letztlich für die verhinderten Bundesorgane geschieht. Da insoweit das Zurechnungsproblem eindeutig gelöst ist (was von Wichtigkeit für Fragen des Rechtsschutzes und der Haftung ist), erscheint die Frage nach der *Organstellung der BGS-Einheiten* nur noch von rechtssystematischem Wert. Gleichwohl soll sie beantwortet werden.

Für den Fall des Art. 115 i Abs. 1 GG muß man annehmen, daß die von Landesbehörden eingesetzten Einheiten des Bundesgrenzschutzes Organe des Bundes bleiben. Diesbezüglich ist die Rechtslage die gleiche, wie wenn die Einheiten nach Art. 35 Abs. 2 bzw. Art. 91 Abs. 1 GG vom Land angefordert worden wären. Auch die Fassung des Art. 115 i Abs. 1 läßt in keiner Weise den Schluß zu, daß die betreffenden Teile des Bundesgrenzschutzes aus der Eingliederung in die Organisation des Bundes heraustreten und in das Organisationssystem des Landes eintreten. Das Land kann zwar über den Bundesgrenzschutz verfügen,

---

[48] Denn die Fälle der Art. 35 Abs. 2 und 91 Abs. 1 GG sind nicht vergleichbar: dort werden dem Land lediglich auf sein Ersuchen gewisse BGS-Einheiten zur Verfügung gestellt, ohne daß das betreffende Land von sich aus berechtigt wäre, selbständig über den BGS zu verfügen, wie ihm das bei Art. 115 i Abs. 1 ermöglicht wird. Hierin liegt der entscheidende Unterschied zwischen Art. 35 II, 91 I einerseits und Art. 115 i andererseits.

[49] So auch RE 1967 S. 30; *Benda* S. 122; *Schunck*, Ergänzungsband S. 75. Vgl. dazu auch *Bettermann* S. 208: Nach Bettermann ist es „denkbar", daß im Fall der Insellage die Landesbehörden nicht Landes-, sondern Bundesstaatsgewalt ausüben. Dies wäre nach Bettermann dann eine „verfassungsgesetzliche Organleihe„ des Bundes bei den Ländern.

[50] Vorübergehend deshalb, weil dieser Zustand nur solange gilt, wie die Bundesregierung zur Wahrnehmung ihrer Kompetenzen außerstande ist. — *Herzog* (in M-D-H Art. 115 i Rn. 17) bezeichnet die Landesregierungen als „subsidiäre Notstandsorgane".

[51] z. B. Regierungspräsident, Kreisverwaltungsbehörde, vgl. *Benda* S. 122. — Zur Möglichkeit, einen „Landesverteidigungskommissar" zu bestellen vgl. *Herzog* in M-D-H Art. 115 i Rn. 20 ff.

[52] Vgl. *Herzog* in M-D-H Art. 115 i Rn. 4.

ihn nach seinen Weisungen einsetzen, aber es tut dies nur kommissarisch für die vorübergehend verhinderten Bundesorgane. Daraus läßt sich nicht ableiten, daß die in Frage kommenden Einheiten des Bundesgrenzschutzes institutionelles Subjekt von Landeszuständigkeiten werden.

Somit ergibt sich für Art. 115 i Abs. 1 die gleiche Rechtslage wie in den Anforderungsfällen, jedenfalls soweit es die Organstellung des Bundesgrenzschutzes betrifft: Die betreffenden Einheiten bleiben Organe des Bundes. Ihre Maßnahmen werden jedoch dem Land zugerechnet, das den Einsatz vornimmt.

II. Die Weisungsrechte

Ein wichtiges Problem bei einer Notstandsregelung in einem freiheitlich-rechtsstaatlichen Bundesstaat wie der Bundesrepublik ist jenes, wer die Macht im Notstandsfall ausüben soll und darf. Die reale Macht übt aber derjenige aus, der den Einsatz der staatlichen Machtmittel steuert, konkret gesprochen, der den Einsatz von Polizei, Bundesgrenzschutz und Bundeswehr lenkt. Daher ist die Untersuchung der im Notstandsfall bestehenden *Weisungsrechte* auch von großer politischer Bedeutung. Im Rahmen dieser Untersuchung sind jedoch nicht politische Aspekte zu erörtern, sondern rechtliche Probleme. Daher beschränken sich die folgenden Ausführungen auf die Darstellung der Weisungsrechte in den Fällen, wo die sich die normale Kompetenzabgrenzung von Bund und Ländern und der Länder untereinander auf Grund der Notstandsverfassung ändert.

1. Die gegenüber den Länderpolizeien bestehenden Weisungsrechte

Wie soeben bei der Untersuchung der Organstellung lassen sich auch jetzt zwei Fälle unterscheiden:

a) Im Anforderungsfall — Art. 35 Abs. 2 und Art. 91 Abs. 1 des Grundgesetzes

Wenn ein Bundesland von seinem Anforderungsrecht nach Art. 35 Abs. 2 und 91 Abs. 1 Gebrauch macht und ihm daraufhin Polizeieinheiten anderer Bundesländer zur Verfügung gestellt werden, so kommen als *Inhaber von Weisungsrechten* gegenüber diesen zur Verfügung gestellten Einheiten zwei „Stellen" in Betracht: einmal das Einsatzland, zum anderen das Herkunftsland (bzw. die Herkunftsländer).

Dem Einsatzland werden die Polizeieinheiten zur Bewältigung polizeilicher Aufgaben im Rahmen der Notstandsabwehr überstellt. Die zuständigen Stellen des Einsatzlandes besitzen daher gegenüber den landesfremden Polizeikräften die Weisungsbefugnisse, die sich auf den *konkreten Einsatz* und die zu treffenden Maßnahmen beziehen. Derartige einsatzbezogene Weisungen können auf einen konkreten Einzelfall bezogen sein, sie können aber auch allgemeinerer Natur sein[53]. Da die fremden Polizeieinheiten nach dem jeweiligen Polizeirecht des Einsatzlandes vorzugehen haben[54], dürfen sich auch die Weisungen nur im Rahmen dieses Polizeirechts bewegen. Die fremden Polizeieinheiten dürfen nicht zur Vornahme von Maßnahmen angewiesen werden, die nach dem Polizeirecht des Einsatzlandes nicht zulässig sind.

Die weisungsberechtigten Behörden des Einsatzlandes sind nicht befugt, gegenüber den Einheiten aus anderen Bundesländern *generelle abstrakte Weisungen* also sog. *„Verwaltungsvorschriften“*[55], zu erlassen. Solche Verwaltungsvorschriften stellen ein Mittel der Aufsicht dar, die im Rahmen der hierarchischen Behördenorganisation von den übergeordneten Behörden und Organen gegenüber den nachgeordneten ausgeübt wird[56]. Es wurde aber bereits festgestellt, daß die angeforderten Polizeieinheiten der anderen Bundesländer nicht Organe des Einsatzlandes werden und damit auch nicht in dessen Organisation eingegliedert werden. Daher besteht auch nicht die Möglichkeit für das Einsatzland, die landesfremden Einheiten mittels Verwaltungsvorschriften zu beaufsichtigen[57].

Welche *konkrete Institution* des jeweiligen Einsatzlandes das Weisungsrecht gegenüber den angeforderten Einheiten wahrzunehmen hat, richtet sich nach dem betreffenden Polizeiorganisationsrecht des Einsatzlandes. Es würde zu weit führen, an dieser Stelle die Frage für alle Bundesländer zu klären. Es sei nur kurz die Rechtslage in *Bayern* dargestellt.

Die *Anforderung* der Polizeikräfte im Fall des Art. 91 Abs. 1 GG obliegt nach Art. 48 S. 1 POG dem Ministerpräsidenten[58]. Die Anforde-

---

[53] Ebenso *Evers* in BK Art. 91 Rn. 66; *Weingärtner* S. 103; *Drews-Wacke* S. 543; *Arndt*, Bundeswehr S. 729; *Ule-Rasch* S. 777; Das Dt. Bundesrecht I A 10 S. 164; *Maunz* in M-D-H Art. 91 Rn. 25; *v. Mangoldt* S. 487; *Hamann-Lenz* Art. 35 Anm. B 5; *Maunz* in M-D-H Art. 35 Rn. 15.

[54] Vgl. dazu ausführlich unten im dritten Teil erster Abschn. A.

[55] Man spricht auch von „Verwaltungsverordnungen“, vgl. *Wolff* I S. 99.

[56] Vgl. *Wolff* I S. 99 und *Wolff* II S. 97 ff., 103.

[57] Für dieses Ergebnis spricht auch, daß Art. 35 Abs. 2 und 91 Abs. 1 spezielle Fälle der Amtshilfe sind. Nach allgemeiner Ansicht liegt aber kein Fall der Amtshilfe vor, wenn ein Organ von einem übergeordneten Organ im Rahmen der Aufsicht angewiesen wird (vgl. *Drews-Wacke* S. 153; *Nebinger* S. 9; *Dreher* S. 20). Daraus kann umgekehrt geschlossen werden, daß solche Aufsichtsbefugnisse nicht bestehen, wenn ein Fall der Amtshilfe vorliegt.

[58] Vgl. *Emmerig* Art. 48 Anm. 1.

rung außerbayerischer Polizei im Fall des Art. 35 Abs. 2 GG ist im POG nicht geregelt. Da es sich hierbei nicht um schwere politische Gefahren handelt wie bei Art. 91 GG, ist nicht Art. 48 POG analog anzuwenden, sondern Art. 49 POG, der die Tätigkeit außerbayerischer Polizei in Fällen minderer Bedeutung regelt[59]. Danach ist das Staatsministerium des Inneren zur Anforderung zuständig[60]. Für beide Fälle gilt hinsichtlich des *Einsatzes* der außerbayerischen Kräfte über Art. 48 S. 2 POG der Art. 47 POG. Danach ist der Bayerische Staatsminister des Inneren die weisungsbefugte Stelle, soweit es den Einsatz betrifft. Er kann die Leitung des Einsatzes an einen *Beauftragten delegieren* (Art. 47 Abs. 2 POG). Für solche Großeinsätze der Polizei besteht in Bayern ein „Polizeiführungsstab Bayern“[61]. Dieser ist Ausführungs- und Vollzugsorgan des Innenministers[62] und leitet in den Ausnahmesituationen den gemeinsamen Einsatz der verstärkten Polizeikräfte.

Neben dem Einsatzland besitzt auch das *Herkunftsland* der Polizeieinheiten *gewisse Weisungsrechte*. Das wird in keiner Stellungnahme zu den Problemen von Art. 35 Abs. 2 und Art. 91 Abs. 1, mit Ausnahme der von *Evers* im Bonner Kommentar[63], in Erwägung gezogen. Evers vertritt die Ansicht: „Unberührt von den auf den Einsatz bezogenen Weisungsrechten bleiben die dienstrechtlichen Pflichten und Rechte der entsendenden Stelle. Sie erstrecken sich auf die Befugnis, die Kräfte auszuwechseln oder auch zurückzurufen, soweit dies mit dem Zweck der Abstellung vereinbar ist[64].“ Diese Ansicht verdient Zustimmung. Denn wie oben festgestellt wurde, bleiben die entsandten Polizeieinheiten Organe des Herkunftslandes. Die einzelnen Beamten dieser Einheiten bleiben Beamte ihres Herkunftslandes. Daher bleiben sämtliche Rechte des Herkunftslandes bestehen, die sich auf die dienstrechtliche Stellung der Beamten beziehen.

Dagegen kann der Ansicht des Rechtsausschusses des Bundestags nicht gefolgt werden. Der *Rechtsausschuß* vertritt in seinem Bericht vom 9. 5. 1968 zu Art. 35 Abs. 2 GG die Meinung, das Weisungsrecht der zuständigen Bundes- und Landesorgane gegenüber den von ihnen entsandten Vollzugskräften bleibe erhalten[65]. Es sei also „ein einver-

---

59 Ebenso *Emmerig* Art. 48 Anm. 5.

60 Vgl. *Emmerig* Art. 48 Anm. 3.

61 Vgl. *Emmerig* Anm. 2 b zu Art. 49.

62 Der Führungsstab tritt nur auf besondere Anordnung des Innenministers zusammen. — Vgl. *Emmerig* ebenda.

63 Zu Art. 91 Rn. 66 ff.

64 *Evers* in BK Art. 91 Rn. 66 ff.

65 Vgl. den schriftlichen Bericht des Rechtsausschusses vom 9. Mai 1968, enthalten in Bundestagsdrucksache V/2873, hier S. 10. Dieser Ansicht hat sich auch *Hoffmann* S. 114 und *Lenz* Art. 35 Rn. 10 angeschlossen. Hoffmann bemüht sich ebensowenig um eine Begründung wie der Rechtsausschuß.

nehmliches Zusammenwirken zwischen den Behörden des betroffenen Landes und den zur Verfügung gestellten Hilfskräften erforderlich"[66]. Dies hätte zur Folge, daß das Einsatzland gegenüber den fremden Einheiten überhaupt keine echten Weisungsbefugnisse besäße, obwohl diese Einheiten seine, des Einsatzlandes, Staatsgewalt nach seinen Gesetzen vollziehen. Ein solcher Zustand ist aber mit der Staatlichkeit des Einsatzlandes unvereinbar. Die Staatshoheit des Einsatzlandes erfordert, daß es den Vollzug seiner Gesetze durch fremdstaatliche Organe mittels Weisungen beaufsichtigen kann[67].

Somit bleibt es bei dem Ergebnis: Das Einsatzland übt die Weisungsrechte hinsichtlich des Einsatzes aus, während das Herkunftsland die Weisungsgewalt in dienstrechtlicher Hinsicht beibehält.

b) Im Fall des Art. 35 Abs. 3 Satz 1 des Grundgesetzes

Die in Art. 35 Abs. 3 S. 1 angesprochene Situation ist die, daß die Bundesregierung im Fall eines sog. überregionalen Notstandes[68] die Landesregierungen oder einige von ihnen anweist, den betroffenen Ländern Polizeikräfte zur Verfügung zu stellen. Wie bereits erwähnt, ergibt sich dann dieselbe Rechtslage, wie wenn die Polizeieinheiten auf Grund einer Anforderung des betroffenen Landes diesem zur Verfügung gestellt worden wären. Damit gilt auch hinsichtlich der Weisungsrechte in vollem Umfang das Ergebnis, das soeben für den Anforderungsfall gewonnen wurde: Weisungen für den Einsatz erteilt das Einsatzland, die Weisungen dienstrechtlicher und organisatorischer Art erteilt das Herkunftsland. Die Bundesregierung besitzt gegenüber den zur Verfügung gestellten Polizeieinheiten keinerlei Weisungsbefugnis[69]. Der Weisungsadressat der Bundesregierung ist allein die Landesregierung[70] und der Inhalt des Weisungsrechts ist darauf beschränkt, den von der Notlage betroffenen Ländern Hilfskräfte zu überstellen. Auf den Einsatz dieser Hilfskräfte hat die Bundesregierung keine Einflußmöglichkeit.

---

66 Ausschußbericht S. 10.

67 Vgl. *Zeidler* S. 575.

68 Vom „überregionalen Notstand wird gesprochen, wenn das Gebiet mehr als eines Landes betroffen ist (so der Wortlaut von Art. 35 Abs. 3 S. 1; vgl. auch *Hoffmann* S. 92 und *Benda* S. 147).

69 In diesem Sinn müssen auch die Ausführungen *Hoffmanns* S. 92 und S. 115 verstanden werden. — Bei *Hamann-Lenz* Art. 35 Anm. B 5 ist von einer „begrenzten Weisungsbefugnis" der Bundesregierung die Rede. Andererseits wird aber auch dort festgestellt, daß die Bundesregierung den Polizeieinsatz der Länder nicht „leiten" könne. — Gegen ein Weisungsrecht der Bundesregierung auch *Maunz* in M-D-H Art. 35 Rn. 18.

70 Ebenso *Maunz* in M-D-H Art. 35 Rn. 18.

2. *Die gegenüber den Bundesgrenzschutzeinheiten bestehenden Weisungsrechte*

a) Im Anforderungsfall — Art. 35 Abs. 2 und Art. 91 Abs. 1 des Grundgesetzes

Für die Anforderung von Einheiten des *Bundesgrenzschutzes* gilt nichts anderes als für die Anforderung von Einheiten der Polizei anderer Bundesländer. Das wurde bereits dargestellt und begründet, soweit es sich auf die Organstellung bezieht. Mit den Weisungsrechten verhält es sich genauso: auf die oben gegebene Darstellung darf daher verwiesen werden[71].

Überträgt man die Grundsätze, die soeben für die Weisungsrechte gegenüber den angeforderten Polizeieinheiten der Länder dargestellt wurden, auf die Rechtslage der BGS-Einheiten, so ergibt sich folgendes:

Das Einsatzland ist berechtigt, dem Bundesgrenzschutz Weisungen zu erteilen, die sich auf den Einsatz als solchen beziehen, also Weisungen hinsichtlich der zu ergreifenden Maßnahmen und der Art ihrer Durchführung[72]. Denn auch die Einheiten des Bundesgrenzschutzes sind im Falle ihrer Anforderung durch ein Bundesland dem in diesem Land geltenden Polizeirecht unterworfen[73]. Weil die Einheiten aber weiterhin Organe des Bundes bleiben, behält der Bund (der Bundesinnenminister — siehe § 1 Abs. 2 BGSG) das Weisungsrecht in dienstrechtlicher und organisatorischer Hinsicht[74]. Auch für den Bundesgrenzschutz ist die oben wiedergegebene Meinung des Rechtsausschusses abzulehnen, wonach der Bund das volle Weisungsrecht behielte und sich nur „den Zielen der ... zuständigen Landesbehörden anzupassen"[75] habe. Dies wäre mit der Eigenstaatlichkeit der Länder unvereinbar[76]. Richtig an dieser Meinung ist lediglich, daß der Bund das ihm verbleibende Weisungsrecht so auszuüben hat, daß die Gefahrenabwehr des Einsatzlandes nicht beeinträchtigt wird. Dies erfordert die bundesstaatliche Treuepflicht, der auch der Bund unterworfen ist[77].

---

[71] Vgl. die Ausführungen über die Weisungsrechte bei der Länderpolizei oben II 1 a.

[72] Vgl. dazu *Maunz* in M-D-H Art. 35 Rn. 15 und Art. 91 Rn. 48.

[73] Vgl. AB 1968 S. 10; *Evers* in BK Art. 91 Rn. 66. — Dieses Problem wird noch ausführlich darzustellen sein (siehe unten im dritten Teil, erster Abschnitt).

[74] Ebenso *Evers* in BK Art. 91 Rn. 66.

[75] AB 1968 S. 10.

[76] Vgl. oben Anm. 66.

[77] Vgl. *Benda* S. 136; AB 1968 S. 10; *Schunck*, Ergänzungsband S. 42; *Maunz*, Staatsrecht S. 174. — Grundlegend zum Begriff der „Bundestreue" und seinen Auswirkungen die Entscheidung des Bundesverfassungsgerichts in BVerfGE 1, 299 ff.

Das hier vertretene Ergebnis steht im Einklang mit der Regelung in § 9 Abs. 1 S. 2 des neuen BGSG, wonach der Bundesgrenzschutz „den fachlichen Weisungen des Landes, in dem er verwendet wird“, unterliegt. Die Formulierung „fachliche Weisungen“ besagt nichts anderes, als daß das betreffende Land die Weisungen für den Einsatz erteilt, während die dienstrechtliche und organisatorische Weisungsbefugnis beim Bund verbleibt, d. h. beim Bundesinnenminister (vgl. § 42 Abs. 1 und § 55 Abs. 2 BGSG)[78].

b) Im sogenannten „Kataraktfall“ des Art. 115 i Abs. 1 des Grundgesetzes

Was unter dem Begriff „Kataraktfall“ zu verstehen ist, wurde bereits ausführlich dargestellt. In dieser besonderen Situation während des Verteidigungsfalles haben die Landesregierungen (bzw. die von ihnen bestimmten Behörden) gemäß Art. 115 i Abs. 1 i. V. m. Art. 115 f Abs. 1 Ziff. 1 GG das Recht, den *Bundesgrenzschutz* in ihrem Zuständigkeitsbereich einzusetzen. Mit dem Recht zum Einsatz besitzen die *Landesregierungen* auch die *Weisungsbefugnis,* soweit sich diese auf den Einsatz bezieht[79]. Insoweit gleicht die Rechtslage derjenigen im Anforderungsfall. Da die Einheiten des Bundesgrenzschutzes auch im Kataraktfall Organe des Bundes bleiben, haben die Landesregierungen keine Befugnis zur Erteilung von Weisungen dienstrechtlicher und organisatorischer Art. Das Land kann nur über den in seinem Bereich stationierten Bundesgrenzschutz verfügen, wird aber nicht zu dessen Dienstherrn. Demnach stehen in diesem Fall die Weisungsrechte in dienstrechtlicher und organisatorischer Hinsicht dem Bund zu. Die zuständigen Bundesorgane sind aber im Kataraktfall ex definitione nicht in der Lage, ihre Aufgaben und Rechte wahrzunehmen[80]. Daher können sie aus tatsächlichen Gründen ihr Weisungsrecht gegenüber dem Bundesgrenzschutz nicht ausüben. Das berechtigt aber nicht die Landesbehörden, über das ihnen ohnehin zustehende Weisungsrecht hinaus auch die dem Bund zustehenden Weisungsbefugnisse wahrzunehmen. Ein derartiges Vorgehen ist in der Ermächtigung des Art. 115 i Abs. 1 nicht enthalten. Diese Bestimmung ermächtigt die Länder ledig-

---

78 Vgl. dazu auch Begründung BGSG S. 26.

79 Vgl. dazu *Herzog* in M-D-H Art. 115 i Rn. 27; *Lenz,* Notstandsverfassung Art. 115 i Rn. 6.

80 Art. 115 i Abs. 1 hat ausdrücklich als Voraussetzung für die Zulässigkeit der Tätigkeit der Länder: „Sind die zuständigen Bundesorgane *außerstande,* die notwendigen Maßnahmen zur Abwehr der Gefahr zu treffen ...“ Das kann nur bedeuten, daß die Bundesorgane keine Verbindung zu den einzelnen BGS-Einheiten in den Ländern haben (vgl. RE 1967 S. 30). Als Folge können selbstverständlich die Bundesorgane auch keine Weisungen an die Einheiten des Bundesgrenzschutzes erlassen.

lich zum Einsatz des Bundesgrenzschutzes, nicht aber zu dessen organisatorischer Einverleibung.

Im Ergebnis läßt sich also auch für den Fall des Art. 115 i Abs. 1 GG feststellen, daß die Weisungsbefugnisse zwischen dem Bund und den Einsatzländern aufgeteilt sind, wobei aber der Bund aus tatsächlichen Gründen sein Weisungsrecht nicht ausüben kann.

B. Der Einsatz durch den Bund

I. Die Organstellung

Neben den bereits besprochenen Fällen, in denen die Länder den Einsatz von Polizei und Bundesgrenzschutz verantwortlich leiten, gibt es auch Fälle, wo nach dem Grundgesetz der Bund die Führung des Einsatzes innehat. Für die Länderpolizeien tritt diese Situation nach Art. 91 Abs. 2 und Art. 115 f Abs. 1 Ziff. 2 GG ein, für den Bundesgrenzschutz nach Art. 35 Abs. 2, 91 Abs. 2 und 115 f Abs. 1 Ziff. 1 GG. Auch für diesen durch den Bund gesteuerten Einsatz sollen zunächst die Organstellung der Einsatzkräfte und dann die Weisungsrechte untersucht werden.

1. Die Organstellung der Länderpolizeien

a) Bei einem Einsatz nach Art. 91 Abs. 2 GG

Droht in einem Bundesland eine Gefahr im Sinne des Art. 91 Abs. 1 GG, und ist dieses Land „nicht selbst zur Bekämpfung der Gefahr bereit oder in der Lage, so kann die Bundesregierung die Polizei in diesem Lande und die Polizeikräfte anderer Länder *ihren Weisungen unterstellen*“[81]. Welche *Organstellung* in diesem Fall die Landespolizeikräfte innehaben, ist von Bedeutung für die Frage, wem die Maßnahmen zugerechnet werden und wieweit das Weisungsrecht der Bundesregierung geht[82]. Zu dem Problem haben sich im Prinzip zwei verschiedene Ansichten herausgebildet:

Die eine Ansicht beantwortet die Frage nach der Organstellung der Landespolizeikräfte im Rahmen des Art. 91 Abs. 2 GG dahingehend, daß die Landespolizeikräfte in die *Bundesverwaltung eingegliedert* werden und in Wahrnehmung einer Bundeskompetenz Bundesaufgaben wahrnehmen, so daß sie gewissermaßen als entliehene *Organwalter*

---

[81] So der Wortlaut von Art. 91 Abs. 2 S. 1 des Grundgesetzes.

[82] Ebenso *Evers* in BK Art. 91 Rn. 68.

des Bundes tätig werden[83] und ihre Maßnahmen dem Bund zugerechnet werden[84].

Aus diesen Formulierungen kann man entnehmen, daß die Landespolizeikräfte *Bundesorgane* werden oder zumindest als vom Bund geliehene Organe Maßnahmen treffen, die dem Bund zugerechnet werden[85].

Demgegenüber läßt sich eine *andere Ansicht* in der Literatur feststellen, die folgendermaßen zusammengefaßt werden kann: Bei einem Einsatz unter der Weisung der Bundesregierung nach Art. 91 Abs. 2 GG blieben die *Landespolizeikräfte Landesorgane* und nähmen Landesaufgaben wahr, wobei der Bund kraft seines Weisungsrechts einwirkt. Damit entstehe ein der Auftragsverwaltung der Länder vergleichbares Rechtsverhältnis; die Polizeikräfte der Länder übten eine Landeskompetenz aus, und ihre Maßnahmen würden nicht dem Bund, sondern dem betreffenden Land zugerechnet[86].

Am klarsten wird diese Ansicht von *Evers* vorgetragen und begründet[87]. Seine Ergebnisse und deren Begründung müssen als im wesentlichen zutreffend bezeichnet werden.

Wie *Evers* richtig anmerkt, müssen zur Beantwortung der Frage „die *föderativen Kompetenzverteilungen nach* Art. 30, 83 GG“[88] beachtet werden. Nach Art. 30 GG ist „die Ausübung der staatlichen Befugnisse und die Erfüllung der staatlichen Aufgaben ... Sache der Länder, soweit dieses Grundgesetz keine andere Regelung trifft oder zuläßt“. Dieser Grundsatz wird, spezifisch für den Bereich der Exekutive, in

---

[83] Vgl. *Ule-Rasch* S. 779.

[84] Vgl. *Kölble*, Einschreiten S. 44; *Adolf Arndt* in der Sitzung des Bundesrats vom 3. 3. 1961, Sten. Ber. S. 33; *Pioch*, Kommentar Anm. 5 zu § 15; derselbe, UZwG S. 129; *Wacke*, Bundesgesetz S. 202; insbes. *Ule-Rasch* S. 779. — Die Ansicht, daß Art. 91 Abs. 2 eine Bundeskompetenz begründet, vertreten auch *Drews-Wacke* S. 543; Das Dt. Bundesrecht I A 10 S. 164; *Kaestel* S. 373; *Schminck* S. 38; dieser spricht aber an der gleichen Stelle davon, daß Art. 91 Abs. 2 eine bes. Art von Bundesauftragsverwaltung begründe.

[85] Ausdrücklich bezeichnen die Landespolizeikräfte als Bundesorgane: *Pioch*, UZwG S. 129 und *Ule-Rasch* S. 779; letzterer macht dabei widersprüchliche Ausführungen, wenn er einerseits ausführt, die Polizeikräfte der Länder seien „aus dem hierarchischen Aufbau der Verwaltungsorganisation der Länder herausgelöst und in die Bundesverwaltung eingefügt“, andererseits an der gleichen Stelle betont, die Polizeibeamten blieben „Organwalter der Länder“ und daher sei von einer „Organwalterleihe des Bundes“ zu sprechen (vgl. *Ule-Rasch* S. 779).

[86] Vgl. *Nawiasky* S. 42; *Maunz*, Staatsrecht S. 288; *Maunz* in M-D-H Art. 91 Rn. 37, 41; *Gather* S. 139; ferner mit ausführlicher Begründung *Evers* in BK Art. 91 Rn. 68 ff., 70 ff. — Ähnlich *Schäfer*, Notstandsverfassung S. 67; *Evers*, Notstandsverfassung S. 27; unklar *Köttgen* S. 99 und *Dux* S. 135. Vgl. ferner *Schadeck* S. 57 ff.; *Schmidt-Bleibtreu/Klein* Art. 91 Rn. 4.

[87] In BK Art. 91 Rn. 68 ff.

[88] In BK Art. 91 Rn. 69.

Art. 83 GG wiederholt. Daher üben auch die Landespolizeikräfte bei einem Einsatz nach Art. 91 Abs. 2 eine Landeskompetenz aus, sofern man nicht dieser Bestimmung eine „andere Regelung" im Sinn von Art. 30 GG entnehmen will. Dies kann man aber richtigerweise nicht tun. In Art. 91 Abs. 2 wird der Bundesregierung lediglich die Befugnis eingeräumt, die Polizeikräfte der Länder „ihren Weisungen zu unterstellen". Daraus läßt sich nicht entnehmen, daß die Landespolizeikräfte nunmehr zur Wahrnehmung einer Bundeskompetenz tätig werden. Freilich wird in Art. 91 Abs. 2 GG dem Bund bzw. der Bundesregierung eine Kompetenz eingeräumt. Diese Kompetenz erstreckt sich aber nur auf die Befugnis, den Polizeikräften der Länder Weisungen zu erteilen[89]. Dadurch wird nicht die gesamte Tätigkeit der Länderpolizeien zu einer Kompetenz der Bundesregierung. Die Abwehr der Gefahr, die laut Art. 91 Abs. 1 GG eindeutig in den Aufgabenbereich der Länder fällt, bleibt auch weiterhin eine Aufgabe der betroffenen Länder[90]. Art. 91 Abs. 2 gibt der Bundesregierung lediglich das Recht zu einer sog. „subsidiären selbständigen Bundesintervention"[91]. Das bedeutet, daß die Bundesregierung zugunsten des bedrohten Bundeslandes Hilfe leistet, mit oder ohne dessen Einverständnis. Jedenfalls wird daraus deutlich, daß nach Art. 91 Abs. 2 keineswegs die Kompetenz der Gefahrenabwehr ganz auf den Bund übergeht. Der Bund ist auf die Weisungskompetenz und die Kompetenz zum Einsatz des Bundesgrenzschutzes beschränkt.

Demgegenüber kann die gegenteilige Ansicht, daß durch Art. 91 Abs. 2 eine „ausschließliche Verwaltungskompetenz"[92] des Bundes begründet werde, auch nicht mit dem *Argument von Kölble* gestützt werden[93], der Sinn dieser Vorschrift — die wirksame Bekämpfung des Notstandes — erfordere das Vorliegen einer Bundeskompetenz. Denn eine wirksame Bekämpfung der Gefahr unter einer zentralen Leitung wird auch durch das Weisungsrecht der Bundesregierung ermöglicht. Auch die von Kölbe zitierte Entstehungsgeschichte des Art. 91 Abs. 2 alter Fassung vermag hier nicht zu überzeugen: Wenn im Parlamentarischen Rat davon gesprochen wurde, daß Art. 91 Abs. 2 die Länderpolizeien zu einer „Bundespolizeireserve" mache[94], so ist das ein Schlagwort,

---

[89] Ebenso *Evers* in BK Art. 91 Rn. 69.

[90] Von einer „Primärzuständigkeit" der Länder sprechen *Schüle* S. 468 und *Speidel* S. 215.

[91] *Huber* S. 12; ebenso *Haas* S. 41 und *Hesse*, Verfassungsrecht S. 100

[92] *Kölble*, Einschreiten S. 41 — a. A. *Lohse*, Streik und Staatsnotstand S. 103.

[93] *Kölble*, Einschreiten S. 41.

[94] Vgl. die Ausführungen von *Dr. Menzel* im Zuständigkeitsausschuß des Parlamentarischen Rates, JöR NF Bd. 1 S. 661 f.

das keinesfalls zur Begründung einer Bundeskompetenz ausreicht. Im übrigen ist den Beratungen des Parlamentarischen Rates zu Art. 91 Abs. 2 nur zu entnehmen, daß man dem Bund keine Polizeigesetzgebungskompetenz geben wollte[95].

Die Länderpolizeien nehmen also auch bei einer Unterstellung unter die Weisungen der Bundesregierung *Landeszuständigkeiten* wahr[96]. Art. 91 Abs. 2 „schafft nur gewisse Einwirkungsrechte des Bundes"[97]. Diese sind durchaus denen bei der Auftragsverwaltung ähnlich[98]. Allerdings geht die Ähnlichkeit nicht so weit, daß man die Regeln der Auftragsverwaltung auf Art. 91 Abs. 2 übertragen könnte[99]. Nach Art. 91 Abs. 2 wird demgemäß „nicht eine Polizeigewalt des Bundes in dem betroffenen Land, sondern die Polizeigewalt des Landes nach Weisung des Bundes ausgeübt"[100].

Mit diesem Ergebnis würde es sich schlecht vereinbaren, wenn man annehmen wollte, die den Weisungen der Bundesregierung unterstellten Polizeikräfte der Länder würden mit dem Augenblick der Unterstellung aus der Landesverwaltung ausgegliedert und in die Bundesverwaltung eingegliedert. Diese Ansicht vertritt aber ein Großteil derjenigen, die annehmen, daß die Polizeikräfte eine Bundeskompetenz erfüllen[101]. Dieser Standpunkt mag in sich konsequent sein. Von der hier ververtretenen Prämisse aus, daß eine Landeskompetenz ausgeübt wird, kann er nicht geteilt werden. Es wäre eine abwegige Konstruktion, wollte man annehmen, daß die Landespolizeikräfte, die normalerweise Landesorgane sind, zwar auch im Falle des Art. 91 Abs. 2 eine Landeskompetenz ausüben, daß sie dabei aber in die Bundesverwaltung eingegliedert werden. Vielmehr bleiben die Landespolizeikräfte der jeweiligen Landesverwaltung inkorporiert. Auch der Wortlaut des Grundgesetzes selbst stützt die hier vertretene Ansicht: Es heißt in Art. 91 Abs. 2 nur, daß die Bundesregierung die Landespolizeikräfte

---

95 Vgl. *Füsslein*, Entstehungsgeschichte S. 661 ff.

96 Ebenso *Evers* in BK Art. 91 Rn. 71; *Maunz* in M-D-H Art. 91 Rn. 41, 42.

97 *Maunz* in M-D-H Art. 91 Rn. 41; vgl. auch *Pioch*, Polizeirecht S. 355.

98 Ebenso *Maunz* in M-D-H Art. 91 Rn. 41; *Schäfer*, Notstandsverfassung S. 67; *Evers*, Notstandsverfassung S. 27.

99 *Maunz* in M-D-H Art. 91 Rn. 41 und 42 spricht davon, daß Art. 91 Abs. 2 „einen besonderen Verwaltungstyp" schaffe. In ähnlicher Richtung gehen die Ausführungen bei *Dux* S. 135 und *Köttgen* S. 99.

100 *Maunz* in M-D-H Art. 91 Rn. 41 ff. Maunz führt dann weiter aus: „Auch die Möglichkeit des Bundes, fremde Polizeikräfte sich zu unterstellen, ist praktisch nichts anderes, als eine Ausübung des nach Art. 91 I dem Lande zustehenden Rechtes durch den Bund im Wege einer Art *Ersatzvornahme.*"

101 Deutlich ausgesprochen wird dies bei *Pioch*, UZwG S. 129 und besonders in den Ausführungen von *Ule-Rasch* S. 779 f. Vgl. dazu oben Anm. 85.

„ihren Weisungen unterstellen kann, nicht aber, wie etwa beim Bundesgrenzschutz, daß sie die Landespolizeikräfte „einsetzen" kann. Damit ist „bewußt die Eingliederung der Landespolizeikräfte in die Exekutivorganisation des Bundes abgelehnt"[102].

Nachdem also feststeht, daß die Landespolizeikräfte nach Art. 91 Abs. 2 Landeskompetenzen ausüben und der Landesverwaltung eingegliedert bleiben, läßt sich nur eine Folgerung ziehen: Die Landespolizeikräfte werden auch im Fall des *Art. 91 Abs. 2 als Landesorgane* tätig[103]. Dabei gilt hier das gleiche, was bereits für den Fall des Art. 91 Abs. 1 festgestellt wurde: Die Polizeieinheiten bleiben Organe desjenigen Bundeslandes, aus dem sie stammen, gleichgültig, wo sie tätig werden[104].

Es bleibt noch zu klären, welchem Land ihr Handeln im Einzelfall zuzurechnen ist, wenn sie auf Weisung der Bundesregierung nicht in ihrem Heimatland, sondern in einem anderen Bundesland eingesetzt werden. Die Rechtslage unterscheidet sich von derjenigen Situation, wenn landesfremde Polizeikräfte auf Anforderung tätig werden[105], nur dadurch, daß das auslösende Moment für einen Einsatz in einem anderen Bundesland nicht die Anforderung dieses Landes, sondern die Weisung der Bunesregierung ist. Daher gelten auch hier die für den Anforderungsfall entwickelten Grundsätze[106]: Im eigenen Heimatland nehmen die Polizeikräfte dessen Aufgaben wahr, üben dessen Hoheitsgewalt aus, und ihr Handeln wird diesem Land zugerechnet[107]. Werden sie auf Weisung der Bundesregierung in einem anderen Bundesland (i. d. R. dem von der Gefahr bedrohten Land) tätig, so bleiben sie Organe ihres Herkunftslandes, nehmen aber Aufgaben des Einsatzlandes wahr und üben dessen Staatsgewalt aus, so daß ihre Maßnahmen dem Einsatzland zugerechnet werden[108]. Obwohl die Bundesregierung mit ihren Weisungen den jeweiligen Einsatz leitet, werden ihr die Maßnahmen der Landespolizeieinheiten nicht zugerechnet. Das erscheint folgerichtig angesichts der Tatsache, daß Landeskompetenzen ausgeübt werden und der Bund die eigentlich dem Land obliegende Pflicht zur Abwehr der Gefahr lediglich in einer „Art Ersatzvornahme"[109] übernimmt. Handelt aber ein übergeordnetes

---

[102] *Maunz* in M-D-H Art. 91 Rn. 37.

[103] Ebenso *Maunz* a.a.O. („Der Bund hat nur die ‚Verfügungsgewalt' über sie, nicht den ‚Besitz' an ihnen."); ferner *Giese-Schunck* Art. 91 Anm. II 4; *Evers* in Bk Art. 91 Rn. 70.

[104] Ebenso *Evers* in BK Art. 91 Rn. 70.

[105] Gemäß Art. 35 Abs. 2 und Art. 91 Abs. 1 des Grundgesetzes.

[106] Vgl. oben erster Abschnitt A I 2.

[107] Ebenso *Evers* in BK Art. 91 Rn. 70.

[108] Vgl. ebenda.

[109] So mit Recht *Maunz* in M-D-H Art. 91 Rn. 41. Siehe dazu oben Anm. 100.

Organ in Ersatzvornahme für ein anderes Organ, so gilt die Maßnahme als solche des eigentlich zuständigen untergeordneten Organs.

b) Bei einem Einsatz nach Art. 115 f Abs. 1 Ziff. 2 GG

Die Bundesregierung kann gemäß Art. 115 f Abs. 1 Ziff. 2 im Verteidigungsfall „auch den Landesregierungen und, wenn sie es für dringlich erachtet, den *Landesbehörden Weisungen erteilen*". Im Regierungsentwurf von 1967 war noch vorgesehen, daß die Bundesregierung die Polizeikräfte der Länder „einsetzen" kann[110]. Auf Betreiben des Rechtsausschusses wurde dieser Passus in Art. 115 f Abs. 1 gestrichen[111]. Damit sollte ein generelles Weisungsrecht der Bundesregierung gegenüber den Länderpolizeien vermieden werden[112]. Gleichzeitig bestand aber im Rechtsausschuß Einigkeit darüber, daß ein unmittelbares Weisungsrecht gegenüber den Länderpolizeien auch durch die Ziff. 2 des Art. 115 f gewährleistet ist[113]. Diese Interpretation des Rechtsausschusses ist zutreffend. Denn „Landesbehörden" im Sinn von Ziff. 2 des Art. 115 f Abs. 1 sind sämtliche Behörden eines Bundeslandes, also auch die Polizeibehörden. Daher kann die Bundesregierung auch im Verteidigungsfall unmittelbare Weisungen an die einzelnen Einheiten der Länderpolizeien richten[114]. Der Umfang dieses Weisungsrechts wird später noch zu erörtern sein[115]. Jedenfalls ähnelt der Fall des Art. 115 f Abs. 1 Ziff. 2 sehr stark der Unterstellung der Landespolizeikräfte unter die Weisungen der Bundesregierung gemäß Art. 91 Abs. 2 GG. Da ein Unterschied lediglich in Art und Umfang des jeweiligen Weisungsrechts besteht, ergibt sich für die Organstellung der Landespolizeikräfte nach Art. 115 f Abs. 1 Ziff. 2 die gleiche Rechtslage wie nach Art. 91 Abs. 2 GG. Die Landespolizeieinheiten bleiben *Landesorgane*, und zwar Organe ihres Herkunftslandes. Sie üben die Staatsgewalt des jeweiligen Einsatzlandes aus[116] und ihre Maßnahmen werden dem Einsatzland zugerechnet. Es wird also eine Landeskompetenz aus-

---

110 Vgl. Art. 115 f Abs. 1 Ziff. 1 des Regierungsentwurfs 1967 in Bundestagsdrucksache V/1879 S. 4.

111 Vgl. Beschlüsse des Rechtsausschusses vom 9. 5. 1968 in Bundestagsdrucksache V/2873 S. 30; ferner AB 1968 S. 18.

112 Vgl. AB 1968 S. 18.

113 Vgl. AB 1968 S. 18.

114 Ebenso Senator *Ruhnau* in der Sitzung des Rechtsausschusses vom 13. 3. 1968, Kurzprotokoll Nr. 75 S. 5; *Schäfer*, Notstandsverfassung S. 50; *Herzog* in M-D-H Art. 115 f Rn. 21; *Lenz* Art. 115 f Rn. 3; ablehnend *Schnupp*, Polizei III S. 297.

115 Vgl. unten unter II 2.

116 Die Frage, ob die Bundesregierung mittels des Weisungsrechtes aus Art. 115 f Abs. 1 Ziff. 2 einen Einsatz einer Landespolizei über die Landesgrenzen hinaus befehlen kann, ist umstritten. Sie soll anschließend unter II. bei den Weisungsrechten behandelt werden.

geübt und dem Bund werden die getroffenen Maßnahmen nicht zugerechnet.

2. Die Organstellung des Bundesgrenzschutzes bei einem Einsatz nach Art. 35 Abs. 3, 91 Abs. 2 und 115 f Abs. 1 Ziff. 1 GG

Die Bundesregierung kann den *Bundesgrenzschutz* von sich aus in folgenden Fällen einsetzen: im Katastrophenfall unter den Voraussetzungen des Art. 35 Abs. 3 S. 1, im inneren Notstand unter den Voraussetzungen des Art. 91 Abs. 2 S. 1, schließlich im Verteidigungsfall gemäß Art. 115 f Abs. 1 Ziff. 1 des Grundgesetzes[117]. Der Bundesgrenzschutz ist ein Organ des Bundes[118]. In den eben genannten Fällen wird er von der Bundesregierung selbständig eingesetzt. Die Bundesregierung übt dabei eine ihr von der Notstandsverfassung verliehene Bundeskompetenz aus[119]. Denn der von der Bundesregierung eingesetzte Bundesgrenzschutz „nimmt Sicherungsaufgaben wahr, die dem Bund nicht lediglich als Sachwalter der an der Wahrnehmung der eigenen Sicherungsaufgaben behinderten Länder, sondern als Bundesaufgabe obliegen“[120]. Demnach wird der Bundesgrenzschutz in den genannten Fällen als *Bundesorgan* tätig und seine Maßnahmen werden dem Bund zugerechnet[121].

II. Die Weisungsrechte

1. Gegenüber den Landespolizeikräften gemäß Art. 91 Abs. 2 Satz 1 GG

Wenn die Bundesregierung im inneren Notstand nach Art. 91 Abs. 2 Satz 1 GG die Landespolizeikräfte ihren „Weisungen“ unterstellt, so tauchen zwei Fragen auf: einmal, welchen Umfang das Weisungsrecht der Bundesregierung besitzt, zum anderen, ob und in welchem Ausmaß neben dem Weisungsrecht der Bundesregierung ein Weisungsrecht des jeweiligen Bundeslandes besteht. Daneben muß auch das Problem erörtert werden, an wen die Weisungen zu richten sind und wer das Weisungsrecht ausüben kann.

---

117 Vgl. dazu § 1 Ziff. 2, § 3 und § 9 Abs. 1 Ziff. 2 des neuen BGSG.

118 Vgl. § 42 Abs. 1 BGSG: „Der Bundesgrenzschutz wird in bundeseigener Verwaltung geführt. Er ist eine Polizei des Bundes und untersteht dem Bundesminister des Innern.“

119 Vgl. *Evers* in BK Art. 91 Rn. 67; *Kölble* in Kurzprotokoll Nr. 74 S. 13; *Schminck* S. 42 ff., 48; AB 1965 S. 14.

120 *Evers* in BK Art. 91 Rn. 67.

121 Ebenso *Ipsen* (soweit es einen Einsatz des BGS nach Art. 115 f Abs. 1 Ziff. 1 betrifft) in BK Art. 115 f Rn. 69.

Der *Inhalt und Umfang des Weisungsrechts der Bundesregierung* ist „durch den Zweck, dem es dient, gebunden und durch ... Erforderlichkeitsvorbehalte beschränkt“[122]. Die Gebundenheit durch den Zweck besteht darin, daß die Bundesregierung nur zu solchen Weisungen berechtigt ist, die unmittelbar dazu bestimmt und geeignet sind, eine drohende Gefahr für den Bestand oder die freiheitlich demokratische Grundordnung der Bundesrepublik abzuwehren[123]. Die von *Evers*[124] angeführte inhaltliche Beschränkung, daß das Weisungsrecht dem Vorrang und Vorbehalt des Gesetzes unterliege, erscheint als Selbstverständlichkeit, weil jede exekutivische Kompetenzausübung in unserem Rechtsstaat a priori dieser Beschränkung unterliegt[125].

Unterwirft man das Weisungsrecht einer konkreteren Analyse, so steht fest, daß es sich seinem sachlichen Umfang nach in erster Linie auf den *Einsatz* der Länderpolizeien bezieht[126]. Die Bundesregierung kann den Einsatz in vollem Umfang leiten und von den Polizeikräften „die Durchführung aller im Rahmen ihrer Befugnisse liegenden Vollzugsmaßnahmen verlangen, die ihr zur Bekämpfung der Gefahr erforderlich erscheinen und zur Erreichung dieses Zwecks nicht von vornherein schlechthin ungeeignet sind“[127]. Neben diesen einsatzbezogenen Weisungen steht der Bundesregierung das Recht zu, auch mit *Weisungen organisatorischer Natur* auf die Polizei der Länder einzuwirken[128]. Es ist schließlich denkbar, daß die besondere Situation einer Gefahrenlage gewisse Veränderungen im organisatorischen Aufbau einer Landespolizei erfordert. Diese organisatorischen Weisungen stehen aber ebenfalls unter dem Vorbehalt, daß sie zur Bekämpfung der konkret eingetretenen Gefahr im Rahmen des inneren Notstandes unbedingt erforderlich sind[129]. Die Bundesregierung darf also keinesfalls die Gelegenheit nützen, um ihr zweckmäßig erscheinende Veränderungen in

---

[122] *Evers* in BK Art. 91 Rn. 75; ausführlich äußert sich Evers zu den Erforderlichkeitsvorbehalten ebenda Rn. 49 ff. — ähnlich auch *Ule-Rasch* S. 778 und *Hall*, Entwurf S. 153.

[123] Vgl. *Kölble*, Einschreiten S. 42. Kölble bemerkt dabei richtig, daß insofern das Weisungsrecht nach Art. 91 Abs. 2 weniger weit geht als das beim Bundeszwang nach Art. 37 Abs. 2 GG, wo diese Beschränkung fehlt. — Vgl. dazu *Schäfer*, Bundesaufsicht S. 47.

[124] Vgl. *Evers* in BK Art. 91 Rn. 75.

[125] Vgl. die Ausführungen von *Maunz* in M-D-H Art. 20 Rn. 124 ff. zum Grundsatz der Gesetzmäßigkeit.

[126] So *Evers* in BK Art. 91 Rn. 76; *Kölble*, Einschreiten S. 42; *König*, Sicherheitsrecht S. 462.

[127] *Kölble*, Einschreiten S. 42; ebenso *Evers* in BK Art. 91 Rn. 76.

[128] Vgl. *Kölble*, Einschreiten S. 42; *Evers* in BK Art. 91 Rn. 77.

[129] Vgl. *Kölble*, Einschreiten S. 43. Kölble führt dann als weitere Beschränkung auf, daß sich das Weisungsrecht im Rahmen der allgemeinen Pflicht zur Bundestreue halten müsse.

der Organisation der Länderpolizeien vorzunehmen, die mit der konkreten Gefahr nichts zu tun haben[130].

Ferner muß man der Bundesregierung im Rahmen des Art. 91 Abs. 2 Satz 1 auch das Recht zum Erlaß *dienstrechtlicher Weisungen* zugestehen[131]. In dieser Beziehung sind aber dem Weisungsrecht besonders strenge Grenzen gesetzt. Dienstrechtliche Maßnahmen sind z. B die Beurlaubung und Dienstsuspendierung von Beamten, ferner die Versetzung, Entlassung und Neueinstellung, Urlaubssperren sowie Maßnahmen disziplinärer Art[132]. *Kölble* vertritt die Ansicht, daß die Bundesregierung vermöge ihres Weisungsrechtes alle diese Maßnahmen treffen könne, allerdings immer unter dem Vorbehalt, daß sie damit die Pflicht zur Bundestreue nicht verletzt[133]. Als Begründung führt Kölble an, solche Weisungen könnten im Staatsnotstand notwendig werden, um eine Unterwanderung der Polizei durch staatsfeindliche Elemente zu verhindern. Dem kann nicht gefolgt werden. Es mag zwar im Einzelfall die Gefahr einer Unterwanderung der Länderpolizeien geben; dies berechtigt jedoch nicht zu so weitreichenden Maßnahmen dienstrechtlicher Art. Die diesbezügliche Kritik von *Evers*[134] besteht zu Recht. Evers führt zutreffend aus, daß sich das Weisungsrecht der Bundesregierung an die Polizei selbst richtet. Daher umfaßt es auch nur solche dienstrechtlichen Maßnahmen, die nicht die Personalhoheit des betreffenden Bundeslandes beeinträchtigen[135]. Die Personalhoheit wird aber durch endgültig wirkende Maßnahmen wie Entlassung, Versetzung und Einstellung von Beamten verletzt. Die Bundesregierung darf nur solche Weisungen erlassen, die geeignet erscheinen, „Störungen der ordnungsgemäßen Funktion des Polizeiapparates für die Dauer der Unterstellung zu beseitigen“[136].

Sie kann daher nur solche dienstrechtlichen Maßnahmen anordnen, die vorübergehender Natur sind, also Urlaubssperren, Beurlaubungen und einstweilige Suspendierungen vom Dienst[137]. Weitergehende Anordnungen dienstrechtlicher Art sind nur über das Weisungsrecht nach Art. 91 Abs. 2 Satz 3 möglich[138].

---

130 So *Kölble*, Einschreiten S. 43.

131 Vgl. *Kölble*, Einschreiten S. 43; *Evers* in BK Art. 91 Rn. 77; *Ule-Rasch* S. 778.

132 Vgl. die Aufzählung bei *Kölble*, Einschreiten S. 43 und *Evers* Rn. 77.

133 *Kölble*, Einschreiten S. 43.

134 *Evers* in BK Art. 91 Rn. 77.

135 Vgl. ebenda Rn. 77.

136 Ebenda Rn. 77.

137 Ebenso *Evers* in BK Art. 91 Rn. 77.

138 Vgl. *Evers* in BK Art. 91 Rn. 77 (Zum Weisungsrecht der Bundesregierung nach Art. 91 Abs. 2 Satz 3 vgl. unten unter 2.). Zur Durchsetzung solcher Maßnahmen käme evtl. auch der Bundeszwang in Betracht.

Fraglich bleibt noch, ob die Bundesregierung nur Einzelweisungen erteilen darf oder ob sie auch *„allgemeine"* Weisungen erteilen kann[139]. Bei den „allgemeinen" Weisungen muß differenziert werden: Das Weisungsrecht der Bundesregierung erstreckt sich nicht auf das in einigen Bundesländern noch bestehende Polizeiverordnungsrecht[140]. Das Verordnungsrecht ist ein Rechtsetzungsrecht der Ordnungsbehörden, nicht aber eines der Vollzugspolizei[141]. Das Weisungsrecht der Bundesregierung richtet sich aber nur an die Vollzugspolizei[142]. Das Weisungsrecht berechtigt die Bundesregierung auch nicht zum *Erlaß von Verwaltungsvorschriften*[143]. Denn Art. 91 Abs. 2 ist ein Fall der Bundesaufsicht über die Länder[144]. Er gibt der Bundesregierung nur ein Weisungsrecht als Mittel der Aufsicht, während Verwaltungsvorschriften ein Maßstab der Aufsicht sind[145]. Außerdem ist das Weisungsrecht der Bundesregierung auf die Abwehr der konkreten Gefahr beschränkt. Hierzu ist der Erlaß allgemeiner Verwaltungsvorschriften, die eine generelle und abstrakte Regelung darstellen[146], kein taugliches Mittel[147]. Der Erlaß von allgemeinen Weisungen ist folglich nur in der Form zulässig, die dem Begriff der Allgemeinverfügung aus dem Verwaltungsrecht entspricht[148]. Es dürfen also Weisungen ergehen, die generelle Merkmale insofern aufweisen, als sie sich an eine Mehrzahl von Personen richten. Eine auf eine konkrete Sachlage bezogene Weisung kann sich also an viele Polizeidienststellen eines oder mehrerer Länder richten. So kann eine Weisung an die gesamte Polizei eine Landes ergehen mit dem Inhalt, die Polizei solle in einer bestimmten Weise gegen einen bestimmten Störer vorgehen. So verstanden sind „allgemeine" Weisungen der Bundesregierung zulässig[149].

Gegenüber den Bereitschaftspolizeien der Länder besitzt die Bundesregierung allerdings weitergehende Weisungsbefugnisse. Gemäß dem

---

139 Ohne nähere Differenzierung sind für die Zulässigkeit allgemeiner Weisungen: Das Dt. Bundesrecht I A 10 S. 164; *Ule-Rasch* S. 778; *Kölble*, Einschreiten S. 42; differenzierend *Evers* in BK Art. 91 Rn. 79.

140 So *Evers* in BK Art. 91 Rn. 79; *Ule-Rasch* S. 778.

141 Vgl. *Ule-Rasch* S. 778.

142 Ebenso *Maunz* in M-D-H Art. 91 Rn. 18 mit Fußnote 1.

143 Ebenso *Evers* in BK Art. 91 Rn. 79; *Maunz* in M-D-H Art. 91 Rn. 36.

144 Vgl. *Geiger* S. 307; *Frowein* S. 47.

145 Vgl. *Haas* S. 31.

146 So *Evers* in BK Art. 91 Rn. 79 und *Maunz* in M-D-H Art. 85 Rn. 27 f., Art. 91 Rn. 36.

147 Vgl. *Evers* in BK Art. 91 Rn. 79.

148 Ebenso *Maunz* in M-D-H Art. 91 Rn. 36; ähnlich auch *Evers* in BK Art. 91 Rn. 79.

149 *Maunz* in M-D-H Art. 91 Rn. 36 lehnt die Bezeichnung „allgemeine Weisung" ab, hält aber die Weisungen im hier verstandenen Sinn ebenfalls für zulässig.

Verwaltungsabkommen über die Bereitschaftspolizei[150] stehen der Bundesregierung schon zu Normalzeiten folgende weitgehende Befugnisse zu: Die Standorte der Bereitschaftspolizei werden von der Bundesregierung bestimmt[151]. Hält die Bundesregierung die Notwendigkeit des Einsatzes gemäß Art. 91 Abs. 2 GG für bevorstehend, so kann sie den Einsatz der Bereitschaftspolizeien durch die Landesregierungen von der Zustimmung des Bundesinnenministers abhängig machen[152].

Ferner kann die Bundesregierung zur Vorbereitung des Einsatzes nach Art. 91 Abs. 2 GG einen Beauftragten bestellen[153]. Schließlich erläßt die Bundesregierung im Einvernehmen mit den Landesregierungen die allgemeinen Dienstvorschriften, insbesondere über die Auswahl der Bewerber sowie die Einrichtung, Ausbildung und Ausrüstung der Bereitschaftspolizeien[154].

Nach dem Wortlaut des Art. 91 Abs. 2 Satz 1 GG liegt die Kompetenz zur Wahrnehmung des Weisungsrechtes bei der *Bundesregierung*. Nach Art. 62 des Grundgesetzes ist unter dem Begriff „Bundesregierung" das Kabinett als Kollegium zu verstehen, also die Gesamtheit von Bundeskanzler und Bundesministern[155]. Immer dann, wenn das Grundgesetz den Ausdruck „Bundesregierung" gebraucht, ist diese Auslegung anzuwenden[156]. Das bedeutet, daß auch die Weisungskompetenz nach Art. 91 Abs. 2 S. 1 grundsätzlich beim gesamten Kabinett liegt[157]. Allerdings würde die konkrete Ausübung des Weisungsrechts unmöglich werden, wenn für jede Weisung ein Kabinettsbeschluß erforderlich wäre. Denn eine Notstandslage verlangt rasches Handeln. Eine zweckentsprechende Auslegung muß daher folgendermaßen differenzieren: Das gesamte Bundeskabinett hat darüber zu entscheiden, ob das Weisungsrecht überhaupt in Anspruch genommen werden soll[158]. Ferner darf allein das Kabinett die Grundzüge der Weisungen festlegen, die an die Länderpolizeien ergehen sollen[159]. Die Erteilung der konkreten Einzelweisun-

---

[150] vom 27. 10. 1950; vgl. dazu oben erster Teil Anm. 67.

[151] Ziff. 2 Abs. 2 des Abkommens.

[152] Ziff. 2 Abs. 3 des Abkommens.

[153] Der Beauftragte trägt den Titel „Inspekteur der Bereitschaftspolizei der Länder" und untersteht direkt dem Bundesinnenminister. Vgl. dazu oben Anm. 67 im ersten Teil sowie Ziff. 2 Abs. 4 des Verwaltungsabkommens.

[154] Ziff. 3 des Abkommens.

[155] Vgl. *Hamann* Art. 62 Anm. B 1; *Haas* S. 23.

[156] So *Hamann* Art. 62 Anm. B 1; *v. Mangoldt-Klein* S. 1197.

[157] Ebenso *v. Mangoldt-Klein* S. 1268; *Giese-Schunck* Art. 65 Anm. II 4; *v. Wick* S. 37; *Ule-Rasch* S. 778; *Maunz* in M-D-H Art. 91 Rn. 33; *Evers* in BK Art. 91 Rn. 79.

[158] Ebenso *Evers* in BK Art. 91 Rn. 79; *Maunz* in M-D-H Art. 91 Rn. 33; *Kölble*, Einschreiten S. 43.

[159] Vgl. *Evers* in BK Art. 91 Rn. 79.

gen aber darf wegen deren Vielzahl *delegiert* werden. Zweckmäßiger weise bietet sich eine Delegation an den Bundesminister des Inneren an, der von seinem Aufgabenbereich her (u. a. oberste Kommandostelle des Bundesgrenzschutzes) dazu geeignet ist[160]. Zulässig wäre aber auch eine Delegation an ein anderes Mitglied des Kabinetts sowie an einen besonderen Beauftragten, wie dies beim Weisungsrecht nach Art. 37 Abs. 2 und 115 f Abs. 1 Ziff. 2 ausdrücklich vorgesehen ist[161]. Dieser Beauftragte könnte in Anlehnung an Art. 115 f auch ein Mitglied einer Landesregierung sein. Jedenfalls läßt sich die Ansicht nicht halten, daß die Weisungskompetenz von vornherein durch den Bundesinnenminister auszuüben sei[162].

Adressat der Weisungen nach Art. 91 Abs. 2 S. 1 sind die Polizeikräfte des von der Gefahr bedrohten Landes sowie aller anderen Bundesländer[163]. Die Bundesregierung kann im Rahmen dieses Weisungsrechts keine Weisungen an andere Landesbehörden als die Polizeibehörden richten. Macht die Bundesregierung von ihrem Weisungsrecht gegenüber der Polizei eines Landes Gebrauch, so sind ihr die Polizeidienststellen dieses Landes *unmittelbar* unterstellt[164], wobei in die Unterstellung auch die kommunalen Polizeiverbände einbezogen sind[165]. Die unmittelbare Unterstellung hat auch zur Folge, daß die Bundesregierung zwar dem Landesinnenminister in seiner Eigenschaft als oberste Landespolizeibehörde Weisungen erteilen kann, nicht aber der Landesregierung[166]. Ein Weisungsrecht gegenüber der Landesregierung besteht nur unter der Voraussetzung des Art. 91 Abs. 2 Satz 3.

Es bleibt noch das Problem zu klären, ob neben dem Weisungsrecht der Bundesregierung auch noch ein *Weisungsrecht der Länder* gegenüber ihren Polizeieinheiten bestehen bleibt. Wenn sich das Weisungsrecht der Bundesregierung sinnvoll auswirken soll, muß das Weisungsrecht des Landes gegenüber seinen Polizeikräften vorübergehend soweit entfallen, wie die Bundesregierung dieses Weisungsrecht für sich in Anspruch nimmt[167]. Das Weisungsrecht des Landes bleibt gegenüber denjenigen Polizeieinheiten bestehen, die sich die Bundesregierung

---

160 Vgl. *Maunz* in M-D-H Art. 91 Rn. 33; *Kölble*, Einschreiten S. 43; *Ule-Rasch* S. 778; *Schmidt-Bleibtreu/Klein* Art. 91 Rn. 4.

161 Vgl. *Evers* in BK Art. 91 Rn. 74; *Ule-Rasch* S. 778.

162 Dieser Auffassung ist *Drews-Wacke* S. 543.

163 Vgl. *Maunz* in M-D-H Art. 91 Rn. 34.

164 Ebenso Das Dt. Bundesrecht I A 10 S. 164; *Arndt*, Bundeswehr S. 730; *Schnupp*, Polizei III S. 295; *Ule-Rasch* S. 778.

165 Vgl. *Maunz* in M-D-H Art. 91 Rn. 34.

166 Ebenso *Kölble*, Einschreiten S. 43; a. A. *Evers* in BK Art. 91 Rn. 73 ohne nähere Begründung.

167 *Evers* in BK Art. 91 Rn. 73, Rn. 80; *Maunz* in M-D-H Art. 91 Rn. 40.

nicht unterstellt hat. In sachlicher Hinsicht bleibt das Weisungsrecht des Landes bestehen, soweit der Bundesregierung Weisungsrechte überhaupt nicht zustehen, also auf dienstrechtlichem Gebiet Maßnahmen wie Entlassungen und Neueinstellungen[168]. Im übrigen bleibt das Weisungsrecht des Landes bestehen, soweit die Bundesregierung ausdrücklich gewisse Weisungsbefugnisse nicht für sich beansprucht, sondern sie dem Land beläßt[169]. Die dem Land verbleibenden Weisungsbefugnisse müssen so ausgeübt werden, daß sie dem Vorgehen der Bundesregierung angepaßt sind und den Gesamtplan der Gefahrenabwehr nicht stören[170]. Demnach ist die Ansicht unzutreffend, daß das gesamte Weisungsrecht des Landes generell entfällt, sobald die Bundesregierung die betreffende Landespolizei ihren Weisungen unterstellt[171].

2. Das Weisungsrecht der Bundesregierung nach Art. 91 Abs. 2 Satz 3 GG

Wenn sich die Gefahr des inneren Notstands auf das Gebiet mehr als eines Landes erstreckt, so kann die Bundesregierung nach Art. 91 Abs. 2 S. 3 „soweit es zur wirksamen Bekämpfung erforderlich ist, den Landesregierungen Weisungen erteilen". Dieses Weisungsrecht mit allen seinen rechtlichen Gesichtspunkten kann hier nicht näher behandelt werden, da es mit dem Notstandseinsatz der Polizei nicht direkt in Zusammenhang steht. Deshalb sei nur folgendes festgestellt: Das Weisungsrecht nach Satz 3 richtet sich nur an die Landesregierungen, so daß die Bundesregierung auf diesem Wege weder die Polizeidienststellen noch andere Landesbehörden unmittelbar anweisen kann[172]. Andererseits ist dieses Weisungsrecht sachlich nicht beschränkt auf das polizeirechtliche Gebiet, sondern es können auf allen Verwaltungsgebieten den Landesregierungen Weisungen erteilt werden[173]. Daraus folgt, daß die Bundesregierung mittelbar auch auf diesem Weg auf den Polizeieinsatz Einfluß nehmen kann, indem sie den Landesregierungen Weisungen erteilt, den Polizeieinsatz in bestimmter Weise vorzuneh-

---

168 Ebenso *Evers* in BK Art. 91 Rn. 80.

169 Ebenso *Evers* in BK Art. 91 Rn. 80 und *Maunz* in M-D-H Art. 91 Rn. 46. Die Bundesregierung kann auch gewisse Weisungsrechte auf die Landesbehörden zurückübertragen.

170 Vgl. *Evers* in BK Art. 91 Rn. 80. — Die folgt auch aus dem Grundsatz der Bundestreue.

171 Diese Ansicht vertreten *Grawert* S. 212; *Ule-Rasch* S. 778; *Kölble*, Einschreiten S. 43 f. Kölble begründet seine Ansicht mit dem von ihm vertretenen Übergang der ausschließlichen Verwaltungskompetenz auf den Bund nach Art. 91 II.

172 Ebenso *Evers* in BK Art. 91 Rn. 73, 78.

173 Ebenda Rn. 78.

men[174]. Eine direkte Einflußmöglichkeit gegenüber den Polizeivollzugskräften besteht jedoch nicht[175].

3. Das Weisungsrecht gegenüber den Länderpolizeien nach Art. 115 f Abs. 1 Ziff. 2 GG

Es wurde bereits festgestellt, daß die Bundesregierung im Verteidigungsfall gemäß Art. 115 f Abs. 1 Ziff. 2 „den Landesbehörden" Weisungen erteilen kann, und daß sie auf diese Weise ein unmittelbares Weisungsrecht gegenüber den Länderpolizeien besitzt[176]. Weiter wurde festgestellt, daß nach der geltenden Fassung des Abs. 1 Ziff. 2 die Bundesregierung kein generelles Weisungsrecht gegenüber den Länderpolizeien besitzt[177]. Denn in Ziff. 2 ist nicht wie in Art. 91 Abs. 2 S. 1 GG von einer Unterstellung der Landespolizeikräfte unter die Weisungen der Bundesregierung die Rede. Damit wird deutlich, daß die Bundesregierung nach Art. 115 f nicht ganz allgemein die gesamte Oberleitung des Einsatzes aller Länderpolizeien übernehmen kann. Sie kann nur in „dringlichen" Fällen mit *konkreten Einzelweisungen* an die Polizeieinheiten der Länder herantreten[178]. Sie kann sich nicht die Länderpolizeien für die Dauer des Notstands kurzerhand unterstellen. Inhaltlich unterliegt das Weisungsrecht denselben Beschränkungen wie bei Art. 91 Abs. 2.

Neben dem direkten Weisungsrecht an die Polizei als Landes*behörde* besitzt die Bundesregierung nach Art. 115 f Abs. 1 Ziff. 2 auch ein Weisungsrecht gegenüber den Landesregierungen[179]. Aus dem Wortlaut läßt sich schließen, daß dieses Weisungsrecht denselben Umfang hat wie das nach Art. 91 Abs. 2 Satz 3 gegenüber den Landesregierungen. Auf die obigen Ausführungen darf verwiesen werden. Von Interesse erscheint noch die Frage, ob die Bundesregierung mit dem Weisungsrecht gegenüber der Länderpolizei deren Einsatz über die Grenzen des betreffenden Landes hinaus bewirken kann. Die Frage muß verneint werden, da die Länderpolizeien nicht generell dem Weisungsrecht der Bundes-

---

174 Nach der Begründung des Rechtsausschusses (AB 1968 S. 15) ist damit der Bundesregierung eine „zentrale Einsatzleitung" ermöglicht.

175 Vgl. *Hoffmann* S. 92; *Evers* in BK Art. 91 Rn. 78.

176 Vgl. *Herzog* in M-D-H Art. 115 f. Rn. 6 f., 21, 34 ff.

177 Vgl. die Begründung des Rechtsausschusses zu seinen Beschlüssen, AB 1968 S. 18.

178 Anderer Auffassung *Schäfer*, Notstandsverfassung S. 50. Nach Schäfer will der Art. 115 f Abs. 1 Ziff. 2 der Bundesregierung ein generelles Weisungsrecht geben. — *Herzog* ebenda Rn. 49 gesteht der Bundesregierung auch das Recht zum Erlaß allgemeiner Verwaltungsvorschriften zu. — Wie hier AB 1968 S. 18 und *Ruhnau* in der Sitzung des Rechtsausschusses vom 13. 3. 1968, Kurzprotokoll Nr. 75 S. 5.

179 Dazu ausführlich *Herzog* in M-D-H Art. 115 f. Rn. 34 ff.

regierung unterstellt sind wie in Art. 91 Abs. 2 S. 1[180]. Das bleibt aber ohne praktische Bedeutung. Denn die Bundesregierung kann einen über die Landesgrenzen hinausgehenden Einsatz der Polizei eines Landes durch eine entsprechende Weisung an die betreffende Landesregierung erreichen[181].

4. Die Weisungsrechte gegenüber dem Bundesgrenzschutz bei dessen Einsatz nach Art. 35 Abs. 3 Satz 1, 91 Abs. 2 Satz 1 und 115 f Abs. 1 Ziff. 1 GG

Das Problem der *Weisungsrechte gegenüber dem Bundesgrenzschutz* weist keine Schwierigkeiten auf bei einem Einsatz nach Art. 91 Abs. 2 und Art. 115 f Abs. 1 Ziff. 1. In diesen Fällen wird der Bundesgrenzschutz als Bundesorgan in Wahrnehmung einer Bundeskompetenz eingesetzt[182]. Daher bestehen allein die Weisungsrechte, die auch im Normalfall gegenüber dem Bundesgrenzschutz bestehen. Dieser ist dem Bundesinnenminister unterstellt nach § 42 Abs. 1 BGSG. Der Bundesinnenminister erteilt daher auch in den genannten Notstandsfällen die obersten Weisungen. Allerdings ist dabei zu berücksichtigen, daß sowohl Art. 91 Abs. 2 S. 1 wie auch Art. 115 f Abs. 1 Ziff. 2 von einem Einsatz des Bundesgrenzschutzes durch die „Bundes*regierung*" sprechen. Das hat zur Folge, daß auch hier das gesamte Kabinett darüber entscheiden muß, *ob* der Einsatz stattfindet ,und daß das Kabinett die Grundzüge des Einsatzes festlegen muß[183]. Für die einzelnen Weisungen ist dann der Bundesinnenminister bzw. dessen Unterbeauftragter zuständig. Weisungsrechte der Länder bestehen in den beiden genannten Fällen nicht. Nach § 8 i. V. m. § 3 des neuen BGSG haben aber die Bundesbehörden im „Benehmen" mit den zuständigen Landesbehörden

---

180 Die Frage wird bejaht von *Ruhnau*, vgl. dessen Ausführungen in der 75. Sitzung des Rechtsausschusses vom 13. 3. 1968, Kurzprotokoll Nr. 75. Ruhnau bleibt aber eine Begründung schuldig. Vgl. auch *Lenz* Art. 115 f Rn. 3.

181 Ebenso AB 1968 S. 18. *Schnupp*, Polizei III S. 297 lehnt dagegen einen Einsatz der Landespolizei über die Landesgrenzen hinaus durch die Bundesregierung gänzlich ab. Wie hier auch *Ipsen* in BK Art. 115 f. Rn. 94.

182 So auch *Ipsen* in BK Art. 115 f Rn. 69.

183 Insofern besteht kein Unterschied zu dem Einsatz der Landes-Polizeikräfte durch die Bundesregierung. Auf die dort gemachten Ausführungen wird daher verwiesen. Ähnlich wie hier *Ipsen* in BK Art. 115 f Rn. 20 ff. und *Herzog* in M-D-H Art. 115 f Rn. 13 ff. Nach *Ipsens* Auffassung hat allerdings die Bundesregierung auch den örtlichen Bereich zu bestimmen, innerhalb dessen der Bundesgrenzschutz eingesetzt werden soll. Ipsen schränkt damit die Delegationsmöglichkeit der Befugnis zur Erteilung von Einzelweisungen mehr ein, als hier vertreten wird, und betont somit stärker die Zuständigkeit und Verantwortung der gesamten Bundesregierung für den Einsatz des Bundesgrenzschutzes (vgl. Ipsen a.a.O. Rn. 68).
Vgl. auch *Lenz* Art. 115 f Rn. 6; wie hier auch Begründung BGSG S. 23.

zu handeln. Damit wird zwar kein Weisungsrecht der Länder geschaffen, aber die Bundesregierung hat den Einsatz soweit wie möglich mit den betroffenen Landesbehörden abzustimmen.

Ein wenig anders stellt sich die Rechtslage bei einem Einsatz des Bundesgrenzschutzes durch die Bundesregierung im *Katastrophenfall* gemäß Art. 35 Abs. 3 Satz 1 dar. Nach dem Wortlaut dieses Artikels findet nämlich der Einsatz nur „zur Unterstützung der Polizeikräfte" (gemeint ist: der Länder) statt. Ferner kann sich die Bundesregierung nach dieser Bestimmung nicht die Länderpolizeien unterstellen, sondern lediglich gewisse, sehr beschränkte Weisungen an die Landesregierungen erteilen. Daraus folgt, daß den Ländern im Rahmen des Art. 35 Abs. 3 wesentlich mehr Kompetenzen verbleiben als etwa bei Art. 91 Abs. 2 GG. Für das Weisungsrecht gegenüber dem Bundesgrenzschutz ergeben sich daraus folgende Konsequenzen:

Die Bundesregierung muß ihr Weisungsrecht so ausüben, daß der Einsatz des Bundesgrenzschutzes sich den Zielen der zuständigen Katastrophenabwehr durch das Land anpaßt[184]. Sie muß auf ein „einvernehmliches Zusammenwirken" mit den Behörden des betroffenen Landes bedacht sein[185]. Dennoch besitzen diese Landesbehörden kein Weisungsrecht gegenüber dem Bundesgrenzschutz, es sei denn, die Bundesregierung räumt ihnen im Einzelfall ein solches Recht ein[186]. Von dieser Beschränkung abgesehen, bestehen gegenüber dem Bundesgrenzschutz die Weisungsrechte, wie sie in normalen Zeiten gehandhabt werden. Auch § 9 Abs. 1 Satz 2 BGSG bringt eindeutig zum Ausdruck, daß die Länder im Fall des Art. 35 Abs. 3 GG kein Weisungsrecht gegenüber dem Bundesgrenzschutz besitzen.

---

[184] Diese Ansicht wird auch im Bericht des Rechtsausschusses vom 9. 5. 1968 vertreten, vgl. AB 1968 S. 10. Ebenso Das Dt. Bundesrecht I A 10 S. 136 a.

[185] AB 1968 S. 10.

[186] Ebenso Das Dt. Bundesrecht a.a.O.; anderer Auffassung *Hoffmann* S. 115 und *Schnupp*, Polizei III S. 294. *Hoffmann* gesteht der Bundesregierung lediglich eine „Koordinierungsfunktion" zu, während nach seiner Ansicht „der konkrete Einsatz an Ort und Stelle von den dort zuständigen Organen geleitet wird". — Ähnlich äußert sich Schnupp (a.a.O.): Die BGS-Einheiten seien „dem für den Polizeieinsatz verantwortlichen Leiter" zu unterstellen. Dies ist aber ein Beamter des jeweiligen Landes. *Schnupps* Begründung, daß andernfalls der Einsatz nicht ordentlich geleitet werde, vermag nicht zu überzeugen.

Zweiter Abschnitt

Die Rechtslage bei den Streitkräften

A. Die Organstellung der Streitkräfte

I. Die normale Organstellung der Streitkräfte

Die Frage nach der Organstellung der Streitkräfte im „Normalfall" läßt sich an Hand des Grundgesetzes eindeutig beantworten. Art. 87 a Abs. 1 GG bestimmt: „Der *Bund* stellt Streitkräfte zur Verteidigung auf[187]." Damit ist klargestellt, daß die Aufstellung und Unterhaltung der Streitkräfte in die alleinige Kompetenz des Bundes fällt[188]. Daraus läßt sich folgern, daß die Streitkräfte grundsätzlich als *Organe des Bundes* tätig werden. Wie bereits dargestellt wurde, gehören sie in den Bereich der Exekutive des Bundes[189]. Der Bund übt in Normalzeiten (Friedenszeiten) durch den Bundesminister für Verteidigung gemäß Art. 65 a die oberste Kommandogewalt über die Streitkräfte aus, ebenso im Verteidigungsfall bei einem Einsatz gegen einen äußeren Feind, wobei allerdings die Kommandogewalt nach Art. 115 b auf den Bundeskanzler übergeht. An der Stellung der Streitkräfte als Bundesorgane im Normalfall bzw. beim Kriegseinsatz ist also nicht zu zweifeln.

II. Die Organstellung der Streitkräfte im Notstandsfall

1. Beim Einsatz durch die Länder — Art. 35 Abs. 2 GG

Wenn ein Bundesland bei einer Naturkatastrophe gemäß Art. 35 Abs. 2 GG die Streitkräfte zur Hilfe anfordert, so üben diese in dem betreffenden Land — wie bereits dargelegt[190] — reine Polizeifunktionen aus. Die Tätigkeit der angeforderten Streitkräfte ist also derjenigen der angeforderten Polizei- und Bundesgrenzschutzeinheiten vergleichbar[191].

---

187 Gegenüber der alten Fassung des Art. 87 a, der haushaltsrechtliche Regelung und Kompetenzzuweisung in bedenklicher Weise vermischte, bringt der Abs. 1 Satz 1 der Neufassung ganz eindeutig die Zuweisung der Streitkräfte zur Exekutivkompetenz des Bundes zum Ausdruck. — Zu den weiterhin bestehenden Bedenken gegenüber der Neufassung des Art. 87 a Abs. 1 vgl. *Ipsen* in BK Art. 87 a Rn. 1 bis 26.

188 Vgl. *Ipsen* in BK Art. 87 a Rn. 12; *Dürig* in M-D-H Art. 87 a Rn. 6; *Meyer-Dalheuer* S. 187; *Jäger*, S. 303.

189 Vgl. oben im ersten Teil, dritter Abschnitt C I 2.

190 Vgl. oben S. 79 f.

Was die Stellung der letzteren anbelangt, so wurde bereits nachgewiesen, daß sie ihre normale Organstellung beibehalten, also Organe ihrer Herkunftsländer bleiben, daß sie aber die Hoheitsgewalt des Einsatzlandes ausüben und ihre Maßnahmen daher dem Einsatzland zugerechnet werden. Nichts anderes gilt im Rahmen des Art. 35 Abs. 2 für die angeforderten Streitkräfte. Dieser Regelung ist nichts zu entnehmen, was darauf hindeutet, daß die dem betreffenden Land zur Verfügung gestellten Teile der Streitkräfte aus der Organisation der Bundeswehr vorübergehend ausgegliedert werden und in die Organisation der Landesexekutive eingegliedert werden. Das Land besitzt lediglich gewisse Weisungsrechte. Es gilt also auch für die angeforderten Bundeswehreinheiten, daß sie *Bundesorgane* bleiben, aber bei ihrem Einsatz die Staatsgewalt des Einsatzlandes ausüben mit der Folge, daß die getroffenen Maßnahmen dem Einsatzland zugerechnet werden[192].

2. *Beim Einsatz durch den Bund*

Abgesehen von dem soeben besprochenen Fall des Art. 35 Abs. 2 GG vollzieht sich der Einsatz der Streitkräfte im Inneren während eines Notstandes ausschließlich unter der Leitung des Bundes. Werden die Streitkräfte gemäß Art. 35 Abs. 3 (Katastrophenfall) oder Art. 87 a Abs. 4 (Innerer Notstand) von der Bundesregierung eingesetzt, oder werden sie im Verteidigungsfalle gemäß Art. 87 a Abs. 3 S. 1 zur Erfüllung ihres Verteidigungsauftrages tätig, so geschieht dies zur Wahrnehmung einer Bundeskompetenz[193]. Dies kann nur bedeuten, daß die Streitkräfte in diesen Fällen als *Organe des Bundes* auftreten, ferner daß die von ihnen getroffenen Maßnahmen dem Bund zugerechnet werden[194].

Nicht ganz so eindeutig erweist sich die Rechtslage, wenn gemäß Art. 87 a Abs. 3 S. 2 GG im Verteidigungsfall den Streitkräften „der *Schutz ziviler Objekte* ... zur Unterstützung polizeilicher Maßnahmen *übertragen* wird“. Hierbei handelt es sich um die Übertragung von

---

[191] Dafür spricht auch der Wortlaut der Bestimmung, da die Anforderung der Streitkräfte in einem Zug mit der Anforderung der übrigen Hilfskräfte genannt wird.

[192] Vgl. *Hoffmann* S. 114; *Arndt*, Bundeswehr S. 730; dort wird zwar nicht ausdrücklich gesagt, daß die Streitkräfte als Bundesorgane handeln, dies läßt sich jedoch dem Sinn der Ausführungen entnehmen. Vgl. auch *Maunz* in M-D-H Art. 35 Rn. 15, der dabei von einer „Bundesverwaltung auf Weisung des Landes“ spricht.

[193] Soweit der Einsatz vom Verteidigungsauftrag bestimmt wird, folgt dies aus der Bundeskompetenz zur Verteidigung gemäß Art. 87 a Abs. 1. Im Fall des Art. 35 Abs. 3 und 87 a Abs. 4 spricht der klare Wortlaut für eine Bundeskompetenz. Ebenso *Dürig* in M-D-H Art. 87 a Rn. 55.

[194] Ebenso *Dürig* in M-D-H Art. 87 a Rn. 55.

Polizeizuständigkeiten der Länder auf die Streitkräfte[195]. Die rechtliche Form der Übertragung erscheint problematisch, jedoch kann sie nicht näher erörtert werden[196]. Problematisch erscheint auch, ob die Streitkräfte, denen derartige Objektschutzaufgaben übertragen worden sind, als Bundesorgane eine Bundeskompetenz wahrnehmen oder ob sie als Landesorgane handeln. Die Beantwortung der Frage muß sich an einem Vergleich mit der Rechtslage nach Art. 35 Abs. 2 GG orientieren, wenn ein Land Streitkräfte zu Hilfe anfordert. Nicht einmal in diesem Fall verlieren die Streitkräfte ihre Eigenschaft als Bundesorgane[197]. Um so weniger kann dies angenommen werden, wenn ein Land eigene Polizeiaufgaben auf die Streitkräfte überträgt. Die Streitkräfte bleiben also auch bei der Wahrnehmung übertragener Objektschutzaufgaben Organe des Bundes[198].

Ein Unterschied zur Rechtslage nach Art. 35 Abs. 2 besteht aber insofern, als dort die angeforderten Streitkräfte die Staatsgewalt des Einsatzlandes ausüben und ihre Maßnahmen dem Einsatzland zugerechnet werden, während sie bei einem Einsatz gemäß Art. 87 a Abs. 3 S. 2 GG Staatsgewalt des Bundes ausüben, so daß ihre Maßnahmen dem Bund zugerechnet werden. Dies folgt aus dem Wortlaut der Bestimmung, wonach den Streitkräften die Aufgaben des Objektschutzes *übertragen* werden. Eine Übertragung bedeutet, daß die Kompetenzen, die Gegenstand der Übertragung sind, vom bisherigen Kompetenzinhaber auf einen anderen übergehen[199]. Als notwendige Folge der Kompetenzverlagerung ergibt sich, daß die Staatsgewalt desjenigen Hoheitsträgers

---

[195] Daß es sich um polizeiliche Zuständigkeiten handelt, wurde bereits ausgeführt. Polizeiliche Zuständigkeiten fallen aber grundsätzlich in die Länderkompetenz. Vgl. auch *Ipsen* in BK Art. 87 a Rn. 94 ff. und *Dürig* in M-D-H Art. 87 a Rn. 66 ff.

[196] Ausführlich äußern sich *Ipsen* (a.a.O.) und *Dürig* (a.a.O.) zu diesem Problem. Ipsen geht davon aus, daß auf keinen Fall die unteren Polizeibehörden der Länder eine solche Übertragung vornehmen können. Auch eine Übertragung durch Bundes- bzw. Landesgesetz komme nicht in Frage, da in Art. 87 a Abs. 3 S. 2 nicht die erforderliche Kompetenzzuweisung enthalten sei. Als einzig mögliche Form der Übertragung komme daher ein sog. „Übertragungsabkommen" in Frage, das ein Verwaltungsabkommen zwischen dem Bund (hier Bundesverteidigungsminister) und dem betreffenden Land (hier Landesinnenminister) darstelle. — Ebenso *Dürig* ebenda Rn. 75 ff., *Schreiber*, Streitkräfte S. 733 und *von Mangoldt-Klein* S. 2330. —Zum Begriff „Verwaltungsabkommen" vgl. *Grawert* S. 177 ff.

[197] Das wurde soeben begründet.

[198] Ebenso *Dürig* in M-D-H Art. 87 a Rn. 81. *Ipsen* (in BK Art. 87 a Rn. 118) begründet dieses Ergebnis damit, daß Art. 87 a Abs. 3 S. 2 nicht die Grundlage für einen Organisationsakt abgebe, der notwendig sei, damit die Streitkräfte ihren Status als Bundesorgan verlieren und den Status von Landesorganen annehmen könnten. Auch diese Begründung erscheint überzeugend.

[199] Ähnlich die Ausführungen von *Ipsen* in BK Art. 87 a Rn. 94 ff. und Rn. 109.

ausgeübt wird, dem die Kompetenz übertragen worden ist. Das bedeutet: Überträgt ein Land Aufgaben des polizeilichen Objektschutzes auf die Streitkräfte des Bundes, so üben die Streitkräfte bei diesem Objektschutz Staatsgewalt des Bundes gemäß einer Bundeskompetenz aus[200].

B. Die Weisungsrechte

I. Beim inneren Einsatz der Streitkräfte während des Verteidigungsfalles

Bei der Frage nach den Weisungsrechten gegenüber den Streitkräften erscheint eine Bemerkung zur Terminologie als angebracht: Wird im Bereich der zivilen Exekutive die Führung und Aufsicht über nachgeordnete Stellen mittels „Weisungen" wahrgenommen, so spricht man im militärischen Bereich von der *„Befehls- und Kommandogewalt"*[201]. Nach Art. 65 a GG liegt in Friedenszeiten die oberste Befehls- und Kommandogewalt über die gesamten Streitkräfte beim Bundesminister für Verteidigung[202], während sie im Verteidigungsfall gemäß Art. 115 b GG auf den Bundeskanzler übergeht.

Obwohl also im militärischen Sektor der Begriff „Weisungen" nicht üblich ist, wird er hier beibehalten, da er ganz allgemein als Bezeichnung für die Führungsbefugnisse gelten soll, die gegenüber den im Notstandsfall eingesetzten Vollzugskräften bestehen. Wenn daher im folgenden die „Weisungsrechte" gegenüber den Streitkräften erörtert werden, so geht es nicht um die Struktur der militärischen Befehlsgewalt, sondern darum, ob sich die Ausübung der militärischen Befehlsgewalt bei den konkreten Notstandseinsätzen nach den Weisungen von Stellen zu richten hat, die außerhalb der militärischen Befehlshierarchie stehen.

---

200 Ebenso *Ipsen* in BK Art. 87 a Rn. 118, 119; *Dürig* in M-D-H Art. 87 a Rn. 81.

201 Im Bereich der zivilen Exekutive gilt folgende Terminologie: Die Anordnungen von Behörden an nachgeordnete Behörden werden i. d. R. als „Weisungen" bezeichnet, vgl. Art. 84 Abs. 5, 85 Abs. 3 GG, Art. 116 Abs. 1 GO; ferner *Antoniolli* S. 147 und *Schunck-de Clerck* S. 83. Dagegen spricht man von „dienstlichen Anordnungen" im Verhältnis von Vorgesetzten zu nachgeordneten Beamten, vgl. § 3 Abs. 2 BBG. — Im militärischen Bereich gibt es nur den einheitlichen Begriff des „Befehls"; vgl. § 1 Abs. 4 SoldatenG sowie die Verordnung über die Regelung des militärischen Vorgesetztenverhältnisses vom 4. 6. 1956 (BGBl. I S. 459); ferner *Erhardt* S. 95.

202 Zu dem Problem, wie der Begriff der „Befehls- und Kommandogewalt" in Art. 65 a und 115 b GG auszulegen ist, darf auf die zahlreiche und umfangreiche Literatur verwiesen werden. Vgl. etwa *Dürig* in M-D-H Art. 65 a; *Ipsen*, Rechtsgrundlagen S. 210 ff.; *Roemer* S. 195; *Barth* S. 371 ff.; *Erhardt* S. 61 ff., der sich sehr ausführlich mit der übrigen Literatur auseinandersetzt und zahlreiche Literaturnachweise bringt; ferner *Scherübl* S. 7 ff.; *Martens* S. 162 ff.; *v. d. Heydte*, Problematik S. 526 ff.

1. Der Einsatz gemäß Art. 87 a Abs. 3 Satz 1 GG

Es geht um die Befugnis der Streitkräfte, zivile Objekte zu schützen und Aufgaben der Verkehrsregelung wahrzunehmen, soweit dies zur Erfüllung des Verteidigungsauftrages erforderlich ist. Diese Befugnis steht den Streitkräften von Verfassungs wegen zu und muß ihnen nicht erst übertragen werden[203]. Die Streitkräfte handeln dabei im Rahmen ihres Verteidigungsauftrages. Daher vollzieht sich die Leitung des Einsatzes im militärischen Sektor. Staatliche Stellen außerhalb der militärischen Hierarchie haben keine Einwirkungsmöglichkeiten, insbesondere haben die Länder keine Weisungsbefugnisse. Soweit der Einsatz während des Verteidigungsfalles stattfindet, liegt die oberste Befehlsgewalt nach Art. 115 b GG beim Bundeskanzler, nicht etwa beim Bundeskabinett[204]. Im übrigen sind für den konkreten Einsatz die örtlichen Kommandostellen verantwortlich.

In diesem Zusammenhang muß auch die *Mitgliedschaft der Bundesrepublik in der Nato* beachtet werden[205]. Es wurde bereits erwähnt, daß für die Aufgaben des Notstandseinsatzes im Inneren insbesondere die Truppen der sog. Territorialverteidigung vorgesehen sind, die auch im Verteidigungsfall nicht der NATO unterstehen[206]. Sofern diese Truppen eingesetzt werden, ändert sich am bisherigen Ergebnis nichts. Nehmen aber die Teile der Streitkräfte, die in das NATO-Verteidigungssystem integriert sind[207], die Aufgaben des Objektschutzes und der Verkehrsregelung wahr, so ergibt sich für das Kommando über diese Streit-

---

[203] Vgl. oben im ersten Teil, dritter Abschnitt C II.

[204] Hier taucht das Problem auf, welche Kompetenzen der Bundesverteidigungsminister nach Art. 115 b GG hat, nachdem im Verteidigungsfall die Befehls- und Kommandogewalt auf den Bundeskanzler übergegangen ist. Vgl. hierzu *Herzog* in M-D-H Art. 115 b Rn. 9 ff.; *Ipsen*, Rechtsgrundlagen S. 212 ff.; *Böckenförde* S. 165 ff.; *Erhardt* S. 66 ff. mit weiteren Nachweisen; ferner *Martens* S. 142 ff.; *Lepper* S. 164 ff.; *Meyer-Dalheuer* S. 186; *Paulus* S. 91 ff.; *Busch* S. 439 ff.; *Schäfer*, Grundgesetz S. 532. — Zutreffend erscheint die Ansicht von *Erhardt* (S. 70), daß der Verteidigungsminister im Verteidigungsfall nicht völlig „depossediert“ ist (so aber *Herzog* in M-D-H Art. 115 b Rn. 9), sondern, daß sich lediglich die Richtlinienkompetenz des Kanzlers gegenüber dem Verteidigungsminister zu einer Befehlskompetenz verdichtet, wobei aber der Kanzler unter Umgehung des Verteidigungsministers direkt Befehle an die Truppe und an jeden Soldaten erteilen kann.

[205] Vgl. zu den Problemen, die sich für das Verhältnis von deutscher Kommandogewalt und NATO-Kommandogewalt ergeben, die ausführliche Darstellung bei *Ipsen*, Rechtsgrundlagen S. 153 ff.; ferner *Herzog* in M-D-H Art. 115 b Rn. 16 f. und *Rauschning*, Wehrrecht S. 219 ff.

[206] Vgl. *Ipsen*, Rechtsgrundlagen S. 211.

[207] Das sind die Großverbände des Feldheeres sowie die Einsatz- und Unterstützungsverbände der Luftwaffe und der Marine, vgl. *Ipsen* in BK Art. 87 a Rn. 13.

kräfte folgende Situation: Spätestens mit dem Eintritt des Verteidigungsfalles geht die sog. „operative Führung“[208], das ist die Führung hinsichtlich des militärischen Einsatzes der Streitkräfte, auf die NATO-Kommandobehörden über[209]. Zum Einsatz gehört auch die Tätigkeit nach Art. 87 a Abs. 3 S. 1[210]. Daher wird dieser Einsatz dann von den NATO-Kommandostellen geleitet. Unberührt bleibt dabei die Unterstellung der eingesetzten Streitkräfte unter das deutsche Kommando, soweit es sich um die „truppendienstliche Unterstellung“ handelt, also die Führungsgebiete Personalwesen und Logistik. Denn diese Führungsgebiete sind in das NATO-Kommando nicht eingeschlossen[211].

2. *Der Einsatz gemäß Art. 87 a Abs. 3 Satz 2 GG*

Wenn den Streitkräften der Schutz ziviler Objekte übertragen wird, wie dies nach Art. 87 a Abs. 3 S. 2 möglich ist, so müssen sie „mit den zuständigen Behörden zusammenwirken“ (Art. 87 a Abs. 3 S. 2 zweiter Halbsatz). Mit dieser Formulierung wurde vom Gesetzgeber ausgeschlossen, daß die Streitkräfte — wie beim Einsatz nach Art. 87 a Abs. 3 S. 1 — eigenständig tätig werden und dabei nur den militärischen Kommandostellen unterworfen sind[212]. Damit läßt sich aber nicht die Ansicht begründen, die Streitkräfte seien bei dem ihnen übertragenen Schutz von zivilen Objekten dem Kommando und den Weisungen der betreffenden Bundesländer unterstellt[213]. Das würde nämlich bedeuten, daß diese

[208] In der NATO-Sprache „Operational Command“ genannt, vgl. *Ipsen*, Rechtsgrundlagen S. 176. Neben der operativen Führung gibt es noch folgende Führungsgebiete: Personalwesen, Feindlage und Sicherheit, Logistik. Das sog. „Full Command“ umfaßt alle diese Führungsgebiete und das „Operational Command“ und entspricht damit der Befehls- und Kommandogewalt des Grundgesetzes (a.a.O. S. 177 und 210). Den NATO-Kommandobehörden steht also auch im Verteidigungsfall nicht das „Full Command“ zu, sondern nur das „Operational Command“. Die übrigen Teile des „Full Command“ bleiben dem Inhaber der nationalen Befehls- und Kommandogewalt, also dem Bundeskanzler erhalten.

[209] In Europa ist das der „Supreme Allied Commander Europe“, abgekürzt SACEUR (vgl. *Ipsen*, Rechtsgrundlagen S. 153 und ders. in BK Art. 87 a Rn. 13).

[210] Ebenso *Ipsen* in BK a.a.O. Rn. 43.

[211] Vgl. Anm. 208. In der Zentralen Dienstvorschrift 1/50 Ziff. 24 (abgedruckt in VMBl 1962 S. 490) wird unterschieden zwischen „Unterstellung in jeder Hinsicht“ — das entspricht dem „Full Command“ — der „Unterstellung für den Einsatz“ — das entspricht dem „Operational Command“ — und der „truppendienstlichen Unterstellung“. Nur die „Unterstellung für den Einsatz“ geht demnach auf die NATO-Stellen über (vgl. *Ipsen*, Rechtsgrundlagen S. 210 ff.).

[212] Vgl. AB 1968 S. 13; ferner *Ipsen* in BK Art. 87 a Rn. 106; *Dürig* in M-D-H Art. 87 a Rn. 76; *von Mangoldt-Klein* S. 2331.

[213] So aber *Ruhnau* (Hamburger Innensenator) in der Sitzung des Rechtsausschusses vom 28. 3. 68, Kurzprotokoll Nr. 78 S. 24: „Beim Einsatz von Streitkräften zur Unterstützung der Polizei müßten die Streitkräfte den

Teile der Streitkräfte nicht mehr unter der Befehls- und Kommandogewalt des Bundeskanzlers nach Art. 115 b (bzw. des Verteidigungsministers nach Art. 65 a GG) stünden[214]. Diese Folge ist jedoch keinesfalls vom Wortlaut des Art. 87 a Abs. 3 letzter Halbsatz gedeckt. Aus diesen Gründen erscheint als einzig praktikable Lösung die von *Ipsen* vorgeschlagene[215]: Nach Ipsen ist das geforderte Zusammenwirken zwischen Streitkräften und zuständigen Landesbehörden allein durch die sog. *„Anweisung auf Zusammenarbeit"* möglich. „Sie läßt die strukturell gegebenen Unterstellungsverhältnisse unberührt, verpflichtet jedoch durch auf dem jeweiligen Befehlsweg erteilte Weisungen die Angewiesenen, zur Erfüllung eines gemeinsamen Auftrags oder zur Erreichung eines gemeinsamen Zieles, die beiderseitigen Mittel und Maßnahmen zu koordinieren[216]." Das würde in der Praxis bedeuten, daß die Streitkräfte in ihrem militärischen Befehlsverhältnis verbleiben, daß aber die jeweiligen Befehlshaber ihre Einsatzbefehle danach auszurichten haben, daß die Streitkräfte an Ort und Stelle beim Objektschutz mit den zuständigen Polizeikräften und Behörden der Länder zusammenarbeiten können. Gleiches gilt für die weisungsbefugten Behörden der Länder. Keine Stelle kann also der anderen Weisungen erteilen, weder die Landesbehörden den Streitkräften, noch die Streitkräfte den Landesbehörden. Statt dessen müssen sich beide Seiten über die zu treffenden Maßnahmen verständigen und einigen. Dazu besteht eine verfassungsrechtliche Pflicht[217].

II. Die Weisungsrechte beim Einsatz der Streitkräfte im inneren Notstand und im Katastrophenfall

1. Der Einsatz durch die Bundesregierung gemäß Art. 35 Abs. 3 Satz 1 und Art. 87 a Abs. 4 Satz 1 GG

Die Bundesregierung kann nach den genannten Bestimmungen zur Abwehr eines Inneren Notstands[218] oder eines Katastrophenfalles die Streitkräfte zur Unterstützung der Polizei einsetzen. Hierbei handelt

---

Ländern unterstellt sein, sofern der Bund keine Weisungen gibt." Ähnlich *Schlegelberger*, Protokoll 59 S. 4. — Wie hier *Ipsen* in BK Art. 87 a Rn. 108; *Schreiber*, Streitkräfte S. 733; *Schmidt-Bleibtreu/Klein* Art. 87 a Rn. 7; *Dürig* in M-D-H Art. 87 a Rn. 76, 77; *von Mangoldt-Klein* S. 2331.

214 Ebenso *Ipsen* in BK Art. 87 a Rn. 110.

215 Ebenda Rn. 112 f.

216 Ebenda Rn. 112 f.; ebenso im Anschluß an Ipsen: *von Mangoldt-Klein* S. 2331 und *Dürig* in M-D-H Art. 87 a Rn. 78.

217 Ebenso *Dürig* in M-D-H Art. 87 a Rn. 78. — *Schunck*, Notstandsrecht bezeichnet die Pflicht zum Zusammenwirken als „eigentlich selbstverständlich" (S. 189).

218 Zum Begriff „Innerer Notstand" vgl. oben erster Teil erster Abschnitt B.

es sich um einen Einsatz außerhalb des Verteidigungsfalles. Die oberste Befehls- und Kommandogewalt liegt daher grundsätzlich nach Art. 65 a beim Bundesminister für Verteidigung. Allerdings erleidet dessen Befehlsgewalt insofern eine Einschränkung, als das Grundgesetz in Art. 35 Abs. 3 S. 1 und Art. 87 a Abs. 4 S. 1 festlegt, die „Bundesregierung" habe die Streitkräfte „einzusetzen". Im Prinzip kann hier nichts anderes gelten als in den Fällen, wo die Bundesregierung den Bundesgrenzschutz einsetzt bzw. die Länderpolizeien ihren Weisungen unterstellt (Art. 91 Abs. 2 S. 1 GG)[219]. Demnach muß die Entscheidung über das „Ob" des Einsatzes sowie über die Grundzüge des Einsatzes von der *Bundesregierung als Kabinett*, d. h. dem Kollegium des Kanzlers und seiner Minister, getroffen werden[220]. Innerhalb dieser Grenzen bewegt sich dann die *Befehls- und Kommandogewalt des Bundesverteidigungsministers.* Dieser hat die oberste Führung bezüglich der Einzelheiten des Einsatzes[221].

Schließlich bleibt noch zu erörtern, ob aus der Formulierung, die Bundesregierung kann die Streitkräfte „zur *Unterstützung der Polizei*" einsetzen, ein irgendwie geartetes Mitspracherecht der Länder abzuleiten ist. Diese Formulierung soll in erster Linie klarstellen, daß sich der Einsatz der Streitkräfte an polizeiliche Funktionen anzulehnen hat und ein schlechthin kriegsmäßiger Einsatz unzulässig ist[222]. Keinesfalls läßt sich daraus die Forderung begründen, die Streikräfte müßten generell „der jeweiligen Landesregierung unterstellt werden"[223]. Eine derartige Unterstellung unter die Weisungsgewalt von Landesbehörden widerspricht eindeutig der Tatsache, daß die Bundesregierung die Streitkräfte „einsetzen" kann. Dadurch wird eine direkte und allgemeine Weisungsbefugnis von Landesbehörden gegenüber den Streitkräften

---

[219] Vgl. oben S. 108 ff. mit weiteren Nachweisen.

[220] Ebenso *Hamann-Lenz* Art. 87 a Anm. B 7; *von Mangoldt-Klein* S. 2337; Dürig in M-D-H Art. 87 a Rn. 116; *Lenz*, Notstandsverfassung Art. 87 a Rn. 20.

[221] Gleicher Ansicht *Ipsen* in BK Art. 87 a Rn. 160 und *Dürig* in M-D-H Art. 87 a Rn. 118; anderer Ansicht *Ehmke*, Oberbefehl S. 351: „Der Einsatz von Truppen im Inneren ist als polizeiliche Aufgabe dem Bundesinnenminister zu übertragen." — Differenzierend *Arndt*, Bundeswehr S. 730, 731: Für den Einsatz nach Art. 35 Abs. 3 nimmt er Führung der Streitkräfte durch den Bundesverteidigungsminister an (S. 730), während er die Streitkräfte beim Objektschutz nach Art. 87 a Abs. 4 GG dem Bundesinnenminister unterstellen will (S. 731). — *Klein* (in: von Mangoldt-Klein S. 2337) vertritt die Ansicht, daß überhaupt keine Delegierung auf einen Minister zulässig sei.

[222] *Dürig* in M-D-H Art. 87 a Rn. 118 am Ende.

[223] So aber in der 3. öff. Informationssitzung des Rechts- und Innenausschusses des Bundestags *Schlegelberger* (Protokoll 59 S. 67) und Ule (a.a.O.); ähnlich auch *Egenrieder* (Protokoll 59 S. 27), der eine Unterstellung der Streitkräfte unter „polizeilichen Befehl" verlangt; ebenso *Arndt*, Bundeswehr S. 731; unklar *v. Mangoldt-Klein* S. 2335; — wie hier *Dürig* a.a.O.

ausgeschlossen[224]. Dies gilt sowohl für den Einsatz nach Art. 87 a Abs. 4 S. 1 wie für den nach Art. 35 Abs. 3 S. 1, da beide Grundgesetzbestimmungen in gleicher Weise vom Einsatz der Streitkräfte durch die Bundesregierung sprechen[225].

Allerdings unterliegt die Einsatzbefugnis der Bundesregierung der Beschränkung, daß der Einsatz der Streitkräfte mit den *Einsatzzielen der Polizeikräfte* in Einklang zu bringen ist[226]. Dies gilt vor allem für einen Einsatz nach Art. 35 Abs. 3 GG, da hier der Einsatz der Länderpolizeien unter Führung der Länder stattfindet und die Bundesregierung kein unmittelbares Weisungsrecht gegenüber den Polizeikräften der Länder besitzt[227]. Demgegenüber hat sich der Einsatz der Streitkräfte nach Art. 87 a Abs. 4 zwar auch dem Einsatz der Polizeikräfte anzupassen[228], doch bedeutet dies nicht eine Anpassung an die Einsatzziele der Länder. Denn der Einsatz der Streitkräfte nach Art. 87 a Abs. 4 ist davon abhängig, daß die Voraussetzungen des Art. 91 Abs. 2 vorliegen, d. h. die Bundesregierung bereits die Länderpolizeien ihren Weisungen unterstellt hat. Die Streitkräfte unterstützen also „ein Polizeipotential, das bereits den Weisungen der Bundesregierung unterstellt ist“[229]. Demnach bestimmt hier die Bundesregierung auch bereits die Einsatzziele der Polizeitätigkeit. Die Länder sind hier von der Führung ausgeschlossen.

Die notwendige Koordinierung des Einsatzes von Streitkräften und Polizeikräften läßt sich sowohl für den Fall des Art. 87 a Abs. 4 wie für den Fall des Art. 35 Abs. 3 GG durch die bereits erwähnte „Anweisung auf Zusammenarbeit“ erreichen[230]. Sie ermöglicht es, „durch auf dem jeweiligen Befehlsweg erteilte Anweisungen die Angewiesenen zu ver-

---

[224] Wie hier *Ipsen* in BK Art. 87 a Rn. 160; *ders.*, Streitkräfte S. 398; Das Dt. Bundesrecht I A 10 S. 160; *Schnupp*, Polizei III S. 296; *Dürig* in M-D-H Art. 87 a Rn. 118.

[225] Vgl. Das Dt. Bundesrecht I A 10 S. 136 a; AB 1968 S. 10; differenzierend *Hoffmann:* Bei Art. 87 a lehnt er Unterstellung der Bundeswehr unter Polizeiführung der Länder ab, während er der Bundesregierung bei Art. 35 Abs. 3 nur eine „Koordinierungsfunktion“ zuspricht (vgl. S. 110).

[226] Ebenso AB 1968 S. 10, 14; Das Dt. Bundesrecht I A 10 S. 160 u. S. 136 a; *Hamann-Lenz* Art. 35 Anm. B 5; *von Mangoldt-Klein* S. 2335; anders wohl *Dürig* in M-D-H Art. 87 a Rn. 118.

[227] Die Bundesregierung kann nach Art. 35 Abs. 3 S. 1 nur insofern auf den Einsatz der Länderpolizeien Einfluß nehmen, als sie die Landesregierungen anweisen kann, Polizeikräfte den betroffenen Ländern zur Verfügung zu stellen. Vgl. *Maunz* in M-D-H Art. 35 Rn. 17 ff.

[228] Ebenso *Hoffmann* S. 110; Bericht des Rechtsausschusses vom 9. 5. 1968 (AB 1968 S. 14); *Schnupp*, Polizei III S. 296; Das Dt. Bundesrecht I A 10 S. 136 a, 160; *v. Mangoldt-Klein* S. 2335.

[229] *Ipsen* in BK Art. 87 a Rn. 162; *Dürig* in M-D-H Art. 87 a Rn. 118.

[230] Ebenso *Ipsen* in BK Art. 87 a Rn. 182 und ders., Streitkräfte S. 398; *Dürig* in M-D-H Art. 87 a Rn. 118 a. E. mit Fußnote 6.

pflichten, zur Erfüllung eines gemeinsamen Auftrags die beiderseitigen Mittel und Maßnahmen zu koordinieren“[231].

2. *Der Einsatz der Streitkräfte auf Anforderung der Länder gemäß Art. 35 Abs. 2 GG*

Wenn ein Bundesland nach Art. 35 Abs. 2 GG zur Hilfe bei einer Katastrophe Streitkräfte anfordert, so bleiben diese zwar Bundesorgane, üben aber die Hoheitsgewalt des Einsatzlandes aus[232]. Die angeforderten Streitkräfte werden also nicht aus der Organisation der Bundeswehr ausgegliedert, vielmehr bleibt das militärische Unterstellungs- und Befehlsverhältnis bestehen[233]. Der Wortlaut des Grundgesetzes läßt keinen Raum für die Deutung, daß die betreffenden Teile der Streitkräfte in die Landesexekutive eingegliedert werden. Für die Weisungsrechte gegenüber den Streitkräften ergibt sich dadurch folgende Rechtslage:

Weil die angeforderten Streitkräfte in der militärischen Hierarchie der Bundeswehr verbleiben, und nicht aus der Befehls- und Kommandogewalt des Art. 65 a GG ausscheiden, können die Landesbehörden ihnen keine militärischen Befehle für den Katastropheneinsatz erteilen. Da aber andererseits die Streitkräfte eine Landeskompetenz wahrnehmen und die Hoheitsgewalt des Landes ausüben, muß das Land auf Grund seiner Eigenstaatlichkeit die Möglichkeit besitzen, die Tätigkeit der Streitkräfte zu beaufsichtigen und zu leiten. Daher ist der zuständige militärische Befehlshaber der im Einsatzland tätigen Streitkräfte verpflichtet, von den Landesbehörden, die mit der Leitung der Katastrophenabwehr befaßt sind, Weisungen für den Einsatz entgegenzunehmen und nach diesen Weisungen vorzugehen[234]. Gegenüber den einzelnen Soldaten können aber die Landesbehörden keine Befehle erteilen. Andere als auf den Einsatz bezogene Weisungen können die Länder nicht geben. Insofern bleibt also die Kommandogewalt der obersten Befehlsstellen der Bundeswehr erhalten. Angesichts dieser Rechtslage geht die Ansicht fehl, daß auch beim Einsatz nach Art. 35 Abs. 2 die

---

[231] *Ipsen*, Streitkräfte S. 398.

[232] Vgl. *Maunz* in M-D-H Art. 35 Rn. 15.

[233] So auch *Hoffmann* S. 114; *Arndt*, Bundeswehr S. 730.

[234] Ebenso *Maunz* in M-D-H Art. 35 Rn. 15, der von einer „Bundesverwaltung auf Weisung des Landes“ spricht; ferner *Lenz* Art. 35 Rn. 10; vgl. auch *Arndt*, Bundeswehr S. 730: „... daß die ... eingesetzten Einheiten aber — und zwar geschlossen als solche — Weisungen erhalten und durchführen müssen, die von den zur Katastrophenbekämpfung zuständigen Landesministern (bzw. Landesbehörden) erteilt werden.“ — Ähnlich *Schlegelberger* und Eilers in der 3. öff. Informationssitzung des Bundestags, Protokoll 59 S. 18 und S. 81. Andererseits zu weitgehend *Schunck*, Ergänzungsband S. 43, der die Streitkräfte schlichtweg den Weisungen der Landesregierungen unterstellen will.

Streitkräfte lediglich mit den Landesbehörden „zusammenwirken“[235] sollen, im übrigen aber das Weisungsrecht der zuständigen Bundesorgane in vollem Umfang erhalten bleibt[236].

Zusammenfassung zum zweiten Teil

Werden auf *Anforderung eines Bundeslandes* gemäß Art. 35 Abs. 2 und Art. 91 Abs. 1 Polizeikräfte anderer Bundesländer oder Einheiten des Bundesgrenzschutzes tätig, so bleiben sie *Organe ihrer Herkunftsländer* bzw. des Bundes, sie üben aber die Staatsgewalt des Einsatzlandes aus und die getroffenen Maßnahmen werden dem Einsatzland zugerechnet. Gleiches gilt für den Einsatz der Streitkräfte nach Art. 35 Abs. 2 GG, sowie für den Fall, daß Polizeikräfte der Länder auf Weisung der Bundesregierung einem anderen Bundesland zur Verfügung gestellt werden (Art. 35 Abs. 3 S. 1 GG).

Wenn ein Bundesland im *„Kataraktfall“* (Art. 115 i Abs. 1 GG) den Bundesgrenzschutz einsetzt, so bleibt dieser auch hier *Bundesorgan*, seine Maßnahmen werden jedoch dem betreffenden Land zugerechnet.

Unterstellt die Bundesregierung nach *Art. 91 Abs. 2 S. 1* die Polizeikräfte der Länder ihren Weisungen, so bleiben diese *Organe ihrer Herkunftsländer*. Sofern sie in einem anderen Bundesland tätig werden, üben sie die Hoheitsgewalt dieses Einsatzlandes aus. Dasselbe gilt, wenn die Bundesregierung gemäß Art. 115 f Abs. 1 Ziff. 2 direkte Weisungen an die Polizeikräfte der Länder erteilt.

Der Bundesgrenzschutz übt bei einem Einsatz durch die Bundesregierung nach Art. 35 Abs. 3 S. 1, 91 Abs. 2 S. 1 und 115 f Abs. 1 Ziff. 1 GG als *Bundesorgan* eine *Bundeskompetenz* aus. Die von ihm getroffenen Maßnahmen werden dem Bund zugerechnet.

Außer im Fall des Art. 35 Abs. 2 üben die *Streitkräfte* bei allen Notstandseinsätzen eine *Bundeskompetenz* aus. Sie werden als Bundesorgane tätig.

Die Landespolizeikräfte, die in den Fällen des Art. 35 Abs. 2, Abs. 3 S. 1 und 91 Abs. 1, in einem anderen Bundesland unter dessen Leitung eingesetzt werden, unterstehen den *Weisungen des Einsatzlandes*, so-

[235] So AB 1968 S. 10.

[236] So aber AB 1968 a.a.O. sowie *Hoffmann* S. 114, der nur ein „Einvernehmen“ zwischen Landesbehörden und Streitkräften verlangt.

weit sich die Weisungen auf den *Einsatz* als solchen beziehen. Im übrigen, also in *dienstrechtlicher und personeller Hinsicht* unterstehen sie weiterhin den *Weisungen des Herkunftslandes.* Das Einsatzland ist auch nicht berechtigt, allgemeine Verwaltungsvorschriften zu erlassen. Für den Einsatz des Bundesgrenzschutzes unter Führung eines Landes (Art. 35 Abs. 2, 91 Abs. 1 und 115 i Abs. 1 GG) gilt das Gleiche.

Das *Weisungsrecht der Bundesregierung* nach Art. 91 Abs. 2 S. 1 gegenüber den ihr unterstellten Landespolizeikräften umfaßt die Befugnis zum Erlaß einsatzbezogener Weisungen, organisatorischer und dienstrechtlicher Weisungen. Bei den letzteren sind aber nur *Maßnahmen vorübergehender Natur* zulässig wie Beurlaubungen und einstweilige Dienstsuspendierungen. Die Bundesregierung darf weder polizeirechtliche Rechtsverordnungen noch Verwaltungsvorschriften erlassen. Die Bundesregierung als Kollegium *(Kabinett)* hat über die Inanspruchnahme des Weisungsrechts zu entscheiden und die Grundzüge des Einsatzes festzulegen. Im übrigen darf das Weisungsrecht *delegiert werden,* etwa auf den *Bundesinnenminister.* Die Weisungen sind direkt an die Polizeidienststellen der Länder zu richten.

Nach *Art. 91 Abs. 2 S. 3* kann die Bundesregierung keine direkten Weisungen an die Landespolizeikräfte richten. Im Verteidigungsfall kann die Bundesregierung nach *Art. 115 f Abs. 1 Ziff. 2* direkte Weisungen an die Länderpolizeien richten. Dieses Weisungsrecht reicht nicht so weit wie das des Art. 91 Abs. 2 S. 1, sondern ist auf konkrete Einzelweisungen in „dringlichen“ Fällen beschränkt.

Beim Einsatz des *Bundesgrenzschutzes* nach Art. 91 Abs. 2 S. 1 und 115 f Abs. 1 Ziff. 1 liegt die Einsatzleitung in den Grundzügen bei der gesamten *Bundesregierung.* Auch hier ist eine Delegation zulässig. Im Katastrophenfall (Art. 35 Abs. 3 S. 1 GG) hat die Bundesregierung beim Einsatz des Bundesgrenzschutzes mit den zuständigen Landesbehörden einvernehmlich zusammenzuwirken.

Werden die *Streitkräfte nach Art. 87 a Abs. 3 S. 1 GG* im Rahmen ihres Verteidigungsauftrages zum Objektschutz und zur Verkehrsregelung tätig, so gilt das *militärische Befehls- und Kommandosystem,* wobei die oberste Befehls- und Kommandogewalt dem Bundeskanzler zusteht. Werden diese Aufgaben von Truppen wahrgenommen, die in die *NATO* integriert sind, so liegt das Einsatzkommando bei den NATO-Stellen. Wird den Streitkräften gemäß Art. 87 a Abs. 3 S. 2 der Schutz ziviler Objekte übertragen, so unterstehen sie nicht den Befhlen des betreffenden Bundeslandes. Sie haben jedoch mit den Landesbehörden zusammenzuwirken. Dies geschieht zweckmäßigerweise durch die sog. *„Anweisung auf Zusammenarbeit“.*

Beim Einsatz der Streitkräfte durch die Bundesregierung nach *Art. 35 Abs. 3 S. 1 und Art. 87 a Abs. 4 S. 1 GG* liegt die Entscheidung über das „Ob" und die Grundzüge des Einsatzes bei der gesamten Bundesregierung. Im übrigen kann die Einsatzleitung auf den *Bundesverteidigungsminister* delegiert werden. Im Fall des *Art. 35 Abs. 3 S. 1* hat die Bundesregierung den Einsatz der Streitkräfte den Zielen der Katastrophenabwehr der Länder anzupassen.

Wenn die Streitkräfte gemäß *Art. 35 Abs. 2* auf Anforderung eines Landes tätig werden, so besitzt das betreffende Land nicht die militärische Befehlsgewalt. Die den Einsatz leitenden militärischen Befehlshaber sind jedoch verpflichtet, von den zuständigen Landesbehörden einsatzbezogene Weisungen entgegenzunehmen.

Dritter Teil

Die Rechtsgrundlagen für Eingriffsmaßnahmen der Vollzugskräfte

Wenn die im Notstandsfall eingesetzten Vollzugskräfte, also Länderpolizeien, Bundesgrenzschutz und Bundeswehr, Maßnahmen treffen wollen, die in Rechte der Bürger eingreifen, so bedürfen sie hierzu einer Rechtsgrundlage in Gestalt einer Befugnisnorm, die Gesetzescharakter besitzt oder sich auf ein formelles Gesetz zurückführen läßt[1]. Das grundlegende Problem ist dabei, wann im einzelnen Fall Landesrecht als Rechtsgrundlage dienen muß und wann Bundesrecht anzuwenden ist. Innerhalb dieser Unterscheidung muß dann erörtert werden, in welchen Fällen bestehende Gesetze herangezogen werden können und wann dies nicht möglich ist.

Erster Abschnitt

Landesrecht als Rechtsgrundlage

A. Der Einsatz landesfremder Vollzugskräfte in den „Anforderungsfällen" des Art. 35 Abs. 2, 91 Abs. 1 GG

I. Die ausdrückliche Regelung in den Landespolizeigesetzen

Mit dem Begriff „Anforderungsfälle" sind die Situationen gemeint, bei deren Eintritt die betroffenen Bundesländer gemäß Art. 35 Abs. 2 bzw. Art. 91 Abs. 1 GG Polizeikräfte anderer Länder sowie Kräfte und

---

[1] Dies ist der Grundsatz der Gesetzmäßigkeit der Verwaltung im positiven Sinn, der auch Grundsatz des „Vorbehalt des Gesetzes" genannt wird. Vgl. *Wolff* I S. 143 und *Maunz* in M-D-H Art. 20 Rn. 124 f., 127 f. Zusammen mit dem Grundsatz des „Vorrang des Gesetzes" (auch genannt Gesetzmäßigkeit der Verwaltung im negativen Sinn — vgl. *Wolff* I S. 139 f.) gehört er zum Oberbegriff „Gesetzmäßigkeit der Verwaltung", der als Grundsatz mit Verfassungsrang wesentlicher Teil des Rechtsstaatsprinzips ist (vgl. *Maunz* in M-D-H Art. 20 Rn. 124 f.; *Peters*, Verwaltungsrecht S. 71; *Nebinger*, Verwaltungsrecht S. 82 ff.; *Jellinek*, Verwaltungsrecht S. 88, S. 121 ff.).

Einrichtungen des Bundesgrenzschutzes und der Streitkräfte anfordern können. Die überwiegende Zahl der Bundesländer hat in ihren Polizeigesetzen eine Regelung aufgenommen, die für den Fall, daß Polizeikräfte anderer Bundesländer oder des Bundes auf Anforderung in dem Land tätig werden, vorschreiben, daß die landesfremden Polizeikräfte dieselben Befugnisse besitzen wie die eigenen Polizeikräfte. Alle derartigen landesrechtlichen Bestimmungen legen demnach fest, daß die in einem Bundesland tätigen fremden Polizeieinheiten bei ihrer Tätigkeit an das Polizeirecht des Einsatzlandes als Rechtsgrundlage gebunden sind[2]. Eine solche Bestimmung enthalten folgende Polizeigesetze der Länder: § 65 Abs. 1 Nr. 3, §§ 66 des Polizeigesetzes von Baden Württemberg, Art. 61 Abs. 1 des bayerischen Polizeiaufgabengesetzes, § 81 Abs. 3 des Bremer Polizeigesetzes, § 30 des Hamburger Sicherheits- und Ordnungsgesetzes, § 79 Abs. 1 des Hessischen Gesetzes über die öffentliche Sicherheit und Ordnung, § 14 Abs. 1 und 2 des Polizeigesetzes von Nordrhein-Westfalen, § 71 Abs. 1 und 3 des Polizeiverwaltungsgesetzes von Rheinland-Pfalz und § 13 Abs. 2 des Polizeiorganisationsgesetzes von Schleswig-Holstein[3]. Den gleichen Rechtsgedanken enthält § 10 Abs. 3 BGSG für den Einsatz des Bundesgrenzschutzes. Die übrigen Länder haben keine vergleichbaren Bestimmungen in ihre Polizeigesetze aufgenommen. Allerdings enthält z. B. das SOG von Niedersachsen in § 13 Abs. 2 den gleichen Rechtsgedanken: Nach dieser Bestimmung haben Polizeibeamte, die innerhalb des eigenen Landes auf Ersuchen in einem anderen Polizeibezirk tätig werden, die Befugnisse der in diesem Bezirk tätigen Polizeibeamten. Für den Bereich innerhalb des Landes drückt diese Regelung das gleiche aus, was die oben genannten Gesetze für das Verhältnis mehrerer Länder ausdrücken.

Von den soeben aufgezählten Bestimmungen gelten einige allgemein für den Fall, daß landesfremde Polizeikräfte auf Anforderung oder mit Zustimmung des Einsatzlandes tätig werden[4]. Die übrigen beziehen sich ihrem Wortlaut nach nur auf den Fall des Art. 91 Abs. 1[5] bzw. des Art. 91 GG schlechthin[6]. In den Ländern, deren Bestimmungen all-

---

[2] Vgl. *Ule-Rasch* S. 777.

[3] Datierung und amtliche Fundstelle der Gesetze siehe im Abkürzungsverzeichnis.

[4] Dies sind 65 bwPolG, § 81 brPolG, § 30 hamSOG, nwPolG und § 13 schlhPOG.

[5] Dies ist der Fall bei § 14 nwPolG und § 71 rhpfPVG.

[6] So Art. 61 Abs. 1 bayPAG und § 79 Abs. 1 heSOG. Diese Bestimmungen enthalten somit auch eine Regelung darüber, welches Recht als Rechtsgrundlage für die Tätigkeit landesfremder Polizeikräfte heranzuziehen ist, wenn deren Einsatz auf Weisung der Bundesregierung gemäß Art. 91 Abs. 2 S. 1 GG erfolgt.

gemein den „*Anforderungsfall*" regeln, ist die Rechtslage von Gesetzes wegen geklärt. Dort gilt das jeweilige Polizeirecht des Einsatzlandes für alle Situationen, in denen auf Anforderung oder mit Zustimmung des Einsatzlandes fremde Kräfte des Bundes oder anderer Länder tätig werden. Das bezieht sich auf die Einsätze gemäß Art. 91 Abs. 1 und 35 Abs. 2 GG von Landespolizeikräften und Bundesgrenzschutz sowie den *Einsatz der Streitkräfte* gemäß Art. 35 Abs. 2 GG. Denn auch die Streitkräfte werden nach Art. 35 Abs. 2 GG „auf Anforderung" des Landes hin tätig und sie üben dabei auch rein polizeiliche Funktionen aus[7]. Daher unterfallen sie den betreffenden Bestimmungen der Landesgesetze, die — alle sinngemäß in gleicher Weise — von Polizeikräften des Bundes oder der Länder sprechen.

Allerdings kommt das Landespolizeirecht als Rechtsgrundlage für die Streitkräfte nur dann in Frage, wenn diese bei ihrer Tätigkeit im Katastrophenfall (Art. 35 Abs. 2 GG) überhaupt eine Rechtsgrundlage benötigen. Soweit sie nämlich keine polizeilichen Rechtseingriffe (Eingriffsmaßnahmen) vornehmen, sondern nur technische Hilfe leisten — etwa gefährdete Personen aus der Gefahrenzone bringen, Dämme befestigen, die Bevölkerung mit Lebensmitteln versorgen usw. — benötigen sie keine Ermächtigungsgrundlage[8]. Ebensowenig bedarf dieser „technische Einsatz" im Hinblick auf Art. 87 a Abs. 2 einer Regelung im Grundgesetz[9]. Aber auch der hoheitliche Einsatz der Streitkräfte im Rahmen des Art. 35 Abs. 2 GG erfordert nicht, daß die Soldaten sämtliche Polizeibefugnisse erhalten, die nach den Polizeigesetzen den Polizeibeamten zustehen. Vielmehr genügt wohl im Katastrophenfall die Übertragung einzelner polizeilicher Befugnisse auf die Streitkräfte, so z. B. die Befugnis zur Verkehrsregelung und zum Platzverweis[10].

Aber auch in den Ländern, wo die Geltung der betreffenden Bestimmung des Landespolizeigesetzes auf den Fall des Art. 91 GG beschränkt ist, kann die Rechtslage nicht anders sein. Denn der Anforderungsfall des Art. 35 Abs. 2 GG unterscheidet sich von demjenigen des Art. 91

---

7 Siehe dazu oben erster Teil, dritter Abschnitt C II 3 b. Ebenso *Maunz* in M-D-H Art. 35 Rn. 15; *Lenz* Art. 35 Rn. 10.

8 Denn der sog. „Vorbehalt des Gesetzes" gilt nur für Maßnahmen, die in die Rechte der Bürger eingreifen, so *Dürig* in M-D-H Art. 143 Rn. 18; vgl. auch *Rauschning*, Wehrrecht S. 229.

9 Ebenso *Dürig* in M-D-H Art. 87 a Rn. 35. Der rein technische Einsatz der Bundeswehr fiel auch vor Inkrafttreten der Notstandsverfassung nicht unter die Sperrvorschrift des damals noch gültigen Art. 143 GG, so auch *Dürig* a.a.O.; *Hall*, Entwurf S. 151, 152 mit weiteren Nachweisen.

10 Diese Ansicht wurde auch vom Münchener Polizeipräsidenten *Schreiber* anläßlich der 3. öffentlichen Informationssitzung des Rechts- und Innenausschusses des Deutschen Bundestags am 30. 11. 1967 vertreten (vgl. Protokoll 59 S. 57).

Abs. 1 lediglich dadurch, daß im ersten Fall ein Katastrophennotstand vorliegt, während im zweiten Fall ein politischer Notstand vorliegt. Im übrigen besteht keinerlei Unterschied. Daher erscheint es gerechtfertigt, im Wege der Analogie die Bestimmung des Landespolizeirechts, die das Recht des Einsatzlandes für maßgebend erklärt, auch auf den Einsatz von landesfremden Kräften (der Polizei, des Bundesgrenzschutzes und der Streitkräfte) gemäß Art. 35 Abs. 2 auszudehnen. Dies gilt also für Art. 61 Abs. 1 bayPAG sowie für die genannten Bestimmungen der Länder Hessen, Nordrhein-Westfalen und Rheinland-Pfalz[11]. Gemäß Art. 61 bayPAG ist demnach das PAG Rechtsgrundlage für die außerbayerischen Kräfte nicht nur bei deren Einsatz in Bayern nach Art. 91 Abs. 1 GG, sondern auch nach Art. 35 Abs. 2 GG.

Zusammenfassend kann man demnach feststellen: Die Länder Bayern, Baden-Württemberg, Bremen, Hamburg, Hessen, Nordrhein-Westfalen, Rheinland-Pfalz und Schleswig-Holstein bestimmen ausdrücklich in ihren Polizeigesetzen, daß die auf Anforderung im Lande tätigen landesfremden Einheiten von Polizei, Bundesgrenzschutz und Bundeswehr nach dem jeweiligen Recht des Einsatzlandes vorzugehen haben. In den Ländern, deren diesbezügliche Bestimmungen ihrem Wortlaut nach lediglich für den Fall des Art. 91 Abs. 1 gelten, sind diese analog auch für den Fall des Art. 35 Abs. 2 GG anzuwenden. Das als Rechtsgrundlage heranzuziehende Recht des Einsatzlandes ist das dort geltende Polizeirecht[12]. Denn bei einem Einsatz gemäß Art. 91 Abs. 1 und 35 Abs. 2 GG üben Polizeikräfte, Bundesgrenzschutz und Streitkräfte reine Polizeifunktionen aus.

II. Die Rechtslage in den Bundesländern ohne diesbezügliche gesetzliche Regelung

In den Polizeigesetzen der Länder Niedersachsen und Saarland ist keine Bestimmung enthalten, die vorschreibt, nach welchem Recht die angeforderten landesfremden Vollzugskräfte im Fall des Art. 35 Abs. 2 und 91 Abs. 1 GG vorzegehen haben. Dennoch gilt auch in diesen Ländern der *Grundsatz,* daß die landesfremden Kräfte bei ihren Maßnahmen das Polizeirecht des Einsatzlandes anzuwenden und auszuführen haben[13]. Das läßt sich verschieden begründen:

Einmal ist zu beachten, daß er erwähnte Grundsatz in der überwiegenden Anzahl der Polizeigesetze der Länder ausdrücklich gesetzlich ge-

---

[11] Vgl. oben Anm. 5 und 6.

[12] Ebenso *Mattenklott* S. 60.

[13] Ebenso *Ule-Rasch* S. 778; *Galette* S. 64; *Wacke,* Bundesgesetz S. 203. Vgl. auch *Maunz* in M-D-H Art. 35 Rn. 15.

regelt ist. Aber auch in den Ländern Niedersachsen und Saarland hat dieses Prinzip auf etwas anderer Ebene Eingang in die Polizeigesetze gefunden: Wie der schon erwähnte § 13 Abs. 2 des SOG von Niedersachsen, so enthält auch § 22 Abs. 2 des Preußischen PVG, das noch im Saarland gilt[14], die Regelung, daß Polizeibeamte, die auf Ersuchen in einem anderen Polizeibezirk einschreiten, die Befugnisse der in diesem Bezirk zuständigen Polizeibeamten besitzen. Diese Bestimmungen bringen genau den Rechtsgedanken zum Ausdruck, der auch den Regelungen der anderen Bundesländer sowie dem § 10 Abs. 3 BGSG zugrunde liegt, wenn sie vorschreiben, daß die Polizeikräfte anderer Länder (bzw. des Bundes) die Befugnisse des Einsatzlandes besitzen. Somit kann man sagen, daß dieser Grundsatz als *allgemeiner polizeirechtlicher Rechtsgedanke* in allen Bundesländern Geltung besitzt und deshalb auch in den Ländern Niedersachsen und Saarland für den Einsatz landesfremder Polizeikräfte im Fall des Art. 35 Abs. 2 und 91 Abs. 1 GG gilt. Ob dieser Rechtsgedanke unabhängig von seiner positiven Niederlegung in den meisten Landespolizeigesetzen gewohnheitsrechtliche Geltung für sich beanspruchen kann[15], kann hier nicht entschieden werden.

Jedenfalls läßt sich für die Länder Niedersachsen und Saarland das Ergebnis auch dadurch erreichen, daß man den in § 13 Abs. 2 nsSOG und § 22 Abs. 2 prPVG enthaltenen Rechtsgedanken *im Wege der Analogie* auf den Fall anwendet, das landesfremde Vollzugskräfte mit polizeilichen Funktionen gemäß Art. 35 Abs. 2 und 91 Abs. 1 GG in den beiden Ländern tätig werden.

Unabhängig davon muß man zum gleichen Ergebnis gelangen, wenn man die *Eigenstaatlichkeit der Bundesländer* gebührend berücksichtigt. Wenn man nämlich das hier gefundene Ergebnis ablehnt, so müßten die angeforderten Kräfte anderer Länder als Rechtsgrundlage für ihre Tätigkeit ihr eigenes Polizeirecht anwenden, d. h. das Polizeirecht des Herkunftslandes. Dies würde aber bedeuten, daß im Einsatzland fremdstaatliche Organe den hoheitlichen Vollzug fremdstaatlicher Gesetze vornähmen, ohne daß das Einsatzland auf die Gestaltung der aus-

---

[14] Vgl. *Wolff* III S. 11; *Ule-Rasch* S. 734; vgl. ferner § 37 des saarländischen Gesetzes über die allgemeine Landesverwaltung v. 13. 7. 1950 (ABl. 796).

[15] Die Bildung von Gewohnheitsrecht auf dem Gebiet des Polizeirechts ist durchaus nicht außergewöhnlich. Man denke nur an die gewohnheitsrechtliche Ableitung bestimmter Polizeibefugnisse aus der Generalklausel des § 14 prPVG. Was den hier erörterten Rechtsgrundsatz anbelangt, wäre eine gewohnheitsrechtliche Geltung sehr wohl vorstellbar. Die Frage kann jedoch nicht entschieden werden, da dem Verfasser nicht bekannt ist, ob die zur Bildung von Gewohnheitsrecht notwendige allgemeine und langdauernde Übung in Polizeikreisen tatsächlich gegeben ist.

geführten Gesetze Einfluß nehmen könnte, da es nicht seine Gesetze sind. Das würde die Staatlichkeit des Einsatzlandes verletzen. Denn der Staatscharakter der Länder beinhaltet die Befugnis, selbst die Normen zu bestimmen, nach denen innerhalb ihres Staatsgebietes die Staatsgewalt ausgeübt werden soll. Diese Befugnis ist lediglich im Hinblick darauf eingeschränkt, daß die Länder Gliedstaaten in einem Bundesstaat sind und als solche gemäß dem Grundgesetz auch Bundesgesetze vollziehen müssen. Eine solche verfassungsmäßige Beschränkung der Eigenstaatlichkeit der Länder ist jedoch in Art. 35 Abs. 2 und Art. 91 Abs. 1 GG nicht enthalten. In diesen Fällen fordern doch die Länder *von sich aus* die fremden Vollzugskräfte zur Hilfe an. Wenn diese Kräfte dann im Einsatzland Hoheitsgewalt, und zwar Hoheitsgewalt des Einsatzlandes, ausüben, so folgt aus der Gebietshoheit des Landes, daß die hoheitliche Tätigkeit seinem Recht unterworfen ist[16].

Demnach kann man als Ergebnis festhalten: Unabhängig von einer positiv rechtlichen Regelung in den Polizeigesetzen der Länder gilt für die Tätigkeit der angeforderten Vollzugskräfte im Fall des Art. 35 Abs. 2 und 91 Abs. 1 GG der Grundsatz, daß die landesfremden Einheiten das Polizeirecht des Einsatzlandes anzuwenden haben. Dies ist auch die einhellige Meinung aller Stellungnahmen zu dem Problem[17].

B. Die Rechtslage in den Fällen des Art. 35 Abs. 3 Satz 1 Art. 115 f Abs. 1 Ziff. 2 und Art. 115 i Abs. 1 GG

Der Rechtslage in den „Anforderungsfällen" der Art. 35 Abs. 2 und 91 Abs. 1 vergleichbar erscheint die rechtliche Situation, wenn Landespolizeikräfte gemäß Art. 35 Abs. 3 S. 1 auf Weisung der Bundesregierung anderen Ländern zur Verfügung gestellt werden. Der einzige

---

16 Ebenso *Galette* S. 64: „Aus dem Wesen der Gebietshoheit folgt, daß das Recht des anfordernden Landes maßgeblich ist."

17 Vgl. *Evers* in BK Art. 91 Rn. 66; *Maunz* in M-D-H Art. 91 Rn. 25 und Art. 35 Rn. 15; *Ule-Rasch* S. 778; *Galette* S. 64; *Wacke*, Bundesgesetz S. 203; *Arndt*, Bundeswehr S. 730; Das Dt. Bundesrecht I A 10 S. 163; *v. Mangoldt* S. 487; *Drews-Wacke* S. 513; *Schwagerl-Walter* S. 177; *Evers*, Notstandsverfassung S. 32; *Schnupp*, Polizei III S. 295; *Kölble*, Einschreiten S. 7; AB 1965 S. 13; RE 1967 S. 23; AB 1968 S. 10 und S. 15; *Hamann-Lenz* Art. 35 Anm. B 5. — Diese Rechtsansicht kommt auch in der „Allgemeinen Verwaltungsvorschrift des Bundesministers des Inneren zum Gesetz über den unmittelbaren Zwang bei Ausübung öffentlicher Gewalt durch Vollzugsbeamte des Bundes" (abgekürzt: Vwv UZwG BMI) i. d. F. v. 24. 1. 1969 (GMBl. S. 59) zum Ausdruck: Denn nach Ziff. I Abs. 5 dieser Verwaltungsvorschrift ist bei einem Einsatz des BGS nach Art. 35 Abs. 2 und 91 Abs. 1 GG das jeweilige Landespolizeirecht Rechtsgrundlage für die polizeilichen Anordnungen und deren Erzwingung.

Unterschied gegenüber der Lage bei Art. 35 Abs. 2 besteht darin, daß an die Stelle der Anforderung des betroffenen Landes eine Weisung der Bundesregierung tritt. Dennoch sind die oben genannten Bestimmungen der Landespolizeigesetze hier nicht unmittelbar anwendbar, auch diejenigen nicht, die sich nicht nur auf Art. 91 GG beziehen[18]. Denn sie sprechen alle davon, daß die fremden Polizeibeamten auf Anforderung oder mit Zustimmung des Einsatzlandes tätig werden. Dieses Moment fehlt bei Art. 35 Abs. 3, da eine Weisung der Bundesregierung der auslösende Faktor ist. Dies ändert jedoch nichts daran, daß auch hier der dargestellte Rechtsgrundsatz gilt, daß sich die fremden Einheiten auf das Polizeirecht des Einsatzlandes zu stützen haben. Denn auch hier üben die fremden Einheiten die Staatsgewalt des Einsatzlandes aus[19], mit der Folge, daß sie dabei dem Recht des Einsatzlandes unterworfen sind.

Hierher gehört auch der Fall, daß die Bundesregierung im *Verteidigungsfall* gemäß Art. 115 f Abs. 1 Ziff. 2 direkte Weisungen an die Polizeibehörden der Bundesländer richtet. Es wurde bereits ausgeführt, daß das Weisungsrecht nach Art. 115 f Abs. 1 Ziff. 2 die Bundesregierung nur zur Erteilung von einzelnen Weisungen in dringlichen Fällen ermächtigt, so daß die Landespolizeikräfte als Landesorgane Landeskompetenzen ausführen[20]. Dementsprechend liegt ihrer Tätigkeit — wie im Normalfall — das Polizeirecht des jeweiligen Landes zugrunde. Die Bundesregierung kann aber nach derselben Grundgesetzbestimmung auch Weisungen an die Landesregierungen erteilen. Mit Hilfe dieses Weisungsrechtes ist es ihr möglich, die Polizei eines Landes über die Landesgrenzen hinaus auch zu einem Einsatz in einem anderen Bundesland zu veranlassen[21]. In diesem Fall greift wieder der bereits dargestellte Rechtsgrundsatz ein, wonach für die landesfremden Einheiten das Polizeirecht des Einsatzlandes Geltung hat.

Schließlich bleibt noch zu klären, welche Rechtsgrundlage dem *Bundesgrenzschutz* zur Verfügung steht, wenn er im „Kataraktfall" gemäß Art. 115 i Abs. 1 in Verbindung mit Art. 115 f Abs. 1 Ziff. 1 GG von einer Landesregierung eingesetzt wird. Das BGSG läßt sich nicht heranziehen, da es diesen Fall nicht regelt. Daher ist auf die bisherigen Ergebnisse zurückzugreifen: Wird der BGS von einem Bundesland im Rahmen des Art. 115 i Abs. 1 eingesetzt, so nimmt er eine Kompetenz

---

18 Siehe oben Anm. 4, 5 und 6.

19 Vgl. oben im zweiten Teil, erster Abschnitt A I 3.

20 Vgl. AB 1968 S. 18.

21 Ebenso AB 1968 S. 18; ablehnend *Schnupp*, Polizei III S. 207.

des betreffenden Landes wahr. Da er dabei eine polizeiliche Funktion innehat, kommt als Rechtsgrundlage nur das Polizeirecht des betreffenden Landes in Frage[22].

Zweiter Abschnitt

Landesrecht und Bundesrecht als Rechtsgrundlage beim Einsatz der Länderpolizeien auf Weisung der Bundesregierung—Art. 91 Abs. 2 Satz 1 GG

A. Die grundsätzliche Geltung von Landesrecht

Wenn sich die Frage stellt, welche Rechtsgrundlage dem von der Bundesregierung nach Art. 91 Abs. 2 S. 1 GG gesteuerten Einsatz der Länderpolizeien zur Verfügung steht, so werden damit *zwei Teilfragen* angesprochen: Einmal die Frage nach der Anwendbarkeit von Bundes- oder Landesrecht, zum anderen die schon bekannte Frage, welche Folgen für das anzuwendende Recht sich daraus ergeben, daß die Bundesregierung im Rahmen ihres Weisungsrechtes gemäß Art. 91 Abs. 2 S. 1 die Polizei eines Bundeslandes zum Einsatz in einem anderen Bundesland befiehlt.

Zur Beantwortung der *ersten Teilfrage* muß herangezogen werden, was bisher schon bezüglich der *Organstellung* der Landespolizeikräfte für den Fall des Art. 91 Abs. 2 GG erarbeitet wurde. Das Ergebnis darf kurz wiederholt werden: Die Polizeieinheiten der Bundesländer sind nach Art. 91 Abs. 2 S. 1 GG zwar dem sehr weitgehenden Weisungsrecht der Bundesregierung unterstellt, sie bleiben jedoch Organe ihrer Länder und üben die Staatsgewalt des jeweiligen Bundeslandes aus, in dem sie eingesetzt sind. Dementsprechend muß grundsätzlich davon ausgegangen werden, daß die Polizeikräfte nach Landespolizeirecht vorzugehen haben. Diese Ansicht wird auch überwiegend in der Literatur zu Art. 91 Abs. 2 GG vertreten[23]. Allerdings unterliegt die eben getroffene Fest-

---

[22] Auch der Vwv UZwG BMI Ziff. I Abs. 5 Nr. 3 ist zu entnehmen, daß der Bundesgrenzschutz im Fall des Art. 115 i Abs. 1 GG das jeweilige Landespolizeirecht anzuwenden hat.

[23] Vgl. *Evers* in BK Art. 91 Rn. 70; *Maunz* in M-D-H Art. 91 Rn. 37 f.; *Drews-Wacke* S. 513 ff.; *Wacke*, Bundesgesetz S. 203; *Schnupp*, Polizei III S. 293; *Kölble*, Einschreiten S. 42; *Galette* S. 64; *Hamann-Lenz* Art. 91 Anm. B 4; *Schmidt-Bleibtreu/Klein* Art. 91 Rn. 4; — zu allgemein und undeutlich *Schäfer*, Notstandsgesetze S. 136, wonach für den Einsatz der Polizeikräfte „Bundes- wie vor allem Landesrecht" gelte. — Für die ausschließliche

stellung einer wesentlichen Einschränkung. Das Polizeirecht der Länder kann nur insoweit herangezogen werden, als nicht der Bund von einer ihm zustehenden Gesetzgebungskompetenz Gebrauch macht bzw. schon Gebrauch gemacht hat. Diese Frage wird anschließend zu erörtern sein[24].

Eines muß aber bereits an dieser Stelle klargestellt werden. Die von *Arndt* und *Pioch* vertretene Ansicht, *allein Bundesrecht* komme für den Einsatz der Länderpolizeien in Frage, ist nicht haltbar[25].

Arndt geht von folgenden Überlegungen aus: Wenn es richtig sei, daß die Landespolizeieinheiten Landesrecht anzuwenden haben, so habe das zur Folge, daß die Bundesregierung ihre Weisungen an die Länderpolizeien nach dem jeweiligen Landespolizeirecht auszurichten habe. Dies stelle jedoch eine Ausführung von Landesgesetzen durch die Bundesregierung als Bundesorgan dar, was nach dem Grundgesetz unzulässig sei[26]. Arndt ist darin recht zu geben, daß ein *Vollzug von Landesgesetzen durch Bundesorgane* grundsätzlich unzulässig ist[27]. Wenn die Bundesregierung aber im Rahmen des Art. 91 Abs. 2 GG die Polizeieinheiten der Länder ihren Weisungen unterstellt, so führt sie damit nicht die Landesgesetze aus, nach denen sich das Vorgehen der Polizei richtet. *Ausgeführt* werden die Polizeigesetze von den im Einsatz befindlichen Polizeibeamten, die Landesorgane bleiben[28], nicht aber von der Bundesregierung. Diese hat bei ihren Weisungen lediglich das Landespolizeirecht zu *beachten*, da andernfalls die Polizeibeamten der Länder Maßnahmen treffen müßten, die von den Landesgesetzen nicht gedeckt sind. Eine *Beachtung* von Landesrecht durch Bundesorgane ist jedoch zulässig[29]. Selbst wenn man unterstellt, daß die Bundesregierung bei ihren Weisungen an die Landespolizeikräfte Landesrecht ausgeführt, so geht dieser Einwand dennoch fehl. Denn die Gründe dafür, daß die Ausführung von Landesgesetzen durch Bundesorgane grundsätzlich

---

Geltung von *Bundesrecht Pioch*, Kommentar S. 183 und *Adolf Arndt* in der Sitzung des Bundesrates vom 3. 3. 1961, Sten. Ber. S. 33.

24 Vgl. dazu unten unter B.

25 Siehe dazu Anm. 23 a. E.

26 *Arndt* in der Sitzung des Bundesrats vom 3. 3. 1961, Sten. Ber. S. 33.

27 Ebenso BVerfGE 12, 205 f. (221) und BVerfGE 21, 312 ff.; *Scheurer* S. 84; *Hlawaty* S. 146; *Zeidler* S. 575; *Kratzer* S. 532; *Kölble*, Verwaltung S. 665; *Reigl* S. 399. — Anderer Meinung *Müller* S. 20 f.; differenzierend *Schmuck* S. 665.

28 Hier liegt der Ansatzpunkt von *Pioch* (Kommentar S. 183), der annimmt, die Landespolizeikräfte seien im „Dienst des Bundes", und daraus die Anwendbarkeit von Bundesrecht folgert.

29 *Reigl* S. 399; *Koschella* S. 194; ablehnend *Kölble*, Grundgesetz und Landesstaatsgewalt S. 583 f.; vgl. auch BayObLG in BayVBl. 1957, 295; BVerwG in DÖV 1962, 142; BVerfGE 12, 205 (221); *Maunz* in M-D-H Art. 83 Rn. 21.

unzulässig ist, liegen darin, daß das Grundgesetz zwar die Ausführung von Bundesgesetzen durch die Länder regelt, ansonsten aber in den Art. 83 ff. den Verwaltungstyp „Ausführung von Landesgesetzen durch den Bund" nicht kennt[30]. Im übrigen ist die eigenmächtige Ausführung von Landesgesetzen durch den Bund deshalb unzulässig, weil die Länderbehörden keinen Einfluß auf die Bundesorgane nehmen könnten. Dies läßt sich aber mit der Staatlichkeit der Länder nicht vereinbaren[31], da es zur Staatlichkeit gehört, daß der normsetzende Staat Einfluß auf die fremdstaatlichen Organe nehmen kann, die seine Normen ausführen[32]. Außerdem würde das auch die parlamentarische Staatsform der Länder verletzen. Denn es gehört zum parlamentarischen System, daß die gesetzesausführende Gewalt der gesetzgebenden Gewalt verantwortlich ist. Die Bundesorgane sind aber den Länderparlamenten nicht verantwortlich[33].

Alle diese Gründe, die grundsätzlich gegen die Zulässigkeit des Bundesvollzugs von Landesgesetzen sprechen, greifen aber im Fall des Art. 91 Abs. 2 GG nicht durch, weil ihre Voraussetzungen fehlen. Die Staatlichkeit der Länder steht nämlich unter dem Vorbehalt, daß sie nicht entgegen den Interessen der Ganzheit von Bund und Ländern ausgeübt werden darf, also unter dem *Vorbehalt der Bundestreue*[34]. Die Staatlichkeit der Länder hört dort auf, souverän zu sein, wo das Land freiwillig oder unfreiwillig durch sein Verhalten oder durch eine in seinem Bereich entstandene Lage die Interessen oder gar die Existenz des Bundesstaates gefährdet. Gerade eine derartige Situation liegt aber vor, wenn die Bundesregierung nach Art. 91 Abs. 2 eingreift, da es zu den Voraussetzungen für das Eingreifen gehört, daß ein oder mehrere Länder nicht in der Lage oder nicht bereit sind, eine Gefahr für den Bestand oder die freiheitlich demokratische Grundordnung des Bundes oder eines Landes abzuwehren. Wenn daher die Bundesregierung mit der Ausübung des Weisungsrechtes gegenüber den Länderpolizeien wirklich Landesrecht „ausführen" sollte — was nach der hier ver-

---

30 So *Maunz* in M-D-H Art. 83 Rn. 42. Maunz gesteht dabei die Möglichkeit zu, daß „auch Bundesbehörden in einzelnen Fällen am Vollzung von Landesgesetzen beteiligt sind". — Ähnlich auch *Schmuck* S. 665, der den Vollzug von Landesgesetzen durch Bundesbehörden nur auf dem Gebiet der Landesverwaltung ablehnt, ihn aber auf dem Gebiet der bundeseigenen Verwaltung zuläßt.

31 Vgl. *Evers* in BK Art. 91 Rn. 69; *Scheurer* S. 56 ff.; *Zeidler* S. 575 ff.; *Arndt* in der Sitzung des Bundesrats v. 3. 3. 1961, Sten. Ber. S. 33.

32 So *Zeidler* S. 575 ff.; ähnlich *Arndt* ebenda.

33 Dies ergibt sich aus der grundsätzlichen Überordnung des Bundes über die Länder, vgl. *Scheurer* S. 80.

34 Zum Grundsatz der Bundestreue vgl. *Maunz* in M-D-H Art. 20 Rn. 22 f.

tretenen Auffassung nicht zutrifft[35] — so wäre dies jedenfalls ausnahmsweise zulässig, weil damit die Staatlichkeit der Länder nicht unzulässig, sondern zulässig tangiert wird. Denn das Weisungsrecht der Bundesregierung ist so zu verstehen, daß es lediglich „im existentiellen Interesse von Bund und Ländern eine Lücke schließt“[36].

Somit ist die Ansicht klar widerlegt, daß die nach Art. 91 Abs. 2 GG den Weisungen der Bundesregierung unterstellten Polizeikräfte von Verfassung wegen ausschließlich nach Bundesrecht vorgehen müssen. Damit ist aber noch nicht geklärt, ob nicht der Bund eine Gesetzgebungskompetenz besitzt, die ihn zum Erlaß von Bundesrecht für den Polizeieinsatz ermächtigt[37].

Bisher steht also fest, daß die Landespolizeieinheiten nach *Landespolizeirecht* vorzugehen haben, sofern nicht Bundesrecht vorhanden ist. Diese Auffassung tritt auch in den bereits erwähnten Bestimmungen derjenigen Landespolizeigesetze zu Tage, die ausdrücklich den Fall regeln, daß Art. 91 GG — und damit ist auch Art. 91 Abs. 2 mit eingeschlossen — landesfremde Polizeikräfte im Lande tätig werden[38]. So bestimmt Art. 61 Abs. 1 bayPAG, daß die nach Art. 91 GG in Bayern tätigen fremden Polizeibeamten die Befugnisse des bayerischen Polizeirechts haben, und bejaht damit implizit die Anwendbarkeit des Landesrechts.

Nun ist bereits die eingangs angeführte *zweite Teilfrage* angeschnitten, welche Rechtsgrundlagen gelten, wenn die Bundesregierung die Polizeikräfte eines Landes *außerhalb der Landesgrenzen* in einem anderen Bundesland einsetzt. Konsequenterweise findet auch hier der Rechtsgrundsatz Anwendung[39], daß für die fremden Polizeieinheiten anderer Bundesländer das Polizeirecht des Einsatzlandes gilt. Denn auch bei einem von der Bundesregierung gesteuerten Einsatz gemäß Art. 91 Abs. 2 S. 1 üben die in einem anderen Bundesland eingesetzten Polizeieinheiten die Staatsgewalt dieses Einsatzlandes aus. Das hier gefundene Ergebnis kommt auch in den erwähnten Bestimmungen der Polizei-

---

35 Nach der hier vertretenen Auffassung kann in der Handhabung des Weisungsrechts gegenüber den Landespolizeikräften durch die Bundesregierung nicht die Ausführung von Landesgesetzen erblickt werden.

36 So *Evers* in BK Art. 91 Rn. 68.

37 Vgl. dazu unten unter B.

38 Das sind § 79 Abs. 1 heSOG sowie Art. 61 Abs. 1 bayPAG — vgl. oben Anm. 6.

39 Dieser Grundsatz ist ausführlich dargestellt oben im ersten Abschnitt unter A II.

gesetze einiger Länder zum Ausdruck[40]. Die Stellungnahmen in der Literatur teilen fast einhellig diese Auffassung[41].

B. Bundesrecht als Rechtsgrundlage

I. Die Gesetzgebungskompetenz des Bundes

Bekanntlich hat der Bundesgesetzgeber im Jahre 1961 das Bundesgesetz „über den unmittelbaren Zwang bei Ausübung öffentlicher Gewalt durch Vollzugsbeamte des Bundes" (UZwG)[42] verabschiedet. Dieses Gesetz regelt für alle Bundesbeamten, die mit Vollzugsgewalt ausgestattet sind, die Anwendung des sog. unmittelbaren Zwanges. In § 15 Abs. 1 ist bestimmt, daß das UZwG auch für die Polizei der Bundesländer gilt, wenn sie nach Art. 91 Abs. 2 GG unter die Weisungen der Bundesregierung gestellt wird. Die *Verfassungsmäßigkeit* des § 15 UZwG erscheint auf den ersten Blick zweifelhaft[43]. Denn mit dieser Vorschrift hat der Bund eine materiell-rechtliche Regelung für die Länderpolizeien getroffen, das Polizeirecht gehört jedoch bis auf wenige Ausnahmen[44] mangels Zuweisung an den Bund zur Gesetzgebungskompetenz der Länder[45]. § 15 UZwG trifft insofern eine materiell polizeirechtliche Regelung, als er vorschreibt, daß die Polizeibeamten der Länder bei der Anwendung unmittelbaren Zwanges nach dem UZwG des Bundes vorzugehen haben[46]. Diese Regelung ist nur dann verfassungsmäßig und damit gültig, wenn der Bund hierfür eine Gesetzgebungskompetenz besitzt. Mit der Beantwortung dieser Frage wird

---

[40] Vgl. oben Anm. 47.

[41] Siehe hierzu die oben Anm. 23 gegebenen Literaturhinweise. — Vgl. ferner *Ule-Rasch* S. 779, wo ausdrücklich der Grundsatz ausgesprochen ist, daß das Recht des Einsatzlandes auch dann gilt, wenn das betreffende Landespolizeirecht keine diesbezügliche Regelung enthält. Ebenso *Schmidt-Bleibtreu/Klein* Art. 91 Rn. 4.

[42] Das Gesetz stammt vom 10. 3. 1961 — BGBl. I S. 165, geändert durch Gesetz vom 25. 6. 1969, BGBl. I S. 645 (1. Strafrechtsreformgesetz).

[43] Im Gesetzgebungsverfahren beim ersten Durchgang hielt der Bundesrat den § 15 für verfassungswidrig. Erst nach der Behandlung im Vermittlungsausschuß ließ er seine Bedenken fallen. Vgl. *Pioch*, Kommentar S. 182.

[44] So stehen dem Bund legislative und exekutive Kompetenzen zu hinsichtlich des Bundeskriminalamtes (Art. 73 Ziff. 10 GG) und des Bundesgrenzschutzes (Art. 87 Abs. 1 S. 2 GG). Zur Bundespolizeizuständigkeit gehören auch die Bahnpolizei sowie die Polizeigewalt des Bundestagspräsidenten im Gebäude des Bundestags (Art. 40 Abs. 2 GG). — Vgl. dazu *Wolff* III S. 9, 10, 27 f.

[45] Dies folgt aus dem Fehlen einer allgemeinen Zuweisung der Materie Polizeiwesen in den Art. 70 ff. GG an den Bund (vgl. Art. 70 Abs. 1) — vgl. *Wolff* III S. 9; *Kölble*, Einschreiten S. 90.

[46] *Kölble*, Einschreiten S. 90 sieht dagegen im UZwG lediglich ein „Organisationsrecht", also keine materiellrechtliche Regelung.

zugleich geklärt, ob der Bund eine Kompetenz besitzt, die ihn zum Erlaß von weiterem Polizeirecht ermächtigt, das für den Einsatz der Länderpolizeien im Fall des Art. 91 Abs. 2 S. 1 GG gilt.

Bei der Suche nach einer *Grundlage für die Gesetzgebungskompetenz des Bundes* werden verschiedene Wege eingeschlagen. *Wacke* vertritt die Ansicht[47], die Kompetenz des Bundesgesetzgebers folge aus dem *Weisungsrecht* des Bundes gegenüber den Länderpolizeien. Gegen diesen Schluß spricht einmal, daß in Art. 91 Abs. 2 GG die Bundesregierung und nicht der Bundesgesetzgeber zum Erlaß der Weisungen ermächtigt wird. Zum anderen ist der Begriff der „Weisungen" im Grundgesetz (vgl. etwa Art. 84, 85 GG) eindeutig dahin fixiert, daß Weisungen ein Aufsichtsmittel der Exekutive, nicht aber Normen der Legislative darstellen[48]. Wacke stützt jedoch die Bundeskompetenz auch auf den Gedanken, daß die dem Bund in Art. 91 Abs. 2 übertragene Aufgabe nur dann sinnvoll durchgeführt werden könne, wenn ein einheitliches Recht gelte[49]. Damit postuliert Wacke im Grunde nichts anderes als eine Gesetzgebungskompetenz „aus der Natur der Sache". Ihm folgen darin *Kölble*[50] und *Pioch*[51]. Für eine Gesetzgebungskompetenz „aus der Natur der Sache", deren Zulässigkeit ohnehin sehr umstritten ist[52], bleibt schon deshalb kein Raum, weil das Grundgesetz eine geschriebene, ausdrückliche Kompetenzzuweisung enthält[53]. Wie *Maunz* richtig bemerkt[54], ist diese Kompetenzzuweisung nicht in Art. 91 Abs. 2 selbst enthalten. Denn diese Bestimmung gewährt dem Bund lediglich sehr beschränkte Verwaltungskompetenzen, nicht aber eine Kompetenz zur Gesetzgebung[55]. Die *Kompetenzzuweisung* ist vielmehr in den die Gesetzgebung des Bundes betreffenden Vorschriften des Grundgesetzes enthalten,

---

47 *Wacke*, Bundesgesetz S. 202.

48 Ähnlich *Maunz* in M-D-H Art. 91 Rn. 11; ablehnend gegenüber der Ansicht Wackes auch *Evers* in BK Art. 91 Rn. 71; *Hamann*, Problematik S. 48.

49 *Wacke*, Bundesgesetz S. 202; auf die weitere Argumentation Wackes, mit der er die Gesetzgebungskompetenz des Bundes zu stützen sucht, kann hier nicht eingegangen werden. Ausführlich setzt sich *Maunz* in M-D-H Art. 91 Rn. 11—14 mit den Argumenten Wacke'sauseinander.

50 *Kölble*, Notstände S. 178; ähnlich auch *Kölble*, Einschreiten S. 90.

51 *Pioch*, Kommentar S. 185; ebenso AB 1965 S. 14.

52 Vgl. dazu *Maunz* in M-D-H Art. 70 Rn. 27 und Art. 30 Rn. 14 mit weiteren Nachweisen; ferner BVerfGE 3, 407.

53 Eine geschriebene Zuständigkeit verdrängt die ungeschriebene „aus der Natur der Sache".

54 In M-D-H Art. 91 Rn. 10.

55 *Maunz* ebenda führt aus, daß der sonst zulässige Schluß von der Verwaltungs- auf die Gesetzgebungskompetenz des Bundes bei Art. 91 Abs. 2 unzulässig sei, da der Bund hier nicht einmal Verwaltungszuständigkeiten, sondern lediglich ein „Mitwirkungsrecht" habe. — Aus der Verwaltungs- auf die Gesetzgebungskompetenz schließt aber die Begründung der Bundesregierung zum BGSG S. 48.

und zwar in Art. 73 Ziff. 10 b. Die Ansicht von *Arndt*, daß die Zuweisung in Art. 73 Ziff. 8 enthalten sei[56], ist dagegen unzutreffend. Die Ziff. 8 des Art. 73 gewährt dem Bund die ausschließliche Gesetzgebung über „die Rechtsverhältnisse der im Dienste des Bundes ... stehenden Personen". Arndt kommt zur Anwendung dieser Bestimmung, weil er den Standpunkt vertritt, daß die der Bundesregierung unterstellten Polizeikräfte der Länder im Fall des Art. 91 Abs. 2 eine „bundesrechtliche Funktion" erfüllen und daher „im Dienste des Bundes" stehen[57]. Wie oben bereits dargelegt wurde, trifft diese Annahme nicht zu[58], die Landespolizeikräfte erfüllen vielmehr Landesaufgaben und werden als Landesorgane tätig. Damit kann Art. 73 Ziff. 8 nicht herangezogen werden.

Als alleinige Grundlage für eine Gesetzgebungskompetenz erweist sich Art. 73 Ziff. 10 b GG (in der Fassung des 31. Gesetzes zur Änderung des Grundgesetzes vom 28. 7. 1972 (BGBl. I S. 1305)[59]. Danach hat der Bund die ausschließliche Kompetenz u. a. auch über „die Zusammenarbeit des Bundes und der Länder ... zum Schutze der freiheitlichen demokratischen Grundordnung, des Bestandes und der Sicherheit des Bundes oder eines Landes (Verfassungsschutz)". Art. 91 regelt die Abwehr von Gefahren für die freiheitlich demokratische Grundordnung und damit den Schutz der Verfassung, die als Verkörperung der freiheitlich demokratischen Grundordnung gelten kann. Demnach kann der Bund für den Fall des Art. 91 Abs. 2 Bundesgesetze erlassen, die die Zusammenarbeit zwischen Bund und Ländern bei der Gefahrenabwehr und damit beim Verfassungsschutz regeln. Zur Zusammenarbeit gehört aber auch, daß die Polizeikräfte des Bundes und der Länder nach einem einheitlichen Recht tätig werden[60]. Der § 15 des UZwG enthält eine derartige Unterstellung der Länderpolizeien unter einheitliches Recht, soweit es die Art und Weise der Anwendung unmittelbaren Zwanges betrifft[61]. Gleiches gilt für § 66 des neuen BGSG, der bestimmt, daß die im BGSG geregelten polizeilichen Befugnisse auch für die Landespolizeikräfte gelten, welche sich die Bundesregierung nach Art. 91 Abs. 2 GG unterstellt. Somit steht fest, daß der Bund zum Erlaß dieser Vorschrif-

---

56 *Arndt* in der Sitzung des Bundesrats v. 3. 3. 1961, Sten. Ber. S. 33.

57 Vgl. ebenda.

58 Vgl. oben im zweiten Teil, erster Abschnitt B.

59 Diese Ansicht vertreten auch *Maunz* in M-D-H Art. 91 Rn. 15; *Evers* in BK Art. 91 Rn. 71; *Schmidt-Bleibtreu/Klein* Art. 91 Rn. 6. — Demgegenüber bejaht *Schnupp*, Polizei III die Kompetenz zum Erlaß eines Ausführungsgesetzes" zu Art. 91 Abs. 2 ohne Begründung.

60 Ebenso *Maunz* in M-D-H Art. 91 Rn. 15.

61 So auch *Evers* in BK Art. 91 Rn. 71. Ebenso, soweit es § 15 UZwG betrifft, *Evers* in BK Art. 91 Rn. 71.

ten in Art. 73 Ziff. 10 b GG eine ausschließliche Kompetenz besessen hat. § 15 UZwG ist also verfassungsrechtlich unbedenklich[62], ebenso § 66 des neuen BGSG[63].

Weiter steht fest, daß der Bund auf Grund des Art. 73 Ziff. 10 b des Grundgesetzes weitere Bundesgesetze erlassen kann, die eine Zusammenarbeit des Bundes und der Länder bei der Abwehr einer Gefahr im Sinn des Art. 91 regeln. Da unter Zusammenarbeit — wie bereits erwähnt — auch die Schaffung eines einheitlichen Rechtes für die Polizeikräfte des Bundes (Bundesgrenzschutz) und der Länder zu verstehen ist, kann der Bund über § 15 UZwG und § 66 BGSG hinaus weitere Normen erlassen, die materielles Polizeirecht enthalten, d. h. die als Rechtsgrundlage für polizeiliche Eingriffe dienen[64]. Bisher hat der Bund von dieser Kompetenz — abgesehen von § 15 UZwG und § 66 BGSG — keinen Gebrauch gemacht. Daher gilt nach dem gegenwärtigen Rechtszustand neben Bundesrecht auch das Landespolizeirecht für den Einsatz der Landespolizeikräfte nach Art. 91 Abs. 2 S. 1[65].

II. Die gegenwärtige Rechtslage auf Grund des § 15 UZwG und des § 66 BGSG

Gemäß § 15 Abs. 1 des UZwG gelten die Vorschriften des UZwG, und damit bundesrechtliche Vorschriften, für die Polizeikräfte der Länder, wenn diese nach Art. 91 Abs. 2 GG den Weisungen der Bundesregierung unterstellt sind. Das UZwG des Bundes regelt aber lediglich die *Art und Weise der Zwangsanwendung*[66]. Bei einer Zwangsanwendung müssen nämlich drei Momente unterschieden werden: Zunächst wird eine polizeiliche Maßnahme angeordnet, hierzu bedarf es einer Rechtsgrund-

---

[62] *Maunz* in M-D-H Art. 91 Rn. 15; *Wacke*, Bundesgesetz S. 202; *Schmidt-Bleibtreu/Klein* Art. 91 Rn. 6; *Pioch*, Kommentar S. 185; *Arndt* (vgl. S. 145 Anm. 63) bezeichnet § 15 UZwG sogar als „unentbehrlich", was eine konsequente Folgerung aus seinem Standpunkt darstellt, im Falle des Art. 91 Abs. 2 könne nur Bundesrecht gelten.

Ganz abgelehnt wird eine Gesetzgebungskompetenz des Bundes, allerdings ohne nähere Begründung *von Ule-Rasch* S. 779; *Hamann*, Kommentar Art. 91 S. 380; *Hamann-Lenz* Art. 91 Anm. A 3; *Grawert* S. 212; *Berner* Art. 61 Anm. 2 b; *Samper* Art. 61 Rn. 1; *König*, Sicherheitsrecht S. 462.

[63] Vgl. auch Begründung BGSG S. 48.

[64] Ebenso *Evers* in BK Art. 91 Rn. 71 und *Maunz* in M-D-H Art. 91 Rn. 15; vgl. auch Begründung BGSG S. 26.

[65] Daran ändert auch die Zugehörigkeit des Art. 73 Ziff. 10 b GG zur ausschließlichen Gesetzgebungszuständigkeit des Bundes nichts. Denn in dieser Bestimmung wird dem Bund das Recht eingeräumt, die „Zusammenarbeit" von Bund und Ländern beim Verfassungsschutz zu regeln. Die Landesgesetze regeln aber gerade nicht die Zusammenarbeit und werden daher von Art. 73 Ziff. 10 GG nicht erfaßt; so *Maunz* in M-D-H Art. 91 Rn. 15.

[66] Ebenso *Evers* in BK Art. 91 Rn. 71.

lage. So wird zum Beispiel eine Person in polizeilichen Gewahrsam genommen, gemäß Art. 18 PAG, weil sie gerade ein Verbrechen begehen will. Läßt sich die Person nicht freiwillig in Gewahrsam nehmen, so kann der Polizist die angeordnete Maßnahme (= In-Gewahrsam-nehmen) durch die Anwendung unmittelbaren Zwanges vollziehen. Diese Anwendung des unmittelbaren Zwanges muß ebenfalls gesetzlich zugelassen sein, im genannten Beispiel wäre Befugnisnorm der Art. 39 Abs. 1 PAG. Als Drittes ist dann die Art und Weise der Zwangsanwendung zu beachten. Wenn — um das Beispiel weiterzuführen — die in Gewahrsam zu nehmende Person heftigen Widerstand leistet, so kann sie nach Art. 41 Abs. 1 Ziff. 1 PAG gefesselt werden.

Zusammenfassend lassen sich also die *drei Momente bei der Zwangsanwendung* folgendermaßen darstellen:

1. die Zulässigkeit der angeordneten polizeilichen Maßnahme
2. die Zulässigkeit der Zwangsanwendung zur Vollziehung der Maßnahme
3. das Verfahren, also die Art und Weise der Zwangsanwendung[67].

Das UZwG des Bundes regelt nur das dritte Moment, also die Art und Weise der Zwangsanwendung. Die Zulässigkeit der angeordneten Maßnahme sowie die Zulässigkeit der Zwangsanwendung allgemein muß sich aus anderen Vorschriften ergeben. Dies folgt aus dem klaren Wortlaut von § 1 Abs. 1 UZwG. Dort heißt es: „Die Vollzugsbeamten des Bundes haben bei der in *rechtmäßiger Ausübung ihres Dienstes zulässigen Anwendung unmittelbaren Zwanges* nach den Vorschriften dieses Gesetzes zu *verfahren.*“ Damit wird eindeutig die Zulässigkeit (Rechtmäßigkeit) der zu vollziehenden Maßnahme sowie die Zulässigkeit der Zwangsanwendung vorausgesetzt[68].

Daraus ergibt sich für den Einsatz der Landespolizeikräfte folgende Rechtslage: Vor Erlaß des § 66 des neuen BGSG waren die Befugnisse zur Anordnung polizeilicher Maßnahmen und die Zulässigkeit einer zwangsweisen Vollziehung dem jeweiligen *Landespolizeirecht* des *Ein-*

---

[67] Zu dieser dreifachen Unterscheidung siehe *Wacke*, Bundesgesetz S. 138; vgl. auch *Klinkhardt*, Der administrative Waffengebrauch der Bundeswehr, JZ 1969 S. 700.

[68] Ebenso *Evers* in BK Art. 91 Rn. 71; *Wacke*, Bundesgesetz S. 138; so auch die amtliche Begründung zum Gesetz über die Anwendung unmittelbaren Zwanges und die Ausübung besonderer Befugnisse durch Soldaten der Bundeswehr und zivile Wachpersonen (UZwGBw), Bundestags-Drucksache IV/1004 S. 7. Dort wird darauf hingewiesen, daß das UZwGBw im Gegensatz zum UZwG nicht nur die Art und Weise der Zwangsanwendung regelt, sondern auch die Zulässigkeit der zugrunde liegenden Maßnahme und der Zwangsanwendung, vgl. § 1 Abs. 1 UZwGBw.

satzlandes zu entnehmen[69]. Das hätte im Ernstfall zwangsläufig zu Schwierigkeiten für die Ausübung des Weisungsrechts durch die Bundesregierung führen müssen, weil man die Länderpolizeien nur zu solchen Maßnahmen hätte anweisen können, die sie nach ihrem Landespolizeirecht hätten anordnen dürfen. Deshalb wurde verschiedentlich befürwortet, daß der Bundesgesetzgeber — über § 15 UZwG hinaus — ein weiteres Gesetz für den Einsatz der Landespolizeikräfte im Fall des Art. 91 Abs. 2 GG erlassen sollte[70]. Die Kompetenz steht dem Bund — wie dargelegt — nach Art. 73 Ziff. 10 b GG zu.

Mit § 66 BGSG hat der Bundesgesetzgeber nunmehr diesem Erfordernis Rechnung getragen. Allerdings wurde bei Erlaß des neuen BGSG übersehen, daß die §§ 10 ff. BGSG, auf die § 66 BGSG verweist, nur Befugnisnormen für die Anordnung polizeilicher Maßnahmen enthalten, nicht aber deren Vollziehung durch Zwangsanwendung für zulässig erklären. Andererseits setzt aber das UZwG die Zulässigkeit der Zwangsanwendung als solche voraus und regelt nur die Art und Weise der Zwangsanwendung. Somit ergibt sich für den Fall, daß die Bundesregierung sich nach Art. 91 Abs. 2 GG die Länderpolizeien unterstellt, folgende — kuriose — Rechtslage: Für den Einsatz der Landespolizeikräfte durch die Bundesregierung gelten trotz § 66 BGSG nach wie vor Bundesrecht und Landesrecht nebeneinander: Die Befugnis zur Anordnung polizeilicher Maßnahmen ergibt sich aus § 66 i. V.m. §§ 10 ff. BGSG, die Zulässigkeit der Vollstreckung und Zwangsanwendung folgt aus dem jeweiligen Landespolizeirecht, die Art und Weise der Zwangsanwendung schließlich regelt sich über § 15 UZwG nach dem UZwG[71]. Der Gesetzgeber bleibt daher aufgerufen, durch eine entsprechende Korrektur des Gesetzes über den Bundesgrenzschutz auch die Zulässigkeit der Zwangsanwendung zur Vollstreckung der angeordneten Maßnahmen einheitlich im Bundesrecht zu verankern.

---

69 Ebenso *Evers* in BK Art. 91 Rn. 81.

70 Auch *Schnupp*, Polizei III S. 295 hält es für erforderlich, daß durch ein „Ausführungsgesetz" zu Art. 91 Abs. 2 GG „alle noch vorhandenen Zweifel geklärt werden". Ähnlich auch *Dierske*, Bundeswehr S. 358. — Auf die Schwierigkeiten, die sich aus der Verschiedenheit der Rechtsgrundlagen schon bisher für Polizeiübungen auf der Grundlage des Art. 91 Abs. 2 GG ergeben haben, weisen *Siebold-Gerke* S. 274 f. hin. Auch sie befürworten eine „einheitliche Regelung", denken dabei aber an eine inhaltliche Vereinheitlichung der bestehenden Landesgesetze. — Vgl. auch *Löw* S. 367 und *Evers* in BK Art. 91 Rn. 81.

71 So auch *Evers* in BK Art. 91 Rn. 81; *Maunz* in M-D-H Art. 91 Rn. 15; *Schmidt-Bleibtreu/Klein* Art. 91 Rn. 4.

Dritter Abschnitt

Bundesrecht als alleinige Rechtsgrundlage

A. Der Einsatz des Bundesgrenzschutzes auf Grund einer Bundeskompetenz — Art. 35 Abs. 3 Satz 1, 91 Abs. 2 und 115 f Abs. 1 Ziff. 1 GG

I. Die Unanwendbarkeit von Landesrecht

Die Bundesregierung nimmt eine ihr vom Grundgesetz eingeräumte *Bundeskompetenz* wahr, wenn sie den Bundesgrenzschutz in den Fällen der Art. 35 Abs. 3 S. 1, 91 Abs. 2 und 115 f Abs. 1 Ziff. 1 einsetzt[72]. Der Bundesgrenzschutz wird daher in diesen Fällen als „bundeseigenes Vollzugsorgan“[73] tätig und seine Maßnahmen werden dem Bund zugerechnet[74]. Rechtsgrundlage für Eingriffsmaßnahmen kann also nur Bundesrecht sein[75]. Die gegenteilige Rechtsauffassung ist in der „Allgemeinen Verwaltungsvorschrift des Bundesministers des Inneren zum Gesetz über den unmittelbaren Zwang bei Ausübung öffentlicher Gewalt durch Vollzugsbeamte des Bundes“ (Vwv UZwG — BMI)[76] zum Ausdruck gekommen, die allerdings vom Rechtszustand vor Erlaß des neuen BGSG ausgegangen und daher heute gegenstandslos geworden ist: Nach Ziff. I Abs. 5 Nr. 1 b dieser Verwaltungsvorschrift hat der Bundesgrenzschutz bei einem Einsatz gemäß Art. 35 Abs. 3 GG das jeweilige Landespolizeirecht anzuwenden. Für polizeiliche Anordnungen des Bundesgrenzschutzes bei einem Einsatz gemäß Art. 91 Abs. 2 GG gilt nach Ziff. I Abs. 2 Nr. 2 b der Vwv UZwG („bis zum Inkrafttreten einer bundesgesetzlichen Regelung“) der Art. 91 Abs. 2 GG „in Verbindung mit den geltenden polizeirechtlichen Vorschriften der Länder“ als Rechtsgrundlage, für polizeiliche Anordnungen des BGS bei einem Einsatz gemäß Art. 115 f Abs. 1 Ziff. 1 GG gilt nach Ziff. I Abs. 2 Nr. 2 c Vwv UZwG der Art. 115 f Abs. 1 Ziff. 1 GG „in Verbindung mit den polizeirechtlichen Vorschriften der Länder“ als Rechtsgrundlage. Diese Rechtsauffassung ist unzutreffend, auch wenn man die Rechtslage auf Grund des neuen BGSG zunächst außer acht läßt. Denn soweit sie für

---

[72] Dies wurde bereits ausgeführt, vgl. oben im zweiten Teil, erster Abschnitt B I 2.

[73] *Evers* in BK Art. 91 Rn. 67.

[74] Vgl. oben im 2. Teil, 1. Abschnitt B I 2.

[75] Denn es ist verfassungsrechtlich unzulässig, daß Organe des Bundes bei der Wahrnehmung von Bundeskompetenzen Landesgesetze ausführen. Wie hier *Ipsen* in BK Art. 115 f Rn. 69.

[76] In der Fassung vom 24. 1. 1969 (GMBl. S. 59), vgl. oben Anm. 17.

einen Einsatz des BGS gemäß Art. 35 Abs. 3 GG ausschließlich das Landespolizeirecht heranzieht, geht sie offenbar davon aus, daß der BGS bei diesem Einsatz eine Landeskompetenz ausübt. Dies aber ist — wie bereits behandelt — nicht richtig, da der BGS bei diesem Einsatz als Bundesorgan eine Bundeskompetenz ausübt[77]. Aber auch die Anwendung des Landespolizeirechts in Verbindung mit Art. 91 Abs. 2 bzw. 115 f Abs. 1 Ziff. 1 GG läßt sich nicht halten.

Denn der Anwendung von Landesrecht durch den BGS steht in diesen Fällen die Tatsache entgegen, daß der *BGS als Bundesorgan* handelt und insoweit *kein Landesrecht ausführen* darf. Daran ändert sich auch nichts deshalb, weil nach dem Wortlaut der Vwv UZwG das Landespolizeirecht „in Verbindung mit" den jeweiligen, den Einsatz zulassenden, Grundgesetzbestimmungen gelten soll. Denn diese Grundgesetzbestimmungen (Art. 91 Abs. 2 und 115 f Abs. 1 Ziff. 1) können keinesfalls so ausgelegt werden, daß sie ausnahmsweise den Bundesvollzug von Landesrecht zuließen[78]. Schließlich scheidet auch die Möglichkeit aus, daß durch die VWv UZwG das jeweilige Landespolizeirecht für die betreffenden Einsätze des BGS in das Bundesrecht *rezipiert* werden sollte. Eine Rezeption von Landesrecht in das Bundesrecht ist zwar möglich[79]. Damit das rezipierte Landesrecht aber den Rang eines förmlichen Bundesgesetzes erlangt, ist Rezeption durch ein *Bundesgesetz* notwendig, eine Verwaltungsvorschrift reicht nicht aus[80]. Denn die durch eine Verwaltungsvorschrift des Bundes rezipierten Landesbestimmungen erhalten ihrerseits lediglich den Charakter einer Verwaltungsvorschrift. Eine Verwaltungsvorschrift kann aber nicht Rechtsgrundlage für Eingriffsmaßnahmen sein, da hierzu ein förmliches Gesetz notwendig ist. Eine durch die Vwv UZwG etwa beabsichtigte Rezeption des Landespolizeirechts kann also dem BGS keine Rechtsgrundlage für polizeiliche Maßnahmen zur Verfügung stellen[81].

Somit bleibt es dabei, daß Rechtsgrundlage für polizeiliche Eingriffsmaßnahmen des Bundesgrenzschutzes bei einem Einsatz nach Art. 35 Abs. 3, 91 Abs. 2 und 115 f Abs. 1 Ziff. 1 GG aus verfassungsrechtlichen Gründen nur Bundesrecht sein kann.

Demgegenüber bestimmt § 10 Abs. 3 des neuen BGSG, daß sich die Befugnisse des Bundesgrenzschutzes im Fall des Art. 35 Abs. 3 S. 1 GG

---

77 Vgl. oben Anm. 72.

78 Ebenso *Ipsen* in BK Art. 115 f Rn. 76 ff.

79 Ebenda Rn. 79. Ipsen führt als Beispiel für die Rezeption von Landesrecht in das Bundesrecht das BGSG an, das in § 2 die landesrechtlichen polizeilichen Generalklausel in das Bundesrecht übernommen habe.

80 Vgl. *Ipsen* in BK Art. 115 f Rn. 79.

81 Vgl. Ebenda.

nach dem Recht des Einsatzlandes, also nach Landesrecht, bestimmen. Da dies im Widerspruch zu dem eben festgestellten Ergebnis steht, begegnet diese Vorschrift verfassungsrechtlichen Bedenken. Denn es ist nicht ersichtlich, wie sie in Einklang mit dem Grundsatz zu bringen ist, daß Bundesorgane nicht Landesrecht ausführen dürfen. Daß der BGS als Bundesorgan tätig wird, wenn er von der Bundesregierung nach Art. 35 Abs. 3 S. 1 GG eingesetzt wird, kann aber wohl nicht bestritten werden[82].

II. Die Rechtslage vor Erlaß des neuen BGSG

Das neue BGSG vom 18. 8. 1972 hat eine umfassende Rechtsgrundlage für die vom Bund geleiteten Einsätze des Bundesgrenzschutzes in den genannten Notsituationen geschaffen. Dies wird noch näher darzustellen sein. Vorher erscheint es jedoch angebracht, die Rechtslage vor Erlaß des neuen BGSG kurz darzustellen, da sie bemerkenswerte polizei- und verfassungsrechtliche Aspekte enthält.

Wie bereits dargelegt worden ist, übt der Bundesgrenzschutz in den Fällen des Art. 35 Abs. 3 Satz 1, Art. 91 Abs. 2 und Art. 115 f Abs. 1 Ziff. 1 GG reine Polizeifunktionen aus[83].

Daher bot sich als Rechtsgrundlage für einen derartigen Einsatz das alte BGSG vom 16. 3. 51 an, das dem Bundesgrenzschutz für seine Tätigkeit in normalen Zeiten eine polizeiliche Funktion zuwies[84]. Maßgebend war *§ 2 des alten BGSG*. Diese Vorschrift übertrug dem Bundesgrenzschutz eine polizeiliche Aufgabe, die allerdings örtlich und sachlich auf die Sicherung des Grenzgebietes gegen Störungen beschränkt war. Es war allgemein anerkannt, daß § 2 BGSG mit der *Aufgabenzuweisung* auch die zur Erfüllung der Aufgabe notwendigen polizeilichen Befugnisse verlieh[85]. § 2 BGSG war nichts anderes als eine polizeiliche Generalklausel wie § 14 PrPVG[86]. Es galt hier auch der in

---

[82] Anderer Ansicht offensichtlich die Begründung der Bundesregierung zum Entwurf des BGSG, vgl. Begründung BGSG S. 26 a. E., die davon ausgeht, daß der BGS im Fall des Art. 35 Abs. 3 GG Landesaufgaben wahrnimmt.

[83] Vgl. dazu im ersten Teil 3. Abschnitt unter B II.

[84] Das war unbestritten und ergab sich aus dem Wortlaut des § 2 BGSG, der eindeutig eine polizeiliche Aufgabe enthielt. Dem hat auch das Bundespolizeibeamtengesetz Rechnung getragen, indem es in § 1 Abs. 1 die Beamten des Bundesgrenzschutzes als „Polizeivollzugsbeamte des Bundes" aufführt.

[85] Vgl. *Wacke*, Bundesgesetz S. 137; *Ule-Rasch* S. 263; *Wacke*, Polizeirecht S. 172 f.; *Schminck* S. 50; *Krent* S. 35 ff.; *Ipsen* in BK Art. 115 f Rn. 70; *Köttgen* S. 99, der § 2 BGSG als bundesrechtliche Generalklausel „in nuce" bezeichnet. — Vgl. ferner *Pioch*, BGS S. 165.

[86] So auch *Wacke*, Polizeirecht a.a.O. und *Krent* S. 35 ff.

den meisten Bundesländern mit polizeilicher Generalklausel herrschende Grundsatz, daß von der Aufgabe auf die Befugnis geschlossen werden darf[87]. § 2 BGSG ermächtigte also die Beamten des Bundesgrenzschutzes, zur Sicherung des Grenzgebietes gegen Störungen polizeiliche Maßnahmen zu treffen, wie etwa Anhalten von Personen, Feststellen der Personalien, Eindringen in Wohnungen, polizeiliche Durchsuchung, Sicherstellung und Beschlagnahme von Gegenständen usw[88].

Die *„Dienstanweisung* über Aufgaben und Befugnisse des BGS" (DA-BGS) vom 5. 7. 1962[89] zählte die einzelnen Maßnahmen auf, die von den Beamten vorgenommen werden durften. Die Dienstanweisung besaß aber lediglich intern für die BGS-Beamten verbindlichen Charakter. Sie war nicht Ermächtigungsgrundlage für die einzelnen Maßnahmen. Ermächtigungsgrundlage war allein die Generalklausel des § 2 BGBS, während die Dienstanweisung die Generalklausel konkretisierte, aber ohne verbindliche Wirkung gegenüber dem Bürger, da ihr der Normcharakter eines formellen Gesetzes fehlte[90].

Die Beamten des BGS waren also auf Grund des § 2 BGSG befugt, polizeiliche *Anordnungen* zu treffen. Ob das BGSG darüber hinaus auch dazu ermächtigt hat, die Anordnungen durch *Zwangsanwendung* zu vollziehen, war früher umstritten[91]. Die Streitfrage wurde aber bedeutungslos, als das Verwaltungs-Vollstreckungsgesetz des Bundes eine eindeutige Rechtsgrundlage für die Zwangsanwendung durch BGS-Beamte geschaffen hatte. Das VwVG gestattet allgemein die Anwendung von Zwangsmitteln zur Vollziehung von Anordnungen der Bundesverwaltung (§ 6 Abs. 1 VwVG)[92]. Da das Gesetz für die gesamte Bundesverwaltung gilt, hat und hatte es auch für die Sonderpolizeibehörden

---

87 Dieser Grundsatz war bereits in § 89 der Einleitung zum PrALR enthalten: „Wem die Gesetze ein Recht geben, dem bewilligen sie auch die Mittel, ohne welche dasselbe nicht ausgeübt werden kann."

88 Vgl. *Schminck* S. 50.

89 GMBl. 20/62; abgedruckt auch in Beruflicher Ratgeber Bd. II E I a S. 1 ff.

90 *Drews-Wacke* (S. 354 und 541) und *Wacke* (Polizeirecht S. 172 ff.) sind der Ansicht, daß die polizeilichen Befugnisse des Bundesgrenzschutzes auf Gewohnheitsrecht beruhen. Als Begründung wird angeführt, die langjährige, unangefochtene Tätigkeit des BGS im Rahmen der in der Dienstanweisung aufgeführten Befugnisse habe zu einer „gewohnheitsrechtlichen Übernahme des Landespolizeirechts in das Bundesrecht" geführt. — Demgegenüber vertritt *Ipsen* in BK Art. 115 f Rn. 79 die Ansicht, die Rezeption des Landespolizeirechts in das Bundesrecht sei durch das BGSG erfolgt.

91 Bejahend: *Ule-Rasch* S. 263; *Wacke*, Bundesgesetz S. 138; *Schminck* S. 50; *Jellinek*, Rechtsgutachten S. 10 f. — Verneinend: *Peters*, Rechtsgutachten S. 17 ff.; *Krent* S. 75 f. — Vgl. dazu auch *Jellinek*, Verwaltungsrecht S. 340; *Blei* S. 625 und *Mayer*, Verwaltungsrecht S. 306 ff.

92 So auch Amtliche Begründung zum Regierungsentwurf für das UZwG, in *Pioch*, Kommentar S. 59.

des Bundes Geltung, also auch für den Bundesgrenzschutz[93]. Als zulässige Zwangsmittel zur Vollziehung von Anordnungen nennt das VwVG in § 9 Abs. 1 unter c) auch den unmittelbaren Zwang. Somit waren und sind die Beamten des Bundesgrenzschutzes auf Grund der §§ 6 und 9 des VwVG ermächtigt, ihre polizeilichen Anordnungen notfalls durch die Anwendung unmittelbaren Zwanges zu vollziehen. Dies gilt auch für die Notstandseinsätze gemäß Art. 35 Abs. 3, 91 Abs. 2 und 115 f Ziff. 1 GG, da das VwVG allgemein für die Anordnungen von Bundesbehörden gilt[94].

Demgegenüber erscheint es fraglich, ob das alte *BGSG* als *Ermächtigungsgrundlage* für polizeiliche Anordnungen des Bundesgrenzschutzes in den genannten *Notstandsfällen* anwendbar war. Denn § 2 BGSG ermächtigte den Bundesgrenzschutz lediglich zu polizeilichen Maßnahmen *im Grenzgebiet.* Da der Bundesgrenzschutz in den Fällen der Art. 35 Abs. 3, 91 Abs. 2 und 115 f Abs. 1 Ziff. 1 im ganzen Bundesgebiet eingesetzt werden soll, kann § 2 des alten BGSG wegen seiner örtlichen Beschränkung nicht Ermächtigungsgrundlage für polizeiliche Maßnahmen außerhalb des Grenzgürtels gewesen sein[95]. *Ipsen* vertrat zwar die Ansicht — bezogen auf das alte BGSG und auf den Fall des Art. 115 f Abs. 1 Ziff. 1[96] —, eine *verfassungskonforme Auslegung des § 2 BGSG,* orientiert an Art. 115 f GG, beseitige die örtliche Beschränkung der Ermächtigung[97]. Zur Begründung führte Ipsen an, Art. 115 f Abs. 1 Ziff. 1 lasse den Einsatz des Bundesgrenzschutzes auch außerhalb des Grenzgürtels zu. Daher müsse für diesen Notstandseinsatz der § 2 BGSG verfassungskonform dergestalt interpretiert werden, daß insoweit die Beschränkung auf Maßnahmen innerhalb des Grenzgebietes entfalle und § 2 als Ermächtigungsgrundlage für alle polizeilichen Maßnahmen des BGS im ganzen Bundesgebiet gelten könne. Freilich räumte Ipsen ein, daß eine entsprechende Änderung des § 2 BGSG durch den Gesetzgeber wünschenswert sei, und daß daher die erwähnte Auslegung nur bis zu dieser Änderung — gleichsam behelfsweise — gelten könne[98].

---

93 *Pioch,* Kommentar S. 71.

94 So auch ausdrücklich *Ipsen* in BK Art. 115 f Rn. 72.

95 Ebenso *Evers* in BK Art. 91 Rn. 67. — Vor Inkrafttreten der Notstandsverfassung war es im Hinblick auf § 2 BGSG umstritten, ob die Bundesregierung den BGS bei einem inneren Notstand außerhalb des Grenzgebietes einsetzen dürfe; bejahend *Kaestel* S. 374; *von Mangoldt* S. 488; *Schminck* S. 39 f.; Das Dt. Bundesrecht I A 10 S. 164; — verneinend *Maunz* in M-D-H Art. 91 Rn. 42; Folz S. 118 f.; *Reme* S. 92.

96 Anläßlich seiner Kommentierung des Art. 115 f GG in BK Rn. 80 ff.

97 *Ipsen* in BK Art. 115 f Rn. 81.

98 *Ipsen* in BK Art. 115 f Rn. 82, 83.

Diese Konstruktion *Ipsens* erweist sich als unhaltbar, weil sie die Grenzen verfassungskonformer Auslegung eines Gesetzes offenkundig überschreitet. Ipsen selbst nannte seinen Gedankengang eine „verfassungsbezogene Normenerweiterung“[99], ohne aber Konsequenzen aus dieser Feststellung zu ziehen. Zunächst scheiterte eine verfassungskonforme Auslegung des § 2 BGSG daran, daß überhaupt keine Notwendigkeit für sie bestand. Denn die verfassungskonforme Auslegung eines Gesetzes ist dann geboten, wenn sonst dessen Verfassungswidrigkeit festgestellt werden müßte[100]. Der § 2 BGSG war aber in keiner Hinsicht verfassungswidrig. Denn mit der Beschränkung auf polizeiliche Maßnahmen im Grenzgebiet bezog er sich lediglich auf die normale Tätigkeit des BGS, er verbot damit aber nicht die nach der Notstandsverfassung zugelassene Tätigkeit außerhalb des Grenzgebietes. Ferner fehlte eine grundlegende Voraussetzung einer verfassungskonformen Auslegung: Eine „Auslegung“ kann nur dort stattfinden, wo der Wortlaut eines Gesetzes mehrere Deutungsmöglichkeiten offenläßt. Dies traf bei § 2 BGSG gerade nicht zu. Dessen Wortlaut ließ ganz eindeutig, ohne jede andere Deutungsmöglichkeit, polizeiliche Maßnahmen des Bundesgrenzschutzes nur im Grenzgebiet zu. Ipsens Konstruktion hätte dazu geführt, dem BGSG einen ganz anderen Inhalt als den vom Wortlaut umfaßten zu geben. Dies ist jedoch nicht mehr von der verfassungskonformen Auslegung gedeckt[101]. Selbst das Bundesverfassungsgericht kann nicht im Wege der verfassungskonformen Auslegung einem Gesetz entgegen dessen eindeutigem Wortlaut einen veränderten Inhalt geben, um einen Widerspruch zur Verfassung zu beseitigen[102]. Um so weniger war dies bei § 2 BGSG zulässig, da diese Bestimmung nicht im Widerspruch zum Grundgesetz stand.

Da die Konstruktion von *Ipsen* mit einer „verfassungsbezogenen Normerweiterung“ des § 2 BGSG nicht haltbar war, ergab sich hinsichtlich der Ermächtigungsgrundlagen für polizeiliche Maßnahmen des BGS in den drei genannten Einsatzfällen bisher *folgende Rechtslage:* Für polizeiliche *Anordnungen* außerhalb des Grenzbezirkes bestand

---

[99] Ebenda Rn. 83.

[100] Vgl. *Maunz* in M-D-H Art. 20 Rn. 67; BGH in JuS 1967, S. 187; zum Grundsatz der verfassungskonformen Auslegung vgl. die umfangreiche Rechtsprechung des Bundesverfassungsgerichts, so BVerfGE 2, 226 (282); 2, 336 (340 f.); 4, 7 (22); 6, 32 (43); 6, 222 (242); 7, 267 (273); 9, 194 (220); 19, 253; 19, 281; zuletzt 20, 162 (218 f.); vgl. ferner *Bender* in MDR 1959, 441 f.

[101] Ebenso *Grünwald* in JuS 1968, S. 457, 458; BGH in JuS 1967, S. 187; *Hall-Peter* in JuS 1967, S. 362 mit Anm. 75; *Renck* in JuS 1967, S. 547. Vgl. ferner *Heinemann* in NJW 1961, S. 355 und *Menger* in VerwArch. 1959, S. 387 ff.

[102] Dies hat das BVerfG selbst mehrfach ausgesprochen, so in BVerfGE 8, 33 f.; 18, 97 (111); 19, 253; 20, 162 (218 f.). Vgl. auch *Grünwald* S. 457 ff.

keine Rechtsgrundlage mangels Anwendbarkeit des § 2 BGSG[103]. Daher war es erforderlich, daß der Bundesgesetzgeber das BGSG entsprechend den Gegebenheiten der Notstandsverfassung dergestalt änderte, daß es den Bundesgrenzschutz auch zu polizeilichen Anordnungen außerhalb des Grenzgebietes ermächtigt. Dies ist nunmehr mit Erlaß des neuen BGSG vom 18. 8. 1972 geschehen.

Die Ermächtigung für den Bundesgrenzschutz, zulässige polizeiliche Anordnungen durch die Anwendung unmittelbaren Zwanges zu vollziehen, ergab und ergibt sich auch in den genannten Notstandsfällen aus den §§ 6 und 9 des VwVG[104]. Die *Art und Weise* der zulässigen Zwangsanwendung ergab sich auch damals aus dem UZwG des Bundes[105].

Zusammenfassend läßt sich die Rechtslage vor Erlaß des neuen BGSG demnach wie folgt darstellen: Der Bundesgrenzschutz verfügte, soweit er im Notstand Bundeskompetenzen wahrnehmen sollte, in Gestalt des alten BGSG vom 16. 3. 1951, des VwVG und des UZwG über Ermächtigungsnormen, die ihn zu allen polizeilichen Maßnahmen einschließlich der Zwangsanwendung ermächtigten. Dies galt aber nur für den Grenzbereich. Außerhalb des Grenzbezirkes fehlte eine Ermächtigungsgrundlage für polizeiliche Anordnungen, während die Zwangsanwendung auch hier durch das VwVG bzw. das UZwG gedeckt war.

III. Die Rechtslage auf Grund des neuen BGSG

Das neue Gesetz über den Bundesgrenzschutz trägt den durch die Notstandsverfassung auf den Bundesgrenzschutz übertragenen Aufgaben voll Rechnung. Es regelt in § 3 die Aufgabe des BGS für die Einsätze nach Art. 91 Abs. 2 und Art. 115 f Abs. 1 Ziff. 1 GG, und in § 9 Abs. 1 Ziff. 2 für den Einsatz nach Art. 35 Abs. 3 GG. Es stellt in § 10 Abs. 1 Satz 1 eine Generalklausel als Befugnisnorm für die Anordnung polizeilicher Maßnahmen zur Verfügung[106]. In den §§ 11 ff. werden dann im Einzelnen die allgemeinen Grundsätze polizeilichen Vorgehens, und in den §§ 17 ff. einzelne polizeiliche Maßnahmen wie Gewahrsam, Vorladung, Durchsuchung usw. geregelt. Das neue BGSG stellt somit

---

103 Ebenso *Evers* in BK Art. 91 Rn. 67.

104 Ebenso *Ipsen* in BK Art. 115 Rn. 72.

105 Ebenso *Ipsen* in BK Art. 115 Rn. 72; *Evers* in BK Art. 91 Rn. 67, Rn. 71; vgl. auch die Amtliche Begründung zum UZwG (zit. in *Pioch*, Kommentar S. 59, 77 f.).

106 Vgl. Begründung zum BGSG S. 26 (zu § 10): „Absatz 1 (gemeint ist: des § 10 BGSG) enthält die herkömmliche Generalklausel für polizeiliche Befugnisse."

dem Bundesgrenzschutz auch für den Notstandsfall lückenlose Rechtsgrundlagen für die *Anordnung* polizeilicher Maßnahmen zur Verfügung.

Die Möglichkeit, die getroffene Anordnung durch Zwang zu vollziehen, folgt aus den §§ 6 ff., insbesondere aus § 9 und § 11 des VwVG des Bundes, das auch für den Bundesgrenzschutz gilt. *Die Art und Weise* der zulässigen Anwendung unmittelbaren Zwanges ergibt sich aus dem UZwG des Bundes[107].

Damit hat der Gesetzgeber den Notstandseinsatz des Bundesgrenzschutzes auf Bundesebene in einer den rechtsstaatlichen Grundsätzen genügenden Weise geregelt.

B. Der Einsatz der Streitkräfte durch den Bund

I. Die Rechtsgrundlagen für den Objektschutz durch die Streitkräfte

Die Notstandsverfassung sieht in drei Fällen den Schutz ziviler Objekte durch die Streitkräfte vor: Im Verteidigungsfall haben die Streitkräfte die Befugnis, zivile Objekte zu schützen, soweit es zur Erfüllung des Verteidigungsauftrages erforderlich ist (Art. 87 a Abs. 3 S. 1 GG), ferner kann ihnen diese Befugnis zur Unterstützung polizeilicher Maßnahmen übertragen werden (Art. 87 a Abs. 3 S. 2). Außerdem obliegt den Streitkräften der Schutz ziviler Objekte auch im inneren Notstand gemäß Art. 87 a Abs. 4 S. 1 GG.

1. Der Schutz ziviler Objekte zur Erfüllung des Verteidigungsauftrages — Art. 87 a Abs. 3 Satz 1 GG

Es wurde bereits dargestellt, wie die Befugnis zum Schutz ziviler Objekte gemäß Art. 87 a Abs. 3 S. 1 zu verstehen ist[108]: Es handelt sich nicht um den Schutz gegen militärische Angriffe des Kriegsgegners. Denn dieser Schutz ist bereits vom allgemeinen Verteidigungsauftrag der Streitkräfte gemäß Art. 87 a Abs. 1 und 2 GG umfaßt. Das diesbezügliche Vorgehen der Streitkräfte ist ein militärisch kriegsmäßiger Akt und unterfällt daher dem Kriegsrecht. Demgegenüber umfaßt die in Art. 87 a Abs. 3 S. 1 GG enthaltene Befugnis zum Objektschutz den Schutz der zivilen Objekte gegen Angriffe nichtmilitärischer ziviler Störer und damit eine Aufgabe, die normalerweise der Polizei obliegt[109]. Bei der Bewältigung dieser Aufgabe üben die Streitkräfte eine rein polizeiliche Funktion aus. Dementsprechend muß auch die Rechtsgrund-

---

[107] Vgl. *Ipsen* in BK Art. 115 f Rn. 72; *Evers* in BK Art. 91 Rn. 67 ff.

[108] So auch *Dürig* in M-D-H Art. 87 a Rn. 54.

[109] Vgl. ebenda.

lage für Eingriffsmaßnahmen der Streitkräfte gegen die Störer polizeilicher Natur sein, d. h. es muß sich um ein Gesetz handeln, das Befugnisse polizeilicher Art nach polizeilichen Grundsätzen gewährt[110].

Dagegen vertritt *Arndt* die Ansicht[111], es bedürfe überhaupt keiner zusätzlichen Rechtsnorm, also auch nicht der Regelung im Grundgesetz, um den Streitkräften die Befugnis zum Schutz ziviler Objekte einzuräumen, soweit dies zur Erfüllung des Verteidigungsauftrages notwendig sei. Denn die Streitkräfte könnten gegenüber Angriffen auf ein Objekt die Rechte wahrnehmen, die jeder Bürger besitze. Sie könnten nach § 127 StPO den Störer einstweilig festnehmen und im Einvernehmen mit dem Eigentümer des beschützten Objektes dessen *Notwehrrechte* wahrnehmen. Diese Ansicht von Arndt ist unzutreffend, denn die jedermann zustehenden Rechte reichen nicht aus, um alle Maßnahmen zu treffen, die beim Objektschutz notwendig sind[112]. Vor allem sind vorbeugende Maßnahmen, wie das Absperren der Objekte, sowie das Anhalten und Überprüfen von Personen, die nur *möglicherweise* Störer sind, vom Notwehrrecht nicht gedeckt[113]. Im übrigen stellt ein Selbsthilferecht, das für den Verkehr der Bürger untereinander gewährt ist, keine im rechtsstaatlichen Sinn geeignete Rechtsgrundlage dafür dar, daß ein staatliches Organ wie die Streitkräfte mit hoheitlichem Auftrag zur Abwehr von Gefahren Rechtseingriffe gegenüber dem Störer vornimmt. Das Rechtsstaatsprinzip, verkörpert im Grundsatz des Vorbehalts des Gesetzes, erfordert für Rechtseingriffe eine genau begrenzte und bestimmte Ermächtigungsgrundlage. Die Selbsthilferechte des Bürgers entsprechen diesem Erfordernis in keiner Weise[114].

Auch der Meinung von *Ipsen* kann nicht gefolgt werden, wonach Art. 87 a Abs. 3 S. 1 GG selbst „als *Rechtsgrundlage* für Einzelmaßnahmen bei der Durchführung des Objektschutzes" zu werten sei[115]. Ipsen kommt zu diesem Ergebnis auf Grund seiner Annahme, daß die Tätigkeit der Streitkräfte zum Objektschutz nach Art. 87 a Abs. 3 S. 1 nicht rein polizeilicher Art sei, sondern in der Mitte zwischen militärischem und polizeilichem Einsatz liege[116]. Diese Ansicht wurde oben bereits widerlegt[117]. Damit läßt sich auch die Folgerung Ipsens nicht halten,

---

110 Ebenso *Jess-Mann* S. 68, 69; *Dürig* in M-D-H Art. 87 a Rn. 54.

111 *Arndt*, Bundeswehr S. 731; *Dürig* in M-D-H Art. 87 a Rn. 37 und 48.

112 Ebenso *Schreiber*, Streitkräfte S. 732.

113 Ebenso *Ipsen* in BK Art. 87 a Rn. 116.

114 Ebenso *Ipsen* in BK Art. 87 a Rn. 116 und *Jess-Mann* S. 59, 60.

115 *Ipsen* in BK Art. 87 a Rn. 77; *von Mangoldt-Klein* S. 2336; *Rauschning*, Wehrrecht S. 231; — wie hier *Schreiber*, Streitkräfte S. 733.

116 *Ipsen* in BK Art. 87 a Rn. 71 ff. und Rn. 80.

daß in der genannten Grundgesetzbestimmung selbst und unmittelbar die Rechtsgrundlage für Einzelmaßnahmen der Streitkräfte enthalten sei. Da die Streitkräfte insoweit polizeiliche Funktionen mit polizeilichen Befugnissen ausüben, kann nur ein förmliches Gesetz Rechtsgrundlage der Eingriffsbefugnisse sein[118]. Die betreffende Grundgesetzbestimmung selbst kann nicht Rechtsgrundlage sein. Dies widerspräche dem im Grundgesetz niedergelegten System, daß Rechtseingriffe eines förmlichen Gesetzes bedürfen[119]. Andernfalls müßte man konsequenter Weise auch die Gesetzesvorbehalte der Grundrechtsartikel als unmittelbare Ermächtigungsgrundlagen für Rechtseingriffe betrachten. Daß dies abwegig ist, bedarf keiner näheren Begründung. Ferner würde Art. 87 a Abs. 3 S. 1 GG, sofern man darin die unmittelbar Rechtsgrundlage für Eingriffsmaßnahmen sehen wollte, dem Grundsatz der Bestimmtheit der Ermächtigung widersprechen[120]. Denn aus dieser Bestimmung läßt sich nicht entnehmen, welche Maßnahmen die Streitkräfte im einzelnen treffen dürften. Somit steht fest, daß für die im Rahmen des Objektschutzes notwendigen Eingriffsmaßnahmen eine Rechtsgrundlage außerhalb des Grundgesetzes vorhanden sein muß.

Es wird auch die Ansicht vertreten, daß den Streitkräften das *Polizeirecht der Länder* als Rechtsgrundlage zur Verfügung stehe, sofern sie in polizeilicher Funktion eingesetzt würden[121]. Dabei wird offensichtlich übersehen, daß dies aus verfassungsrechtlichen Gründen nicht zulässig ist. Die Streitkräfte nehmen beim Objektschutz gemäß Art. 87 a Abs. 3 S. 1 Bundeskompetenzen als Bundesorgane wahr. In dieser Eigenschaft ist ihnen aber — wie bereits an anderer Stelle dargelegt[122] — der Vollzug von Landesgesetzen verwehrt. Die Begründung braucht hier nicht wiederholt zu werden[123]. Art. 87 a Abs. 3 S. 1 GG kann auch nicht so ausgelegt werden, daß in ihm eine verfassungsrechtliche Ermächtigung enthalten sei, wonach ausnahmsweise den Streitkräften der Vollzug

---

117 Vgl. auch *Dürig* in M-D-H Art. 87 a Rn. 56.

118 Ebenso *Schreiber*, Streitkräfte S. 733; *Rauschning* S. 229.

119 Ebenso *Evers* in BK Art. 91 Rn. 67; vgl. ferner *Jess-Mann* a.a.O. und *Krent* S. 75, 76. — Dieses System kommt in Art. 2 Abs. 2 S. 2, Art. 8 Abs. 2, Art. 10 Abs. 2 S. 1, Art. 11 Abs. 2, Art. 14 Abs. 3 S. 2 des Grundgesetzes klar zum Ausdruck.

120 Ebenso *Evers* in BK Rn. 67.

121 So *Schmitt*, Überblick S. 377; *Schäfer*, Notstandsgesetze S. 139; *Waldmann* S. 158; AB 1965 S. 12; ferner die Ausführungen von *Schlegelberger*, *Ruhnau* und *Egenrieder* in der 3. öff. Informationssitzung am 30. 11. 1967, Protokoll 59 S. 4, 7, 27.

122 *Dürig* in M-D-H Art. 87 a Rn. 55; *Rauschning*, Wehrrecht S. 230.

123 Vgl. *Ipsen* in BK Art. 87 a Rn. 117 f. und 119 ff.

von Landesgesetzen gestattet sei[124]. Demgemäß steht das Polizeirecht der Länder den Streitkräften in diesem Fall nicht zur Verfügung[125].

Als Rechtsgrundlage kommt also allein ein Bundesgesetz in Frage[126]. Seinem Inhalt nach bietet sich das „Gesetz über die Anwendung unmittelbaren Zwanges und die Ausübung besonderer Befugnisse durch Soldaten der Bundeswehr und zivile Wachpersonen" (UZwGBw) vom 12. 8. 1965 (BGBl. I S. 796) an[127]. Denn es ist zu dem Zweck geschaffen worden, der Bundeswehr Befugnisse zum Schutz ihrer Einrichtungen und ihres Dienstbetriebes gegen Störungen zu gewähren. Insbesondere bezieht sich das UZwGBw auf den Schutz sog. „Militärischer Bereiche" (§ 2 Abs. 1), das sind militärische Objekte aller Art, nämlich „Anlagen, Einrichtungen und Schiffe der Bundeswehr und der verbündeten Streitkräfte in der Bundesrepublik"[128]. Das UZwGBw schafft also für den Objektschutz durch die Streitkräfte „eine brauchbare Grundlage"[129]. Dabei bezieht es sich nur auf den Schutz der Objekte gegen Angriffe ziviler Störer und nicht auf die Abwehr militärischer Angriffe auswärtiger Kriegsfeinde[130]. Dies ist genau die Aufgabe, die Art. 87 a Abs. 3 S. 1 GG den Streitkräften beim Objektschutz zugedacht hat.

Seiner Aufgabenstellung entsprechend gewährt das UZwGBw nur solche *Befugnisse*, die *polizeilichen Charakter* haben. So ermächtigt es die Streitkräfte lediglich dazu, „Personen anzuhalten, zu überprüfen, vorläufig festzunehmen und zu durchsuchen, Sachen sicher zu stellen und zu beschlagnahmen und unmittelbaren Zwang gegen Personen und Sachen anzuwenden" (§ 1 Abs. 1 UZwGBw). Die eben genannten Maßnahmen sind die Standardmaßnahmen polizeilicher Gefahrenabwehr, wie sie in allen Polizeigesetzen der Länder enthalten sind[131]. Ferner

---

124 Vgl. ebenda Rn. 120. — Art. 87 a Abs. 3 GG enthält für eine derartige Auslegung keinen greifbaren Anhaltspunkt.

125 *Ipsen* a.a.O.; Dürig in M-D-H Art. 87 a Rn. 55.

126 Ebenso *Dierske*, Bundeswehr S. 357; *Dürig* in M-D-H Art. 87 a Rn. 55. — Vgl. auch *Liepmann*, der zur Zeit der Weimarer Verfassung zum gleichen Ergebnis gekommen war. Auch er lehnte die Heranziehung von Landesrecht für den Fall ab, daß die Reichswehr im Notstand zu polizeilichen Zwecken eingesetzt würde. Die Begründung Liepmanns fußte allerdings auf dem ganz anderen Gedanken, daß sich bei der Heranziehung von Landesrecht das Reich dem Rechtswillen der Länder unterordne. Dies sei aber „mit dem verfassungsmäßigen Staatscharakter des Reiches unvereinbar".

127 So auch *Ipsen* in BK Art. 91 Rn. 125; *Dürig* in M-D-H Art. 87 a Rn. 55.

128 So § 2 Abs. 1 des UZwGBw.

129 *Jess-Mann* S. 52; ebenso *Dürig* in M-D-H Art. 87 a Rn. 55.

130 *Jess-Mann* S. 53 und S. 66 f.

131 Vgl. dazu folgende Bestimmungen des PAG: Art. 14 (Anhalten von Personen und deren Überprüfung), Art. 33 (Durchsuchung von Personen), Art. 23, 24 (Sicherstellung und Beschlagnahme), Art. 38 ff. (Anwendung unmittelbaren Zwanges gegen Personen und Sachen). — Den polizeilichen

normiert das Gesetz in § 12 ausdrücklich die polizeilichen Grundsätze des geringstmöglichen Eingriffs, der Verhältnismäßigkeit und der Zweckdienlichkeit des Eingriffs. Das UZwGBw ist also für die polizeiliche Aufgabe des Objektschutzes durch die Streitkräfte im Sinne des Art. 87 a Abs. 3 S. 1 insoweit bestens geeignet. *Im Unterschied zum UZwG* enthält es nicht bloß eine Regelung über die Art und Weise der Zwangsanwendung, sondern schafft in den §§ 4 bis 8 auch die Eingriffsermächtigungen für die zu treffenden Maßnahmen und in § 1 Abs. 1 bzw. § 9 die Ermächtigung zur *Anwendung unmittelbaren Zwanges*[132]. Damit gibt es eine lückenlose Rechtsgrundlage für alle Maßnahmen einschließlich der Anwendung des unmittelbaren Zwanges[133].

Allerdings läßt sich das UZwGBw in seiner gegenwärtigen Fassung nicht unmittelbar auf den Schutz *ziviler* Objekte durch die Streitkräfte im Sinne des Art. 87 a Abs. 3 S. 1 GG anwenden. Denn es bezieht sich ausschließlich auf den Selbstschutz der Bundeswehr und ihrer *militärischen* Objekte[134]. Zur Zeit der Entstehung dieses Gesetzes war ein Notstandseinsatz der Streitkräfte im Inneren wegen der damals geltenden Sperrklausel des Art. 143 GG nicht zulässig, so daß das UZwGBw keine diesbezügliche Regelung erhalten konnte und durfte[135]. Wegen seiner Eignung als Rechtsgrundlage für polizeiliche Maßnahmen beim Objektschutz ist jedoch eine Ergänzung wünschenswert, die klarstellt, daß das UZwGBw auch für den Objektschutz gemäß Art. 87 a Abs. 3 S. 1 GG als Rechtsgrundlage gilt[136]. Notfalls könnte bis zu einer diesbezüglichen

---

Charakter des UZwGBw betonen auch *Jess-Mann* S. 56 und Ipsen in BK Art. 91 Rn. 125.

[132] Ebenso *Jess-Mann* S. 65.

[133] Die Regelung des UZwGBw über die Art und Weise der Zwangsanwendung stimmt fast wörtlich mit der betreffenden Regelung des UZwG überein — vgl. §§ 10, 12, 14, 15, 16, 17, 18 UZwGBw einerseits und §§ 2, 4, 8, 10, 12, 13, 14 UZwG andererseits. Vgl. auch *Ipsen* in BK Art. 87 a Rn. 126. — *Benda* (in der Sitzung des Rechtsausschusses des Deutschen Bundestags vom 15. 3. 1968, Kurzprotokoll Nr. 76 S. 5) äußerte Zweifel daran, ob das UZwGBw den Streitkräften die Rechte gibt, die sie für den Objektschutz brauchen. Bei der gleichen Gelegenheit bezeichnete Jakoby das UZwGBw für den Einsatz der Streitkräfte im Rahmen des Objektschutzes als unzureichend (Kurzprotokoll Nr. 76 S. 6). Als ungeeignete Rechtsgrundlage wird das UZwGBw auch von *Schreiber,* Streitkräfte S. 732 bezeichnet.

[134] *Ipsen* in BK Art. 87 a Rn. 125; *Evers,* Notstandsverfassung S. 27. *Dürig* in M-D-H Art. 87 a Rn. 55 mit Fußnote vertritt allerdings die Ansicht, das UZwGBw sei in Verbindung mit Art. 87 a Abs. 3 Satz 1 GG unmittelbar anwendbar, da die Verfassungsbestimmung die gegenständliche Begrenzung des UZwGBw (§ 2 Abs. 2) im Spannungs- und Verteidigungsfall aufhebe. Dürig bezeichnet dies als „verfassungsbezogene Normerweiterung" (vgl. dazu auch *Ipsen* in BK Art. 115 f Rn. 69 ff.).

[135] Vgl. *Ipsen* in BK Art. 115 f Rn. 69 ff.; *Jess-Mann* S. 66; ferner Amtliche Begründung zum UZwGBw in Bundestagsdrucksache IV/1004 S. 7.

[136] Ebenso *Jess-Mann* S. 69 und *Rauschning,* Wehrrecht S. 231. Diese Klarstellung hält auch *Dürig* (in M-D-H Rn. 55) für notwendig

Gesetzesänderung das UZwGBw auch analog von den Streitkräften angewendet werden[137].

2. Der auf die Streitkräfte übertragene Schutz ziviler Objekte zur Unterstützung polizeilicher Maßnahmen — Art. 87 a Abs. 3 Satz 2

Wie beim Objektschutz nach Art. 87 a Abs. 3 S. 1 GG üben die Streitkräfte auch beim Objektschutz nach Abs. 3 S. 2, wenn er ihnen zur Unterstützung polizeilicher Maßnahmen übertragen worden ist, polizeiliche Funktionen aus. Das wurde bereits festgestellt[138]. Dementsprechend wird auch hier für Eingriffsmaßnahmen ein Gesetz benötigt, das polizeiliche Befugnisse gewährt. Die Rechtslage ist hier nicht anders als beim Objektschutz nach Abs. 3 S. 1. Das Landespolizeirecht kommt aus den erwähnten Gründen nicht in Betracht[139]. Demnach bietet sich auch hier das *UZwGBw als passende Rechtsgrundlage* für Eingriffsmaßnahmen an. Damit das UZwGBw von den Streitkräften zweifelsfrei angewendet werden kann, empfiehlt sich eine entsprechende Ergänzung dieses Gesetzes, die seine Anwendbarkeit für den Objektschutz gemäß Art. 87 a Abs. 3 S. 2 GG sicherstellt[140].

3. Der Schutz ziviler Objekte durch die Streitkräfte im Inneren Notstand — Art. 87 a Abs. 4 Satz 1 GG

Wenn die Streitkräfte bei einer drohenden Gefahr für die freiheitlich demokratische Grundordnung gemäß Art. 87 a Abs. 4 S. 1 GG zum Schutz ziviler Objekte eingesetzt werden, so gelten hinsichtlich der Rechtsgrundlagen die gleichen Überlegungen, wie sie soeben im Zusammenhang mit dem Objektschutz nach Art. 87 a Abs. 3 GG angestellt worden sind. Denn auch beim Objektschutz nach Abs. 4 üben die Streitkräfte eine *polizeiliche Funktion* aus[141]. Eine Tätigkeit nach dem Polizeirecht der Länder scheidet aus den erwähnten Gründen aus.

---

137 So *Ipsen* in BK Art. 115 f Rn. 132. Ipsen vertritt diese Ansicht zwar für den Objektschutz nach Art. 87 a Abs. 3 S. 2; dies ist jedoch unbeachtlich, da nach hier vertretener Ansicht — entgegen der Ansicht von Ipsen — die Funktion der Streitkräfte beim Objektschutz nach Art. 87 a Abs. 3 S. 2 die gleiche ist wie beim Objektschutz nach Art. 87 a Abs. 3 S. 1 GG. Allerdings ist eine Analogie im Bereich von Befugnisnormen, die zu belastenden Rechtseingriffen ermächtigen, nicht unbedenklich.

138 Vgl. *Dürg* in M-D-H Art. 87 a Rn. 80.

139 Vgl. ebenda.

140 Ebenso *Ipsen* in BK Art. 87 a Rn. 130; *Dürig* in M-D-H Art. 87 a Rn. 82; *von Mangoldt-Klein* S. 2331; *Rauschning*, Wehrrecht S. 231.

141 Vgl. *Dürig* in M-D-H Art. 87 a Rn. 118, 119, 125.

Daher erscheint das UZwGBw als geeignete Rechtsgrundlage für die Eingriffsmaßnahmen, die im Zusammenhang mit dem Objektschutz notwendig werden[142]. Die erwähnte notwendige Ergänzung des UZwGBw müßte also auch den Objektschutz durch die Streitkräfte gemäß Art. 87 a Abs. 4 GG berücksichtigen[143].

Das UZwGBw kann aber nur soweit geeignete Rechtsgrundlage sein, als die Streitkräfte auf den unmittelbaren Schutz eines Objektes und damit auf polizeiliche Funktionen beschränkt sind. Wird ein bewachtes Objekt nicht von „gewöhnlichen Störern, sondern von organisierten und militärisch bewaffneten Aufständischen angegriffen, so entfällt die Beschränkung der Streitkräfte auf rein polizeiliche Funktionen und damit die Beschränkung auf die Befugnisse des UZwGBw. Welche Rechtsgrundlagen dann maßgebend sind, wird im folgenden noch zu erörtert sein[144].

II. Die Rechtsgrundlage für die Verkehrsregelung durch die Streitkräfte — Art. 87 a Abs. 3 Satz 1 GG

Die Streitkräfte besitzen gemäß Art. 87 a Abs. 3 S. 1 im Verteidigungsfall die Befugnis „Aufgaben der Verkehrsregelung wahrzunehmen, soweit dies zur Erfüllung ihres Verteidigungsauftrages erforderlich ist". Die Tragweite dieser Befugnis wurde bereits erläutert[145]. Dabei wurde auch festgestellt, daß die Streitkräfte bei der Verkehrsregelung polizeiliche Funktionen ausüben[146]. Verkehrsregelung durch die Streitkräfte kann demnach nur im Sinne *polizeilicher Verkehrsregelung* verstanden werden, wie sie in *§ 2 StVO* geregelt ist. Diese Vorschrift sowie § 2 a StVO, der die Polizei zum Anhalten von Fahrzeugen ermächtigt, sind daher die geeignete Rechtsgrundlage für die einzelnen, verkehrsregelnden Maßnahmen der Streitkräfte[147]. Es wäre sogar eine entsprechende Ergänzung der StVO entbehrlich, da sich unmittelbar aus

---

142 Ebenso *Ipsen* in BK Art. 87 a Rn. 167; *Dürig* in M-D-H Art. 87 a Rn. 125; *von Mangoldt-Klein* S. 2336. — *Schreiber*, Notstand S. 111 vertritt offenbar die Ansicht, das UZwGBw könne bereits in seiner jetzigen Fassung unmittelbar als Rechtsgrundlage für den Objektschutz durch die Streitkräfte dienen. Jedenfalls spricht Schreiber nicht von einer analogen Anwendung bzw. einer zweckentsprechenden Ergänzung des UZwGBw.

143 Vgl. *Ipsen* in BK Art. 87 a Rn. 167; ebenso *Dürig* in M-D-H Art. 87 a Rn. 125; auch *Dierske*, Bundeswehr S. 356 hält eine entsprechende Ergänzung des UZwGBw für zweckdienlich, um den Waffengebrauch der Bundeswehr beim Einsatz im Inneren Notstand auf eine rechtsstaatliche Grundlage zu stellen.

144 Vgl. unten unter III.

145 Oben im ersten Teil, dritter Abschnitt C II 1 a bb.

146 Vgl. *Dürig* in M-D-H Art. 87 a Rn. 61.

147 Ebenso *Ipsen* in BK Art. 87 a Rn. 91. *Dürig* in M-D-H Art. 87 a Rn. 64, 65; *von Mangoldt-Klein* S. 2337.

Art. 87 a Abs. 3 S. 1 des Grundgesetzes ergibt, daß unter den dort genannten Voraussetzungen nicht nur die Polizeibeamten, sondern auch die Streitkräfte zur Regelung des Verkehrs befugt sind. Dennoch erscheint eine diesbezügliche Ergänzung der StVO wünschenswert, damit zweifelsfrei klargestellt ist, daß die Streitkräfte unter den besonderen in Art. 87 a Abs. 3 GG genannten Voraussetzungen die Befugnisse nach §§ 2 und 2 a StVO besitzen.

III. Die Rechtsgrundlagen der Einzelmaßnahmen der Streitkräfte bei der Bekämpfung von Aufständischen — Art. 87 a Abs. 4 Satz 1 GG

Ausgangspunkt der Überlegungen ist die Art der Funktion, die von den Streitkräften bei der Bekämpfung von Aufständischen gemäß Art. 87 a Abs. 4 GG wahrgenommen wird. Zu diesem Zweck darf das Ergebnis der diesbezüglichen Erörterungen hier kurz wiederholt werden: Die Streitkräfte üben eine *Funktion* aus, die zwischen einem Einsatz im Kriegsfall und einem polizeilichen Einsatz liegt. Die Streitkräfte sind bei ihrem Kampf gegen Aufständische nicht an die Einsatzmittel der Polizei und deren Bewaffnung gebunden, sondern dürfen grundsätzlich ihr militärisches Waffenpotential einsetzen. Andererseits ist ihnen ein Einsatz nach den Maximen des Kriegsrechts versagt, vielmehr gelten voll die Grundrechte sowie die Grundsätze der Verhältnismäßigkeit und des geringstmöglichen Eingriffs. Der Einsatz steht voll und ganz unter der Herrschaft des Grundgesetzes einschließlich des Rechtsstaatsprinzips.

Selbst beim intensivsten Einsatz der Streitkräfte im Inneren bleiben also die rechtsstaatlichen Prinzipien bestehen. Deshalb gilt auch beim Kampf gegen die Aufständischen der Grundsatz, daß als Rechtsgrundlage für alle notwendig werdenden Eingriffsmaßnahmen eine *Ermächtigungsnorm in Gestalt eines förmlichen Gesetzes* vorhanden sein muß[148]. Dies folgt auch aus der Tatsache, daß die Aufständischen den Grundrechtsschutz genießen, da unsere Notstandsverfassung bewußt auf eine Suspendierung der Grundrechte im Notstandsfall verzichtet[149]. Von der im Fall eines Aufstandes kaum praktikablen Möglichkeit, daß das Bundesverfassungsgericht gewisse Grundrechte der Aufständischen

---

148 So auch *Rauschning*, Wehrrecht S. 229. Ähnlich schon *Liepmann* S. 22 für den Einsatz der Reichswehr im Inneren. — *Ipsen* in BK Art. 87 a Rn. 174 ff., der für den Einsatz der Streitkräfte gegen Aufständische kriegsrechtliche Grundsätze für zulässig hält, stellt folgerichtig dieses Erfordernis nicht auf. — Vgl. dazu auch *Jess-Mann* S. 66 und *Dürig* in M-D-H Art. 87 a Rn. 124.

149 Zur Geltung der Grundrechte im Notstandsfall siehe unten vierter Teil, erster und zweiter Abschnitt.

gemäß Art. 18 GG für verwirkt erklärt, kann hier abgesehen werden[150]. Das in unserer Verfassung verankerte System des Grundrechtsschutzes gestattet Eingriffe in Grundrechte nur auf Grund eines förmlichen Gesetzes. Auch aus diesem Grund ist es erforderlich, daß die Streitkräfte beim Kampf gegen die Aufständischen ihre Maßnahmen auf ein förmliches Gesetz als Rechtsgrundlage stützen.

Es liegt nahe, den Art. 87 a Abs. 4 des Grundgesetzes selbst, der diesen Einsatz der Streitkräfte für zulässig erklärt, als derartige Rechtsgrundlage heranzuziehen. Wie aber bereits an anderer Stelle ausgeführt worden ist, erweist sich dieser Weg als nicht gangbar[151]. Die dort gegebene Begründung gilt in vollem Umfange auch hier und braucht nicht wiederholt zu werden.

Das UZwGBw, das als brauchbare Rechtsgrundlage für den Objektschutz der Streitkräfte herangezogen werden kann, erweist sich als *ungeeignet*[152], sofern es als Rechtsgrundlage für die Bekämpfung der Aufständischen dienen soll. Denn das UZwGBw gewährt ausschließlich polizeiliche Befugnisse[153], und regelt insbesondere die Zwangsanwendung und den Waffengebrauch nach polizeilichen Grundsätzen[154]. Demnach ermächtigt es nicht zu einem Vorgehen, das — wie dasjenige der Streitkräfte beim Kampf gegen Aufständische — über einen polizeilichen Einsatz hinausgeht[155].

In diesem Zusammenhang taucht die Frage auf, ob das UZwGBw nicht wenigstens dann herangezogen werden kann, wenn der Aufstand nicht von einem Teil der Bevölkerung ausgeht, sondern von Teilen der Bundeswehr selbst, wenn also ein Teil der Bundeswehr einen *Putschversuch* unternimmt, mit dem Ziel, unsere freiheitlich demokratische

---

150 Außerdem umfaßt der in Art. 18 GG enthaltene Katalog der verwirkbaren Grundrechte nicht diejenigen des Art. 2 Abs. 2 auf Leben, körperliche Unversehrtheit und Freiheit der Person. Gerade in diese Grundrechte der Aufständischen muß aber naturgemäß bei der Niederwerfung des Aufstandes am häufigsten und nachhaltigsten eingegriffen werden.

151 Vgl. oben unter I 1.

152 Ebenso, aber mit anderer Begründung *Dürig* in M-D-H Art. 87 a Rn. 126.

153 Ebenso *Jess-Mann* S. 56.

154 Demgegenüber vertritt *Evers*, Notstandsverfassung die Meinung (S. 33 Anm. 79), daß § 10 Abs. 4 UZwGBw der Bundeswehr den Einsatz des gesamten Waffenarsenals erlaube. Ähnlich auch *Ipsen* in BK Art. 87 a Rn. 129 a. E. Dies widerspricht jedoch der Tatsache, daß das UZwGBw reine Polizeibefugnisse gewährt und dementsprechend auch die Bewaffnung auf polizeiliche Waffen begrenzt sein muß.

155 Ebenso *Jess-Mann* S. 68, die dann aber so weit gehen, zu behaupten, ein über den polizeilichen Einsatz hinausgehender Einsatz der Bundeswehr richte sich ausschließlich nach militärischen Einsatzgrundsätzen und erlaube auch die gezielte Vernichtung des Gegners.

Grundordnung zu stürzen[156]. Die Frage ist grundsätzlich zu bejahen. Allerdings bietet das UZwGBw den verfassungs- und regierungstreuen Teilen der Bundeswehr nur insoweit die Befugnis zum Einschreiten, als die Voraussetzungen der §§ 2 und 9 UZwGBw erfüllt sind, d. h. wenn die regierungstreuen Truppen bzw. militärische Einrichtungen und Anlagen der Bundeswehr von den meuternden Truppen angegriffen werden. Beschränken sich aber die meuternden Truppen darauf, gegen die zivilen Behörden vorzugehen (etwa die Bonner Regierungsgebäude zu besetzen und dergleichen), so bietet das UZwGBw den regierungstreuen Truppen nicht die Möglichkeit, ihrerseits die Kasernen zu verlassen und gegen die putschenden Einheiten vorzugehen[157]. Das UZwGBw gewährt nur Befugnisse zum defensiven Selbstschutz der Bundeswehr. Es erweist sich somit auch bei einem Putsch von Bundeswehreinheiten als ungenügend[158].

Weil das UZwGBw nicht als Rechtsgrundlage dienen kann, gibt es gegenwärtig kein Gesetz, das die Streitkräfte ermächtigen würde, die notwendigen Maßnahmen beim Kampf gegen Aufständische zu treffen. Daher ist es notwendig, daß der Bundesgesetzgeber ein *Ausführungsgesetz* zu Art. 87 a Abs. 4 S. 1 GG erläßt, das die Befugnisse der Streitkräfte gegenüber den Aufständischen festlegt[159]. Hier könnte der Einwand erhoben werden, es sei fraglich, ob eine gesetzliche Regelung des Bürgerkriegs — denn nichts anderes stellt der in Art. 87 a Abs. 4 GG genannte Kampf gegen „organisierte und militärisch bewaffnete Aufständische" dar als den Bürgerkrieg[160] — überhaupt als möglich und

---

[156] Unter den gegenwärtigen Verhältnissen in der Bundesrepublik erscheint ein Putsch der Bundeswehr als die einzige Möglichkeit, wie ein Aufstand im Sinn des Art. 87 a Abs. 4 GG reale Gestalt annehmen könnte. Denn es ist so gut wie ausgeschlossen, daß sich aus der unbewaffneten Bevölkerung der Bundesrepublik in kurzer Zeit organisierte und militärisch bewaffnete Gruppen von Aufständischen bilden. Vgl. dazu *Hoffmann* S. 108; *Kluncker*, Protokoll Nr. 59 S. 21; *Gester* S. 140; Notstandsentwurf 67 S. 28; Notstandsgesetzgebung S. 27.

[157] Die Frage, ob die Bundeswehr gegen meuternde Teile ihrer selbst eingesetzt werden dürfe, war vor Geltung des Art. 87 a Abs. 4 sehr umstritten. Vgl. zum Streitstand: bejahend *Arndt*, Demokratie S. 47; DGB-Bundesausschuß S. 853; *Kogon* i. d. 1. öff. Informationssitzung, Protokoll Nr. 55 S. 9, 21 f.; verneinend *Hall* S. 149; *Evers* in der 1. öff. Informationssitzung, Protokoll Nr. 55 S. 70; Notstandsentwurf 67 S. 28. Vgl. auch *Jess-Mann* S. 69.

[158] Ebenso ungenügend ist das gewohnheitsrechtliche Recht der sog. „administrativen Selbstverteidigung" der Bundeswehr, da es ebenfalls nur zur Abwehr von Angriffen auf die Bundeswehr ermächtigt. — Vgl. zu diesem Rechtsinstitut *Mayer*, Verwaltungsrecht; *Moebius* S. 31; *Liepmann* S. 72; *Jess-Mann* S. 62 ff.

[159] Ebenso *Dürig* in M-D-H Art. 87 a Rn. 126.

[160] So *Hoffmann* S. 107; *Ipsen* in BK Art. 87 a Rn. 174 ff.

sinnvoll bezeichnet werden könne[161]. Der Einwand erscheint insofern als berechtigt, als im Bürgerkrieg eine der beiden Parteien die bestehende Ordnung negiert. Im Hinblick darauf mag es aussichtslos scheinen, wenn die bestehende Ordnung Normen zur Regelung eines Zustandes hervorbringt, der von der existentiellen Gefährdung eben dieser Ordnung gekennzeichnet ist. Letztlich entscheidet im Bürgerkrieg die Macht, nicht das Recht. Unsere bestehende Ordnung kann in einer derartigen Situation nur auf Grund der Macht ihrer Repräsentanten und des ihr treuen Volksteiles weiterbestehen, nicht aber mit Hilfe ihrer Normen. Andererseits steht aber fest, daß bei der Schaffung der Notstandsverfassung bewußt darauf verzichtet wurde, für den inneren Notstand der Exekutive eine generalklauselartige, allumfassende Ermächtigung zu geben, wie sie etwa in Art. 48 Abs. 2 der Weimarer Reichsverfassung enthalten war[162]. Vielmehr enthalten die Notstandsbestimmungen des Grundgesetzes sehr eng begrenzte Eingriffsermächtigungen, gerade auch in Art. 87 a Abs. 4 für den Fall der existentiellen Gefährdung der bestehenden Ordnung. Daraus läßt sich der klare Wille des Verfassungsgesetzgebers erkennen, die Machtausübung des Staates auch in Augenblicken höchster Gefahr für Staat und Verfassung rechtsstaatlich zu beschränken. Angesichts dieser Intention des Grundgesetzes müssen die Bedenken zurücktreten und es kann nicht geleugnet werden, daß ein Gesetz erforderlich ist, welches die Befugnisse der Streitkräfte bei ihrem Kampf gegen die Aufständischen eindeutig festlegt.

Es kann nicht Aufgabe dieser Untersuchung sein, detaillierte Vorschläge über den Inhalt eines solchen *Ausführungsgesetzes* zu Art. 87 a Abs. 4 GG zu machen. Es können nur wenige *Grundzüge* aufgezeigt werden. Zunächst muß das Gesetz den zur Bekämpfung des Aufstandes eingesetzten Teilen der Streitkräfte diejenigen polizeilichen Befugnisse einräumen, die auch im UZwGBw enthalten sind, also die Befugnisse, Personen anzuhalten, zu überprüfen, vorläufig festzunehmen, Durchsuchungen und Beschlagnahmen anzuordnen und unmittelbaren Zwang anzuwenden. Hinsichtlich des Waffengebrauches müßte

---

161 Bedenken in dieser Richtung werden geäußert von *Hoffmann* S. 107; *Arndt*, Bundeswehr S. 732; *Kluncker* in der 3. öff. Informationssitzung, Protokoll Nr. 59 S. 21.

162 Ein Musterbeispiel einer solchen nahezu unbegrenzten Ermächtigung stellt Art. 16 der französischen Verfassung vom 28. 9. 1958 dar. Danach kann der Präsident der Republik „wenn die Institutionen der Republik, die Unabhängigkeit der Nation, die Integrität ihres Staatsgebiets oder die Erfüllung ihrer internationalen Verpflichtungen schwer und unmittelbar bedroht sind und die ordentliche Ausübung der öffentlichen Gewalt unterbrochen ist“, die „diesen Umständen nach erforderlichen Maßnahmen“ treffen. Der Präsident unterliegt dabei keiner parlamentarischen Kontrolle. — Vgl. zum Notstandsrecht anderer Staaten AB 1965 S. 28 ff.

bestimmt werden, daß die Streitkräfte grundsätzlich ihr militärisches Waffenarsenal gebrauchen dürfen, jedoch mit der Maßgabe, daß die eingesetzten Waffenarten in etwa der Bewaffnung der Aufständischen angepaßt bleiben. Damit wird verhindert, daß die Streitkräfte mit schwerer Artillerie gegen Aufständische vorgehen, die lediglich — und zwar *erkennbar* — über einige Maschinengewehre verfügen. Ansonsten sind die Voraussetzungen des Waffengebrauchs von den engen Grenzen des Polizeirechts zu befreien und statt dessen dahingehend festzulegen, daß die Streitkräfte gegenüber organisierten und militärisch bewaffneten Aufständischen ohne weiteres ihre Waffen einsetzen dürfen. Eine nähere Regelung des Waffengebrauches ist kaum möglich, da die Bekämpfung von organisierten Aufständischen doch erheblich von der Abwehr einzelner Störer abweicht, auf die das polizeiliche Waffengebrauchsrecht zugeschnitten ist[163].

Als allgemeine Begrenzung für alle Maßnahmen der Streitkräfte müßte das Ausführungsgesetz schließlich den Grundsatz der Verhältnismäßigkeit und des geringstmöglichen Eingriffs enthalten, so wie er etwa in § 12 des UZwGBw Ausdruck gefunden hat[164]. Dadurch wäre verbindlich klargestellt — auch im Hinblick auf eine spätere gerichtliche oder sonstige Nachprüfung des Vorgehens der Streitkräfte —, daß auf keinen Fall ein Einsatz nach kriegsrechtlichen Maximen, insbesondere nicht nach reinen Zweckmäßigkeitserwägungen zulässig ist.

Ein so gestaltetes Ausführungsgesetz zu Art. 87 a Abs. 4 GG würde einerseits den Streitkräften soviel Mittel und Bewegungsfreiheit wie nötig einräumen, und andererseits die militärische Gewaltausübung so viel wie möglich nach rechtsstaatlichen Gesichtspunkten begrenzen[165].

---

[163] Ebenso *Ipsen* in BK Art. 87 a Rn. 177. — Vgl. dazu die umfangreichen und komplizierten Voraussetzungen, die § 15 UZwGBw für den Schußwaffengebrauch aufstellt. — Anders *Dürig* in M-D-H Art. 87 a Rn. 126, der folgerichtig ein rein polizeiliches Ausführungsgesetz fordert.

[164] § 12 lautet: „(1) Bei der Anwendung unmittelbaren Zwanges ist von mehreren möglichen und geeigneten Maßnahmen diejenige zu treffen, die den einzelnen und die Allgemeinheit am wenigsten beeinträchtigt. (2) Eine Maßnahme des unmittelbaren Zwanges darf nicht durchgeführt werden, wenn der durch sie zu erwartende Schaden erkennbar außer Verhältnis zu dem beabsichtigten Erfolg steht. Die Maßnahme darf nur solange und soweit durchgeführt werden, wie ihr Zweck es erfordert."

[165] Die Notwendigkeit eines Ausführungsgesetzes für den Einsatz der Streitkräfte haben bejaht *Dierske*, Bundeswehr S. 358 (er bezog sich allerdings noch nicht auf Art. 87 a Abs. 4 GG, sondern auf den damals geltenden Art. 91) und *Schnupp*, Polizei III S. 296 (er bezieht sich auf Art. 87 a Abs. 4 GG).

IV. Die Rechtsgrundlagen für Maßnahmen der Streitkräfte im Katastrophenfall — Art. 35 Abs. 3 Satz 1 GG

Wenn die Bundesregierung gemäß Art. 35 Abs. 3 GG die Streitkräfte zur Hilfe bei einer Katastrophe oder einem schweren Unglücksfall einsetzt, so kann dieser Einsatz in technischer Hilfeleistung bestehen, es können aber auch gewisse polizeiliche Maßnahmen getroffen werden[166]. Für die reinen Hilfsmaßnahmen benötigen die Streitkräfte keine Befugnisnorm, da es sich nicht um eingreifende Maßnahmen handelt[167]. Soweit aber die Streitkräfte hoheitlich tätig werden und dabei Eingriffsmaßnahmen gegenüber den Bürgern vornehmen — und dazu sind sie durch Art. 35 Abs. 3 GG ermächtigt[168] —, bedürfen sie eines Gesetzes, das ihnen die Befugnis zu diesen Maßnahmen verleiht.

Wie bereits erörtert[169], üben die Streitkräfte im Katastrophenfall, sofern sie dabei hoheitlich tätig werden, lediglich polizeiliche Funktionen aus[170]. Aus den bereits erwähnten Gründen kann Art. 35 Abs. 3 S. 1 GG selbst nicht Befugnisnorm für die einzelnen Maßnahmen sein[171]. Es geht auch nicht an — entgegen einer mehrfach geäußerten Ansicht[172] —, daß die Streitkräfte ihre Befugnisse dem jeweiligen Polizeirecht des Einsatzlandes entnehmen. Denn auch im Rahmen eines Einsatzes nach Art. 35 Abs. 3 GG nehmen sie als Organe des Bundes eine Bundeskompetenz wahr. In dieser Eigenschaft ist ihnen aber die Ausführung von Landesgesetzen versagt[173].

Das UZwGBw wäre zwar als Rechtsgrundlage geeignet, soweit es Befugnisse *polizeilicher* Art gewährt und damit der polizeiliche Funktion der Streitkräfte beim Katastropheneinsatz entsprechen würde. Aber es gewährt polizeiliche Befugnisse nur unter der Voraussetzung, daß ein Angriff auf ein militärisches Objekt erfolgt oder die dienstliche Tätigkeit der Bundeswehr gestört wird bzw. eine Straftat gegen die

---

166 Vgl. *Maunz* in M-D-H Art. 35 Rn. 15.

167 Ein derartiger Einsatz fiel nach allgemeiner Ansicht auch nicht unter die Sperrklausel des inzwischen aufgehobenen Art. 143 GG, siehe oben S. 76.

168 Ebenso *Schunck*, Ergänzungsband S. 43; *Hoffmann* S. 114.

169 Oben S. 79 f. mit Nachweisen.

170 Diese Tatsache ist unbestritten, vgl. etwa *Hoffmann* S. 114; *Benda* S. 147; *Schreiber* S. 112; *Arndt*, Bundeswehr S. 730.

171 Vgl. oben Anm. 122, 123.

172 Die Ansicht, daß für die Streitkräfte das Landespolizeirecht maßgebend ist, wird vertreten von *Schunck* S. 43; *Hoffmann* S. 115; offenbar auch von *Arndt*, Bundeswehr S. 730, wenn er sagt, die Bundeswehr dürfe gemäß Art. 35 Abs. 3 „öffentliche Gewalt wie die Polizei des Einsatzlandes ausüben“.

173 Für die Anwendung von Bundesrecht, wenn die Streitkräfte in polizeilicher Funktion Bundesaufgaben wahrnehmen, spricht sich auch *Evers*, Notstandsverfassung S. 27, 32 aus.

Bundeswehr begangen wird (§§ 2, 3 und 9 UZwGBw). Dadurch ist es wenig geeignet, der Bundeswehr diejenigen polizeilichen Befugnisse zu geben, die sie im Rahmen des Katastropheneinsatzes benötigt[174].

Auch die von *Schunck*[175] vorgeschlagene *Übertragung einzelner Polizeibefugnisse* auf die Streitkräfte durch die jeweiligen Landesbehörden scheidet aus, weil dies wiederum zu der unzulässigen Ausführung von Landesgesetzen durch Bundesorgane führen würde. Dieser Weg kann nur dann beschritten werden, wenn die Streitkräfte gemäß Art. 35 Abs. 2 GG von einem Bundesland angefordert werden und dann dessen Aufgaben wahrnehmen.

Somit ergibt sich auch für den Einsatz der Streitkräfte im Fall des Art.35 Abs. 3 GG die Notwendigkeit, daß der Bund ein *Ausführungsgesetz* erläßt, welches die notwendigen Befugnisse zum Erlaß polizeilicher Maßnahmen enthält[176]. Dieses Gesetz muß durchaus nicht den gewohnten Katalog sämtlicher polizeilicher Maßnahmen enthalten. Denn der Schwerpunkt des Katastropheneinsatzes der Streitkräfte liegt in der technischen Hilfeleistung. Dadurch wird die Polizei entlastet und diese kann sich vornehmlich der Aufgabe widmen, die notwendigen polizeilichen Zwangsmaßnahmen zu treffen. Dementsprechend wird es genügen, den Streitkräften einige wenige Befugnisse zu gewähren. Namentlich kommt hier, wie die Hamburger Flutkatastrophe von 1962 erwiesen hat[177], die Befugnis zur Verkehrsregelung in Betracht, damit die normalerweise dafür zuständige Polizei für andere Aufgaben frei wird[178]. Ferner sollte den Streitkräften die Befugnis verliehen werden, einen Platzverweis auszusprechen, damit auf diese Weise Neugierige entfernt werden können, welche die technischen Hilfeleistungen behindern[179]. Überlegenswert wäre auch, ob man den

---

174 *Schreiber* S. 112 scheint demgegenüber von der grundsätzlichen Anwendbarkeit des UZwGBw auszugehen, wenn er feststellt, dieses Gesetz müsse „nicht in vollem Umfang" angewendet werden.

175 *Schunck*, Ergänzungsband S. 43.

176 Die Möglichkeit eines Ausführungsgesetzes ist grundsätzlich zu jedem Artikel des Grundgesetzes gegeben, vgl. M-D-H Art. 91 Rn. 10 und Art. 46 Rn. 77 mit weiteren Nachweisen. Die Kompetenz des *Bundes* zum Erlaß des Ausführungsgesetzes folgt aus der eindeutigen Verwaltungskompetenz des Bundes bei Art. 35 Abs. 3 GG, vgl. M-D-H Art. 91 Rn. 10 und Art. 83 Rn. 11.

177 Damals wurde von den Hamburger Behörden gewissen Einheiten der Bundeswehr (insbes. Feldjägern) ausschließlich die polizeiliche Befugnis zur Verkehrsregelung übertragen (vgl. Hamburger Bericht S. 37 und 45).

178 Vgl. Hamburger Bericht S. 45 (über die Flutkatastrophe 1962): „Umfangreiche Verkehrsregelungs- und Lenkungsmaßnahmen waren notwendig, weil sehr viele Neugierige — überwiegend motorisiert — in das Katastrophengebiet eindringen wollten und dadurch die Arbeit der Retter behinderten." — Auch *Schreiber*, Notstand S. 112 befürwortet eine Ermächtigung der Streitkräfte zur Verkehrsregelung.

eingesetzten Soldaten nicht auch das Recht geben sollte, solche Personen in einstweiligen Gewahrsam zu nehmen, die das Katastrophengebiet nicht verlassen wollen, obwohl für sie Lebensgefahr besteht. Schließlich sollte das Ausführungsgesetz auf Grund der Ermächtigung des Art. 11 Abs. 2 GG die Möglichkeit schaffen, das Grundrecht der Freizügigkeit dadurch einzuschränken, daß die Streitkräfte das Katastrophengebiet absperren können[180]. Schließlich wäre zu erwägen, den Streitkräften das Recht der vorläufigen Festnahme von Plünderern zuzugestehen[181]. Das Ausführungsgesetz müßte auch die Ermächtigung zur Anwendung unmittelbaren Zwanges enthalten, und zwar in dem Umfang, welcher notwendig ist, die eben erwähnten beschränkten Befugnisse notfalls auch gegen den Willen der Betroffenen durchzusetzen[182]. Weitere polizeiliche Befugnisse sind für den Katastropheneinsatz der Streitkräfte nicht erforderlich[183]. Ein Ausführungsgesetz, das in etwa diese Befugnisse enthielte, wäre geeignet, dem Katastropheneinsatz der Streitkräfte durch die Bundesregierung eine zweckmäßige und eindeutige Rechtsgrundlage zu geben[184].

Zusammenfassung zum dritten Teil

Wenn Polizeikräfte anderer Bundesländer, der Bundesgrenzschutz oder die Streitkräfte gemäß Art. 35 Abs. 2, 91 Abs. 1 GG von einem Bundesland angefordert werden, so gilt als Rechtsgrundlage für ihre Tätigkeit das *Polizeirecht des Einsatzlandes*. In den Polizeigesetzen der meisten Bundesländer ist eine entsprechende Regelung enthalten. Doch auch unabhängig von einer gesetzlichen Niederlegung gilt dieses

---

179 Hamburger Bericht S. 45: „Dabei kam ein großer Teil der Neugierigen den Anordnungen der Polizei nicht nur nicht nach, sondern widersetzte sich ihnen sogar.“ — Für Platzverweis auch *Schreiber*, Notstand S. 112.

180 Zur erweiterten Einschränkung des Grundrechts der Freizügigkeit im Notstand vgl. unten im vierten Teil, zweiter Abschnitt unter B.

181 Gegen die Befugnis zur Festnahme *Schreiber*, Protokoll Nr. 59 S. 58.

182 Ebenso *Schreiber*, Notstand S. 112.

183 *Schreiber* will die Streitkräfte nach dem Vorbild der Flurwächter und Forstbeamten auf die Befugnis zur Verkehrsregelung und zum Platzverweis beschränken („eine Art UZwGBw für den technischen Hilfseinsatz“).

184 *von Unruh* S. 196 hält einen technischen Hilfseinsatz im Katastrophenfall für genügend und kommt zum Ergebnis, daß der Katastropheneinsatz der Streitkräfte keiner gesetzlichen oder verfassungsmäßigen Regelung bedürfe.

Prinzip als allgemeiner polizeirechtlicher Rechtsgedanke. Ferner läßt es sich aus der Eigenstaatlichkeit der Länder ableiten.

Das *Landespolizeirecht des Einsatzlandes* gilt auch, wenn Polizeikräfte eines Landes auf Weisung der Bundesregierung gemäß Art. 35 Abs. 3 S. 1 GG einem anderen Land zur Verfügung gestellt werden bzw. wenn die Bundesregierung im Verteidigungsfall gemäß Art. 115 f Abs. 1 Ziff. 2 direkte Weisungen an die Länderpolizeien erteilt. Auch für den Einsatz des Bundesgrenzschutzes durch Landesbehörden im „Katarakt-fall" — Art. 115 i Abs. 1 GG — ist das Polizeirecht des Einsatzlandes maßgebend.

Werden die Polizeikräfte der Länder gemäß *Art. 91 Abs. 2* GG den Weisungen der Bundesregierung unterstellt, so gilt zunächst grundsätzlich das Landespolizeirecht des Einsatzlandes als Rechtsgrundlage. Der Bund besitzt aber nach Art. 73 Ziff. 10 b GG die Gesetzgebungskompetenz, ein einheitliches Recht für den Einsatz aller Länderpolizeien zu schaffen. Mit § 15 UZwG und § 66 BGSG hat der Bund von dieser Kompetenz bereits Gebrauch gemacht. Demnach gelten die §§ 10 ff. BGSG als Rechtsgrundlage für die Anordnung polizeilicher Maßnahmen durch die Landespolizeikräfte, ferner ist für die Art und Weise der Anwendung unmittelbaren Zwangs das UZwG des Bundes maßgebend. Dagegen ist für die Zulässigkeit der Zwangsanwendung als solcher das Landesrecht des Einsatzlandes maßgebend.

Die Länderpolizeien haben also im Fall des Art. 91 Abs. 2 GG Bundes- und Landespolizeirecht nebeneinander anzuwenden. Bundesrecht ist Rechtsgrundlage für den *Einsatz des Bundesgrenzschutzes* durch die Bundesregierung in den Fällen der Art. 35 Abs. 3 S. 1, 91 Abs. 2 S. 1 und 115 f Abs. 1 Ziff. 1. Vor Erlaß des neuen BGSG stand in § 2 des alten BGSG eine Generalklausel für die Anordnung polizeilicher Maßnahmen zur Verfügung. Allerdings ermächtigte diese Bestimmung lediglich zu Maßnahmen innerhalb des Grenzgebietes. Auf Grund der §§ 10 ff. des neuen BGSG ist der Bundesgrenzschutz nunmehr im Notstandsfall auch außerhalb des Grenzgebiets zur Anordnung polizeilicher Maßnahmen befugt. Die Ermächtigung zur *Anwendung unmittelbaren Zwanges* ergibt sich aus den §§ 6 und 9 des *VwVG* des Bundes. Für die *Art und Weise* der Zwangsanwendung ist das *UZwG* des Bundes maßgebend.

Die *Streitkräfte* üben in den Fällen, wo sie zum *Schutz ziviler Objekte* eingesetzt werden — nämlich gemäß Art. 87 a Abs. 3 S. 1 und S. 2 und Abs. 4 S. 1 GG — jeweils polizeiliche Funktionen aus. Als Rechtsgrundlage kommt daher ein Gesetz in Frage, welches sich auf polizeiliche Befugnisse beschränkt. Da die Streitkräfte Aufgaben des

Bundes wahrnehmen, muß es ein Bundesgesetz sein. Das *UZwGBw* erfüllt diese Voraussetzungen und ist daher als Rechtsgrundlage für die Maßnahmen der Streitkräfte geeignet. Da es in seiner jetzigen Fassung nur zum Schutz militärischer Objekte ermächtigt, müßte es entsprechend geändert werden.

Wenn die *Streitkräfte* gemäß Art. 87 a Abs. 3 S. 1 GG zur *Verkehrsregelung* eingesetzt werden, kann als Befugnisnorm für die zu treffenden Anordnungen § 2 und § 2 a der StVO dienen.

Werden die *Streitkräfte* gemäß Art. 87 a Abs. 4 S. 1 GG zur *Bekämpfung von Aufständischen* eingesetzt, so benötigen sie für die zu treffenden Eingriffsmaßnahmen auch hier eines ermächtigenden Gesetzes. Die Grundrechte bleiben voll bestehen und infolgedessen gilt der Grundsatz des Vorbehalts des Gesetzes. Da es gegenwärtig kein Gesetz gibt, das den Streitkräften die für einen solchen Einsatz notwendigen Befugnisse verleihen könnte, ist ein *Ausführungsgesetz* erforderlich. Dieses müßte den Streitkräften alle polizeilichen Befugnisse einräumen und sie auch an die Grundsätze der Verhältnismäßigkeit und des geringsten Eingriffs binden. Andererseits müßte es sie von den engen Voraussetzungen des polizeilichen Waffengebrauches entbinden und den Einsatz aller militärischen Waffen gestatten.

Der *Einsatz der Streitkräfte* durch die Bundesregierung im *Katastrophennotstand* — gemäß Art. 35 Abs. 3 S. 1 GG — dient in erster Linie der technischen Hilfe, wozu keine Befugnisnorm erforderlich ist. Soweit dabei auch polizeiliche Eingriffsmaßnahmen vorgenommen werden, ist ein ermächtigendes Gesetz notwendig. Das jeweilige Landespolizeirecht kommt für die Streitkräfte als Bundesorgane mit Bundesaufgaben nicht in Betracht. Auch das UZwGBw ist für den Katastropheneinsatz nicht geeignet. Daher muß ein *Ausführungsgesetz* erlassen werden. Es genügt, wenn dieses Gesetz den Streitkräften nur einige wenige polizeiliche Befugnisse zuweist, so die Befugnisse der Verkehrsregelung, des Platzverweises, der Absperrung des Katastrophengebietes, des vorläufigen Gewahrsams rettungsunwilliger Personen sowie der vorläufigen Festnahme von Plünderern. Ferner müßte den Streitkräften die Durchsetzung dieser Maßnahmen durch Zwangsanwendung gestattet werden.

VIERTER TEIL

Die Befugnisse der Vollzugskräfte

Erster Abschnitt

Die grundsätzliche Beschränkung auf die normalen Befugnisse auch im Notstandsfall

Bei den Diskussionen über die Notwendigkeit und den Zweck der sog. Notstandsverfassung stand bei den Gegnern einer Notstandsregelung die Befürchtung im Vordergrund, die Freiheitsrechte der Bürger würden im Notstandsfall so sehr eingeengt bzw. aufgehoben, daß damit die Gefahr der Diktatur heraufbeschworen werde[1]. Tatsächlich hatten noch der Regierungsentwurf von 1960[2] und der von 1962[3] Einschränkungen zahlreicher Grundrechte „über das sonst zulässige Maß hinaus" vorgesehen[4]. Die endgültige Fassung der Notstandsverfassung, so wie sie heute Geltung hat, ist jedoch gerade in puncto Grundrechtseinschränkungen von den ersten Entwürfen sehr weit entfernt. Die Notstandsbestimmungen des Grundgesetzes sind gerade davon weitgehend frei, was in der Regel das Kernstück einer Notstandsregelung bildet, nämlich die weitgehende Beschränkung oder Aufhebung der Bürgerrechte[5]. Von einigen wenigen — anschließend

---

[1] Vgl. stellvertretend für die zahllosen Stellungnahmen: *Augstein*, Notstand S. 113 ff.; *Ridder*, Notstandsordnung S. 23 ff.; *Schiller* S. 326 ff.; *Poltorak-Straschun* S. 1158 ff.; ferner die Sammelbände mit Beiträgen prominenter Notstandsgegener: *Holz-Neuhöffer*, Griff nach der Diktatur und „Notstand der Demokratie".

[2] Bundestagsdrucksache III/1800 Anlage 1 S. 2.

[3] Bundestagsdrucksache IV/891 Anlage 1 S. 2 ff.

[4] Vgl. Art. 115 a Abs. 4 Ziff. 2 a Entwurf 1960 und Art. 115 b Abs. 2 lit. a, Art. 115 k Abs. 1 lit. b und Art. 115 l Abs. 1 lit. b Entwurf 1962.

[5] Die Suspendierung bzw. Aufhebung vieler Grundrechte ist enthalten in Art. 48 Abs. 2 Weimarer Verfassung, ferner in Art. 16 der französischen Verfassung, Art. 202, 203 der niederländischen Verfassung. Weitgehende Grundrechtseingriffe im Notstandsfall gestatten ferner u. a. die Verfassungen

noch zu erörternden — Ausnahmen abgesehen, läßt sich der *Grundsatz* aufstellen, daß die im Notstandsfall eingesetzten Vollzugskräfte (Polizei, Bundesgrenzschutz und Bundeswehr) gegenüber dem Bürger *keine anderen Befugnisse besitzen als im Normalfall*[6]. Keine der Bestimmungen, die den Einsatz der Vollzugskräfte regeln, also Art. 35 Abs. 2 und 3, Art. 87 a Abs. 3 und 4 (außer dem Einsatz der Bundeswehr gegen Aufständische)[7]; Art. 91, 115 f Abs. 1 und 115 i Abs. 1 läßt erkennen, daß die normalen Eingriffsbefugnisse erweitert werden. Von einer Suspendierung bestimmter Grundrechte, wie sie noch Art. 48 Abs. 2 der Weimarer Verfassung enthalten hat, ist nirgendwo die Rede. Wie bereits im dritten Teil dieser Abhandlung dargestellt worden ist, arbeiten die Vollzugskräfte größtenteils auf der Grundlage der bestehenden Polizeigesetze bzw. es ist ein Gesetz erforderlich, das ihnen polizeiliche Befugnisse zuweist[8]. Somit hat der Gesetzgeber bei der Schaffung der Notstandsverfassung die Erhaltung des freiheitlichen Rechtsstaates auch in Zeiten der Not weitgehend gesichert. Jedenfalls kann nicht davon gesprochen werden, daß das Grundgesetz für den Notstandsfall die Exekutive mit diktatorischen Vollmachten ausstattet[9].

Damit ist nicht gesagt, daß der Bürger im Notstand nicht doch schwerere Eingriffe des Staates in seine Rechte hinnehmen müßte. Es wird noch näher darzulegen sein, wie auch die bestehenden Polizeigesetze in einer Notsituation härtere Eingriffe nach dem Grundsatz der Verhältnismäßigkeit gestatten als im Normalfall[10]. Ferner besteht jederzeit die Möglichkeit, daß der Gesetzgeber mit *einfachen Gesetzen*, also Gesetzen, die nicht mit verfassungsändernder Zweidrittelmehrheit

---

Schwedens, der Schweiz und der USA. Vgl. dazu AB 1965 S. 28 ff., wo eine Übersicht über die Notstandsregelungen zahlreicher Staaten gegeben wird.

6 Ebenso *Maunz* in M-D-H Art. 91 Rn. 2; *Evers* in BK Art. 91 Rn. 11 und 13; AB 1968 S. 15; RE 1967 S. 16; *Seifert*, Gefahr S. 19; *Folz* S. 117; *Gather* S. 151; *von der Heydte*, Staatsnotstand S. 79; *Denninger-Beye* S. 22, 23.

7 Daß in diesem Fall die Befugnisse der Bundeswehr über die normalen Polizeibefugnisse hinausgehen, wurde bereits erwähnt, vgl. oben dritter Teil, dritter Abschnitt B III. Siehe dazu auch unten zweiter Abschnitt C.

8 Das gilt insbesondere für den Einsatz der Streitkräfte, auf den keines der bestehenden Gesetze unmittelbar anwendbar ist, so daß entweder die Ergänzung bestehender Gesetze (UZwGBw) oder der Erlaß eines Ausführungsgesetzes notwendig ist. Siehe dazu auch *Schreiber*, Streitkräfte S. 733.

9 Damit wird der grundlegende Wandel offenbar, der die Entwicklung der Entwürfe zur Notstandsverfassung bis zum heute gültigen Text kennzeichnet. Ein Fortschritt zur rechtsstaatlichen Beschränkung der Macht der Exekutive ist unverkennbar, so daß der vielzitierte Ausspruch des damaligen Bundesinnenministers *Schröder* zum Regierungsentwurf von 1960 („Die Ausnahmesituation ist die Stunde der Exekutive." — Bundestag, 3. Wahlperiode 124. Sitzung v. 28. 9. 1960, Sten. Ber. S. 7177 C) heute überholt ist.

10 Vgl. dazu *Evers* in BK Art. 91 Rn. 11 und 13; ferner *Dürig* in M-D-H Art. 87 a Rn. 126.

verabschiedet werden, die Gesetzesvorbehalte verschiedener Grundrechtsartikel ausnützt und auf diese Weise *weitere Grundrechtseinschränkungen* für den Notstandsfall vornimmt, ohne dabei die Verfassung ändern zu müssen[11]. Tatsächlich sind bereits eine Reihe solcher sog. *„einfacher Notstandsgesetze"* in Kraft gesetzt worden. Zu diesen einfachen Notstandsgesetzen gehören unter anderem das Bundesleistungsgesetz[12], das Gesetz über das Zivilschutzkorps[13], die fünf „Sicherstellungsgesetze" nämlich das Arbeitssicherstellungsgesetz[14], das Ernährungssicherstellungsgesetz[15], das Verkehrssicherstellungsgesetz[16], das Wirtschaftssicherstellungsgesetz[17] und das Wassersicherstellungsgesetz[18]. Insbesondere die Sicherstellungsgesetze enthalten umfangreiche Verordnungsermächtigungen, in denen die Exekutive zu weitgehenden Eingriffen in die Freiheits- und Eigentumsrechte der Bürger ermächtigt wird[19]. Es ist hier nicht möglich, die *Problematik der Sicherstellungsgesetze*, insbesondere die verschiedentlich geäußerten Bedenken gegen ihre Verfassungsmäßigkeit[20] näher zu untersuchen.

---

[11] Ebenso *Hesse*, Notstandsrecht S. 8.

[12] In der Fassung vom 27. 9. 1961 BGBl. I S. 1769.

[13] Vom 12. 8. 1965 BGBl. I S. 782.

[14] Vom 9. 7. 1968 BGBl. I S. 787.

[15] In der Fassung der Bekanntmachung vom 4. 10. 1968, BGBl. I S. 1075.

[16] In der Fassung der Bekanntmachung vom 8. 10. 1968, BGBl. I S. 1082.

[17] In der Fassung der Bekanntmachung vom 3. 10. 1968, BGBl. I S. 1069.

[18] Vom 24. 8. 1965 BGBl. I S. 1225.

[19] Vgl. etwa die Ermächtigungen in § 1 Ernährungssicherstellungsgesetz, § 1 Verkehrssicherstellungsgesetz, § 1 Wirtschaftssicherstellungsgesetz, § 3 Wassersicherstellungsgesetz. — Eine Übersicht über die einfachen Notstandsgesetze gibt *Römer*, Die einfachen Notstandsgesetze S. 187 ff. Sämtliche einfachen Notstandsgesetze sind enthalten in der Textausgabe „Notstandsgesetze" in der Reihe der Beck-Texte, Deutscher Taschenbuch-Verlag Bd. 5023.

[20] Verfassungsrechtliche Bedenken werden geäußert bei *Ridder-Stein*, Der permanente Notstand S. 12 ff.; *Römer*, Notstandsgesetze S. 191 ff.; *Römer*, Sicherstellungsgesetze S. 765 ff., 1058 ff., 1147 ff. Gegen diese Bedenken Evers, Bemerkungen S. 697 ff.; *Klein*, Überlegungen S. 297; vgl. ferner die Erwiderung von *Ridder-Stein* auf den Aufsatz von *Evers* in JZ 1966, 299 ff. — Die verfassungsrechtlichen Bedenken gehen in zwei Richtungen: Einmal verstoßen nach Ansicht von *Ridder-Stein* und *Römer* die weiten Verordnungsermächtigungen gegen Art. 80 Abs. 1 S. 2 GG, wo der zulässige Inhalt einer Ermächtigung begrenzt wird. Zum anderen hätten nach der Ansicht von Ridder-Stein die Sicherstellungsgesetze einer verfassungsändernden Mehrheit bedurft. Denn diese Gesetze enthielten eine so umfangreiche Regelung für den Notstandsfall (Verteidigungsfall) wie sie nur der Verfassungsgesetzgeber treffen dürfe. Das Grundgesetz gehe nämlich von einer klaren Trennung von Kriegs- und Friedensrecht aus. Diese Trennung sei von den Sicherstellungsgesetzen aufgehoben. Dazu sei aber eine Verfassungsänderung notwendig. —

Vgl. dazu auch *Römer*, Notstandsgesetze S. 196 ff. Umfassend zur Problematik der Einfachen Notstandsgesetze auch *von Wehrs*, Zur Anwendbarkeit des Notstandsrechts der Bundesrepublik Deutschland, insbesondere S. 23 ff.

Es soll nur gezeigt werden, daß auf Grund der Gesetzesvorbehalte vieler Grundrechte der Gesetzgeber jederzeit einfache Gesetze für die verschiedenen Notstandslagen erlassen kann, in denen Einschränkungen von Grundrechten enthalten sind. Daß die Notstandsverfassung außer den noch zu behandelnden wenigen Grundrechtseinschränkungen die Grundrechte unangetastet läßt, ist demnach kein Schutz davor, daß nicht doch im Notstandsfall weitere Grundrechtseinschränkungen auf den Staatsbürger zukommen[21].

Die *Schranke für alle Grundrechtsbeschränkungen* im Wege „einfacher" Gesetze bildet aber unverrückbar der Art. 19 Abs. 2 des Grundgesetzes, der es verbietet, ein Grundrecht „in seinem Wesensgehalt anzutasten"[22]. Auch die Grundrechte der Verfassungsgegner genießen diesen Schutz. Hier liegt das „non plus ultra" exekutivischer Machtausübung im Notstandsfall[23].

Zweiter Abschnitt

Die wenigen Erweiterungen der Befugnisse im Notstandsfall

In diesem Zusammenhang interessieren nur die *erweiterten Befugnisse der Vollzugskräfte,* also von Polizei, Bundesgrenzschutz und Bundeswehr. Daher bleiben außer Betracht die auf Grund des Art. 115 c

---

21 Ebenso *Hesse,* Notstandsrecht S. 8. Vgl. dazu auch *Flor,* Staatsnotstand und rechtliche Bindung S. 149. — Im sog. „Kieler Entwurf" einer Notstandsverfassung (ausgearbeitet von einem Kuratorium an der Kieler Universität), ist vorgesehen, daß die Notstandsverfassung die Einschränkung von Grundrechten einem — allerdings mit verfassungsändernder Mehrheit zu erlassenden — Bundesgesetz überläßt, vgl. Art. 7 Kieler Entwurf, abgedruckt bei *Menzel* S. 307. Eine geradezu beängstigende Fülle und Perfektion an Grundrechtseinschränkungen hatten die sogenannten „Schubladengesetze" enthalten. Unter „Schubladengesetze" versteht man die Entwürfe von Gesetzen und Verordnungen, die lange vor Verabschiedung der Notstandsverfassung unter geheimem Verschluß in den Panzerschränken der Ministerien und auch z. T. der unteren Verwaltungsbehörden lagen, und die im Notstandsfall in Kraft gesetzt werden sollten. Vgl. dazu *Hannover,* Schubladengesetze S. 90 ff.; *Holz,* Zwangsverfügungen S. 137 f. und S. 544 ff.; der Wortlaut vieler Schubladengesetze ist enthalten in der Textausgabe von *Hannover,* „Schubladengesetze" im Voltaire-Verlag.

22 Vgl. *Gather* S. 160. Nach Gather gilt das Verbot des Art. 19 Abs. 2 GG aber nur für diejenigen Grundrechte, bei denen „eine enge wesensgemäße Abhängigkeit ... von der besonders hervorgehobenen Norm des Art. 1 Abs. 1 GG besteht".

23 Diese Meinung vertritt auch *Arndt,* wenn er feststellt, die Bundesrepublik Deutschland sei ein Staat, „für den es oberstes Verfassungsgebot ist, die Würde eines jeden Menschen, auch des *Verfassungsgegners,* auch in der Abwehr als unantastbar zu achten und zu schützen". Vgl. *Adolf Arndt,* Der Rechtsstaat und sein polizeilicher Verfassungsschutz, NJW 1961, S. 897 ff., S. 902.

Abs. 2 Ziff. 1 und des Art. 10 Abs. 2 S. 2 GG im Notstandsfall möglichen erweiterten Eingriffe in die Grundrechte des Eigentums und des Post- und Fernmeldegeheimnisses[24]. Denn zu Eingriffen dieser Art sind nicht die Vollzugskräfte befugt. Zu erörtern bleiben somit die erweiterten Eingriffsmöglichkeiten in die Grundrechte, der Freiheit der Person und der Freizügigkeit auf Grund der Art. 115 c Abs. 2 Ziff. 2 und 11 Abs. 2 des Grundgesetzes.

A. Die Verlängerung der bei Freiheitsentziehung zu wahrenden Fristen — Art. 115 c Abs. 2 Ziff. 2 GG

Soweit es die Verhältnisse während des Verteidigungsfalles erfordern, kann gemäß *Art. 115 c Abs. 2 Ziff. 2 GG* „durch Bundesgesetz für den Verteidigungsfall ... für *Freiheitsentziehungen* eine von Art. 104 Abs. 2 S. 3 und Abs. 3 S. 1 abweichende Frist, höchstens jedoch eine solche von vier Tagen, für den Fall festgesetzt werden, daß ein Richter nicht innerhalb der für Normalzeiten geltenden Frist tätig werden konnte". Diese Regelung betrifft die Rechtsgarantien des Art. 104 Abs. 2 und Abs. 3 GG, wonach eine in vorläufigem Gewahrsam befindliche Person[25] bzw. ein vorläufig Festgenommener nur bis zum Ende des auf die Ergreifung folgenden Tages ohne richterliche Anordnung festgehalten werden darf. Diese Frist von maximal achtundzierzig Stunden kann nunmehr bis auf maximal vier Tage, einschließlich des Tages der Festnahme, ausgedehnt werden. Freilich wird die Verlängerung der sog. „Vorführungsfrist" nicht durch Art. 115 c Abs. 2 Ziff. 2 GG selbst vorgenommen[26]. Vielmehr ist hierzu noch ein Bundesgesetz erforderlich.

Die damit an den Bundesgesetzgeber adressierte Ermächtigung zur weiteren Einschränkung der Freiheit der Person ist notwendig und sinnvoll. Denn „während des Zustandes äußerer Gefahr"[27] muß damit

---

[24] Mit der Änderung des Art. 10 Abs. 2 GG ist das Problem entstanden, ob damit nicht eine verfassungswidrige Verfassungsnorm geschaffen worden ist. Vgl. dazu *Sterzel*, Beschränkung des Brief-, Post- und Fernmeldegeheimnisses (mit weiteren Nachweisen) sowie neuerdings *Dürig-Evers*, Zur verfassungsändernden Beschränkung des Post-, Telefon- und Fernmeldegeheimnisses. — Das BVerfG hat diese Frage inzwischen verneint und die Verfassungsmäßigkeit des Art. 10 Abs. 2 GG bejaht (Urteil vom 15. 12. 1970, NJW 1971 S. 275).

[25] Das Recht der Polizei, eine Person in Gewahrsam zu nehmen, ist in den Polizeigesetzen der Länder näher geregelt, vgl. etwa die Art. 17, 18, 19 des Bayerischen Polizeiaufgabengesetzes.

[26] Ebenso *Herzog* in M-D-H Art. 115 c Rn. 42.

[27] Der Regierungsentwurf 1967 spricht in Art. 115 a vom „Zustand äußerer Gefahr", während nunmehr der Begriff „Verteidigungsfall" an dessen Stelle getreten ist.

gerechnet werden, daß infolge Ausfalls von Gerichtsorganen und Verkehrsverbindungen die Innehaltung der durch Art. 104 Abs. 2 und 3 gesetzten Fristen unmöglich sein würde. Die Konsequenz, einen Festgenommenen ohne Rücksicht auf die Erheblichkeit der Handlungen, deren er verdächtig ist (z. B. Plünderungen), in jedem Fall am Tage nach der Festnahme freizulassen, wenn es nicht möglich war, ihn bis dahin einem Richter vorzuführen, erscheint für den Zustand äußerer Gefahr bedenklich“[28].

Ein Bundesgesetz, welches die Ermächtigung des Art. 115 c Abs. 2 Ziff. 2 GG ausnützt, sollte nicht generell die Vorführungsfrist auf vier Tage verlängern, sondern dies nur für besonders gravierende Gründe des Gewahrsams oder einer vorläufigen Festnahme anordnen[29]. Es kommt wohl nur bei Gewahrsam zur Verhütung und Unterbindung von schweren Straftaten bzw. verfassungsfeindlichen Handlungen[30] in Frage bzw. bei der Festnahme zur Verfolgung schwerer Straftaten.

Die Frist von vier Tagen[31] ist noch kurz genug, um eine Internierung mißliebiger Personen durch die Polizei zu verhindern[32]. Die Verlängerung der Frist greift aber nach der ausdrücklichen Anordnung des Art. 115 c Abs. 2 Ziff. 2, selbst wenn sie in einem Bundesgesetz zugelassen wird, nur dann ein, wenn ein Richter nicht innerhalb der normalen Frist tätig werden konnte[33]. Die Behörde, in deren Gewahrsam sich die festgehaltene Person befindet, hat also nach wie vor zunächst unverzüglich eine richterliche Entscheidung über die Freiheitsentziehung herbeizuführen[34]. Nur wenn dies auf Hindernisse stößt, darf die Behörde die normale Frist des Art. 104 GG überschreiten und notfalls den Gewahrsam auch ohne richterliche Entscheidung bis zu vier Tagen aufrechterhalten. Unterdessen muß sie aber alles unter-

---

[28] Begründung zum Regierungsentwurf 1967, RE 1967 S. 27; so auch *Herzog* in M-D-H Art. 115 c Rn. 41.

[29] Ähnlich *Schnupp*, Polizei I S. 363.

[30] Vgl. die in Art. 18 des Bayerischen PAG aufgezählten Gründe für die In-Gewahrsamnahme einer Person.

[31] Die Regierungsentwürfe von 1960 und 1962 sowie der Auschußentwurf von 1965 hatten noch eine Frist bis zu einer Woche vorgesehen.

[32] Ebenso *Hall*, Notstandsverfassung S. 161. Demgegenüber hat *Schiller* (Des Notstands neue Kleider S. 333) das Bedenken vorgebracht, daß die Fristverlängerung „in starkem Maße gegen unliebsame oppositionelle Bürger angewendet werden wird“. Schiller bezog seine Befürchtungen allerdings — nicht zu Unrecht — von den bekanntgewordenen „Schubladengesetzen“ her.

[33] Ebenso *Herzog* in M-D-H Art. 115 c Rn. 43.

[34] Vgl. *Rauschning* in BK Art. 115 c Rn. 19; *Herzog* in M-D-H Art. 115 c Rn. 43.

nehmen, um den Festgenommenen so schnell wie möglich einem Richter zuzuführen[35].

B. Die erweiterte Möglichkeit der Einschränkung des Grundrechts der Freizügigkeit — Art. 11 Abs. 2 GG

Mit der Verabschiedung der Notstandsverfassung hat auch Art. 11 Abs. 2 GG eine neue Fassung erhalten. Seither kann das Grundrecht der *Freizügigkeit* über die bereits bestehenden Vorbehalte hinaus durch ein Gesetz (oder auf Grund eines Gesetzes[36]) auch für die Fälle eingeschränkt werden, „in denen es zur Abwehr einer drohenden Gefahr für den Bestand oder die freiheitliche demokratische Grundordnung des Bundes oder eines Landes, zur Bekämpfung von ... Naturkatastrophen oder besonders schweren Unglücksfällen ... erforderlich ist". Wie Art. 115 c für die Vorführungsfrist bei Freiheitsentziehungen, so bringt auch Art. 11 Abs. 2 GG nicht selbst die Einschränkung des Grundrechts, sondern er schafft nur die Voraussetzung dafür, daß die Freizügigkeit durch ein Gesetz oder auf Grund eines Gesetzes eingeschränkt werden kann.

Das Grundrecht der Freizügigkeit bedeutet, „unbehindert durch die deutsche Staatsgewalt an jedem Ort innerhalb des Bundesgebietes Aufenthalt und Wohnsitz zu nehmen, auch zu diesem Zweck in das Bundesgebiet einzureisen"[37]. Im Katastrophenfall und im inneren Notstand kann es notwendig werden, in das Recht der Bürger, an jedem Ort innerhalb der Bundesrepublik ihren Aufenthalt zu nehmen, mehr oder weniger schwerwiegend einzugreifen. Es ist hier nicht der richtige Ort, um alle möglichen Maßnahmen aufzuzählen, welche im Notstandsfall eventuell getroffen werden müssen und die eine Beschränkung des Rechts auf Freizügigkeit enthalten[38]. Es genügt der Hinweis, daß es

---

[35] Ebenso *Herzog* in M-D-H Art. 115 c Rn. 45.

[36] Bis zur Änderung des Art. 11 Abs. 2 GG durch die Notstandsverfassung hatte der Wortlaut dieser Bestimmung lediglich davon gesprochen, daß eine Einschränkung der Freizügigkeit „nur durch Gesetz" möglich sei. Nach allgemeiner Auffassung stellte es ein „redaktionelles Versehen" des Verfassungsgebers dar, daß er nicht auch die Einschränkbarkeit „auf Grund eines Gesetzes" vorgesehen hatte (vgl. *Dürig* in M-D-H Art. 11 Rn. 55). Diese Unklarheit wurde bei der Änderung des Art. 11 Abs. 2 in dem Sinne geklärt, daß eine Einschränkung des Grundrechts auch „auf Grund eines Gesetzes" zulässig ist, vgl. Begründung zum Ausschußentwurf 1968, AB 1968 S. 4.

[37] So die Definition des Bundesverfassungsgerichtes, BVerfGE 2, S. 266.

[38] Eine derartige Aufzählung möglicher Maßnahmen, welche die Freizügigkeit beschränken, findet sich bei *Bettermann* S. 220 und *Dürig* in M-D-H Art. 11 Rn. 67.

nötig werden könnte, ein Katastrophengebiet völlig abzusperren und die darin befindlichen Personen zwangsweise zu evakuieren, ferner die Flüchtlingsstörme aus dem Katastrophengebiet zu dirigieren, oder bei einem inneren Notstand die Einreise in ein Gebiet gänzlich zu verhindern, wenn sich in diesem Gebiet bewaffnete Aufständische aufhalten[39].

Die Art der eben erwähnten Maßnahmen zeigt, daß die Erweiterung der Gesetzesvorbehalte des Art. 11 Abs. 2 auf die Fälle des Katastrophennotstands und des inneren Notstands für die Vollzugskräfte von Bedeutung ist, sofern ein entsprechendes Gesetz erlassen wird. Denn Absperrungen, Einreisekontrollen, Zwangsevakuierungen usw. können nur von Vollzugskräften mit Polizeigewalt wirksam durchgeführt werden. Ein Gesetz, welches im Hinblick auf die in Art. 11 Abs. 2 genannten Notstandsfälle erlassen würde und Einschränkungen der Freizügigkeit vorsähe, würde also unmittelbar die Befugnisse der Vollzugskräfte gegenüber der Normallage erweitern.

Sowohl bei den parlamentarischen Beratungen als auch bei den Diskussionen im Schrifttum über die Gestaltung der Notstandsverfassung war es ein viel diskutiertes Problem, ob nicht die *Gesetzesvorbehalte des Art. 11 Abs. 2 alter Fassung* ausgereicht hätten, um in einem Gesetz diejenigen Maßnahmen zuzulassen, welche im Fall einer Katastrophe oder eines inneren Notstandes notwendig werden könnten[40]. Es würde den Rahmen dieser Untersuchung überschreiten, das Problem im einzelnen zu untersuchen. Dennoch sollen zwei Aspekte des Fragenkomplexes nicht übergangen werden. Einmal ist nunmehr mit der Ergänzung des Art. 11 Abs. 2 GG eindeutig geklärt, daß ein Gesetz Beschränkungen der Freizügigkeit auch zur Abwehr eines inneren Notstands und zur Bekämpfung von Naturkatastrophen und schweren Unglücksfällen anordnen kann, ohne daß die übrigen in Art. 11 Abs. 2 enthaltenen Voraussetzungen vorliegen. Es erscheint zumindest als zweifelhaft, ob sich in einem Notstandsfall immer die Beschränkung der Freizügigkeit mit einem der vier in Art. 11 Abs. 2 früherer Fas-

---

39 Ähnlich *Dürig* in M-D-H Art. 11 Rn. 67.

40 Als nicht ausreichend haben die Gesetzesvorbehalte des Art. 11 Abs. 2 a. F. angesehen: anläßlich der 3. öffentl. Informationssitzung des Rechts- und Innenausschusses des Bundestags am 30. 11. 1967 *Ehmke* (Protokoll Nr. 59 S. 10), Ule (S. 13), *Schreiber* (S. 58); ferner die Abgeordneten *Schlager* und *Reischl* in der Bundestagssitzung (174. Sitzung) vom 15. 5. 1968, Sten. Ber. S. 9335 C, 9336 D bzw. S. 9339 A und 9340 A; Begründung des Regierungsentwurfs 1962 in RE 1962 S. 16; AB 1965 S. 17; RE 1967 S. 24; AB 1968 S. 4; *Schnupp*, Polizei I S. 362; *Schäfer*, Notstandsverfassung S. 76; *Kölble*, Notstände S. 178; *Benda* S. 141. Anderer Auffassung *Evers*, Notstandsverfassung S. 199 f.; *Hall*, Entwurf S. 152 f.; derselbe, Notstandsverfassung S. 161; *Hoffmann* S. 115 f. *Dürig* in M-D-H Art. 11 Rn. 68 und 75.

sung genannten Vorbehalte begründen ließe[41]. Sicher wäre dies nur mit einer sehr extensiven Auslegung der dort genannten Begriffe möglich[42]. Eine extensive Auslegung eines grundrechtsbeschränkenden Gesetzesvorbehaltes ist aber nicht unbedenklich, da dies eine Aushöhlung des Grundrechts zur Folge haben kann. Daher ist die Ergänzung des Art. 11 Abs. 2 im Rahmen der Notstandsverfassung keineswegs überflüssig[43], sondern sie dient der Klärung der Rechtslage.

Der andere Aspekt ist derjenige, daß unzweifelhaft viele *Beschränkungen der Freizügigkeit* im Notstandsfall bereits auf Grund der *Generalermächtigung in den Landespolizeigesetzen zulässig* sind[44]. Dies trifft gerade auf den Fall zu, der in den Begründungen zu den Entwürfen der Notstandsverfassung als ausschlaggebend für die notwendige Erweiterung des Art. 11 Abs. 2 GG angeführt worden ist: Die Flutkatastrophe von 1962 habe gezeigt, daß „die notwendigen Maßnahmen zur Rettung von Menschenleben nur dann wirksam durchgeführt werden können, wenn durch geeignete Absperrungsmaßnahmen Schaulustige, die den Rettungseinsatz behindern können, vom Schauplatz der Katastrophe ferngehalten werden können"[45]. Derartige

---

41 So aber *Evers*, Notstandsverfassung S. 199: „Bei einer ungeordneten Bevölkerungsbewegung größeren Ausmaßes sind wahrscheinlich alle diese Voraussetzungen (= Vorbehalte des Art. 11 Abs. 2 a. F.) erfüllt, da mangels Quartier und Arbeitsplatz zunächst die Lebensgrundlage fehlt ... Menschenansammlungen ohne ausreichende sanitäre Anlagen fördern den Ausbruch von Seuchen, der Obdachlosigkeit müßte die Verwahrlosung der Jugendlichen und die Zunahme der Verbrechen folgen." — (Ähnlich *Dürig* ebenda, der auch auf die Möglichkeit eines Vorgehens nach den Polizeigesetzen hinweist). — Dies wirkt etwas konstruiert und stimmt bestenfalls dann, wenn tatsächlich eine so große Bevölkerungsbewegung auftritt, nicht aber bei kleineren Bewegungen.

42 So wurde das Merkmal „Seuchengefahr" in Art. 11 Abs. 2 als Rechtsgrundlage für den Erlaß des sog. „Helgolandgesetzes" vom 25. 3. 1952 (BGBl. I S. 197) benutzt, das auf der Insel Helgoland einen Sperrbezirk festsetzte. Seuchengefahr wurde dabei als „Sprengstoffverseuchung" ausgelegt, vgl. *Dürig* in M-D-H Art. 11 Rn. 66. Dürig billigt diese Art der Begriffsauslegung und führt weitere Beispiele an („Atomverseuchung", „Lärmseuche"), gibt aber zu, daß auch dann noch ein „unbewältigter" Rest bleibe. — Für eine erweiterte Auslegung des Seuchenbegriffes auch *Hall*, Entwurf S. 153, der als Beispiel die „Ölverseuchung" anführt. — Andererseits betont gerade *Dürig* die Notwendigkeit einer restriktiven Auslegung der Vorbehalte des Art. 11 Abs. 2 GG (Ebenda Rn. 68 am Ende).

43 Dieser Ansicht aber *Hall*, Entwurf S. 53 und *Dürig* in M-D-H Art. 11 Rn. 68 und 75. Dürig verweist insbesondere auf die Gefahr des Mißbrauchs der Notstandsvorbehalte in Art. 11 GG. Die Mißbrauchgefahr dürfte hier aber kaum größer sein als bei allen übrigen Bestimmungen der Notstandsverfassung.

44 Ebenso *Hoffmann* S. 116; *Hall*, Notstandsverfassung S. 161; *Dürig* in M-D-H Art. 11 Rn. 75.

45 Begründung zum Ausschußentwurf 1965 (AB 1965 S. 17; ähnlich RE 1962 S. 16).

Absperrmaßnahmen richten sich eindeutig gegen „Störer" im polizeirechtlichen Sinn und sind daher von der polizeilichen Generalermächtigung gedeckt[46]. Das Grundrecht der Freizügigkeit wird durch solche Maßnahmen nicht eingeschränkt, sondern der Störer wird in die immanenten Schranken des Grundrechts zurückverwiesen[47]. Um solche Maßnahmen zu ermöglichen, hätte es also keines weiteren Gesetzesvorbehaltes in Art. 11 Abs. 2 GG bedurft. Das gilt auch für alle anderen Fälle, in denen anläßlich eines Notstands ein bestimmtes Gebiet gegen das Eindringen von Störern gesichert werden soll.

Soweit die Freizügigkeit durch ein noch zu erlassendes Gesetz für den Katastrophenfall und den inneren Notstand eingeschränkt werden soll, hat sich diese Einschränkung auf *vorübergehende Maßnahmen* zu beschränken. Der Grundsatz der Erforderlichkeit[48] verbietet eine dauernde und generelle Aufhebung der Freizügigkeit[49]. Ebensowenig wäre es zulässig, für den inneren Notstand „Aufenthaltsbeschränkungen zu Lasten von Deutschen, die bestimmte Meinungen und Lehren vertreten, oder Angehörigen entsprechender politischer und sonstiger Gruppen"[50] zu verhängen, soweit nicht die genannten Personen selbst eine Gefahr für die freiheitliche demokratische Grundordnung oder den Bestand des Bundes oder eines Landes darstellen. Es ist also unzulässig, auf Grund des Gesetzesvorbehaltes des Art. 11 Abs. 2 GG Maßnahmen gegen *„politisch mißliebige Personen,* gar gegen maßgebende Politiker oder Gewerkschaftsführer oder gegen Journalisten"[51]

---

[46] Ebenso *Evers,* Notstandsverfassung S. 200 Anm. 128; *Hall,* Notstandsverfassung S. 161; derselbe, Entwurf S. 153; *Dürig* in M-D-H Art. 11 Rn. 75. — a. A. *Schlager* in der Bundestagssitzung v. 15. 5. 1968, Sten. Ber. S. 9335 C.

[47] Vgl. *Dürig* in M-D-H Art. 2 Abs. 1 Rn. 82 ff. und Art. 11 Rn. 68. Daher ist es nicht richtig, wenn *Ule* (vgl. Protokoll Nr. 59 S. 79) annimmt, die Anwendung der polizeil. Generalklausel sei nur möglich, soweit sie sich im Rahmen der Ermächtigung des Art. 11 Abs. 2 GG halte. Vielmehr gilt umgekehrt die „öffentliche Ordnung" der polizeil. Generalklausel als immanente Schranke des Grundrechts der Freizügigkeit. Ebenso Hall, Notstandsverfassung S. 161. Zum Verhältnis der polizeilichen Generalklausel zu den Grundrechten siehe *Dürig,* Art. 2 des Grundgesetzes und die Generalermächtigung zu allgemein polizeilichen Maßnahmen, in AöR Bd. 79, S. 57 f.

[48] Der Grundsatz der Erforderlichkeit wird auch Grundsatz des geringstmöglichen Eingriffs genannt, vgl. dazu *Lerche,* Übermaß und Verfassungsrecht S. 19. Zur Bindung des Gesetzgebers an diesen Grundsatz siehe das eben zitierte, grundlegende Werk von Lerche.

[49] Ebenso *Hamann-Lenz* Art. 11 Anm. 5; Das Dt. Bundesrecht I A 10 S. 112 j. Auch *Lerche* S. 307 ff. weist darauf hin, daß der Grundsatz der Erforderlichkeit im Staatsnotrecht seine spezifische Ausprägung dahingehend findet, daß alle Notstandsmaßnahmen, hier die des Gesetzgebers, zeitlich begrenzt sein müßten und daher nur vorübergehend wirksam sein dürften.

[50] *Hamann-Lenz* Art. 11 Anm. 5. Auf die Gefahr einer mißbräuchlichen Ausnützung des neuen Gesetzesvorbehalts in Art. 11 Abs. 2 macht auch *Hoffmann* S. 116 aufmerksam. Vgl. ferner *Dürig* in M-D-H Art. 11 Rn. 67. 68.

[51] *Hoffmann* S. 116.

zu treffen, „um sie an der Einschaltung in das Geschehen im Gefahrengebiet oder an einer wahrheitsgetreuen Berichterstattung zu hindern“[52]. Hier wie überall im Rahmen der Notstandsverfassung muß darüber gewacht werden, daß ein Mißbrauch der Notstandsvorschriften zum Schaden des freiheitlichen, demokratischen Rechtsstaates vermieden wird[53].

C. Die erweiterten Befugnisse der Streitkräfte beim Kampf gegen militärisch bewaffnete Aufständische — Art. 87 a Abs. 4 GG

Werden die Streitkräfte zur Bekämpfung organisierter und militärisch bewaffneter Aufständischer gemäß Art. 87 a Abs. 4 GG von der Bundesregierung eingesetzt, so ist dies der einzige Fall, wo die Streitkräfte eine Funktion ausüben, welche über die herkömmliche Polizeifunktion hinausgeht[54]. Dementsprechend verfügen sie auch über Befugnisse, welche über die normalen Polizeibefugnisse hinausgehen. Wie wir oben gesehen haben, besteht noch kein Gesetz, welches den Streitkräften diese Befugnisse im einzelnen zur Verfügung stellt, so daß für die Zukunft der Erlaß eines derartigen Gesetzes notwendig wird[55]. Der notwendige und zweckmäßige Inhalt dieses Gesetzes wurde bereits im Grundsatz dargestellt[56]. Demnach ist die einzige Befugnis, die wesentlich über die herkömmlichen Polizeibefugnisse hinausgeht, diejenige, daß die Streitkräfte beim Kampf gegen Aufständische grundsätzlich auch *schwere militärische Waffen* verwenden dürfen und daß sie dabei nicht an die engen Voraussetzungen über die polizeirechtliche Zulässigkeit des Schußwaffengebrauches gebunden sind. Das bedeutet, daß die abschließende Aufzählung von Tatbeständen, wie sie etwa in Art. 42 PAG für die Zulässigkeit des Schußwaffengebrauches enthalten ist, für den Waffengebrauch der Streitkräfte gegenüber den Aufständischen bedeutungslos ist. Wenn die Streitkräfte in einem Gebiet auf Aufständische stoßen, so sind sie ohne weiteres zum Gebrauch ihrer Waffen berechtigt. Denn wer an einem bewaffneten Aufstand gegen die freiheitlich demokratische Grundordnung und ihre Repräsentanten beteiligt ist, begeht automatisch eine mit Strafe be-

---

52 *Hofffmann* S. 116. — Allerdings leitet *Hoffmann* daraus die schwer verständliche Folgerung ab, daß „mit den zusätzlichen Vorbehalten in Art. 11 Abs. 2 lediglich *kollektive* Maßnahmen gegen ganze Gruppen der Bevölkerung zugelassen werden“, individuelle Maßnahmen gegen Einzelpersonen aber ausgeschlossen sind (vgl. ebenda).

53 Vgl. *Zweigert* in der 2. öffentl. Informationssitzung des Rechts- und Innenausschusses des Bundestags vom 16. 11. 1967, Protokoll Nr. 57 S. 95: „Alle Verfassungsvorsorge lädt zu Mißbrauch ein.“

54 Anderer Ansicht *Dürig* in M-D-H Art. 87 a Rn. 118, 126.

55 Vgl. dazu oben im dritten Teil dritter Abschnitt B III.

56 Oben ebenda.

drohte Handlung im Sinne von § 81 StGB und erfüllt damit auch die Voraussetzung für den polizeilichen Schußwaffengebrauch nach Art. 42 Abs. 1 PAG.

Dritter Abschnitt

Die Auswirkungen der Grundsätze der Verhältnismäßigkeit und der Erforderlichkeit auf die Eingriffsbefugnisse der Vollzugskräfte im Notstandsfall

A. Inhalt und Bedeutung beider Grundsätze

Der *Grundsatz der Verhältnismäßigkeit* besagt, daß eine von der Verwaltung getroffene Maßnahme und ihre Auswirkungen in einem angemessenen Verhältnis zu dem mit der Maßnahme erstrebten Zweck stehen[57]. *Mittel und Zweck* werden also in ihrem „Verhältnis" zueinander gewogen, wobei die zu treffende Maßnahme das Mittel darstellt, mit dem ein bestimmter Zweck erreicht werden soll[58]. Die Abwägung geht bei einem belastenden Akt dahin, „ob die dem Bürger ... auferlegten Opfer und Einschränkungen im Hinblick auf den Zweck der Maßnahme noch angemessen sind"[59] Der Grundsatz der Verhältnismäßigkeit verlangt nichts anderes als eine Interessenabwägung hinsichtlich einer notwendigen Maßnahme[60]. Letztlich handelt es sich also um eine *Abwägung von Rechtsgütern*[61]. Das mit einer Eingriffsmaß-

---

[57] Vgl. dazu *von Krauss*, Der Grundsatz der Verhältnismäßigkeit S. 14; *Lerche*, Übermaß S. 19 ff.; *Evers*, Notstandsverfassung S. 206 ff.; *Liepmann* S. 48 ff.; *Bender*, Verhältnismäßigkeit S. 938 ff.; *Drews-Wacke* S. 170 ff.

[58] So auch *Lerche* S. 19 ff.

[59] *Evers*, Notstandsverfassung S. 207.

[60] Ebenso *von Krauss* S. 16. Vgl. auch *Liepmann* S. 48: „Die Verwaltung darf nur so einschreiten, als es unter Abwägung der Interessen an der Beseitigung der Störung einerseits und den Interessen des dadurch betroffenen Bürgers andererseits billig erscheint."

[61] Ebenso *Lerche* S. 22: „Die Abwägung nach Angemessenheit oder Unangemessenheit stellt sich für die Handhabung des Grundsatzes der Verhältnismäßigkeit in der Rechtswelt als eine spezifische Abwägung von Rechtsgütern dar." — Auch die berühmte sog. „Stufentheorie" des Bundesverfassungsgerichtes, entwickelt im „Apothekenurteil" (BVerfGE 7, 377 ff.), beruht auf dem Güterabwägungsgedanken, wie er im Grundsatz der Verhältnismäßigkeit zum Ausdruck kommt. In dem genannten Urteil hat das BVerfG zur Einschränkbarkeit des Grundrechts der Freiheit der Berufswahl ausgeführt, eine Einschränkung dieses Grundrechts dürfe vorgenommen werden, „soweit der Schutz von *Gütern* in Frage steht, denen bei *sorgfältiger*

nahme zu schützende Rechtsgut (der Allgemeinheit) ist mit dem durch die Maßnahme beeinträchtigten Rechtsgut des Bürgers abzuwägen. Die Maßnahme ist unverhältnismäßig und daher rechtswidrig, wenn die Beeinträchtigung des individuellen Rechtsgutes des Bürgers unverhältnismäßig groß gegenüber dem für die Allgemeinheit mit der Maßnahme erstrebten Nutzen ist[62]. Am klarsten hat dieses Prinzip seinen Niederschlag gefunden in den Polizeigesetzen der Länder[63]. So lautet Art. 8 Abs. 2 des Bayerischen PAG: „Ein durch eine Maßnahme der Polizei zu erwartender Schaden darf nicht erkennbar außer Verhältnis zu dem beabsichtigten Erfolg stehen[64].“ Wenn also der Schaden einer Maßnahme unverhältnismäßig größer ist als ihr Nutzen, so muß die Maßnahme unterbleiben.

Mit dem Grundsatz der Verhältnismäßigkeit wird zumeist auch der *Grundsatz der „Erforderlichkeit“* oder „Notwendigkeit“ genannt. Er trägt auch die Bezeichnung Grundsatz „des geringst möglichen Eingriffs“[65]. Mit der zuletzt genannten Bezeichnung ist bereits prägnant der Inhalt dieses Grundsatzes umrissen. Er besagt nämlich, daß „die Verwaltung bei der Erfüllung ihrer Aufgaben unter mehreren möglichen und geeigneten Maßnahmen diejenigen zu treffen hat, die den einzelnen und die Allgemeinheit am wenigsten beeinträchtigen“[66]. Verhältnismäßigkeit und Erforderlichkeit haben also verschiedene Inhalte[67]. Es kann zur Erreichung eines konkreten Zweckes unter allen geeigneten Mitteln der Idee nach immer nur *ein* erforderliches geben, doch kann es eine ganze Reihe verhältnismäßiger Mittel geben[68]. Andererseits ist es möglich, daß ein Mittel zwar erforderlich, aber dennoch unverhältnismäßig ist[69]. Der Grundsatz der Erforderlichkeit führt also nur dazu, daß unter mehreren möglichen Maßnahmen alle bis auf eine, eben diese erforderliche, am geringsten beeinträchtigende,

---

Abwägung der Vorrang vor dem Freiheitsanspruch des Einzelnen eingeräumt werden muß“.

62 Ähnlich *von Krauss* S. 18.

63 Vgl. etwa § 4 Abs. 1 hamSOG; § 2 Satz 2 rhpfPVG; § 5 S. 2 hePolG; § 21 nwPolG.

64 In Anlehnung an diese polizeirechtliche Formulierung hat *Bender* S. 938 den Verhältnismäßigkeitsgrundsatz definiert.

65 So bei *Bender* S. 938. Zuweilen wird der Grundsatz der Erforderlichkeit von dem des „geringstmöglichen Eingriffs“ unterschieden, so bei *Maunz-Dürig* Art. 20 Rn. 115, vgl. auch Art. 6 und 8 Abs. 2 PAG. Nach richtiger Auffassung sind jedoch beide Grundsätze identisch; denn unter mehreren möglichen Maßnahmen ist eben nur diejenige wirklich „notwendig“, welche am wenigsten eingreift. Vgl. *Lerche* S. 19 und *Wolff* I S. 156.

66 *Bender* S. 938.

67 Ebenso *Lerche* S. 20; *Wolff* I S. 170; *von Krauss* S. 14 ff.

68 Vgl. *Lerche* S. 21.

69 Ebenso *Wolff* I S. 170 und *von Krauss* S. 15.

ausscheiden, während der Grundsatz der Verhältnismäßigkeit bewirken kann, daß auch diese eine Maßnahme als unverhältnismäßig zu unterbleiben hat. Nach dem Grundsatz der Verhältnismäßigkeit wird darüber entschieden, ob eine Maßnahme überhaupt zulässig ist, während nach dem Grundsatz der Erforderlichkeit nur darüber zu befinden ist, welche unter mehreren Maßnahmen zur Anwendung gelangt.

Beide Rechtsgrundsätze sind Teilaspekte eines übergeordneten Gedankens, der im Anschluß an *Lerche*[70] am treffendsten als *„Übermaßverbot"* zu bezeichnen ist, „denn sowohl das Mehr-als-Erforderliche als auch das Unverhältnismäßige können als Übermaß bezeichnet werden"[71]. Beide wurden zuerst im Rahmen des Polizeirechts entwickelt[72]. Heute gelten die beiden Grundsätze „als integrierende Bestandteile des allgemeinen Eingriffsverwaltungsrechts"[73]. Darüber hinaus wird ihre Gültigkeit auf der Ebene der Verfassung anerkannt, so daß auch der Gesetzgeber an sie gebunden ist[74].

Im Rahmen des hier gestellten Themas bleibt die Bindung des Gesetzgebers außer Betracht. Vielmehr ist im folgenden zu untersuchen, wie sich die Anwendung der beiden Grundsätze im Notstandsfall auf die Maßnahmen auswirkt, welche die Vollzugskräfte zur Bekämpfung des Notstands gegenüber den Bürgern ergreifen.

B. Die Auswirkung beider Grundsätze im Notstandsfall

Die Grundsätze der Verhältnismäßigkeit und der Erforderlichkeit behalten ihre *Gültigkeit auch im Notstandsfall,* da sie unverzichtbare rechtstaatliche Grenzen der Eingriffsverwaltung darstellen[75]. Dies gilt sogar — wie bereits erwähnt[76] — für die intensivste Form der Machtentfaltung der Exekutive im Notstand, nämlich den Einsatz der Streitkräfte gegen militärisch bewaffnete und organisierte Aufständische.

---

70 Übermaß und Verfassungsrecht S. 21.

71 Ebenso *Lerche* S. 21. — Dagegen verwendet *von Krauss* S. 14 ff. den Begriff der „Verhältnismäßigkeit im weiteren Sinn" als Oberbegriff für „Verhältnismäßigkeit im engeren Sinn" und „Erforderlichkeit".

72 Ebenso *Lerche* S. 24. Diese Tatsache ist nicht verwunderlich, wenn man bedenkt, daß früher der Begriff „Polizei" die gesamte Eingriffsverwaltung umfaßt hat (vgl. *Wolff* III S. 2 ff.).

73 *Lerche* S. 24.

74 Das eben zitierte Werk von *Lerche* behandelt gerade die Bindung des Gesetzgebers an die beiden Grundsätze. Vgl. dazu auch *Maunz* in M-D-H Art. 20 Rn. 116 ff.

75 Vgl. *Schmitt-Lermann* S. 324 f., 326; *Ehmke,* Diskussionsbeitrag S. 284; *Hesse,* Grundfragen einer verfissungsmäßigen Normierung des Ausnahmezustands S. 106; *Hall,* Notstandsverfassung S. 161; *Baur,* Der politische Streik S. 154.

76 Ebenso *Dürig* in M-D-H Art. 87 a Rn. 91 und 126.

Beide Rechtsgrundsätze erlauben aber im Notstandsfall unter Umständen intensivere Eingriffe der Vollzugskräfte in die Rechte der Bürger als im Normalfall, da als Maßstab die in einem Notstand ungleich größere Gefahr dient[77].

Der *Grundsatz der Erforderlichkeit* kann im Notstandsfall dazu führen, daß bei der Auswahl der geringsteingreifenden Maßnahme von vornherein einige ausscheiden, weil sie zur Abwehr der Gefahr nicht mehr ausreichen. Dadurch wird der Kreis der in Frage kommenden Maßnahmen möglicherweise automatisch eingesetzt auf einige wenige starkeingreifende Maßnahmen. Denn zur Abwehr einer Gefahr, die an den Bestand des Staates greift, wie im inneren Notstand des Art. 91 und 87 a Abs. 4 GG, sind stärkere Maßnahmen notwendig (erforderlich, und daher auch — in Anbetracht der Größe der Gefahr — am wenigsten beeinträchtigend) als im Normalfall[78]. Ein Beispiel mag dies verdeutlichen: Um in normalen Zeiten eine illegale Versammlung unter freiem Himmel aufzulösen und diese Auflösung durchzusetzen, kommen als mögliche Mittel etwa der Einsatz von Wasserwerfern, Schlagstöcken und Schußwaffen in Betracht. Von diesen Mitteln bleibt als geringstes und damit notwendiges in der Regel allein der Einsatz von Wasserwerfern übrig. Tritt nun aber die Situation ein, daß ein Platz in einer Stadt nicht von waffenlosen Demonstranten, sondern von bewaffneten Verfassungsfeinden besetzt ist, so scheiden bei der Wahl des notwendigen Mittels zur Räumung des Platzes der Einsatz von Schlagstöcken oder Wasserwerfern von vornherein aus, und die Wahl bezieht sich nunmehr darauf, welche unter den zur Verfügung stehenden Schußwaffen als geringstes Mittel zu wählen sind.

Noch klarer tritt dies bei der Anwendung des *Grundsatzes der Verhältnismäßigkeit* hervor. Denn anders als der Grundsatz der Erforderlichkeit wird der Grundsatz der Verhältnismäßigkeit von einer Abwägung der Interessen und Güter bestimmt. Genau hierin liegt der Ansatzpunkt für eine weitgehende Intensivierung der Eingriffsbefugnisse der Vollzugskräfte im Notstandsfall. Wie bereits gesagt,

---

[77] Ebenso *Evers* in BK Art. 91 Rn. 11 und 13: „Daß der Eingriff in der Gefahrensituation effektiv wesentlich intensiver sein kann, ist insoweit nicht Folge eines Sonder- oder Notrechts, sondern Folge der besonderen tatsächlichen Situation, die ein Ausschöpfen der allgemein der Polizei zuerkannten Befugnisse als erforderlich und verhältnismäßig rechtfertigen kann" (Rn. 11). — Vgl. auch *Dürig* in M-D-H Art. 87 a Rn. 126; Krüger S. 68.

[78] Ähnlich *Evers*, Notstandsverfassung S. 204, 205: „Die existentielle Aufgabe der Ausnahmebefugnisse, den Schutz elementarer Güter der Allgemeinheit zu ermöglichen, verschiebt den Sinngehalt des Erforderlichkeitsgebots, der ihm in der Normallage zukommt, und schiebt feine und allzu feine Erwägungen beiseite, weil die Verfassung die Erhaltung des Bestandes gebietet und keine Zeit und keine Wahl läßt." Vgl. auch *Lerche* S. 306.

dient als Maßstab für die Angemessenheit einer Maßnahme der zu erreichende Zweck. Alle Notstandsmaßnahmen dienen der Gefahrenabwehr. Während nun in normalen Zeiten die mit polizeilichen Eingriffen abzuwehrenden Gefahren vergleichsweise gering sind, können sie im Notstandsfall nicht zu überbietende Ausmaße annehmen. Gerade im Verteidigungsfall und im inneren Notstand bei einem bewaffneten Aufstand geht es buchstäblich um die *Existenz der staatlichen Gemeinschaft*. Allein an diesem Rechtsgut sind in diesen Fällen die zur Abwehr der Gefahr getroffenen Eingriffe in die Rechte der Bürger zu messen. Die Abwägung nach der Angemessenheit der Maßnahmen wird also „auf eine bestimmte Abwägung hin fixiert“[79] „Nnunmehr darf lediglich die Sicherung des Bestandes der staatlichen Gemeinschaft im strengsten Sinn und der wesentlichen staatlichen Funktion als das allein angemessene und ausreichende Ziel beurteilt werden[80].“

Werden die notwendigen Maßnahmen an diesem höchstwertigen Rechtsgut der Allgemeinheit, dem existentiellen Interesse am Fortbestand des Staates, gemessen und abgewogen, so lassen sich naturgemäß *ungleich schwerere Eingriffe* in die Rechte der Bürger als noch angemessen und daher verhältnismäßig rechtfertigen als zu normalen Zeiten. Man kann nicht übersehen, „daß das elementare Erhaltungsinteresse durch die Fülle der Notstandsbefugnisse von der Verfassung als vorrangig anerkannt, die Interessen des Bürgers und der Glieder kraft ausdrücklicher Anordnung zurückgedrängt sind. Bei einer Abwägung ist daher die aus der Normallage gewohnte Gewichtsverteilung nach Maßgabe des Wertsystems des Grundgesetzes unübersehbar verschoben“[81]. Demgemäß ist es folgerichtig, daß eine polizeiliche Maßnahme, die in Normalzeiten etwa zur Verhinderung eines Einbruchdiebstahls als unverhältnismäßig unterbleiben müßte, im Notstandsfall gegenüber Verfassungsfeinden geradezu als geringfügig erscheint. Die Wertigkeit der Individualinteressen tritt in der Grenzsituation staatlicher Existenz zugunsten der Allgemeininteressen zurück[82].

---

[79] *Lerche* S. 306.

[80] *Lerche* S. 306. — Lerche führt weiter aus, diese „ganz spezifische Angemessenheit“ entziehe sich bereits dem normalen Begriffsbild der Verhältnismäßigkeit. „Denn nunmehr ist nicht mehr die Rede von einem bloßen Nicht-außer-Verhältnis-Stehen, sondern von einer konkret vorgeschriebenen Zielgerichtetheit. Daher hat man es nicht etwa nur mit einem besonderen Anwendungsfall des Übermaßverbotes zu tun, vielmehr wird an dieser Stelle das Verhältnismäßigkeitsgebot überlagert durch ein aus der Sache folgendes spezielles Gebot einer besonderen Abgewogenheit“ (S. 307).

[81] *Evers*, Notstandsverfassung S. 207.

[82] Vgl. dazu *Lerche* S. 307 Anm. 192, wo er feststellt, „daß ein und dasselbe Vorgehen, welches in normalen Zeiten eine Verletzung des Art. 1 Abs. 1 darstellen müßte, in Krisenzeiten sich diesem Urteil zu entziehen vermag“.

Es wäre aber kurzsichtig, wollte man die Grundsätze der Erforderlichkeit und Verhältnismäßigkeit lediglich als Möglichkeit zur Erweiterung der Eingriffsbefugnisse im Notstand werten. Sie bilden vielmehr zugleich eine *letzte Grenze staatlicher Machtentfaltung*[83]. Denn das Grundgesetz stellt dem vorrangigen Zweck der Existenzerhaltung des Staates das wegen Art. 79 Abs. 3 unverzichtbare Gebot der freiheitlich rechtsstaatlichen Demokratie (Art. 20) und der unantastbaren Würde des Menschen (Art. 1 Abs. 1) gegenüber[84]. Wo diese Gebote Gefahr laufen, durch Notstandsmaßnahmen verletzt zu werden, ist die Grenze des Zulässigen erreicht. Was jenseits liegt, ist absolut unverhältnismäßig. „Die Sicherung der Verfassung darf nicht dazu führen, die grundlegenden Züge des demokratischen Staatssystems aufzuheben oder zu verfälschen[85]."

Vierter Abschnitt

Die zulässige Bewaffnung der polizeilichen Vollzugskräfte

Die Erörterung der Befugnisse der Vollzugskräfte im Notstandsfall wäre nicht vollständig, wenn nicht abschließend noch das Problem der zulässigen Polizeibewaffnung angeschnitten würde.

A. Die Ausgangslage des Problems

Die gegenwärtige Bewaffnung der Polizeikräfte ist in allen Bundesländern weitgehend die gleiche[86]. Durch die Landespolizeigesetze

[83] Die Begrenzungsfunktion der Grundsätze von Erforderlichkeit und Verhältnismäßigkeit betont auch *Evers* in BK Art. 91 Rn. 13; ferner *Dürig* in M-D-H Art. 11 Rn. 67 Fußnote 3.

[84] Daß die Würde des Menschen eine letzte äußerste Grenze bildet, wird auch von *Lerche* S. 307 festgehalten. Ebenso *Hall*, Notstandsverfassung S. 161.

[85] *Scheuner*, Verfassungsschutz S. 316. Ähnliche Gedanken klingen bei *Hesse*, Ausnahmezustand S. 741 an, wenn er schreibt: „Die Ausnahmegewalt hat keine eigene Legitimität. Ihr Wesen besteht gerade darin, die Legitimitätsprinzipien und Funktionen der normalen Verfassungslage, die ihr vorübergehend weichen mußten, wieder herzustellen, sich selbst aber so rasch wie möglich wieder überflüssig zu machen." — Vgl. auch *Dürig* in M-D-H Art. 11 Rn. 67 Fußnote 3: „Ein totaler Angriff auf ... die Fundamente unserer Verfassung und Staatlichkeit ... könnte Gegenmaßnahmen erforderlich machen, die selbst unter Beachtung des Verhältnismäßigkeitsprinzips vom Grundrecht am Angriff nicht beteiligter Dritter vermutlich nichts mehr übrig ließen. Es würde schwerfallen, derartige Eingriffe allein mit dem Hinweis auf unsere ‚wehrhafte Demokratie' zu rechtfertigen."

[86] So *Hall*, Entwurf S. 147 mit Anm. 22.

ist den Polizeibeamten die Anwendung von Hieb- und Schußwaffen sowie von Reizstoffen gestattet, ebenso den Polizeivollzugsbeamten des Bundes durch das UZwG. Welche Waffen unter die genannten Begriffe im einzelnen fallen, wird teils von den Polizeigesetzen selbst angegeben[87], teis aber auch durch diese Gesetze der Verwaltung zur näheren Bestimmung überlassen[88].

Übereinstimmend werden als Schußwaffen Pistolen, Revolver, Maschinenpistolen und verschiedene Gewehre verstanden[89]. Die Zulässigkeit dieser Waffen — mit Ausnahme der Maschinengewehre — auch der Hiebwaffen und Reizstoffe (insbesondere Tränengas) ist unbestritten. Darüber hinaus aber gehören zum Waffenarsenal der kasernierten Polizeieinheiten (Bereitschaftspolizei) auch die sog. *„Explosivmittel“*[90], also insbesondere Handgranaten und Granatwerfer, aber auch Sprengsätze und Minen[91]. Ähnlich verhält es sich mit der Bewaffnung des Bundesgrenzschutzes, der als Polizeiverband auch polizeilich bewaffnet ist[92]. An den zuletzt genannten Waffen, den Handgranaten und Granatwerfern, aber auch an den Maschinengewehren, hat sich

---

87 So z. B. § 18 Abs. 4 hambSOG: „Waffen im Sinne dieses Gesetzes sind allgemeine und besondere Waffen. Allgemeine Waffen sind Reizstoffe, Hiebwaffen und Schußwaffen, soweit sie nicht zu den besonderen Waffen zählen. Besondere Waffen sind Maschinengewehre, Granatwerfer, Handgranaten, Sprengsätze und Minen.“ — Ähnlich auch § 216 Abs. 4 des schleswig-holsteinischen Landesverwaltungsgesetzes vom 18. 4. 1967.

88 Dabei wird meist von den „dienstlich zugelassenen“ Waffen gesprochen, vgl. etwa Art. 38 Abs. 4 PAG; § 2 Abs. 4 UZwG und § 10 Abs. 4 UZwGBw. Von der jeweiligen Exekutive wird dann — i. d. R. durch eine Rechtsverordnung — bestimmt, welche Waffen dienstlich zugelassen sind (vgl. § 1 der Bay. Verordnung über die dienstlich zugelassenen Waffen der Polizei vom 24. 1. 1963, GVBl. S. 1). — Inzwischen hat sich an § 2 Abs. 4 UZwG ein Streit darüber entzündet, ob es gegen das Grundgesetz (Art. 2 Abs. 2 bzw. Art. 80 Abs. 1 S. 2) verstößt, wenn in der angegebenen Weise die nähere Bestimmung der „dienstlich zugelassenen“ Waffen nicht in dem förmlichen Gesetz selbst erfolgt, sondern der Exekutive überlassen wird. Für die Verfassungsmäßigkeit der Bestimmung haben sich ausgesprochen *Baumann*, DVBl. 1962 S. 806 ff.; *Pioch*, Kommentar S. 88 f.; *Dürig* in M-D-H Art. 87 a Rn. 92; wohl auch *Evers*, Notstandsverfassung S. 32 f.
Verfassungswidrigkeit nehmen an: *Ule*, Gutachten II S. 7 ff., 32; ders., UZwG S. 353; *Wacke*, Bundesgesetz S. 141; *Arndt*, Schußwaffengebrauch S. 190 f.; *Denninger-Beye* S. 6 f., S. 27; *Schnupp*, Zur Anwendung unmittelbaren Zwangs durch Polizeivollzugsbeamte S. 261.
Unentschieden bleibt die Frage bei *Hall*, Entwurf S. 147. — Auf dieses Problem kann hier nicht weiter eingegangen werden.

89 Vgl. § 1 Ziff. 2 der bay. VO über die dienstlich zugelassenen Waffen der Polizei (siehe oben Anm. 88).

90 So die Bezeichnung in § 2 Abs. 4 UZwG und § 10 Abs. 4 UZwGBw.

91 Zur Bewaffnung der Bereitschaftspolizei in Bayern siehe *Schreiber*, Notstand S. 101; vgl. ferner *Evers*, Notstandsverfassung S. 33.

92 Vgl. dazu *Kaestl*, S. 374, der als BGS-Waffen aufzählt: Polizeistock, Pistole, Maschinenpistole, vollautomat. Schnellfeuergewehr, Maschinengewehr, Tränengas, Handgranaten, Granatwerfer und Panzerabwehrwaffen.

in den letzten Jahren eine Kontroverse darüber entzündet, ob diese Waffen verfassungsrechtlich zulässig sind, sowie ganz allgemein, ob und in welchem Maße die Verfassung der Polizeibewafnung Schranken auferlegt.

B. Der Meinungsstand zur Polizeibewaffnung

I. Ule als Befürworter von verfassungsrechtlichen Schranken der Polizeibewaffnung

Als entschiedener Verfechter einer *verfassungsmäßigen Beschränkung der Polizeibewaffnung* ist *Ule* aufgetreten[93]. Er argumentiert folgendermaßen: Für die Frage der Polizeibewaffnung sei grundlegend der Unterschied zwischen Polizei und Militär. Das Grundgesetz einschließlich der Notstandsbestimmungen schweige sich über diesen Unterschied aus[94]. Daher müsse der „traditionelle Gehalt der Begriffe Polizei und Streitkräfte" zugrundegelegt werden. Maßgeblich sei dafür der Zeitpunkt der Einfügung von Art. 143 in das Grundgesetz. Denn mit der Einfügung des Art. 143 sei ein Gegensatz zum Art. 91 mit seiner Regelung des Polizeieinsatzes hergestellt worden. Damit sei der Unterschied von Polizei und Militär zu diesem Zeitpunkt im Grundgesetz verankert worden. Damals, 1956, habe in allen Polizeigesetzen die Regelung bestanden, daß der polizeiliche Waffengebrauch nur den Zweck verfolgen dürfe, angriffs- oder fluchtunfähig zu machen, während der militärische Waffengebrauch das Ziel der Tötung verfolgen dürfe. Dieser Unterschied habe mit Schaffung des Art. 143 als traditioneller Gehalt des Polizeibegriffes Verfassungsrang erhalten. Demnach dürfe die Polizei nur solche Waffen verwenden, die geeignet seien, lediglich *angriffs- oder fluchtunfähig* zu machen. Granatwerfer und Handgranaten ließen sich nicht auf diesen Zweck beschränken, sie seien in ihrer Wirkung schwer kontrollierbar und daher als Polizeiwaffen von Verfassungs wegen unzulässig[95]. Dies gelte auch für den Notstandsfall, da auch hier das Grundgesetz deutlich den Einsatz der Streitkräfte von dem der Polizei unterscheide[96]. Allgemein gelte, daß die Polizei solche Waffen nicht verwenden dürfe, die i. d. R. lebensvernichtend

---

[93] Vgl. *Ule,* Gutachten I S. 12 ff.; ders., UZwG S. 356 ff.; ders., Streitkräfte I S. 867 ff.; ders., Streitkräfte II S. 123 ff.; ferner *Ule* in der 3. öffentl. Informationssitzung des Rechts- und Innenausschusses des Bundestags vom 30. 11. 1967, Protokoll Nr. 59 S. 77 ff.

[94] *Ule,* Streitkräfte I S. 870.

[95] Dieser gesamte Gedankengang findet sich — weitgehend gleichlautend — in sämtlichen, obengenannten Äußerungen *Ules* zum Problem der Polizeibewaffnung. — Im Ergebnis gleicher Ansicht *Hamann-Lenz,* Art. 91 Anm. A 2.

[96] *Ule,* UZwG S. 357.

wirkten, also alle Waffen mit „brisanten Geschossen"[97]. Ebenso wie *Ule* lehnt *Baumann* solche Waffen als Polizeiwaffen ab, „die zu polizeilichen Zwecken nicht geeignet sind"[98], d. h. die nicht geeignet sind, nur die Angriffs- oder Fluchtunfähigkeit zu bewirken[99].

In jüngster Zeit haben sich auch *Denninger* und *Beye* in einem Rechtsgutachten[100] dieser Ansicht angeschlossen. Kernpunkt ihrer Argumentation ist der in der Verfassung verankerte Verhältnismäßigkeitsgrundsatz. Dieser verbiete in Verbindung mit dem Gebot des Art. 1 GG zum Schutz der Menschenwürde den polizeilichen Einsatz von Waffen, die den Rechtsbrecher vernichten könnten[101]. Daraus folge, daß der polizeiliche Waffeneinsatz in jeder Phase meßbar und steuerbar sein müsse, so daß Granatwerfer, Handgranaten und sonstige Explosivmittel sowie auch Maschinengewehre verfassungsrechtlich unzulässige Polizeiwaffen seien, da ihre Wirkung nicht in der geforderten Weise gesteuert werden könne[102].

Diesen Argumenten hat sich im wesentlichen *Schnupp* angeschlossen, der ebenfalls ausdrücklich auch Maschinengewehre in das verfassungsrechtliche Verbot einbezieht[103].

II. Die gegenteilige Ansicht

Im Gegensatz zu Ule geht die überwiegende Ansicht im Schrifttum dahin, daß das Grundgesetz die Verwendung von „Explosivmitteln", insbesondere von Handgranaten und Granatwerfern, aber auch von

---

97 *Ule*, Streitkräfte II S. 123; ebenso *Hamann-Lenz* Art. 91 Anm. A 2.

98 *Baumann*, Zur Verfassungsmäßigkeit des § 2 Abs. 4 UZwG, DVBl. 1962 S. 809.

99 Ebenso wie Baumann auch *Rutschke* in der 175. Sitzung des Bundestags vom 16. 5. 1968, Sten. Ber. S. 9449 B; ferner *Kuhlmann* in der 3. öff. Informationssitzung, Protokoll 59 S. 52. — Nicht aus verfassungsrechtlichen, sondern aus politischen Gründen lehnt *Kluncker* (Protokoll 59 S. 22, 34, 35) eine Ausrüstung der Polizei mit Handgranaten und Granatwerfern ab.

100 *Denninger-Beye*, Rechtsgutachten zum Waffengebrauchsrecht der Polizei S. 13 ff., 25 ff., 27 f.

101 Ebenda S. 21, 25 f. — Ausgangspunkt ist dabei die Grundthese, daß die Aufgabe und Funktion der Polizei unter der Geltung des Grundgesetzes eine grundlegende Veränderung erfahren habe. Danach habe die Polizei nur noch die Aufgabe, „eine Minimalordnung des status constitutus" zu garantieren. Die Polizei sei nicht Macht oder Machterhaltungsinstrument des Staates, sondern eher „Dienstleistungsapparat", der für den Schutz der Rechtsordnung zu sorgen habe (*Denninger-Beye* S. 15 ff., S. 19, 27).

102 Ebenda S. 25, 27, 28.

103 *Schnupp*, Zur Anwendung unmittelbaren Zwanges durch Polizeivollzugsbeamte, in Die Polizei 1971, S. 304 ff. Wie Schnupp auch *Baier*, Zur Diskussion um die „besonderen Waffen", in Die Polizei 1971, S. 305; ferner *Hamann-Lenz* Art. 91 Anm. A 2 hinsichtlich der Granatwerfer und Handgranaten.

Maschinengewehren nicht verbietet[104]. Als Hauptbegründung wird vorgetragen, das Grundgesetz lasse zwar einen Unterschied zwischen den Institutionen Militär und Polizei erkennen, verwende aber als Kriterium nicht die *Mittel, sondern den Zweck des Einsatzes.* Das Militär sei in erster Linie zum Kampf nach außen, notfalls zur Vernichtung des Feindes berufen, während die Polizei die Aufgabe der Abwehr innerer Störungen habe[105]. Dabei seien für die Polizei die der gestellten Aufgabe angemessenen Mittel erlaubt[106]. Es gebe zwar verfassungsrechtliche Schranken der Polizeibewaffnung, diese ließen sich aber nicht allgemein und losgelöst von der gestellten Aufgabe finden[107]. Übereinstimmung besteht insoweit, als alle die Zulässigkeit von Maschinengewehren, Handgranaten und Granatwerfern bejahen[108]. Denn das Gebot, der Waffengebrauch dürfe nur mit dem Ziel erfolgen, angriffs- oder fluchtunfähig zu machen, sei lediglich in den Polizeigesetzen enthalten, nicht aber im Grundgesetz[109]. Die Ansicht, mit Art. 143 sei auch diese Beschränkung der Polizeigewalt ins Grundgesetz aufgenommen worden, beruhe auf einer Fehldeutung des Art. 143[110].

Ein Eingehen auf die Einzelheiten der von den verschiedenen Autoren vorgetragenen Begründung erübrigt sich an dieser Stelle, da in der nun folgenden Stellungnahme des Verfassers verschiedentlich näher darauf Bezug genommen wird.

C. Stellungnahme

Die Frage nach den verfassungsrechtlichen Schranken der Polizeibewaffnung läßt sich in *drei Teilfragen* aufgliedern:

Gibt es überhaupt nach dem Grundgesetz absolute Schranken der Polizeibewaffnung? Wie eng oder wie weit sind diese Schranken? Gelten diese Schranken auch im Notstandsfall? Die beiden letzten Teilfragen setzen selbstverständlich eine positive Beantwortung der ersten voraus.

---

[104] Vgl. *Dürig* in M-D-H Art. 87 a Rn. 86 ff.; *Arndt*, Bundeswehr S. 732; *Hall*, Entwurf S. 147 f.; *Wacke*, Bundesgesetz S. 142 ff.; *Ipsen* in BK Art. 87 a Rn. 127 ff.; *Scheuner* in Protokoll 59 S. 64; *Evers*, Notstandsverfassung S. 32, 33.

[105] So *Hall*, Entwurf S. 148; *Arndt*, Schußwaffengebrauch S. 191; derselbe, Bundeswehr S. 732.

[106] *Hall*, Entwurf S. 148.

[107] *Hall*, Entwurf S. 148; *Evers* in BK Art. 91 Rn. 13.

[108] Vgl. *Hall*, Entwurf S. 148; *Evers* in BK Art. 91 Rn. 13; ders., Notstandsverfassung S. 32, 33; *Scheuner*, Protokoll 59 S. 64; *Dürig* in M-D-H Art. 87 a Rn. 89; *Arndt*, Bundeswehr, S. 732; *Wacke* S. 142, 143; *Siedschlag*, Zur Diskussion um die Bewaffnung der Polizei, in Die Polizei 1971 S. 208 f.

[109] *Evers*, Notstandsverfassung S. 33; *Scheuner*, Protokoll 59 S. 64.

[110] *Evers* in BK Art. 91 Rn. 13; *Dürig* in M-D-H Art. 87 a Rn. 87 f.

Verfassungsrechtliche Schranken der Polizeibewaffnung ergeben sich nicht daraus, daß der polizeiliche Waffengebrauch nur dem Zweck dienen darf, angriffs- oder fluchtunfähig zu machen. Dieses Gebot ist lediglich in den Polizeigesetzen enthalten, nicht aber im Grundgesetz[111]. Auch der Hinweis auf Art. 143 GG ist verfehlt, denn einmal hatte diese Bestimmung nicht den Zweck, einen bestimmten Polizeibegriff im Grundgesetz zu verankern, sondern den Einsatz der Streitkräfte im Inneren einer Verfassungsänderung vorzubehalten[112]. Zum anderen ist Art. 143 mit Geltung der Notstandsverfassung außer Kraft getreten, so daß sich seither aus ihm nichts mehr ableiten läßt[113].

Dennoch trifft es zu, daß das Grundgesetz ausdrücklich zwischen den Streitkräften und den Polizeikräften unterscheidet und daß sich hieraus auch eine Beschränkung der Polizeibewaffnung ableiten läßt[114]. Die Unterscheidung ist eindeutig in den Notstandsbestimmungen verankert. Die umfangreichen und langwierigen Diskussionen in den parlamentarischen Gremien über die Frage, in welcher Form der Einsatz der Streitkräfte im Inneren zulässig sein sollte, hatten als Kernpunkt doch das Problem, ob die Streitkräfte auf polizeiliche Funktionen beschränkt werden sollten oder nicht[115]. Ein substantieller Unterschied zwischen Militär und Polizei wurde also vom Verfassungsgesetzgeber als selbstverständlich vorausgesetzt und hat dementsprechend seinen Niederschlag besonders in den Bestimmungen des Grundgesetzes über den inneren Notstand (Art. 87 a und Art. 91) gefunden. In Art. 87 a Abs. 4 wird der Einsatz der Streitkräfte erst dann zugelassen, wenn die polizeilichen Vollzugskräfte einschließlich des Bundesgrenzschutzes zur Bekämpfung der Gefahr nicht mehr ausreichen. Aus dieser strengen Subsidiarität ergibt sich, daß das Grundgesetz das Machtpotential der Streitkräfte als wesentlich verschieden von demjenigen der Polizeikräfte erachtet. Die Verschiedenheit ist aber primär an der *Verschiedenheit*

---

[111] Vgl. *Scheuners* Ausführungen in der 3. öffentl. Informationssitzung des Rechts- und Innenausschusses des Bundestags vom 30. 11. 1967, Protokoll 59 S. 64. — Im übrigen ist dieses Gebot nichts anderes als eine polizeirechtliche Konkretisierung der Verhältnismäßigkeit, die auch für den Inneneinsatz der Armee gilt, vgl. *Dürig* in M-D-H Art. 87 a Rn. 91.

[112] Ebenso *Arndt,* Schußwaffengebrauch S. 191, wo auch Näheres zur Entstehungsgeschichte des Art. 143 GG ausgeführt ist.

[113] Ebenso *Evers* in BK Art. 91 Rn. 13.

[114] Ebenso *Arndt,* Bundeswehr S. 732; *Hall,* Entwurf S. 148; *Denninger-Beye* S. 22 f.

[115] Vgl. Begründung zum Regierungsentwurf 1967 (RE 1967 S. 23 f.); Begründung des Ausschußentwurfs 1968 (AB 1968 S. 14); ferner die Äußerungen anläßlich der 3. öffentl. Informationssitzung vom 30. 11. 1967 von *Schlegelberger* (Protokoll 59 S. 4), Schreiber (S. 55 f.), der sich ausführlich mit den Unterschieden von Polizei und Militär befaßt; *Scheuner* (S. 64); *Evers* (S. 70) und *Ule* (S. 77 ff.).

der Aufgaben von Polizei und Militär orientiert, nämlich Schutz der inneren Sicherheit und Ordnung gegen Störungen durch die Polizei und Verteidigung nach außen mit allen Mitteln durch die Streitkräfte[116]. Aus der Verschiedenheit der Aufgabe folgt dann sekundär die Verschiedenheit der einzusetzenden Mittel, also der Bewaffnung[117]. Das militärische Machtpotential übersteigt demgemäß das polizeiliche nicht nur an Quantität von Personal und Waffen, sondern auch an Qualität der Waffen.

Damit sind wir schon bei der *zweiten Teilfrage* angelangt, nämlich der, wo konkret die Schranken der polizeilichen Bewaffnung liegen. Hierzu läßt sich eine Feststellung vorweg treffen: *Eine endgültige Grenze zwischen polizeilicher und militärischer Bewaffnung gibt es nicht*[118]. Es wird hier immer einen Spielraum geben. Man kann nur versuchen, eine negative Abgrenzung zu geben. Mit Sicherheit wäre es unzulässig, die Polizei mit schwerer Artillerie, Raketen oder Kampfflugzeugen auszurüsten. Es verbieten sich also Waffen, deren Vernichtungswirkung von vorneherein nicht annähernd mehr abzuschätzen ist[119]. Andererseits sind Maschinengewehre, Handgranaten und Granatwerfer ebenso sicher als Polizeiwaffen nicht verfassungswidrig[120]. Denn sie lassen sich in ihrer Wirksamkeit sehr wohl erkennbar überschauen[121]. Zwar trifft es zu, daß ein Granatwerfereinsatz sich nicht ausschließlich darauf begrenzen läßt, angriffs- oder fluchtunfähig zu machen[122]. Dieses Erfordernis ist aber im Grundgesetz auch nicht enthalten. Das Grundgesetz verbietet lediglich einen Waffeneinsatz im Inneren, dessen isolierter Zweck die Vernichtung des Störers oder Verfassungsfeindes ist[123]. Nicht aber verbietet es die Tötung des Störers, wenn sie unvermeidlich ist, um diesen angriffsunfähig zu machen[124].

---

[116] Ebenso *Hall*, Entwurf S. 148; *Arndt*, Schußwaffengebrauch S. 191; ders., *Bundeswehr* S. 732.

[117] *Hall* ebenda; ähnlich *Denninger-Beye* S. 23 f.

[118] Ebenso *Dierske*, Grenzen zwischen polizeilichem und militärischem Einsatz, in „Die Polizei" S. 359; *Hall*, Entwurf S. 148. Vgl. dazu auch *Denninger-Beye* S. 23.

[119] Insoweit übereinstimmend *Denninger-Beye* S. 28.

[120] Ebenso *Hall*, Entwurf S. 148; *Arndt*, Bundeswehr S. 732; *Dürig* in M-D-H Art. 87 a Rn. 90 ff.; *Wacke*, Bundesgesetz S. 142 ff.; *Evers*, Notstandsverfassung S. 32 f.; *Siedschlag* S. 210.

[121] Vgl. zur Handhabung von Granatwerfern und ihrer Wirkungsweise *Dürig* in M-D-H Art. 87 a Rn. 13 und *Wacke*, Bundesgesetz S. 142 ff.

[122] So *Ule*, UZwG S. 356.

[123] Dies folgt aus der Würde des Menschen (Art. 1 Abs. 1 GG) sowie aus dem Verbot, ein Grundrecht in seinem Wesensgehalt anzutasten (Art. 19 Abs. 2 GG). Vgl. *Evers*, Notstandsverfassung S. 35; *Dürig* in M-D-H Art. 87 a Rn. 91; so auch *Denninger-Beye* S. 25.

[124] Ist die Maßnahme unvermeidlich, so entspricht sie dem Grundsatz der Notwendigkeit und, sofern der Störer ein bewaffneter Verfassungsfeind

Dies folgt schon aus dem Grundsatz der Notwehr, der auch für die Polizisten gilt[125].

Daher läßt sich ein verfassungsrechtliches Verbot der genannten Waffen auch nicht mit dem Grundsatz der Verhältnismäßigkeit begründen, wie dies *Denninger, Beye*[126] und *Schnupp*[127] versuchen. Denn der Einsatz dieser Waffen ist eben dann nicht unverhältnismäßig, wenn dies der einzige Weg ist, um einen Rechtsbrecher angriffs- oder fluchtunfähig zu machen, selbst wenn er dabei getötet wird. Da diese Waffen nur in extremen Situationen zum Einsatz gelangen werden, wird jeweils auch eine Notwehrsituation gegeben sein. Für den Fall der Notwehr gestehen aber auch Denninger und Beye die Tötung des Rechtsbrechers zu[128]. Wird dies aber zugestanden, so läßt sich das generelle Verbot der genannten Waffen nicht länger halten. Andererseits wird von niemandem bestritten, daß Maschinengewehre, Handgranaten und sonstige „Explosivmittel" wirklich nur für extreme Notfälle zur Verfügung stehen.

Um aber einem Mißverständnis zu begegnen, muß festgehalten werden, daß das in allen Polizeigesetzen enthaltene Gebot, mit dem Waffengebrauch nur die Angriffs- oder Fluchtunfähigkeit herbeizuführen, nach wie vor für den polizeilichen Waffengebrauch verbindlich ist. Nur liegt dieses Gebot eben nicht auf der Ebene der Verfassung, sondern auf der Ebene der einfachen Gesetzgebung[129]. Außerdem hindert auch dieses Gebot nicht die Anwendung von Granatwerfern. Denn um Verfassungsfeinde angriffsunfähig zu machen, welche aus einer sicheren Deckung heraus die Polizeibeamten beschießen, reichen Waffen wie Gewehre nicht aus, da sie nur ein direktes Zielen erlauben, was bei einem gedeckten Gegner wirkungslos bleibt. Hier hilft nur ein Granatwerfer, mit dem über die Deckung hinweg geschossen werden kann[130]. Daß dabei auch die Tötung der Störer in Kauf genommen wird, ist

---

oder Verbrecher ist — und nur darum geht es hier —, auch dem Gebot der Verhältnismäßigkeit. — Ebenso *Wacke*, Bundesgesetz S. 143; Dürig in M-D-H Art. 87 a Rn. 129 mit Fußnote 4.

125 *Evers*, Notstandsverfassung S. 33; *Dürig* in M-D-H Art. 87 a Rn. 129 Fußn. 4.

126 *Denninger-Beye*, Rechtsgutachten S. 25, 28.

127 *Schnupp*, Unmittelbarer Zwang S. 304 f.

128 Ebenda S. 21, 28.

129 Vgl. *Scheuner* in der 3. öffentl. Informationssitzung, Protokoll 59 S. 64: „Ob man die Polizei mit Explosivwaffen ausrüstet, oder nicht, bedarf keiner verfassungsrechtlichen Behandlung. Das ist eine Frage der Polizeigesetzgebung."

130 Ebenso *Wacke*, Bundesgesetz S. 143; *Dürig* in M-D-H Art. 87 a Rn. 129, Fußnote 4.

unvermeidlich und daher notwendig und verhältnismäßig, ungeachtet der jeweils auch bestehenden Notwehrsituation.

Weder das Grundgesetz noch die Polizeigesetze verbieten also derzeit eine Ausrüstung der Polizeikräfte mit Maschinengewehren und Explosivmitteln, die sich auf der Ebene von Handgranaten und Granatwerfern bewegen. Weitere Aussagen über die verfassungsrechtlichen Schranken der Polizeibewaffnung zu machen, erscheint wenig sinnvoll in Anbetracht der Tatsache, daß sowohl für die Länderpolizeien als auch für den Bundesgrenzschutz, soweit er als Polizeitruppe im Inneren eingesetzt wird, derzeit (und wohl auch in Zukunft) die Ausrüstung mit Granatwerfern das Maximum an Bewaffnung darstellt[131]. Dessen ungeachtet ist auch die Verwendung leichter, gepanzerter Kraftfahrzeuge mit kleinkalibrigen Geschützen zulässig und[132], soweit ersichtlich, bei der Bereitschaftspolizei zum Teil in Gebrauch[133]. Das Grundgesetz schließt jedenfalls nicht aus, die Bewaffnung der Polizei über das gegenwärtige Maß hinaus noch geringfügig zu verstärken[134].

Die eben geschilderten *Schranken polizeilicher Bewaffnung gelten auch und gerade im Notstandsfall.* Wie bereits dargestellt wurde, haben gerade die Bestimmungen der Notstandsverfassung über den Einsatz der Streitkräfte im Inneren deutlich gemacht, daß zwischen Streitkräften und Polizei ein substantieller Unterschied besteht, der sich auch auf die zulässige Polizeibewaffnung auswirkt. Das Problem, ob die Polizei im Notstandsfall schwerere Waffen verwenden darf als sonst, wird ohnehin nur für den Fall eines bewaffneten Aufstandes akut. Eben für diesen Fall sieht aber Art. 87 a Abs. 4 GG vor, daß die Streitkräfte eingesetzt werden können, wenn die Polizeikräfte samt Bundesgrenzschutz nicht mehr ausreichen. Damit hat das Grundgesetz festgelegt, daß einem bewaffneten Verfassungsfeind, der mit der zulässigen Polizeibewaffnung nicht ausgeschaltet werden kann, nicht durch eine Erweiterung der polizeilichen Waffen zu begegnen ist, sondern durch den Einsatz der Streitkräfte[135]. Folgerichtig ist oben bejaht worden, daß

---

131 Vgl. *Hall*, Entwurf S. 147 mit Anm. 22; *Evers*, Notstandsverfassung S. 33; *Schreiber*, Notstand S. 101.

132 Ebenso *Evers*, Notstandsverfassung S. 33.

133 Vgl. *Evers*, Notstandsverfassung S. 33; *Schreiber*, Notstand S. 101. Insbesondere verfügt der Bundesgrenzschutz über gepanzerte Fahrzeuge mit kleinkalibrigen Geschützen sowie über Panzerabwehrwaffen. Die letzteren dienen aber dem Schutz der Grenze nach außen, zumal der Bundesgrenzschutz im Verteidigungsfall Kombattantenstatus besitzt. Vgl. dazu *Kaestel* S. 374.

134 Ebenso *Evers*, Notstandsverfassung S. 33 Anm. 80; *Scheuner*, 3. öffentl. Informationssitzung, Protokoll 59 S. 64.

135 Insoweit übereinstimmend *Denninger-Beye* S. 23. — Wie *Schnupp*, Polizei II S. 132 f. richtig bemerkt, gibt es zur Bewältigung eines inneren

die Streitkräfte bei einem Einsatz gegen militärisch bewaffnete Aufständische nicht an die polizeiliche Bewaffnung gebunden sind, sondern grundsätzlich auch schwerere militärische Waffen verwenden dürfen[136].

Das bedeutet aber andererseits auch nicht, daß die Polizeikräfte beim Kampf gegen Aufständische von vornherein auf die Anwendung ihrer wirksamsten Waffen, eben der Handgranaten, Granatwerfer, Sprengsätze und Minen, verzichten und den Kampf sofort den Streitkräften überlassen dürften. Vielmehr gilt hier zu Recht *Dürigs* Wort, wonach die Armee nicht ihre Unterkünfte verläßt, „ehe die Polizei nicht auch *nach* Verwendung von Handgranaten und Granatwerfern unfähig ist, des inneren Notstands Herr zu werden"[137]. Dies folgt aus der strengen Subsidiarität, die Art. 87 a Abs. 4 dem Einsatz der Streitkräfte gegenüber dem Einsatz der Polizeikräfte zugewiesen hat[138]. Der *Einsatz der Streitkräfte* im Inneren hat auf jeden Fall *„ultima ratio"* zu bleiben[139]. Daher haben die Polizeikräfte ihre Möglichkeiten voll auszuschöpfen, bevor an ein Eingreifen der Streitkräfte zu denken ist.

Denninger und Beye gelangen hier — entsprechend ihrer These, daß der Polizei Maschinengewehre und Handgranaten verboten sind — zum gegenteiligen Ergebnis[140]: Die Einsatzschwelle für die Bundeswehr wird niedriger, da sich die Polizei von ihrer Ausrüstung her im Fall des Art. 87 a Abs. 4 GG bald als unzulänglich erweisen wird. Hier ist aller-

---

Notstands zwei Möglichkeiten: Die „rein polizeiliche" Lösung bedeute, daß allein Polizei und Bundesgrenzschutz eingesetzt werden dürften, nicht aber die Streitkräfte. Dies setze aber eine Ausrüstung der Polizei auch mit schwereren Waffen als Granatwerfer voraus. Die andere „umfassende" Lösung bedeute, daß auch die Bundeswehr eingesetzt werden könne. In diesem Fall bleibe die Polizei auf ihre normale Bewaffnung beschränkt. — Dieselbe Ansicht vertritt *Siedschlag* S. 209. — Das Grundgesetz hat sich in Art. 91 und Art. 87 a Abs. 4 für die letztere, von *Schnupp* als „umfassend" bezeichnete Lösung entschieden.

136 Ebenso vertritt auch *Dierske* (vgl. Dierske, Grenzen S. 359) die Ansicht, man könne nicht „An Granatwerfern für die Polizei Anstoß nehmen und gleichzeitig den Einsatz von Streitkräften ... ablehnen". So auch *Siedschlag* S. 209.

137 *Dürig* in M-D-H Art. 87 a Rn. 90. — Dürig wendet sich dann in bewußter Polemik gegen die Gewerkschaftsvertreter, welche eine Ausrüstung der Polizei mit Granatwerfern usw. aus politischen Gründen ablehnen (vgl. etwa die Ausführungen von *Kluncker* — für die Gewerkschaft ÖTV — und Kuhlmann — für die Polizeigewerkschaft GdP — in der 3. öffentl. Informationssitzung, Protokoll 59 S. 22, 35, 52): „Der Inneneinsatz der Armee folgt verfassungsrechtlich niemals den Vorstellungen, die eine Polizeigewerkschaft über angeblich nur zulässige Waffen nichtmilitärischer Dienste hat" (*Dürig* a.a.O. Rn. 93).

138 So *Hoffmann* S. 105; vgl. auch *Herzog in* M-D-H Art. 115 f Rn. 17 ff.

139 Ebenso *Dürig* in M-D-H Art. 87 a Rn. 88; *Martens* S. 199; *von Unruh* S. 195; *Herzog* ebenda Rn. 18.

140 *Denninger-Beye* S. 23 f.

dings zu fragen, ob nicht der frühzeitige Einsatz der Armee im Fall innerer Unruhen rechtsstaatlich und demokratisch gesehen bedenklicher ist, als eine militantere Ausrüstung der Polizei. Dürig verweist hier zu Recht auf das Beispiel Nordirlands, wo der Einsatz der britischen Armee wegen unzureichender Polizei alsbald unumgänglich geworden ist mit allen bedenklichen Folgen[141]. Denn erst der Einsatz der Armee im Inneren macht mit tödlicher Notwendigkeit eine „innere Unruhe" zum „Bürgerkrieg". „Gegen das eigene Volk eingesetzt zu werden, verkraftet auf die Dauer keine Armee.[142]" Dies sollte bei der Diskussion um die Polizeibewaffnung nicht vergessen werden.

Die Frage der zulässigen Polizeibewaffnung läßt sich demnach ebensowenig mit der erwünschten Eindeutigkeit klären wie manches andere Problem der Notstandsverfassung. Wie die vorstehenden Ausführungen gezeigt haben, bleiben mancherorts Zweifelsfragen offen, so daß ein klärendes Wort des Gesetzgebers erwünscht ist[143].

Zusammenfassung zum vierten Teil

Die *Befugnisse* der Vollzugskräfte erfahren im Notstandsfall *grundsätzlich keine Erweiterung* durch die Notstandsbestimmungen des Grundgesetzes. Allerdings hat der *einfache Gesetzgeber* die Möglichkeit, unter Ausnutzung der in zahlreichen Grundrechtsartikeln enthaltenen Gesetzesvorbehalte jederzeit für Notstandsfälle weitere Grundrechtseinschränkungen vorzunehmen. Dies ist in den sog. „einfachen Notstandsgesetzen", insbesondere den „Sicherstellungsgesetzen" bereits in weitem Umfang geschehen.

In drei Fällen bringt das Grundgesetz selbst die Grundlage für *verstärkte Eingriffsbefugnisse* der Vollzugskräfte: In *Art. 11 Abs. 2* wird der Gesetzgeber ermächtigt, auch im inneren Notstand und im

---

141 *Dürig* in M-D-H Art. 87 a Rn. 94.

142 Vgl. ebenda.

143 Auf offensichtliche Unklarheiten und Ungereimtheiten der in der Notstandsverfassung getroffenen Regelungen macht *Heidenhain* in seiner Glosse „Verhältnismäßig einfache Grundgedanken" in JZ 1968 S. 605 aufmerksam. — Das Bestreben des Gesetzgebers, eine „perfekte Notstandsverfassung" (vgl. *Evers* in AöR Bd. 91 S. 1 ff.) zu schaffen, hat nicht verhindern können, daß es dennoch nur eine „lückenhafte Notstandsverfassung" (so *Schäfer* in AöR Bd. 93 S. 37 ff.) geworden ist. — Vgl. zu den Unklarheiten und Mängeln der Notstandsverfassung auch *Hall*, Probleme S. 353, 354, 356 a. E.

Katastrophenfall eine Einschränkung des Grundrechts der Freizügigkeit vorzunehmen. *Art. 115 c Abs. 2 Ziff. 2 GG* gibt die Möglichkeit, durch Gesetz für den Verteidigungsfall die Frist auf vier Tage zu verlängern, innerhalb deren die Polizei kraft eigenen Rechts eine in ihrem Gewahrsam befindliche Person entweder freizulassen oder einem Richter vorzuführen hat.

In beiden bisher genannten Fällen gibt aber nicht das Grundgesetz selbst und unmittelbar den Vollzugskräften die vermehrten Befugnisse, sondern es bedarf dazu des Erlasses eines Bundesgesetzes.

Der dritte Fall, wo das Grundgesetz die Möglichkeit verstärkter Eingriffe eröffnet, ist *Art. 87 a Abs. 4.* Wie bereits erwähnt, sind die *Streitkräfte* beim Einsatz gegen militärisch bewaffnete Aufständische nicht an die Einsatzmittel der Polizei gebunden, sondern dürfen grundsätzlich auch *schwere militärische Waffen* verwenden.

Unabhängig davon, daß das Grundgesetz die Befugnisse der Vollzugskräfte im Notstandsfall bis auf die eben erwähnten Ausnahmen nicht erweitert, sind im Notstand *ungleich härtere Eingriffe* als zu normalen Zeiten zulässig. Dies ist eine Folge der Grundsätze der *Erforderlichkeit* und der *Verhältnismäßigkeit,* die für alle Maßnahmen der Exekutive gelten. Dies gilt besonders für den inneren Notstand und den Verteidigungsfall. Da in diesen Situationen als Maßstab für die zu ergreifenden Maßnahmen nur schwere und schwerste Gefahren für die Existenz der staatlichen Gemeinschaft in Frage kommen, sind dementsprechend wesentlich härtere Eingriffe als im Normalfall noch als erforderlich (= geringst eingreifend) und verhältnismäßig zu werten. Als *äußerste Grenze* gelten freilich auch hier gemäß Art. 79 Abs. 3 GG die Grundsätze des *freiheitlichen Rechtsstaates* (Art. 20 GG) sowie vor allem die *unantastbare Würde des Menschen* (Art. 1 Abs. 1 GG).

Was die Frage nach den *verfassungsrechtlichen Schranken der Polizeibewaffnung* anbetrifft, so ist *Ule* darin zuzustimmen, daß das Grundgesetz tatsächlich solche Schranken aufstellt. Sie ergeben sich mittelbar aus dem Unterschied, den die Notstandsbestimmungen zwischen dem Einsatz der Streitkräfte und dem der Polizei machen, insbesondere aus Art. 87 a Abs. 4 GG, wo ein über polizeiliche Funktionen hinausgehender Einsatz der Streitkräfte zugelassen ist.

Die konkreten Schranken der Polizeibewaffnung lassen sich nicht eindeutig und ein für alle mal festsetzen. Mit Sicherheit sind solche Waffen als Polizeiwaffen unzulässig, deren tödliche Wirkung von vornherein nicht annähernd abzuschätzen ist. Entgegen der Ansicht von *Ule* sind *Handgranaten und Granatwerfer* als Polizeiwaffen zulässig. Darüber hinaus stünde das Grundgesetz auch einer leichten Verstärkung der polizeilichen Bewaffnung nicht entgegen. Die grundgesetzlichen Schranken der Polizeibewaffnung gelten auch und gerade im Notstandsfall, da für den Extremfall eines bewaffneten Aufstandes die Streitkräfte mit schweren Waffen zur Verfügung stehen.

Thesen

1. Eine *Polizeifunktion* (Polizeigewalt) wird ausgeübt, wenn zur Abwehr von Gefahren für die öffentliche Sicherheit und Ordnung mit den Befugnissen und Zwangsmitteln der Polizei nach polizeirechtlichen Grundsätzen vorgegangen wird.

2. Demnach üben die Polizeikräfte der Länder und der Bundesgrenzschutz bei allen im Grundgesetz vorgesehenen Einsätzen für den Notstandsfall normale Polizeigewalt aus.

3. Auch die *Streitkräfte* üben bei einem inneren Einsatz im Notstandsfall Polizeigewalt aus. Lediglich bei einem Einsatz gemäß Art. 87 a Abs. 4 GG gegen militärisch bewaffnete Aufständische sind die Streitkräfte nicht auf die Ausübung von Polizeigewalt beschänkt, sondern sind berechtigt, grundsätzlich auch schwere militärische Waffen zu verwenden. Sie bleiben aber an die Grundsätze der Erforderlichkeit und der Verhältnismäßigkeit gebunden.

4. Eine *Erweiterung der polizeilichen Befugnisse* im Notstandsfall ist vom Grundgesetz nicht vorgesehen. Insbesondere bleiben die Grundrechte unangetastet. Nur der Bundesgesetzgeber wird in Art. 11 Abs. 2 GG und 115 c Abs. 2 Ziff. 2 GG ermächtigt, die Befugnis zur vorläufigen Freiheitsentziehung und zu Eingriffen in die Freizügigkeit zu erweitern.

5. Der Gesetzgeber hat jedoch jederzeit die Möglichkeit, mit „einfachen" Gesetzen unter Ausnutzung der bestehenden Gesetzesvorbehalte weitgehende Eingriffe in zahlreiche Grundrechte für den Notstandsfall vorzusehen.

6. Die Eingriffsbefugnisse der Vollzugskräfte können im Notstandsfall härter ausfallen als im Normalfall auf Grund der Anwendung der Grundsätze der *Erforderlichkeit und der Verhältnismäßigkeit*. Das Ausmaß und die Schwere der im Notstand abzuwehrenden Gefahr führen dazu, daß die bestehenden Eingriffsbefugnisse intensiver ausgenutzt werden können als im Normalfall.

7. Verfassungsrechtliche *Schranken der Polizeibewaffnung* ergeben sich aus dem im Grundgesetz verankerten Unterschied von polizei-

lichem und militärischem Einsatz. Sie gelten auch und gerade im Notstandsfall. Eine eindeutige, immer gültige Bestimmung der Schranken ist nicht möglich. Jedenfalls sind Handgranaten und Granatwerfer als Polizeiwaffen zulässig.

8. Die Polizeikräfte der Länder bleiben bei allen Notstandseinsätzen — gleichgültig ob sie vom Bund oder den Ländern eingesetzt werden — *Organe ihrer Herkunftsländer*. Werden sie in einem anderen Bundesland als dem Herkunftsland eingesetzt, so üben sie die Staatsgewalt des Einsatzlandes aus und ihre Maßnahmen werden dem Einsatzland zugerechnet.

9. Der Bundesgrenzschutz bleibt immer *Bundesorgan*. Wird er von einem Bundesland eingesetzt, so übt er dessen Staatsgewalt aus. Ansonsten werden seine Maßnahmen dem Bund zugerechnet.

10. Die Streitkräfte üben — abgesehen von Art. 35 Abs. 2 GG — als Bundesorgane eine Bundeskompetenz aus. Im Fall des Art. 35 Abs. 2 GG bleiben sie *Bundesorgane*, üben aber die Staatsgewalt des Einsatzlandes aus.

11. Die Landespolizeikräfte, die von einem anderen Bundesland eingesetzt werden, unterstehen den *Weisungen* des Einsatzlandes, soweit sich die Weisungen auf den Einsatz beziehen; im übrigen bleibt die Weisungsgewalt des Herkunftslandes bestehen. Gleiches gilt für die Aufteilung der Weisungsrechte zwischen Einsatzland und Bund, wenn der Bundesgrenzschutz von einem Land eingesetzt wird.

12. Unterstellt die Bundesregierung nach Art. 91 Abs. 2 GG die Landespolizeikräfte ihren Weisungen, so ist sie zu einsatzbezogenen Weisungen berechtigt, ferner kann sie dienstrechtliche und organisatorische Weisungen vorübergehender Natur erteilen.

13. Setzt die Bundesregierung die Landespolizeikräfte oder den Bundesgrenzschutz ein, so hat das gesamte Kabinett die Grundzüge des Einsatzes zu bestimmen. Im übrigen ist eine Delegation des Weisungsrechtes, zweckmäßigerweise an den Bundesminister, zulässig.

14. Beim inneren Einsatz der Streitkräfte im Verteidigungsfall liegt die oberste *Befehls- und Kommandogewalt* in den Händen des Bundeskanzlers. Das notwendige Zusammenwirken mit den Landesbehörden (Art. 87 a Abs. 3 S. 1 GG) erfolgt durch die „Anweisung auf Zusammenarbeit".

15. Der innere Einsatz der Streitkräfte in den sonstigen Fällen erfolgt durch die Bundesregierung, d. h. die Grundzüge des Einsatzes sind

vom gesamten Bundeskabinett zu bestimmen. Im übrigen ist eine Delegation der Einsatzleitung an den Verteidigungsminister zulässig und zweckmäßig.

16. Im Katastrophenfall hat die Bundesregierung den Einsatz der Streitkräfte den Zielen des Einsatzlandes anzupassen. Findet der Katastropheneinsatz der Streitkräfte auf Anordnung des Landes statt, so hat das Land keine militärische Befehlsgewalt über die angeforderten Streitkräfte, der militärische Befehlshaber hat aber von den Landesbehörden Einsatzweisungen entgegenzunehmen.

17. Der Einsatz von Einheiten der Polizei, des Bundesgrenzschutzes und der Bundeswehr, die in einem Bundesland dessen Kompetenzen nach dessen Weisungen wahrnehmen, vollzieht sich auf der Grundlage des *Polizeirechts dieses Einsatzlandes.* Dies gilt auch dann, wenn eine entsprechende Regelung im Polizeirecht des Landes nicht enthalten ist.

18. Werden die Polizeieinheiten der Länder gemäß Art. 91 Abs. 2 GG den Weisungen der Bundesregierung unterstellt, so gelten gemäß § 66 BGSG die §§ 10 ff. BGSG als Befugnisnormen für die *Anordnung* polizeilicher Maßnahmen. Die Zulässigkeit der *Vollziehung* durch Anwendung unmittelbaren Zwanges richtet sich nach dem Polizeirecht des Einsatzlandes, während für die *Art und Weise* der Zwangsanwendung gemäß § 15 UZwG das UZwG des Bundes gilt.

19. Für den Einsatz des *Bundesgrenzschutzes,* sofern er Bundeskompetenzen wahrnimmt, gilt *Bundesrecht.* Die Rechtsgrundlage für die Anordnung polizeilicher Maßnahmen liegt in den §§ 10 ff. des neuen BGSG. Für die Zulässigkeit der Zwangsanwendung ist das VwVG des Bundes maßgebend. Die Art und Weise der Zwangsanwendung ist dem UZwG zu entnehmen.

20. Für die Maßnahmen beim *Schutz ziviler Objekte* durch die Streitkräfte fehlt derzeit eine Rechtsgrundlage. Ein förmliches Gesetz als Rechtsgrundlage ist aber entsprechend dem Grundsatz des Vorbehalts des Gesetzes für die Eingriffsmaßnahmen notwendig. Seinem Inhalt nach wäre das *UZwGBw* geeignet. Es wäre zweckmäßig, dieses Gesetz durch eine entsprechende Änderung für den Schutz ziviler Objekte anwendbar zu machen.

21. Als Rechtsgrundlage für die Maßnahmen der Streitkräfte zur Verkehrsregelung kann § 2, 2 a der StVO dienen.

22. Der Grundsatz vom Vorbehalt des Gesetzes macht auch für die Maßnahmen der Streitkräfte beim Kampf gegen Aufständische eine

formell-gesetzliche Rechtsgrundlage notwendig. Daher sollte der Bund ein diesbezügliches *Ausführungsgesetz zu Art. 87 a Abs. 4 GG* erlassen, in dem die Befugnisse der Streitkräfte geregelt sind.

23. Setzt die Bundesregierung die Streitkräfte im Katastrophenfall ein (Art. 35 Abs. 3 GG), so kommt für hoheitliche Maßnahmen der Streitkräfte das Landespolizeirecht nicht in Betracht, da der Vollzug von Landesrecht durch Bundesorgane unzulässig ist. Auch hier sollte daher der Bund ein Ausführungsgesetz erlassen, das den Streitkräften die im Katastrophenfall notwendigen eingeschränkten Polizeibefugnisse einräumt.

Verzeichnis der benutzten Materialien zur Notstandsverfassung und anderen Gesetzen

I. Entwürfe zur Notstandsverfassung

Entwurf der Bundesregierung eines Gesetzes zur Ergänzung des Grundgesetzes betreffend das Notstandsrecht vom 20. 4. 1960 mit Begründung, in: Bundestagsdrucksache III/1800 (zit.: RE 1960)

Entwurf der Bundesregierung eines Gesetzes zur Ergänzung des Grundgesetzes betreffend das Notstandsrecht vom 31. 10. 1962 mit Begründung, in: Bundestagsdrucksache IV/891 (zit.: RE 1962)

Entwurf des Rechtsausschusses eines Gesetzes zur Ergänzung des Grundgesetzes vom 31. 5. 1965, in: Bundestagsdrucksache IV/3494 (zit.: AE 1965)

Schriftlicher Bericht des Rechtsausschusses über den Regierungsentwurf vom 31. 10. 1962 — zugleich Begründung zum Entwurf des Rechtsausschusses vom 31. 5. 1965, in: *zu* Bundestagsdrucksache IV/3494 (zit.: AB 1965)

Entwurf der Bundesregierung eines Gesetzes zur Ergänzung des Grundgesetzes vom 10. 3. 1967 mit Begründung, in: Bundestagsdrucksache V/1879 (zit.: RE 1967)

Antrag der Abgeordneten Dorn, Busse, Dr. Diemer-Nicolaus, Mischnick und der Fraktion der FDP — Zugleich Entwurf eines Gesetzes zur Sicherung der rechtsstaatlichen Ordnung im Verteidigungsfall vom 2. 10. 1967, in: Bundestagsdrucksache V/2130 (zit.: Entwurf FDP)

Beschlüsse des Rechtsausschusses betreffend den Entwurf eines Siebzehnten Gesetzes zur Ergänzung des Grundgesetzes vom 9. 5. 1968, in: Bundestagsdrucksache V/2873 S. 21 ff. (zit.: AE 1968)

Schriftlicher Bericht des Rechtsausschusses über den Regierungsentwurf vom 10. 3. 1967 und über den von der FDP-Fraktion eingebrachten Entwurf vom 2. 10. 1957 — zugleich Begründung des Entwurfs des Rechtsausschusses vom 9. 5. 1968, in: Bundestagsdrucksache V/2873 S. 1 ff. (zit.: AB 1968)

II. Sitzungsprotokolle der parlamentarischen Gremien

1. Plenarsitzungen des Deutschen Bundestags — 5. Wahlperiode

117. Sitzung vom 29. 6. 1967, Stenographische Berichte S. 5680 ff.
174. Sitzung vom 15. 5. 1968, Sten.Ber. S. 9313 ff.
175. Sitzung vom 16. 5. 1968, Sten.Ber. S. 9435 ff.
178. Sitzung vom 30. 5. 1968, Sten.Ber. S. 9620 ff.

2. Plenarsitzungen des Deutschen Bundestags — 6. Wahlperiode

162. Sitzung vom 19. 1. 1972, Sten.Ber. S. 9396 ff.
195. Sitzung vom 26. 6. 1972, Sten.Ber. S. 11426 ff.

3. Sitzungen des Deutschen Bundesrats — 5. und 6. Wahlperiode

326. Sitzung vom 14. 6. 1968, Sten.Ber. S. 137 ff. (5. Wahlper.)

372. Sitzung vom 22. 10. 1972, Sten.Ber. S. 293 ff. (6. Wahlper.)

4. Sitzungen der Bundestagsausschüsse

1. öffentliche Informationssitzung des Rechts- und Innenausschusses vom 9. 11. 1967, in: Protokoll Nr. 55 (bzw. 71) zit.: Protokoll Nr. 55)
2. öffentliche Informationssitzung des Rechts- und Innenausschusses vom 16. 11. 1967, in: Protokoll Nr. 57 (bzw. 73) (zit.: Protokoll Nr. 57)
3. öffentliche Informationssitzung des Rechts- und Innenausschusses vom 30. 11. 1967, in: Protokoll Nr. 59 (bzw. 75) (zit.: Protokoll Nr. 59)

Kurzprotokoll Nr. 68 über die Sitzung des Rechtsausschusses vom 8. 2. 1968 (zit.: Kurzprotokoll Nr. 68)

Kurzprotokoll Nr. 75 über die Sitzung des Rechtsausschusses vom 13. 3. 1968 (zit.: Kurzprotokoll Nr. 75)

Kurzprotokoll Nr. 76 über die Sitzung des Rechtsausschusses vom 15. 3. 1968 (zit.: Kurzprotokoll Nr. 76)

Kurzprotokoll Nr. 78 über die Sitzung des Rechtsausschusses vom 28. 3. 1968 (zit.: Kurzprotokoll Nr. 78)

Kurzprotokoll Nr. 79 über die Sitzung des Rechtsausschusses vom 4. 4. 1968 (zit.: Kurzprotokoll Nr. 79)

III. Sonstiges

Amtliche Begründung zum Entwurf der Bundesregierung betreffend das Gesetz über den unmittelbaren Zwang bei Ausübung öffentlicher Gewalt durch Vollzugsbeamte des Bundes (UZwG), in: Bundestagsdrucksache III/38 (zitiert nach Pioch, Kommentar zum UZwG, vgl. Literaturverzeichnis)

Amtliche Begründung zum Entwurf der Bundesregierung betreffend das Gesetz über die Anwendung unmittelbaren Zwanges und die Ausübung besonderer Befugnisse durch Soldaten der Bundeswehr und zivile Wachpersonen (UZwGBw), in: Bundestagsdrucksache IV/1004.

Entwurf der Bundesregierung eines Gesetzes über den Bundesgrenzschutz (Bundesgrenzschutzgesetz — BGSG) vom 2. 12. 1971, in: Bundestagsdrucksache VI/2886 (zit.: Entwurf BGSG).

Begründung der Bundesregierung zum Entwurf eines Gesetzes über den Bundesgrenzschutz vom 2. 12. 1971, in: Bundestagsdrucksache VI/2886 S. 19 ff. (zit.: Begründung BGSG).

Schriftlicher Bericht des Innenausschusses des Deutschen Bundestags über den von der Bundesregierung eingebrachten Entwurf eines Gesetzes über den Bundesgrenzschutz vom 20. 6. 1972, in: *zu* Bundestagsdrucksache VI/3569.

Literaturverzeichnis

Antoniolli, Walter: Allgemeines Verwaltungsrecht, Wien 1954

Arndt, Adolf: Demokratie — Wertsystem des Rechts, in: Arndt-Freund, Notstandsgesetz — aber wie? (vgl. dort)
(zit.: Arndt, Demokratie)

— Der Rechtsstaat und sein polizeilicher Verfassungsschutz, NJW 1961, S. 897 ff.
(zit.: Arndt, Rechtsstaat)

Arndt, Adolf und Michael *Freund:* Notstandsgesetz — aber wie? Beiträge von Adolf Arndt und Michael Freund, Köln 1962

Arndt, Claus: Bundeswehr und Polizei im Notstand, DVBl 1968, S. 729 ff.
(zit.: Arndt, Bundeswehr)

— Die Polizei im Notstandsfall, in: Die Polizei 1968, S. 129 ff.
(zit.: Arndt, Polizei)

— Das Grundgesetz und der Schußwaffengebrauch bei Anwendung unmittelbaren Zwanges, DVBl 1965, S. 189 ff.
(zit.: Arndt, Schußwaffengebrauch)

Augstein, Rudolf: Notstand — Das Ende aller Sicherheit?, in: Vorbereitung auf den Notstand?, 10 Antworten auf eine aktuelle Frage (vgl. dort)

Barth, Eberhard: Zur verfassungsrechtlichen Stellung der Bundeswehr, in: Neue Perspektiven aus Wirtschaft und Recht, Festschrift für Hans Schäffer, Berlin 1966, S. 367 ff.

Baumann (ohne Vornamen): Zur Verfassungsmäßigkeit des § 2 UZwG, DVBl 1962, S. 806 ff.

Baur, Ulrich: Der politische Streik unter besonderer Berücksichtigung der sog. Notstandsverfassung von 1968, Diss. Würzburg 1971

Benda, Ernst: Die Notstandsverfassung, Band 113 der Reihe Geschichte und Staat, 10. Aufl., München—Wien 1968

Bender, Bernd: Inhalt und Grenzen des Gebots der verfassungskonformen Gesetzesauslegung, MDR 1959, S. 441 ff.

— Verhältnismäßigkeit und Vermeidbarkeit des Verwaltungshandelns, NJW 1955, S. 938 ff.
(zit.: Bender, Verhältnismäßigkeit)

Berber, Friedrich: Lehrbuch des Völkerrechts, Bd. II Kriegsrecht, 2. Aufl., München 1969

Berner, Georg: Polizeiaufgabengesetz, erläuterte Ausgabe, 4. Aufl., München 1969
(zit.: Berner, PAG)

Bettermann, Karl August: Die Notstandsentwürfe der Bundesregierung, in: Der Staatsnotstand — Vorträge herausgegeben von Ernst Fraenkel, Berlin 1965

Blei, Hermann: Probleme des polizeilichen Waffengebrauchs, JZ 1955, S. 625 ff.

Böckenförde, Ernst-Wolfgang: Die Organisationsgewalt im Bereich der Regierung — Eine Untersuchung zum Staatsrecht der Bundesrepublik Deutschland, Berlin 1964

Boldt, Hans: Rechtsstaat und Ausnahmezustand. Eine Studie über den Belagerungszustand als Ausnahmezustand des bürgerlichen Rechtsstaates im 19. Jahrhundert, Berlin 1967

Bonner Kommentar zum Grundgesetz. Bearbeitet von H. J. Abraham u. a., Loseblattausgabe Hamburg 1950 ff.; Stand: Oktober 1971

Das Deutsche Bundesrecht. Systematische Sammlung der Gesetze und Verordnungen mit Erläuterungen. Herausgeber Josef Kölble. Fortsetzungswert in Loseblattform; Stand: Mai 1971

Busch, Eckhardt: Die Stellung des Bundesministers für Verteidigung nach Verkündung des Verteidigungsfalles, JZ 1961, S. 439 ff.

Denninger, Erhard: Demonstrationsfreiheit und Polizeigewalt, in ZRP 1968, S. 42 f.

— Polizei in der freiheitlichen Demokratie, Frankfurt—Berlin 1968

— Polizei und demokratische Politik, JZ 1970, S. 145 ff.

Denninger, Erhard und Friedrich Wilhelm *Beye:* Rechtsgutachten zum Waffengebrauchsrecht der Polizei, erstattet im Auftrag der Gewerkschaft der Polizei, Frankfurt a. M. 1970

Deutscher Gewerkschaftsbund — Bundesausschuß, Einstimmiger Beschluß zum neuen Entwurf einer Notstandsverfassung, in: Blätter für deutsche und internationale Politik 1967, S. 855 ff.

Dierske, Ludwig: Die Verwendung der Bundeswehr zur Erfüllung polizeilicher Aufgaben im Zustand der inneren Gefahr oder bei innerem Notstand, in: Die Polizei 1964, S. 353 ff.
(zit.: Dierske, Bundeswehr)

— Grenzen zwischen polizeilichem und militärischem Einsatz, in: Die Polizei 1962, S. 357 ff.
(zit.: Dierske, Grenzen)

— Der innere Notstand und die Streitkräfte, Wehrkunde 1963, S. 291 ff.
(zit.: Dierske, Streitkräfte)

von Doemming-Füsslein-Matz: Entstehungsgeschichte der Artikel des Grundgesetzes, bearbeitet von Klaus Berto von Doemming, Rudolf Werner Füsslein, Werner Matz, JöR n. F. Bd. 1

Dreher, Martin: Die Amtshilfe. Die Problematik der gegenseitigen behördlichen Unterstützungspflicht unter besonderer Berücksichtigung der Situation im Bundesstaat, Göttingen 1959

Drews, Bill und Gerhard *Wacke:* Allgemeines Polizeirecht — Ordnungsrecht — der Länder und des Bundes, 7. Aufl., Berlin—Köln—München—Bonn 1961

Duden — Fremdwörterbuch. Bearbeitet von Karl-Heinz Ahlheim, Bd. 5 der Reihe „Der große Duden“, 2. Aufl. 1966

Dürig, Günter: Art. 2 des Grundgesetzes und die Generalermächtigung zu allgemeinen polizeilichen Maßnahmen, AöR Bd. 79, S. 57 ff.

Dürig, Günter und Hans-Ulrich *Evers:* Zur verfassungsändernden Beschränkung des Post-, Telephon- und Fernmeldegeheimnisses, Bad Homburg 1970

Dux, Günther: Bundesrat und Bundesaufsicht, Berlin 1963

Ehmke, Horst: Diskussionsbeitrag bei den Verhandlungen der Tagung der Deutschen Staatsrechtslehrer zu Frankfurt/Main vom 4. bis 7. Oktober 1967, in: VVDStRL Heft 26, S. 286 ff.
(zit.: Ehmke, Diskussionsbeitrag)

— Militärischer Oberbefehl und parlamentarische Kontrolle, in: Zeitschrift für Politik 1954, S. 337 ff.
(zit.: Ehmke, Oberbefehl)

Emmerig, Ernst: Gesetz über die Organisation der Polizei in Bayern — Erläuterte Ausgabe, 5. Aufl., München 1969

Erhardt, Manfred: Die Befehls- und Kommandogewalt — Begriff, Rechtsnatur und Standort in der Verfassungsordnung der Bundesrepublik Deutschland, in: Schriften zum öffentlichen Recht Bd. 95, Berlin 1969

Evers, Hans-Ulrich: Verfassungsrechtliche Bemerkungen zu den Entwürfen der „Einfachen Notstandsgesetze“, JZ 1964, S. 697 ff.
(zit.: Evers, Bemerkungen)

— Die perfekte Notstandsverfassung, AöR Bd. 91, S. 1 ff.
(zit.: Evers, Notstandsverfassung)

Flor, Georg: Staatsnotstand und rechtliche Bindung, DVBl 1958, S. 149 ff.

Folz, Hans-Ernst: Staatsnotstand und Notstandsrecht, Diss., Köln—Berlin—Bonn—München 1962

Forsthoff, Ernst: Lehrbuch des Verwaltungsrechts, I. Bd. Allgemeiner Teil, München und Berlin 1966 9. Aufl. 1966

Friauf, Karl Heinrich: Polizei- und Ordnungsrecht, in: Ingo von Münch (vgl. dort), S. 135 ff.

Fromme, Karl Friedrich: Von der Weimarer Verfassung zum Bonner Grundgesetz, die verfassungspolitischen Folgerungen des parlamentarischen Rates aus Weimarer Republik und nationalsozialistischer Diktatur, Diss., Tübingen 1960

Frowein, Jochen: Die selbständige Bundesaufsicht nach dem Grundgesetz, Bonn 1961

Galette, Alfons: Die Polizeiorganisation in Schleswig-Holstein, Lübeck 1953

Gather, Hans Herbert: Das Notstandsrecht nach der Weimarer Reichsverfassung und dem Bonner Grundgesetz, Diss., Köln 1963

Gefahren durch Notstandsgesetze. Kundgebung des Deutschen Gewerkschaftsbundes am 2. November 1967 in der Beethovenhalle in Bonn. Broschüre, herausgegeben vom Vorstand des Deutschen Gewerkschafts-Bundes, Düsseldorf 1967

Geiger, W.: Das Bund-Länder-Verhältnis in der Rechtsprechung des Bundesverfassungsgerichts, BayVBl 1957, S. 301 ff.

Gester, Heinz: Das Nein der Gewerkschaften zu den Notstandsgesetzen nach den Hearings, Gewerkschaftliche Monatshefte 1968, S. 133 f.

Giese, Friedrich und Egon *Schunck*: Das Grundgesetz für die Bundesrepublik Deutschland, Kommentar, Frankfurt/Main 7. Aufl. 1965

Grawert, Rolf: Verwaltungsabkommen zwischen Bund und Ländern in der Bundesrepublik Deutschland, Berlin 1967

Grünwald, Gerald: Die sachliche Zuständigkeit der Strafgerichte und die Garantie des gesetzlichen Richters, JuS 1968, S. 452 f.

Haas, Klaus: Die Bundesaufsicht und der Bundeszwang, Diss., Heidelberg 1955

Haedge, Karl Ludwig: Staatsnotrecht nach deutschen Verfassungen im Wandel der Zeit bis zur Gegenwart, in: Bundeswehrverwaltung 1967, S. 97 ff., 128 ff., 161 ff., 183 ff. und 1968, S. 34 ff., 59 ff., 89 ff., 110 ff.

Hall, Karl Heinz: Art. 91 Grundgesetz — Entwurf und Wirklichkeit, in: Gewerkschaftliche Monatshefte 1968, S. 143 ff.
(zit.: Hall, Entwurf)

— Notstandsverfassung und Grundrechtseinschränkungen, JZ 1968, S. 159 ff.
(zit.: Hall, Notstandsverfassung)

— Ausgewählte Probleme des geltenden Notstandsrechts, dargestellt an Hand von ausgewählter Literatur. Anmerkungen und Bemerkungen, JZ 1970, Heft 11/12, S. 353 ff.
(zit.: Hall, Probleme)

Hall, Karl Heinz und Christoph *Peter*: Dissenting opinion, Pressefreiheit und Strafverfolgungsinteresse, JuS 1967, S. 355 ff.

Hamann, Andreas: Das Grundgesetz für die Bundesrepublik Deutschland, Kommentar, Darmstadt 1961, 2. erweiterte Aufl.

— Zur Problematik des Staatsnotstandsrechts, DRZ 1960, S. 45 ff.
(zit.: Hamann, Problematik)

Hamann-Lenz: Das Grundgesetz für die Bundesrepublik Deutschland, Kommentar, begründet von Andreas Hamann, fortgeführt von Andreas Hamann jr. und Helmut Lenz, Neuwied und Berlin 1970, 3. neubearbeitete und erweiterte Aufl.

Hamburger Bericht: Bericht des vom Senat der Freien und Hansestadt Hamburg berufenen Sachverständigenausschusses zur Untersuchung des Ablaufs der Flutkatastrophe, Hamburg 1962

Hannover, Heinrich: Die Schubladengesetze, in: Vorbereitung auf den Notstand? (vgl. dort)
(zit.: Hannover, Schubladengesetze)

— Schubladentexte, eingeleitet von Heinrich Hannover, Voltaire-Verlag, Frankfurt/Main und Berlin 1966, 3. Aufl.
(zit.: Hannover, Schubladentexte)

Hausen, Fritz und Ludwig *Schweers:* Die Zwangsmittel der Polizei, Köln 1967

Heidenhain, Martin: Verhältnismäßig einfache Grundgedanken, Glosse, JZ 1968, S. 605

Heinemann, Gustav W.: Anmerkung zum Beschluß des BVerfG vom 20. 12 1960, NJW 1961, S. 355 f.

Hesse, Konrad: Ausnahmezustand und Grundgesetz, DÖV 1955, S. 741 ff. (zit.: Hesse, Ausnahmezustand)

— Grundfragen einer verfassungsmäßigen Normierung des Ausnahmezustandes, JZ 1960, S. 105 ff. (zit.: Hesse, Grundfragen)

— Das neue Notstandsrecht der Bundesrepublik Deutschland = Nachtrag zur 2. Aufl. der Grundzüge des Verfassungsrechts der Bundesrepublik Deutschland, Karlsruhe 1968 (zit.: Hesse, Notstandsrecht)

— Grundzüge des Verfassungsrechts der Bundesrepublik Deutschland, Karlsruhe 1968 2. Aufl. (zit.: Hesse, Verfassungsrecht)

Heydte, Friedrich August Freiherr von der: Diskussionsbeitrag bei den Verhandlungen der Tagung der Deutschen Staatsrechtslehrer zu Frankfurt/Main vom 4. bis 7. Oktober 1967, in: VVDStRL Heft 26, S. 281 (zit.: v. d. Heydte, Diskussionsbeitrag)

— Zur Problematik der „Befehls- und Kommandogewalt" nach Art. 65 a Grundgesetz, in: Gedächtnisschrift für Hans Peters, 1967, S. 526 ff. (zit.: v. d. Heydte, Problematik)

— Staatsnotstand und Gesetzgebungsnotstand, in: Festschrift für Wilhelm Laforet, „Verfassung und Verwaltung in Theorie und Wirklichkeit", München 1952 (zit.: v. d. Heydte, Staatsnotstand)

Hlawaty, Ernst: Die Zulässigkeit zum Erlaß von Ordnungsvorschriften für die Bundeswasserstraßen, BayVBl 1957, S. 144 ff.

Hoffmann, Reinhard: Innerer Notstand, Naturkatastrophen und Einsatz der Bundeswehr (Art. 91, 87 a, 35, 11 GG), in: Kritik der Notstandsgesetze, herausgeg. von Dieter Sterzel, Editon Suhrkamp Bd. 321, Frankfurt/Main 1968, S. 86 ff.

Holz, Hans Heinz: Zwangsverfügungen, Dienstverpflichtungen, Zuchthausstrafen — die Schubladenverordnungen und ihre Auswirkungen, in: Blätter für deutsche und internationale Politik 1967, S. 137 ff. und S. 544 ff.

Holz, Hans Heinz und Paul *Neuhöffer:* Griff nach der Diktatur, Texte, Kommentare, Stellungnahmen zur geplanten Notstandsgesetzgebung, Köln 1965

Huber, Ernst Rudolf: Bundesexekutive und Bundesintervention, AöR Bd. 79 S. 1 ff.

Ipsen, Knut: Rechtsgrundlagen und Institutionalisierung der atlantischwesteuropäischen Verteidigung, Veröffentlichungen des Instituts für internationales Recht an der Universität Kiel Bd. 57, Hamburg 1967, S. 195 ff. (zit.: Ipsen, Rechtsgrundlagen)

Ipsen, Knut: Der Einsatz der Streitkräfte im Inneren, DVBl 1969, S. 396 ff. (zit.: Ipsen, Streitkräfte)

Jäger, Richard: Die wehrrechtlichen Vorschriften des Grundgesetzes, BayVBl 1956, S. 329 ff.

Jellinek, Walter: Über den Waffengebrauch und die sonstigen Zwangsbefugnisse des Bundesgrenzschutzes — Rechtsgutachten, dem Bundesministerium des Inneren erstattet am 10. 3. 1952 (nicht veröffentlicht) (zit.: Jellinek, Gutachten)

— Verwaltungsrecht, 3. Aufl. Berlin 1931, Neudruck Offenburg 1948 mit Nachtrag 1950 (zit.: Jellinek, Verwaltungsrecht)

Jess, Edmund und Siegfried *Mann*: Gesetz über die Anwendung unmittelbaren Zwanges durch die Bundeswehr, Kommentar, Berlin und Frankfurt/Main 1966

Kaestel, Claus: Der Bundesgrenzschutz als Sonderpolizei des Bundes — die Grenzschutztruppe, in: Die Polizei 1961, S. 373 ff.

Kiskalt, Hans: Deutsches Polizeirecht. Die geltenden Polizeigesetze in den Bundesländern, Darmstadt 1964

Klein, Hans H.: Zur Auslegung des Rechtsbegriffs der „öffentlichen Sicherheit und Ordnung", DVBl 1971, S. 233 ff.

Klinkhardt, Ingo: Der administrative Waffengebrauch der Bundeswehr, JZ 1969, S. 700 ff.

Köhler, Gerhard: Einsatz der Streitkräfte der Bundeswehr im Falle des inneren Notstands, in: Die neue Polizei 1968, S. 136 ff.

Kölble, Josef: Das Einschreiten des Bundes bei Staatsnotständen nach Art. 91 Abs. 2 GG, in: Die Polizei 1960, S. 5 ff., 41 ff., 88 ff. (zit.: Kölble, Einschreiten)

— Grundgesetz und Landesstaatsgewalt, DÖV 1962, S. 583 ff. (zit.: Kölble, Grundgesetz)

— Bedarf es einer Grundgesetzergänzung für den Fall innerer Notstände?, in: Die Polizei 1962, S. 175 ff. (zit.: Kölble, Notstände)

— Die hoheitliche Verwaltung des Bundes und die Staatsgewalt der Länder, DÖV 1962, S. 661 ff. (zit.: Kölble, Verwaltung)

König, Hans Günther: Allgemeines Sicherheits- und Polizeirecht in Bayern, in: M. von Brauchitsch, Verwaltungsgesetze des Bundes und der Länder, neu herausgeg. von C. H. Ule, Band III Zweiter Halbband, Köln—Berlin—Bonn—München 1962 (zit.: König, Sicherheitsrecht)

— Der unmittelbare Zwang bei Ausübung öffentlicher Gewalt durch Vollzugsbeamte des Bundes, NJW 1961, S. 171 ff. (zit.: König, Unmittelbarer Zwang)

Köttgen, Arnold: Der Einfluß des Bundes auf die deutsche Verwaltung und die Organisation der bundeseigenen Verwaltung, JöR n. F. Bd. 3, S. 67 ff.

Koschella, Rainer: Bundesbahnhoheit und Landespolizeirecht, DÖV 1964, S. 194 ff.

Kratzer, Jakob: Die Bundesoberbehörde, DÖV 1950, S. 529 ff.

von Krauss, Rupprecht: Der Grundsatz der Verhältnismäßigkeit in seiner Bedeutung für die Notwendigkeit des Mittels im Verwaltungsrecht, Abhandlungen aus dem Seminar für öffentliches Recht Heft 44, Hamburg 1955

Krent, Dietrich: Der Bundesgrenzschutz, seine rechtliche Stellung und seine Aufgaben, Diss., Köln 1956

Kreutzer, Rudolf: Der Begriff der „Streitkräfte" im Grundgesetz, DVBl 1969, S. 399 ff.

Kritik der Notstandsgesetze. Kommentierungen mit dem Text der Notstandsverfassung, herausgegeben von Dieter Sterzel, Edition Suhrkamp Bd. 331, Frankfurt/Main 1968

Krüger, Ralf: Polizeilicher Schußwaffengebrauch, Bd. 2 Polizei aktuell, Stuttgart, München, Hannover 1971

Lange, Hans Richard: Zur Bundeszuständigkeit für das Polizeiwesen, JR 1962, S. 166 f.

Leibholz, Gerhard: Der Begriff der freiheitlich demokratischen Grundordnung, DVBl 1951, S. 554 ff.

Lenz, Carl Otto: Notstandsverfassung des Grundgesetzes — Kommentar, Frankfurt a. M. 1971

Lepper, Manfred: Die verfassungsrechtliche Stellung der militärischen Streitkräfte im gewaltenteilenden Rechtsstaat, Bielefeld 1962

Lerche, Peter: Übermaß und Verfassungsrecht. Zur Bindung des Gesetzgebers an die Grundsätze der Verhältnismäßigkeit und der Erforderlichkeit, Köln—Berlin—Bonn—München 1961

Ritter von Lex, Hans: Die Voraussetzungen eines wirksamen Staatsschutzes in der Bundesrepublik, DÖV 1960, S. 281 ff.

Liepmann, Rudolf: Die polizeilichen Aufgaben der deutschen Wehrmacht, Leipzig 1926

Löw, Walter: Recht und Praxis des polizeilichen Schußwaffengebrauchs, in: Die Polizei 1968, S. 363 ff.

Lohse, Heinrich Volker: Der Entwurf 1967 der Notstandsverfassung und seine Vorläufer. Versuch eines kritischen Vergleichs im Überblick, in: Zeitschrift für die gesamte Staatswissenschaft Bd. 124 (1968), S. 369 ff. (zit.: Lohse, Notstandsverfassung)

— Streik und Staatsnotstand, unter Berücksichtigung der Rechtslage in der Schweiz, Schriften zum öffentlichen Recht Bd. 90, Berlin 1969 (zit.: Lohse, Streik)

Mang, Johann, Theodor *Maunz*, Franz *Mayer* und Klaus *Obermayer*: Staats- und Verwaltungsrecht in Bayern, München 1968 3. Aufl.

Mangelsdorff, Georg: Bundesgrenzschutz mit Kombattantenstatus, in: Wehrkunde 1966, S. 35 ff.

von Mangoldt, Hermann: Das Bonner Grundgesetz, Kommentar, 1. Aufl., Berlin und Frankfurt/Main 1953 *von Mangoldt-Klein:* Das Bonner Grundgesetz, erläutert von Hermann von Mangoldt, zweite neubearbeitete und vermehrte Auflage von Friedrich Klein, Berlin und Frankfurt/Main 1957, Stand: 6. Lieferung (Bd. III), München 1969

Martens, Wolfgang: Grundgesetz und Wehrverfassung, Hamburg 1961

Mattenklott, Diedrich: Der Staatsnotstand — eine systematische Studie zur heutigen Verfassungslage, Diss., Freiburg 1956

Maunz, Theodor: Deutsches Staatsrecht — Ein Studienbuch, 18. Aufl., München 1971

Maunz, Theodor, Günter *Dürig* und Roman *Herzog:* Kommentar zum Grundgesetz, Lieferung 1 bis 12, 3. Aufl., München 1971

Mayer, Franz: Die Eigenständigkeit des Bayerischen Verwaltungsrechts, dargestellt an Bayerns Polizeirecht, München 1958
(zit.: Mayer, Polizeirecht)

Mayer, Otto: Deutsches Verwaltungsrecht, Bd. 1, 3. Aufl. München und Leipzig 1924
(zit.: Mayer, Verwaltungsrecht)

Menger, Christian-Friedrich: Höchstrichterliche Rechtsprechung zum Verwaltungsrecht, VerwArch Bd. 50, S. 387 ff.

Menzel, Eberhard: Der Kieler Entwurf zur Notstandsverfassung, DÖV 1968, S. 297 ff.

Meyer-Dalheuer (ohne Vornamen): Probleme der Bundeswehrverwaltung, DVBl 1957, S. 185 ff.

Model, Otto und Klaus *Müller:* Grundgesetz für die Bundesrepublik Deutschland, Taschenkommentar, 6. Aufl., 1971, Köln—Berlin—Bonn—München 1971

Moebius, Walter: Die polizeilichen Aufgaben der bewaffneten Macht, Diss., Leipzig 1914

Moll, Rudolf Richard: Das Problem der Amtshilfe, DVBl 1954, S. 697 ff.

Müller, Hans-Werner: Dürfen Bundesbehörden Landesrecht anwenden?, MDR 1961, S. 20 ff.

von Münch, Ingo (Herausgeber): Besonderes Verwaltungsrecht, 2. Aufl., Bad Homburg—Berlin—Zürich 1970

Nawiasky, Hans: Die Grundgedanken des Grundgesetzes für die Bundesrepublik Deutschland, Köln 1950

Nebinger, Robert: Verwaltungsrecht Allgemeiner Teil, 2. Aufl., Stuttgart 1949

In Zeiten der Not. Die Notstandsgesetzgebung in vergleichender Darstellung der Entwürfe von 1960 bis 1967. Schutz für Bürger und Demokratie, herausgeg. vom Vorstand der SPD Bonn, Bad Godesberg 1967

Notstand der Demokratie. Referate, Diskussionsbeiträge und Materialien vom Kongreß am 30. 10. 1966 in Frankfurt/Main von Karl Otmar Freiherr von Aretin und anderen, Redaktion Helmut Schauer, Frankfurt/Main 1967

Notstandsentwurf '67 — Text und Kritik, herausgegeben vom Vorstand der Industriegewerkschaft Metall, Frankfurt/Main 1967

Zur Notstandsgesetzgebung — DGB-Gewerkschafter bei den Notstandshearings 1967. Broschüre herausgegeben vom Deutschen Gewerkschaftsbund, Bundesvorstand, Abt. Vorsitzender (o. O.), 1968

Notstandsordnung und Gesellschaft in der Bundesrepublik. Zehn Vorträge herausgeg. von Werner Hoffmann und Heinz Maus, Taschenbuch rororo Nr. 986, Hamburg 1967

Paulus, Dieter: Die militärische Spitzengliederung im Verfassungsleben von Bonn und Weimar, Diss., Tübingen 1959

Peters, Hans: Rechtsgutachten zu der Frage, ob das Recht der Polizei und der Grenzschutzbehörden zum Waffengebrauch von der Existenz eines besonderen den Waffengebrauch regelnden förmlichen Gesetzes abhängig ist — vom 12. Januar 1952, erstattet für den Bundesminister des Inneren (nicht veröffentlicht)
(zit.: Peters, Rechtsgutachten)

— Lehrbuch der Verwaltung, Berlin 1949
(zit.: Peters, Verwaltungsrecht)

Pioch, Hans Hugo: Der Bundesgrenzschutz — seine Aufgaben und Befugnisse, in: Die Polizei 1952, S. 165 ff.
(zit.: Pioch, BGS)

— Das Gesetz über den unmittelbaren Zwang bei Ausübung öffentlicher Gewalt durch Vollzugsbeamte des Bundes, Köln und Berlin 1963
(zit.: Pioch, Kommentar)

— Das Polizeirecht der Bundesrepublik, DVBl 1950, S. 353 ff., S. 390 ff.
(zit.: Pioch, Polizeirecht)

— Das Gesetz über den unmittelbaren Zwang bei Ausübung öffentlicher Gewalt durch Vollzugsbeamte des Bundes, in: Die Polizei 1961, S. 129 ff.
(zit.: Pioch, UZwG)

— Die Anwendung unmittelbaren Zwanges durch BGS-Beamte, in: Die Polizei 1952, S. 184 ff.
(zit.: Pioch, Zwangsanwendung)

Poltorak, A. und B. *Straschun:* Wesen und Unwesen der „Notstandsverfassung", in: Blätter für deutsche und internationale Politik 1967, S. 1158 ff.

Quaritsch, Helmut: Führung und Organisation der Streitkräfte im demokratischen parlamentarischen Staat, in: VVDStRL Heft 26, S. 207 ff.

Beruflicher Ratgeber für den Grenzschutzbeamten. Ergänzbare Sammlung von Gesetzen, Erlassen, Dienstvorschriften, Ausführungsbestimmungen nebst Erläuterungen, 2. Aufl., Regensburg—München 1965
(zit.: Ratgeber)

Rauschning, Dietrich: Wehrrecht und Wehrverwaltung, in: Ingo von Münch (vgl. dort) S. 209 ff.

Reigl, Otto: Landesrecht und Bundesverwaltung, DÖV 1967, S. 397 ff.

Reme, Jürgen: Die Stellung der Exekutive nach dem Bonner Grundgesetz im Rahmen des parlamentarischen Regierungssystems und des Staatsnotstands, Diss., Hamburg 1962

Renck, Ludwig: Die Rechtsnatur von Verkehrsregelungen durch Verkehrszeichen, JuS 1967, S. 545 ff.

Ridder, Helmut: Notstand '67 — Neue Perspektiven?, in: Blätter für deutsche und internationale Politik 1967, S. 1139 ff.
(zit.: Ridder, Notstand)

— Notstandsordnung und Demokratie, in: Notstandsordnung und Gesellschaft in der Bundesrepublik, S. 23 ff. (vgl. dort)
(zit.: *Ridder*, Notstandsordnung)

Ridder, Helmut und Ekkehart *Stein:* Verfassungsrechtliche Bedenken zu den „Einfachen Notstandsgesetzen", JZ 1966, S. 299 ff.
(zit.: Ridder-Stein, Bedenken)

— Der permanente Notstand, Göttingen 1967, 3. Aufl.
(zit.: Ridder-Stein, Notstand)

Roemer, Walter: Die neue Wehrverfassung, JZ 1956, S. 193 ff.

Römer, Peter: Die „einfachen" Notstandsgesetze, in: Kritik der Notstandsgesetze, S. 187 ff. (vgl. dort)
(zit.: Römer, Notstandsgesetze)

— Die vier Sicherstellungsgesetze in rechtlicher und politischer Sicht, in: Blätter für deutsche und internationale Politik 1967, S. 765 ff. und S. 1058 ff.
(zit.: Römer, Sicherstellungsgesetze)

Salzwedel, Jürgen: Diskussionsbeitrag bei den Verhandlungen der Tagung der Deutschen Staatsrechtslehrer zu Frankfurt/Main vom 4. bis 7. Oktober 1967, in: VVDStRL Heft 26, S. 286

Samper, Rudolf: Kommentar zum Bayerischen Polizeiaufgabengesetz, 2. Aufl., München 1969

Schadeck, Oskar: Die Bundesauftragsverwaltung, Marburg 1951

Schäfer, Friedrich: Die Notstandsgesetze — Vorsorge für den Menschen und den demokratischen Rechtsstaat, in: Demokratische Existenz heute Bd. 15, Köln und Opladen 1966
(zit.: Schäfer, Notstandsgesetze)

— Probleme einer Notstandsgesetzgebung, in: Der Staatsnotstand — Vorträge herausgegeben von Ernst Fraenkel, Berlin 1965, S. 240 ff.
(zit.: Schäfer, Notstandsgesetzbung)

Schäfer, Hans: Bundesaufsicht und Bundeszwang, AöR Bd. 78, S. 1 ff.
(zit.: Schäfer, Bundesaufsicht)

— Grundgesetz und Bundeswehr, zum Grundgesetz — Ergänzungsgesetz vom 19. 3. 1956, NJW 1956, S. 529 ff.
(zit.: Schäfer, Grundgesetz)

— Die lückenhafte Notstandsverfassung — Kritische Bemerkungen zur dritten Regierungsvorlage, AöR Bd. 93, S. 37 ff.
(zit.: Schäfer, Notstandsverfassung)

— Der Notstand im Rechtsstaat, Sonderdruck aus dem Bulletin des Presse- und Informationsamtes der Bundesregierung Nr. 78 vom 14. 5. 1964, Bonn 1964
(zit.: Schäfer, Rechtsstaat)

Scherübl, Franz: Fragen der Befehls- und Kommandogewalt, in: Stellvertretung im Oberbefehl, 1966, S. 7 ff.

Scheuner, Ulrich: Der Verfassungsschutz im Bonner Grundgesetz, in: Um Recht und Gerechtigkeit, Festgabe für Erich Kaufmann, Stuttgart und Köln 1950, S. 313 ff.

Scheurer, Hans: Unterwerfung der Bundesverwaltung unter Landesrecht?, Diss., Heidelberg 1965

Schiedermair, Rudolf: Einführung in das bayerische Polizeirecht, München und Berlin 1961

Schiller, Theo: Des Notstands neue Kleider — Analyse des Entwurfs der Notstandsverfassung vom 10. März 1967, in: Blätter für deutsche und internationale Politik 1967, S. 326 ff.

Schmid, Jürg H.: Bürgerkrieg und Völkerrecht, in: Strupp-Schlochauer (vgl. dort) Bd. I, S. 261 f.

Schmidt-Bleibtreu, Bruno und Franz *Klein*: Kommentar zum Grundgesetz für die Bundesrepublik Deutschland, 2. Aufl., Neuwied und Berlin 1970

Schminck, Stefan: Die völkerrechtliche und staatsrechtliche Problematik des Kombattantenstatus polizeilicher Formationen, erläutert am Beispiel des Bundesgrenzschutzes, Diss., Würzburg 1967

Schmitt, Anton: Überblick über das Notstandsrecht der Bundesrepublik Deutschland, in: Wehrkunde 1967, S. 372 ff.

Schmitt-Lermann, Hans: Die verfassungsrechtliche Regelung des Staatsnotstandes, DÖV 1960, S. 321 ff.

Schmuck, Herbert: Kann der Bund im Rahmen der bundeseigenen Verwaltung nach Art. 89 des Grundgesetzes auch auf Bestimmungen des Landesrechts zurückgreifen?, DÖV 1961, S. 662 ff.

Schnupp, Günther: Bundesgrenzschutz: Grenzschutzorgan oder Bundespolizei?, in: Der Öffentliche Dienst 1972, S. 8 f.
(zit.: Schnupp, Bundesgrenzschutz)

— Die Polizei im Notstandsfall, in: Die Polizei 1967, S. 361 ff.
(zit.: Schnupp, Polizei I)

— Die Polizei im Notstandsfall, in: Die Polizei 1968, S. 130 ff.
(zit.: Schnupp, Polizei II)

— Polizei — Bundesgrenzschutz — Bundeswehr, in: Die Polizei 1969, S. 293 ff.
(zit.: Schnupp, Polizei III)

— Zur Anwendung unmittelbaren Zwangs durch Polizeivollzugsbeamte, in: Die Polizei 1971, S. 261 ff.
(zit.: Schnupp, Unmittelbarer Zwang)

Schoeberl, Herbert: Der Einsatz der Bundeswehr in Katastrophenfällen, in: Bundeswehrverwaltung 1964, S. 37 ff.

Schreiber, Manfred: Innerer Notstand und Polizei, in: Kriminalistische Akzente — Herrn Dr. Bernhard Niggemeier zum 60. Geburtstag, Grundlagen der Kriminalistik Bd. 4, Hamburg 1968, S. 97 ff.
(zit.: Schreiber, Notstand)

Schreiber, Wolfgang: Die Befugnisse der Streitkräfte nach Art. 87 a Abs. 3 GG, DÖV 1969, S. 729 ff.
(zit.: Schreiber, Streitkräfte)

Schüle, Adolf: Oberbefehl, Personalausschuß, Staatsnotstand — Betrachtungen zur neuen Wehrordnung, JZ 1955, S. 465 ff.

Schunck, Egon: Das Notstandsrecht, Ergänzungsband zu Giese-Schunck, Kommentar zum Grundgesetz, Frankfurt/Main 1969
(zit.: Schunck, Ergänzungsband)
— Das Notstandsrecht, in: Staats- und Kommunalverwaltung, Jg. 1969, S. 185 ff.
(zit.: Schunck, Notstandsrecht)

Schunck, Egon und H. *de Clerck:* Allgemeines Staatsrecht und Staatsrecht des Bundes und der Länder, Siegburg 1964

Schwagerl, Hans-Joachim und Rolf *Walther:* Der Schutz der Verfassung, ein Handbuch für Theorie und Praxis, Köln—Berlin—Bonn—München 1968

Scupin, Hans Ulrich: Das Polizeirecht in der Bundesrepublik Deutschland, in: Hans Peters, Handbuch der kommunalen Wissenschaft und Praxis Bd. II, Berlin—Göttingen—Heidelberg 1957, S. 606 ff.

Scupin, Hans Harald: Die Entwicklung des Polizeibegriffs und seine Verwendung in den neuen deutschen Polizeigesetzen, Diss. Marburg 1970
(zit.: Scupin, Polizeibegriff)

Seifert, Jürgen: Gefahr im Verzug, 5. Aufl., Frankfurt/Main 1965
(zit.: Seifert, Gefahr)
— Spannungsfall und Bündnisfall, in: Kritik der Notstandsgesetze (vgl. dort), S. 161 ff.
(zit.: Seifert, Spannungsfall)

Siebold, Karl-Heinz und Karl Heinz *Gerke:* Polizeiübung „Süd 1967", in: Die Polizei 1967, S. 270 ff.

Siedschlag, Wolfgang: Zur Diskussion um die Bewaffnung der Polizei, in: Die Polizei 1971, S. 208 ff.

Speidel, Reiner: Der Begriff der Staatsnotstandslagen und die Möglichkeit ihrer Abwehr in der Bundesrepublik Deutschland, Diss., Tübingen 1964

Der Staatsnotstand — Vorträge gehalten im Sommer-Semester 1964, herausgegeben von Ernst Fraenkel, Berlin 1965

Sterzel, Dieter: Beschränkung des Brief-, Post- und Fernmeldegeheimnisses; Ausschluß des Rechtswegs, in: Kritik der Notstandsgesetze (vgl. dort), S. 24 ff.

Strupp-Schlochauer: Wörterbuch des Völkerrechts, begründet von Karl Strupp, in neu bearbeiteter 2. Auflage herausgegeben von Hans-Jürgen Schlochauer, Band I, Berlin 1960

Töpfer, Richard: Notstandsrecht der Bundesrepublik Deutschland, Kommentar in Loseblattform, München 1968 ff.

Ule, Carl Hermann: Rechtsgutachten zu der Frage, welche Schußwaffen die Polizei nach geltendem Recht verwenden darf, erstattet im Auftrag der Gewerkschaft der Polizei, Heidelberg am 15. 8. 1961 (nicht veröffentlicht)
(zit.: Ule, Gutachten I)
— Rechtsgutachten über die Frage, ob es verfassungsrechtlich zulässig ist, daß § 2 Abs. 4 UZwG bestimmt, Schußwaffen im Sinne des Gesetzes seien die dienstlich (also durch Dienstvorschrift) zugelassenen Schußwaffen, erstattet im Auftrag der Gewerkschaft der Polizei, Heidelberg am 30. 9. 1961 (nicht veröffentlicht)
(zit.: Ule, Gutachten II)

Ule, Carl Hermann: Der Einsatz militärischer Streitkräfte im Ausnahmezustand, DVBl 1967, S. 865 ff.
(zit.: Ule, Streitkräfte I)

— Der Einsatz militärischer Streitkräfte im Ausnahmezustand, DÖV 1968, S. 123 ff.
(zit.: Ule, Streitkräfte II)

— Über die Verfassungswidrigkeit des § 2 Abs. 4 UZwG, DVBl 1962, S. 353 ff.
(zit.: Ule, UZwG)

Ule, Carl Hermann und Ernst *Rasch:* Allgemeines Polizei- und Ordnungsrecht, Band III Erster Halbband der Reihe Verwaltungsgesetze des Bundes und der Länder von M. von Brauchitsch, neu herausgeg. von C. H. Ule, Köln—Berlin—Bonn—München 1965

von Unruh, Georg Christoph: Führung und Organisation der Streitkräfte im demokratischen parlamentarischen Staat, in: VVDStRL Heft 26, S. 157 ff.

Voigt, Karsten D: Anmerkungen zu den Änderungsanträgen von SPD-Abgeordneten zum Notstandsverfassungsgesetz, in: Blätter für deutsche und internationale Politik 1967, S. 779 ff.

Vorbereitung auf den Notstand? — 10 Antworten auf eine aktuelle Frage, Fischer Bücherei Bd. 858, Frankfurt/Main 1967

Wacke, Gerhard: Das Bundesgesetz über den unmittelbaren Zwang, JZ 1962, S. 137 ff. und S. 199 ff.
(zit.: Wacke, Bundesgesetz)

— Polizeirecht als Bundesrecht, in: Staatsbürger und Staatsgewalt, Bd. II, Karlsruhe 1963, S. 161 ff.
(zit.: Wacke, Polizeirecht)

Waldmann, Eric: Notstand und Demokratie, Studie zur Situation in der Bundesrepublik Deutschland, Boppard am Rhein 1968

von Wehrs, Frank Bodo: Zur Anwendbarkeit des Notstandsrechts der Bundesrepublik Deutschland, Diss. Mainz 1971

Weingärtner, Helmut: Das Recht der Vollzugspolizei zur Nacheile und Nachbarhilfe, Diss., Münster 1966

Weissmann, Günther: Verfassungsschutz — unter besonderer Würdigung der Stellung der Ämter für Verfassungsschutz und der Polizei bei Berücksichtigung der Rechtsstellung der Alliierten seit 1945, Diss., Würzburg 1955

Wengler, Wilhelm: Völkerrecht Bd. II, Göttingen—Heidelberg 1964

von Wick, Georg: Kompetenzwahrnehmung im Bereich der Bundesregierung, Diss., Münster 1957

Wilp, Hans Georg: Die Entwicklung des materiellen Polizeibegriffs und seine Stellung zur Rechts- und Verfassungsordnung, in: Die Polizei 1967, S. 77 ff.

Wolff, Hans J.: Verwaltungsrecht I — Ein Studienbuch, 8. Aufl., München und Berlin 1971
(zit.: Wolff I)

Wolff, Hans J.: Verwaltungsrecht II — (Organisations- und Dienstrecht), Ein Studienbuch, 3. Aufl., München und Berlin 1970
(zit.: Wolff II)

— Verwaltungsrecht III — (Ordnungs- und Leistungsrecht, Verfahrens- und Prozeßrecht), Ein Studienbuch, 2. Aufl. München und Berlin 1967
(zit.: Wolff III)

Zeidler, Karl: Ausführung von Landesgesetzen durch Bundesbehörden, DVBl 1960, S. 573 ff.

Zur Sache — Notstandsgesetzgebung — Behauptungen und Tatsachen, herausgegeben vom Vorstand der SPD, Bonn 1967

FSC
www.fsc.org
MIX
Papier | Fördert gute Waldnutzung
FSC® C083411

Kolibri 360 GmbH
Ferdinand-Jühlke-Straße 7
99095 Erfurt, Deutschland
produktsicherheit@kolibri360.de

Druck:
CPI Druckdienstleistungen GmbH
im Auftrag der
Kolibri 360 GmbH
Ferdinand-Jühlke-Str. 7
99095 Erfurt